安徽省“十三五”规划教材
智慧会计特色专业系列教材

智慧财务管理

王晓佳　主编

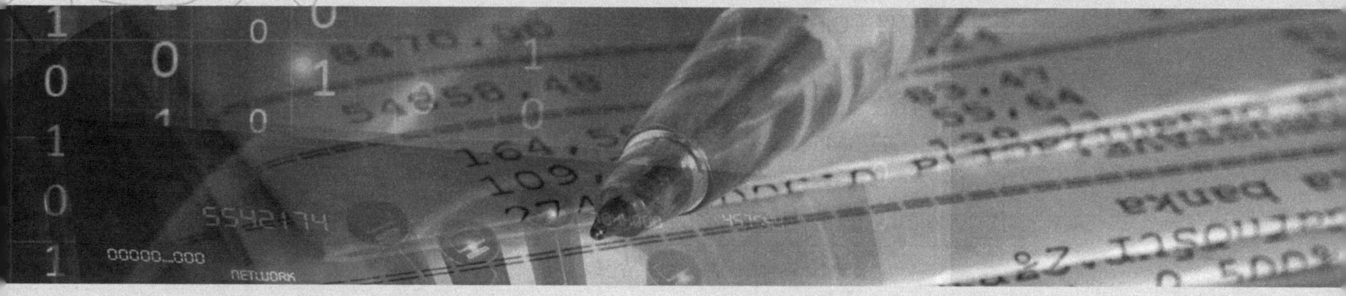

科学出版社
北　京

内 容 简 介

随着信息化、智能化时代的加速到来，企业的运作方式和管理体系发生了巨大的改变，财务管理是企业发展的命脉，也随时代的发展变得更加智能化。本书的主要内容包括：价值评估理论与方法、财务分析与财务预测、投资管理、融资管理、营运资本管理、利润分配管理、财务信息化管理、财务共享与业财融合。为了体现财务管理的智慧性，本书以财务管理的理论知识为基础，在相应章节中增加了大数据、云计算、人工智能及区块链等技术在财务管理中的应用，使广大读者了解财务管理信息技术的发展前沿，增强财务管理人员与时俱进的能力。

本书既可以作为高等学校信息管理、财务管理、工商管理等专业高年级本科生及研究生的教材，也可以作为政府部门、企事业单位管理与技术人员的参考用书。

图书在版编目（CIP）数据

智慧财务管理/王晓佳主编. —北京：科学出版社，2020.10
智慧会计特色专业系列教材
ISBN 978-7-03-064544-9
Ⅰ. ①智… Ⅱ. ①王… Ⅲ. ①财务管理–教材 Ⅳ. ①F275
中国版本图书馆 CIP 数据核字（2020）第 033753 号

责任编辑：郝 静 / 责任校对：贾娜娜
责任印制：赵 博 / 封面设计：无极书装

科学出版社 出版
北京东黄城根北街 16 号
邮政编码：100717
http://www.sciencep.com
北京凌奇印刷有限责任公司印刷
科学出版社发行 各地新华书店经销
*
2020 年 10 月第 一 版 开本：787 × 1092 1/16
2025 年 8 月第三次印刷 印张：21 3/4
字数：500 000
定价：68.00 元
（如有印装质量问题，我社负责调换）

安徽省“十三五”规划教材
智慧会计特色专业系列教材
编委会

总　序

智慧会计特色专业系列教材的完成，凝聚着参与编写教材的几十位教师的心血。在新一代信息技术的发展浪潮中，这套教材带着全新时代的印记面世了。在编写这套教材的过程中，我们反复论证，围绕信息时代会计人员的能力架构，进行了多方讨论和比较，最后确定了10本教材的框架体系。

我们编写这套教材的初衷是：突破传统、顺应时代、重构模式、凸显智慧。由于新一代信息技术的发展，学科交叉融合加速，新兴学科不断涌现，前沿领域不断延伸。这催生出一系列新产品、新应用和新模式，极大地改变了生产、消费、投融资的内容和方式，也使传统生产经营方式下的会计、财务、金融等服务行业发生了巨大变化，出现了学科融合的“大会计”范畴，重构了财务会计、管理会计、财务管理、审计与内部控制、投资与理财、金融等诸多学科之间的交融关系。从会计人员的工作实践看，伴随着会计领域全面智能化，财务会计的能力架构发生了根本性的转变。从经济发展的态势看，新市场形态和商业模式不断涌现，对会计人才也提出了更高的要求。为了适应市场环境对会计人才的新要求，与时俱进地改革现有的专业培养模式和课程体系，重构新课程体系迫在眉睫，由此我们决定编写这套教材。

本系列教材的“智慧”特色构架是：“智慧”特色既体现在新一代信息技术的应用上，又体现在会计内涵的转变上。首先，会计基础的重构。在系列教材中，我们重构了两大会计分支体系的基本内容：以财务会计为核心的《基础会计学》和以决策、控制为核心的《管理会计学》，它们体现了吸收最新应用、吐纳传统内容、改进创新体系的特点。其次，会计应用的延展。由于财务决策离不开金融市场，作为现代金融市场的两大支柱：货币市场与资本市场，其相关理论是企业财务决策的着眼点和出发点。由此，我们以“智慧”的视角，结合现代金融市场的特点添加了《货币金融学》《证券投资理论与实务》。《审计学》和《新编资产评估学》既是传统会计专业必修课，又是与信息变迁时代高度关联的课程。资本市场的有效性显现了价格对信息的反应程度，审计重在信息的公正，资产评估重在信息的合理。任何“智慧”的重点都是带有时代特征的，《智慧财务管理》既是偏向提炼关键信息的财务理论，又是偏向财务决策的智能化，这是对财务学和智能信息学的双重创新。最后，会计信息技术的筑底。《商务数据库技术与应用》《商务数据分析》《ERP 与企业经营模拟》是新一代信息技术基础知识的构筑以及信息化工具在企业财务信息管理的综合运用，它们以各种手段方法挖掘市场商务数据，重构企业内部控制，合理构架企业经营模式，代表着现代会计专业的培养方向。由此，我们选择了上述 10 本教材作为智慧会计特色专业系列教材，打造本领域首个安徽省“十三五”规划教材。

处于变化时代的会计专业人才应该是复合型人才，他们有能力进行知识体系的自我完善，利用信息化、智能化手段进行创新与超越，利用交叉知识产生能力突破。他们是一群商业嗅觉灵敏、市场行为机警、业务财务双通、数据信息运用自如的财务运筹、决策与控制人员。那种会计专业人员只知道记账、算账、做凭证报表的时代，已随着信息化的逐步深入而渐行渐远。智能化社会已经来临，它所展现的会计结构应该是：后台是“智能化”程序，包括记账、算账、做凭证报表等，这些“智能化”程序在大型企业已基本纳入共享服务中心。而站在决策前台的会计人员需要做什么？他们是战略实现的内部构架能手，是服务战略的财务筹划高手，是重要的决策参谋，他们处处体现自己的“智慧”。与此同时，拥有“智慧”的会计才是成功企业不可或缺的。

本系列教材得到安徽省“十三五”规划教材省级质量工程项目（2017ghjc023）立项支持，在申请立项和实施完成的过程中，得到系列教材各位主编：姚禄仕教授、李姚矿教授、余本功教授、王刚教授、潘立生副教授、王建文副教授、吴勇副教授、王晓佳副教授、杨颖副教授和刘军航老师，以及诸多参编老师的鼎力支持。在教材审核出版过程中，科学出版社的各位编辑投入了大量的时间和精力，确保教材品质优良。在此一并向他们表示感谢!

张　晨

2019 年 12 月 28 日深夜

前　言

新一代信息技术的发展，使得学科交叉融合加速，新兴学科不断涌现，前沿领域不断延伸，催生出一系列新产品、新应用和新模式，极大地改变了生产、消费和投融资的内容和方式。服务于传统生产经营方式的会计、财务、金融等服务行业也发生了巨大变化，出现了学科融合的“大会计”范畴，重构了财务会计、管理会计、财务管理、审计与内部控制、投资与理财、金融等诸多学科之间的交融关系。合肥工业大学管理学院出版了智慧会计特色专业系列教材，打造本领域首个安徽省“十三五”规划教材，《智慧财务管理》是其中之一。

数字化、网络化时代的到来，改变了传统的经济社会运行方式，对企业的运营及管理产生了巨大的影响。在互联网技术的支持下，人们不再依赖大量的人工完成相关工作，而是通过网络技术及计算机软件完成对相关工作的管理。大数据、云计算及人工智能等词频频出现在人们的面前，使人们对这个社会的认知产生了巨大的变化。在企业的管理过程中，伴随各种先进技术的应用，企业的运作方式及管理体系也发生了巨大的变化。其中，财务管理工作作为企业运营中非常重要的管理环节，也变得越来越智慧化。因此，编者在传统财务管理教材的基础上，出版《智慧财务管理》，在内容上进行了拓展，主要体现在以下几个方面：

（1）强化了财务管理的业财融合。企业的财务管理工作，是一项程序复杂、内容广泛、涉及部门众多的综合管理活动。本书介绍了如何将企业内部的各个部门及全部业务有效地联系在一起，提高企业的综合竞争实力。

（2）提高了财务管理的效率。在我国企业传统的财务管理过程中，主要强调在运营中提升企业的经济效益，并没有着重强调财务工作的边际价值，导致财务管理的效率并不高。本书介绍了如何利用智慧财务管理方式，通过计算机软件避免人为操作过程中的失误，提高了企业财务管理的效率。

（3）强化了财务管理的技术运用。在传统的财务管理过程中，数据的收集、处理等工作主要是通过人工来完成的，这种工作方式的效率较低，且容易在处理数据的过程中产生一些问题。本书介绍了如何利用大量的智能终端、传感器等装置，完成各种类型的财务管理任务，快速收集及整理各项财务数据，并使用相关软件对财务数据进行分析等。

本书是由合肥工业大学长期从事会计专业教学和研究的专家教授共同编写完成的。本书在编写过程中参考和借鉴了业内专家学者的教材，并得到了科学出版社及院校领导和老师的大力支持和帮助。本书由王晓佳任主编，杨昌辉、徐晟、刘春丽担任副主编。各章的撰写分工如下：第一章由徐晟编写；第二、三章由刘春丽编写；第四、五章由杨昌辉编写；第六、七、八、九章由王晓佳编写。最后由王晓佳负责全书的总纂、修改与定稿。在本书的编写过程中，合肥工业大学管理学院会计学专业研究生陈咪、贺铃岚、邵长艳、杜阔、程裴玲、李美洁等为本书的文字排版和核对工作付出了辛苦的劳动。在此对以上单位和个人的帮助和支持表示衷心的感谢。

本书在传统财务管理教材基础上做了新的尝试和拓展，但由于编写时间仓促和笔者水平有限，加之智慧财务管理理论与实务均处于不断发展过程当中，仍有许多问题等待我们去探索和解决，书中不足之处在所难免，恳请各位专家、同行和读者批评指正。

编　者

2020 年 5 月

目　录

第一章　总　　论

随着信息化、智能化时代的加速到来，企业的运作方式和管理体系发生了巨大的改变，财务管理工作也随之变得更加智能化。智慧财务管理是在财务管理工作中运用大数据、云计算及人工智能等技术进行财务管理工作的一种财务管理方式，是运用自主性及行动性的智慧型财务管理系统完成财务管理的具体工作。研究智慧财务管理的目的是增强广大从业人员的前沿意识，使之能够紧跟时代潮流，不断强化业务能力。本章由企业与企业财务管理、财务管理目标与基本原则、主要理论、基本方法、财务管理环境及智慧财务管理组成。主要介绍财务管理的相关概念，对有关财务管理的理论、方法进行阐述，分析智慧财务管理对现实财务管理的意义。

学习目标

- 理解财务管理的含义，掌握财务管理的主要内容
- 理解并掌握财务管理的主要理论和财务管理的基本方法
- 理解财务管理在新一代信息环境下的变化
- 理解智慧财务管理的基本概念和发展趋势

第一节　企业与企业财务管理

企业财务是指企业在生产经营过程中的资金运动，是企业对资金的利用情况。财务管理是对组织做出的以创造价值为目标的各种投资、筹资决策，是处理财务活动和财务关系的一种经济管理工作。任何组织都需要进行财务管理，组织结构可以分为营利性组织和非营利性组织，因此，财务管理也应该分为营利性组织财务管理和非营利性组织财务管理。本书主要讨论营利性组织的财务管理，即企业财务管理。

一、企业及其组织结构

企业一般是指以营利为目的，运用各种生产要素（土地、劳动力、资本、技术和企业家才能等），向市场提供商品或服务，实行自主经营、自负盈亏、独立核算的法人或其他社会经济组织。根据企业的组织形式不同，一般可以分为个人独资企业、合

伙企业和公司制企业。

（一）个人独资企业

个人独资企业是由一个自然人出资成立，企业财产为投资人个人所有，且需要对企业全部债务承担无限责任的一种经营实体。

个人独资企业的优点：①创立容易，不需要与他人协商，只需交少量注册资本。②经营灵活，成本较低。政府对其监管较少，对其规模没有特别规定，企业内部协调较为容易。③不需缴纳企业所得税。

个人独资企业的缺点：①业主需要承担无限责任。当企业损失超过业主注册资本时，需要用业主个人财产偿债。②企业生命周期有限，随业主的寿命终结而终结。③难以从外部获得大量资金用于经营。

（二）合伙企业

合伙企业一般为两人或两人以上的自然人（有时也包括法人或其他组织）组成合伙人，共同出资、合伙经营、共享收益、共担风险，且订立合伙协议的企业组织。

合伙企业可以分为普通合伙企业和有限合伙企业。普通合伙企业的合伙人对企业的所有债务均承担无限连带责任。有限合伙企业由普通合伙人和有限合伙人组成，其中普通合伙人对企业债务承担无限连带责任，而有限合伙人只承担其认缴出资额以内的债务金额。

合伙企业的优点和缺点与个人独资企业相似，只是程度不同。合伙企业设立程序简单、设立费用低，但同时需承担无限连带责任，权力较为分散，不利于企业所有权转移。由于合伙企业与个人独资企业存在着共同缺陷，所以一些企业在创业初期以独资或合伙的形式出现，但是在发展到某一阶段后将转换成公司制企业。

（三）公司制企业

公司制企业也称为公司，是指由投资人（自然人或法人）依法出资组建，有独立法人财产，自主经营、自负盈亏的法人企业。各国的公司法对企业的规定差异较大，其具体形式并不完全相同，它们的共同特点是均为经政府注册的营利性法人组织。根据《中华人民共和国公司法》，公司制企业按照形式可以分为有限责任公司和股份有限公司。

公司制企业的优点：①独立的法人实体。企业以独立的法人形式存在，能够以公司的名义行使权利、承担义务，是市场中的竞争主体。②无限存续。一个公司在最初的所有者和经营者退出后仍可继续存在。③所有权便于转让。公司的所有权被划分为若干股权份额，每个份额都可以单独转让，无须经过其他股东同意。④有限债务责任。公司债务是法人债务，不是所有者的债务。所有者的债务以其出资额为限，这样有利于分散股东的投资风险、吸收社会资金、扩大企业规模。

公司制企业的缺点：①双重课税。公司作为独立的法人，其利润需要缴纳企业所得税；企业分配给股东的利润，股东需要缴纳个人所得税。②代理问题。经营者与所有者分开后，代理人可能为了自身利益做出伤害委托人的行为。③组建成本高。《中华人民共和国公司法》对建立公司的要求比建立个人独资企业或合伙企业高，并且需要提交各种报告公开企业信息。三种形式企业组织比较见表 1-1。

表 1-1 三种形式企业组织比较

<table>
<tr><th colspan="2">企业形式</th><th>资金构成</th><th>风险担当</th><th>优点</th><th>缺点</th></tr>
<tr><td colspan="2">个人独资企业</td><td>个人出资
资产独享</td><td>无限责任</td><td>创立容易
经营灵活
成本较低
不需缴纳企业所得税</td><td>业主需要承担无限责任
企业生命周期有限
难以从外部获得大量资金</td></tr>
<tr><td rowspan="2">合伙企业</td><td>普通合伙企业</td><td rowspan="2">共同出资
合伙经营
共享收益</td><td>无限连带责任</td><td rowspan="2">同个人独资企业</td><td rowspan="2">同个人独资企业</td></tr>
<tr><td>有限合伙企业</td><td>认缴出资额内的债务</td></tr>
<tr><td colspan="2">公司制企业</td><td>依法出资组建
独立法人财产
自主经营
自负盈亏</td><td>有限责任</td><td>独立的法人实体
无限存续
所有权便于转让
有限债务责任</td><td>双重课税
代理问题
组建成本高</td></tr>
</table>

以上三种形式的企业组织中，虽然个人独资企业和合伙企业占企业总数的比重大，但是绝大部分的商业资金是由公司制企业控制的。因此，财务管理通常把公司理财作为讨论的重点。除非特别指明，本书讨论的财务管理均指公司财务管理，主要基于工商业行业。

二、企业财务管理主要内容

财务是指企业、机关、事业单位和其他经济组织的资金及其运动。从企业管理角度看，财务管理是指企业组织财务活动、处理财务关系的一项经济管理工作。财务管理是企业管理的一个重要组成部分，其本质是对企业生产经营活动中的资金运动实施的管理。财务管理的核心问题是创造企业价值。任何企业的生存和发展与否都取决于企业是否能创造价值，也就是企业任何一项经营计划所产生的未来现金收入的现值都只有超出为实施该计划所投入的初始现金支出，才会为企业创造价值。

企业管理的重心在于财务管理，财务管理的重心在于资金管理，而资金管理需要全面掌握企业的财务信息。财务管理在企业经济活动中的地位与作用越来越重要，有时甚至成为企业生存和发展的关键所在。

由于公司的基本活动是从市场上筹集资金，投资于经营性资产，并用这些资产来进行经营活动，故财务管理的主要内容是筹资管理、投资管理、营运资本管理、利润分配管理。

（一）筹资管理

筹资管理是企业为了满足投资和资金运营的需要，筹集所需资金的行为。企业根据生产经营方式、发展战略、投资和资本结构等的需要，通过各种合法、合规的筹资渠道，运用各种有效的筹资方式，筹集企业所需资金。企业在筹资时，要合理确定筹资结构，降低筹资成本和风险，增加公司的利益。企业筹资按照来源不同可以分为权益资本筹资和债务资本筹资。

（二）投资管理

投资是企业将筹集到的资金运用到所需项目上的行为，是实现投资者财产价值升值的手段。企业在进行投资管理时，必须考虑投资规模，同时还必须能够有效地控制投资方向和投资方式，确定合理的投资结构，提高投资收益，降低投资风险。企业的投资分为对内投资和对外投资。对内投资是企业将筹集到的资金运用到企业自身，包括企业购置固定资产、无形资产、流动资产等。对外投资包括企业投资购买其他公司的股票、债券，与其他企业联营，投资外部项目等。无论是对内投资还是对外投资，投资决策都直接关系到企业的兴衰成败，要科学做好投资管理。

（三）营运资本管理

营运资本（working capital）是指流动资产和流动负债的差额，资金营运活动是企业日常经营活动中的资金支付行为。营运资本管理分为营运资本投资管理和营运资本筹资管理。营运资本投资管理决定分配多少资金用于应收账款和存货，决定保留多少现金以备支付，以及对这些资产进行日常管理。营运资本筹资管理主要是制定营运资本筹资政策，决定向谁借入多少短期资金，是否需要采用赊购融资等。

营运资本管理的目标有三个：①有效运用流动资产，力求其边际贡献最大；②选择最合理的流动负债，最大限度地降低营运资本的资本成本；③提高营运资本周转速度，以尽可能少的营运资本支持同样的营业收入并保持公司支付债务的能力。

营运资本管理与营业现金流有密切的关系，由于营业现金流的时间和数量具有不确定性，以及现金流入和流出在时间上的不匹配，公司经常会出现现金流的缺口。公司配置较多的营运资本，有利于减少现金流的缺口，但会增加资本成本；如果公司配置较少的营运资本，则有利于节约资本成本，但会增加偿债的风险。因此，公司需要根据具体情况权衡风险和报酬，制定适当的营运资本政策。

（四）利润分配管理

企业通过生产经营活动获得的各项收入，首先用于弥补生产经营性消耗，在缴纳税金之后，依法对剩余收益在企业内部和外部的各利益相关方之间进行分配。收入是企业经济利益的来源，收入分配体现了企业履行相应的经济责任。广义的分配是指企业对各种收入进行分配的行为，而狭义的分配仅指企业利润的分配。收入的初次分配是在企业的再生产过程中完成的，是对企业生产成本的弥补；利润分配是对收入初次分配的再调整，是净利润在投资者和企业留存收益之间的分配过程。本书所指利润分配为狭义的分配，企业在确定分配方式和分配规模时，应确保企业的长期收益最大化。

上述四部分内容中，筹资管理主要涉及资产负债表的负债及所有者权益，这些项目的类型和比例往往会因企业组织的类型不同而有差异；投资管理主要涉及资产负债表的非流动资产，这些项目的类型和比例往往会因公司所处的行业不同而有差异；营运资本管理主要涉及资产负债表的流动负债，这些项目的类型和比例既和行业有关，也和组织类型有关。这四方面的内容是相互联系、相互制约的。投资管理和筹资管理有关，一方面，投资管理决定需要投资的规模和时间；另一方面，公司筹集到的资本制约了公司投资的规模。筹资管理、投资管理和营运资本管理的最终目的都是增加企业的价值，而利润分配管理是为了确保企业取得最大的长期收益。

第二节 财务管理目标与基本原则

一、财务管理的目标

财务管理目标是企业进行财务管理所希望实现的结果，是评价企业经营活动是否合理的基本标准，是企业财务管理工作的行为导向。公司财务管理的基本目标取决于公司的目标，投资者创立公司的目的是营利，已经创建起来的公司，虽然有改善职工待遇、改善劳动条件、扩大市场份额、提高产品质量、减少环境污染等多种目标，但营利是其最基本、最一般、最重要的目标。

财务管理目标的选择，既要与企业目标保持一致，又要集中反映财务管理的基本特征，体现财务活动的基本规律。利润体现了公司的出发点和归宿，还可以概括其他目标的实现程度，并有助于其他目标的实现。公司最具综合性的计量是财务计量，公司的目标应综合体现为公司的财务管理目标。关于公司财务管理目标的表达主要有以下四种观点。

（一）利润最大化

利润是指企业在一定时期内实现的净利润，即企业在一定时期内收入与费用之间的差额，它是企业经营成果的体现，在一定程度上反映了企业经济效益的好坏。利润最大化的观点认为，利润代表了公司新增加的财富，利润越多则说明公司的财富增加得越多，越能接近公司的目标。利润作为社会扩大再生产的基础，利润越多也表明企业对资源的利用越合理、对社会的贡献越大。

以利润最大化作为企业财务管理的目标有其可取之处，主要表现在：①利润是企业生产经营过程中新创造的价值，是企业生存和发展的必要条件，也是社会经济发展的重要动力。②利润反映了企业运用各种资源的综合能力，是评价企业经营绩效的重要依据。③利润既是所有者投资收益的基本来源，也是企业资本积累的基本来源。由此可以看出，以利润最大化作为企业财务管理的目标能够体现企业和股东的共同利益要求。

但以利润最大化作为企业财务管理目标也存在一定的局限性：①没有考虑货币的时间价值。企业通常把不同年份实现的利润进行比较，没有考虑不同年份实现利润的时间价值是不相同的。②没有考虑创造的利润与投入的资本之间的关系。利润是一个绝对值，因而不利于不同规模的企业或同一企业不同时期之间的比较。③没有考虑风险问题。对于企业而言，期望报酬越高，所承担的风险就越大，如果只以利润最大化为理财目标，必然会增大企业的风险。④没有考虑企业和相关利益者的关系。利润最大化目标将企业作为实体，未考虑相关利益者，如投资者、经营者、生产者、政府部门等的利益要求，难以协调各方面的利益关系。⑤一味追求利润最大化可能导致企业经营的短期行为。现代企业战略管理需要对企业进行长远的、全局性的规划，其着眼点在于保持企业的可持续发展，而利润最大化会导致企业理财决策者的短期行为，忽略企业长远的战略发展。

（二）每股收益最大化

每股收益（earning per share，EPS）是企业一定时期的净利润和普通股股数的比率，属于相对数指标。每股收益最大化的观点认为，公司的利润应与股东投资的资本相关。使用每股收益（或权益净利率）来概述公司的财务管理目标可以克服利润最大化目标不能反映投入产出关系的局限性，有利于正确衡量企业经济效益水平，评价企业经营成果，有利于不同资本规模的企业之间或同一企业不同时期之间的比较分析。

每股收益最大化的观点也存在局限性：①没有考虑每股收益的取得时间；②没有考虑每股收益的风险。如果每股收益的时间和风险相同，那么每股收益最大化也是一个可接受的概念。事实上，许多投资者将每股收益作为衡量公司业绩的关键指标。

（三）股东财富最大化

股东财富最大化是指通过财务上的合理经营，为股东带来最多的财富价值。股东是企业的所有者，是企业资本的提供者，其投资的价值在于它能给所有者带来未来报酬，包括获得股利和出售股权获取的现金。在上市公司中，一般来说，股票的市场价值反映了企业净资产的多少及获利能力的强弱，股东的财富决定于股东拥有的股票数量和股票市价，所以财富最大化目标又可以表述为股价最大化。

股东财富可以用股东权益的市场价值来衡量。股东财富的增加可以用股东权益的市场价值与股东投资资本的差额来衡量，它被称为“股东权益的市场增加值”。股东权益的市场增加值是公司为股东创造的价值。在股东投资资本不变的情况下，股价上升可以反映股东财富的增加，股价下跌可以反映股东财富的减损。股价的升降，代表了投资者对公司股权价值的客观评价。以每股收益最大化为目标，反映了资本和获利之间的关系；该目标受预期每股收益的影响，反映了每股收益的大小和取得时间。该目标受企业风险的影响，反映每股收益的风险。因此，假设股东的投资资本保持不变，则股价最大化与增加股东财富具有同等意义。值得注意的是，企业与股东之间的交易也会影响股价，但不影响股东财富。例如，分派股利时股价下降，回购股票时股价上升等。

有时财务管理的目标还被描述为企业价值最大化。公司的价值增加，是股东权益价值增加和债务价值增加引起的。假设股东投资资本及债务价值不变，企业价值最大化和增加股东财富具有相同意义。

（四）相关者利益最大化

企业的利益相关者可以分为两类：一类是合同利益相关者，包括客户、供应商和员工，他们和企业之间存在法律关系，受到合同的约束；另一类是非合同利益相关者，包括政府、社区员工及其他与公司存在间接利益的群体。相关者利益最大化认为企业在经营过程中不仅要考虑股东利益，还需要考虑债权人、员工、经营者、供应商和政府等的利益。股东作为企业所有者，在企业中拥有相应的权利，并承担着相应的义务和风险；但是利益相关者也为企业承担着风险，如债权人承担着债务违约风险、员工承担着工作风险、供应商承担着货款拖欠风险。因此，在确定企业财务管理目标时，必须考虑这些利益相关者的利益。

在确定相关者利益时，首先应强调股东的首要地位，相关者利益是企业财务管理目标确立时应当考虑的因素，但不是首要因素。其次应强调风险与报酬的均衡，使相关者利益控制在合理范围之内，不能使风险超过企业的承受范围。在确立经营者利益时，建立有效的激励机制，强化对经营者的监督和控制，以便企业战略目标的顺利实施。在涉及企业员工的利益时，力求创造良好的工作和生活环境，关心员工的身心健康。对于债权人的利益，在借款合同中可以加入限制性条款，规定贷款的用途或其他事项，发现公司有损害债权人利益时，可以拒绝进一步合作。对于客户利益，应建立良好的客户沟通渠道，使企业与客户的利益协调一致。对于供应商，应加强与供应商的协作，并注重企业形象的宣传，遵守承诺，讲究信誉，努力提高企业的信用等级。

总体而言，相关者利益最大化体现了合作共赢的理念，有利于实现企业经济效益和社会效益的统一，有利于企业的长期稳定发展，是一个多元化、多层次的目标体系，但是，相关者利益最大化需要考虑的因素过多，在企业实际运行中可能不能全面地照顾各方利益。

综上所述，股东财富最大化是财务管理的核心和基础，最能体现企业的长远目标与核心价值，是最合理的财务管理目标。

二、财务管理的基本原则

财务管理的基本原则是从企业财务管理实践中总结出来的，并且已经被广泛用于企业财务管理实践，是一系列企业财务管理价值观所构成的准则和规范。财务管理的基本原则可以概括为如下几个方面。

（一）资金合理配置原则

资金合理配置是由资源的有限性和企业追求股东财富最大化所决定的，是指企业在组织和使用资金的过程中，应当使各种资金保持合理的结构和比例，保证企业生产经营活动的正常进行，使资金得到充分有效的运用，让整体取得最大的经济效益。在企业的财务管理活动中，从筹资的角度看，资金的配置表现为资本结构（负债和所有者权益的构成比例）、长期负债和流动负债的构成比例等。企业不但要从数量上筹集保证其正常经营活动所需的资金，而且必须使这些资金保持合理的结构比例关系，以实现资金使用效率最大化。

（二）成本收益比较原则

企业在生产经营过程中，为了取得收入，必然会产生相应的成本费用。在对一项经济活动进行决策时，必须对该活动的成本和收益进行计算和比较。从企业的长期目标来看，一项经济活动所带来的收益大于所产生的成本时，这项经济活动才是可行的。对成本和收益进行比较，是投资理财的基本原则，也是财务决策价值判断的出发点。在具体运用成本收益比较原则时，应避免“沉没成本”对决策的干扰。沉没成本是指已经发生、不会被以后的决策改变的成本。因此，在做各种财务决策时，应将其排除在外。

（三）风险收益均衡原则

风险收益均衡原则是指决策者在进行财务决策时，必须对风险和收益做出科学的权衡，使承担的风险与所获得的收益相匹配，达到趋利避害的目的。在现实经济活动中，风险与收益具有一定的对应关系，即企业为了获得更高的收益，必须冒更大的风险。任何投资项目都有一定的风险，在进行投资决策时必须认真分析影响投资决策的各种可能因素，科学地进行投资项目的可行性分析，在考虑投资收益的同时考虑投资风险。企业在筹资、投资等重大财务决策中，必须在分析自身抗风险能力的情况下，正确权衡收益与风险，做出与企业自身实际情况相适应的决策。

（四）资金收支平衡原则

在财务管理中，要力求使资金的收支在数量上和时间上达到动态平衡，这就是财务管理的平衡原则。从会计学的角度来看，资产等于负债加上所有者权益，这是资金静态平衡关系。财务管理中追求的不仅是这种静态的资金平衡，还包括为了追求资金的收支在数量上和时间上保持动态的协调平衡。企业的财务收入意味着一次资金循环的终结，而企业发生财务支出，则意味另一次资金循环的开始，所以资金的收支是资金周转的纽带。要做到企业的资金收支平衡，一方面，在企业内部要增收节支，缩短生产经营周期，生产适销对路的优质产品，扩大销售收入，合理调度资金，提高资金利用率；另一方面，在企业外部要保持同资本市场的密切联系，加强企业的筹资能力。

（五）利益关系协调原则

企业作为市场经济的主体，处于庞大的经济网络体系的一个节点。企业与内部、外部等方方面面都有着千丝万缕的联系，客观上存在着一个由众多利益者所构成的利益集团。利益关系协调原则，就是要求企业在实现目标的过程中，必须协调好与利益相关方的利益关系，企业只有处于与各利益相关者和谐共生的状态下，才能真正实现自身的目标。

（六）分级分权管理原则

在规模较大的企业中，财务活动必须实行分级分权管理。分级分权管理是指在企业总部统一领导的前提下，合理安排各级单位和各职能部门的权责关系，使企业内部各单位在资金、成本、收入、利润等管理上责、权、利统一规划，分级管理。财务管理上的分级分权管理，要求“管物和管钱”相结合，“管钱和用钱”相结合，“管理的权和责”相结合，合理安排企业内部各单位在资金、成本、收入等管理上的权责关系。

第三节 财务管理主要理论

在财务管理学科的发展过程中，对财务管理的理解不断深化，论述不断完善，形成了一系列的基本理论。这些理论对财务管理实务起着指导作用，是了解财务管理的逻辑基础。财务管理的基本理论包括现金流量理论、价值评估理论、风险评估理论、投资组合理论及资本结构理论。

一、现金流量理论

现金流量理论是关于现金、现金流量和自由现金流量的理论，是财务管理最为基本的理论。现金是公司流动性最强的资产，是公司生存的“血液”。持有现金的多少体现公司资金流动性的强弱，进而在一定程度上影响公司的风险和价值。现金也是计算现金流量和自由现金流量的基础要素。

现金流量包括现金流入量、现金流出量和现金净流量（net cash flow，NCF），对于公司整体及其经营活动、投资活动和筹资活动都需要计算现金流量，进行现金流量分析、现金预算和现金控制。依据现金流量建成的现金流量折现模型，用于证券投资、项目投资等的价值评估。随着研究的深化，现金流量又进化为自由现金流量。

自由现金流量是指真正剩余的、可支配的现金流量。自由现金流量是由美国西北大学拉巴波特、哈佛大学詹森等学者于1986年提出的，经过30多年的发展，特别是在以美国安然、世通等为代表的公司相继破产之后，以自由现金流量为基础的现金流量折现模型成为价值评估领域中最健全、使用最广泛的评估模型。需要注意的是，财务意义上的现金流量与会计学中的现金流量并不完全等同，主要差别在于是否包括现金等价物，财务学中的现金流量不含现金等价物。

二、价值评估理论

价值评估理论主要是关于内在价值、净增加值和价值评估模型的理论，是财务管理的核心理论。从财务学的角度，价值主要是指内在价值、净增加值。例如，股票价值实质上是指股票的内在价值，项目的价值实质上是指项目的净增现值。内在价值、净现值（net present value，NPV）是以现金流量为基础的折现估计值，并非精确值。

现金流量折现模型是对特定证券现值和特定项目净现值的评估模型。从投资决策的角度看，证券投资者需要评估特定证券的现值，与其市场价格相比较，做出相应的决策；项目投资者需要评估特定项目的净现值，以取得和比较净增加值，做出相应的决策。

价值评估除了研究现金流量，还需要确定折现率。资本资产定价模型（capital asset pricing model，CAPM）就是用于计算折现率的重要模型。资本资产定价模型由财务学家夏普在20世纪60年代提出。按照该模型，金融资产投资的风险分为两种：一种是可以通过分散投资来化解的可分散风险（非系统风险）；另一种是不可以通过分散投资化解的不可分散风险（系统风险）。在有效市场中，可分散风险得不到市场的补偿，只有不可分散风险能够得到补偿。证券的不可分散风险可用系数β来表示，β系数是用来测定一种证券或证券组合的收益随整个证券市场收益变化程度的指标，它反映该证券或证券组合报酬率对市场组合报酬率的敏感程度。市场组合是指市场上全部证券的投资组合，因此，形成了资本资产定价模型。资本资产定价模型解决了股权资本成本的估计问题，为确定加权平均资本成本扫清了障碍，进而使得计算现值和净现值成为可能。

三、风险评估理论

从财务学的角度看，风险导致财务收益的不确定性。在理论上，风险与收益成正比，因此，激进型的投资者侧向于高风险就是为了获得更高的利润，而稳健型的投资者则看重安全性而偏向于低风险。在实务中，风险无时不在、无处不在。投资、筹资和经营活动都存在风险，需要进行风险评估。投资项目决策过程中采用的敏感性分析、资本结构决策中对经营风险和财务风险的衡量均属于风险评估范畴。

四、投资组合理论

投资组合是投资若干种证券构成的组合，其收益等于这些证券收益的加权平均值，但其风险并不等于这些证券风险的加权平均数，投资组合能降低非系统性风险。投资组合理论的奠基人是经济学家马科维茨，他在 1952 年首次提出投资组合理论，并进行了系统、深入和卓有成效的研究。

从资本市场的历史中认识到风险和报酬存在某种关系：一是承担风险会得到报酬，这种报酬称为风险溢价；二是风险越高，风险溢价越大。但是，人们长期没有找到两者的函数关系。马科维茨把投资组合的价格变化视为随机变量，以它的均值来衡量收益，以它的方差来衡量风险，揭示了投资组合风险和报酬的函数关系。因此，马科维茨的理论又称为均值-方差分析。他是首位对“投资分散化”理念进行定量分析的经济学家，他认为通过投资的分散化可以在不改变投资组合预期收益的情况下降低风险，也可以在不改变投资组合风险的情况下增加预期收益。

五、资本结构理论

资本结构是指公司各种长期资本的构成及比例关系。公司的长期资本包括永久的权益资本和长期的债务资本，权益资本和长期债务资本的组合，形成一定的资本结构。资本结构理论是关于资本结构与财务风险、资本成本及公司价值之间关系的理论。资本结构理论主要有无税 MM 理论、有税 MM 理论、权衡理论、代理理论和优序融资理论等。

第四节 财务管理基本方法

财务管理方法，也称财务管理环节。企业财务管理过程从总体上划分为5个基本环节：财务预测、财务决策、财务预算、财务控制和财务分析。这5个环节相互联系、相互配合，形成周而复始的财务管理循环过程，构成完整的财务管理方法体系。

一、财务预测的方法

财务预测是根据财务活动的历史资料，考虑现实的要求和条件，对企业未来的财务活动和财务成果做出科学的预计和测算。财务预测环节的主要任务在于：测算各项生产经营方案的经济效益，为决策提供可靠的依据；预计财务收支的发展变化情况，以确定经营目标；测定各项定额和标准，为编制预算服务。财务预测环节的主要步骤包括以下几个方面。

（一）明确预测对象和目的

预测的对象和目的不同，则预测资料的收集、预测模型的建立、预测方法的选择、预测结果的实现方式等也有不同的要求。

（二）收集和整理资料

根据预测对象和目的，广泛收集与预测目标相关的各种资料信息，包括内部和外部资料、财务和生产技术资料、计划和统计资料等。对所收集的资料除进行可靠性、完整性和典型性检查外，还必须进行归类、汇总、调整等加工处理，使资料符合预测的需要。

（三）建立预测模型

根据影响预测对象的各个因素之间的相互联系，选择相应的财务预测模型。常见的财务预测模型有因果关系预测模型、回归分析预测模型、时间序列预测模型等。

（四）实施财务预测

将经过加工整理的资料利用财务预测模型，选取适当的预测方法，进行定性、定量分析，确定预测结果。

二、财务决策的方法

财务决策是根据企业经营战略的要求，在既定目标的总体要求下，通过专门的方法从各种备选方案中选择最佳方案的过程。在市场经济条件下，财务管理的核心是财务决策。它是编制财务预算、进行财务控制的基础。决策关系到企业的兴衰成败，必须科学地制定财务决策程序。财务决策的基本程序包括以下几点。

（一）确定决策目标

以预测数据为基础，结合企业总体经营战略，从企业实际出发，确定决策期内企业需要实现的具体理财目标。

（二）提出备选方案

根据决策目标，运用一定的预测方法，对所收集的资料进行进一步的加工、整理，提出实现目标的各种可供选择的方案。

（三）评价选择最优方案

通过对各种可实施方案的分析论证和对比研究，评定出各方案的优劣，运用一定的决策方法，选择最优方案。

三、财务预算的方法

预算是用数字编制未来某一时期的计划，是用财务数字或非财务数字来计量预期的结果。财务预算是集中反映未来一定期间（预算年度）现金收支、经营成果和财务状况的预算，它是企业全面预算（包括经营预算、投资预算和财务预算）的重要组成部分。财务预算一般包括现金预算、利润表预算、资产负债表预算、现金流量表预算和成本费用预算等内容，它是财务预测和决策结果的具体表现，也是日常财务控制、财务分析的重要依据。有效的财务预算在财务管理中具有规划、控制、协调、评价和激励功能。

企业的预算管理模式应与企业的基本管理模式一致。预算管理的一般模式以目标利润为导向，以销售预算为起点，以现金流量预算为中心。编制预算的基本步骤包括以下几点。

（1）根据公司总体战略目标确定年度预算目标，并确定年度目标利润。

（2）根据市场调研和分析结果编制年度销售预算。

（3）根据年度销售预算编制生产预算和成本费用预算，包括直接材料预算、直接人工预算、制造费用预算、期间费用预算。

（4）根据以上预算编制现金预算、利润表预算、资产负债表预算和现金流量表预算。

编制预算的常用方法有以下 4 种。

（1）固定预算法，又称静态预算，是根据预算期内正常的可能实现的某一业务活动水平而编制的预算。这种方法的特点是不考虑预算期内业务水平可能发生的变动，以计划期内某一共同的水平为基础，一般适用于经营发展比较稳定或对经营发展能够较为准确预测的企业。

（2）弹性预算法，是根据可预见的不同业务活动水平，分别设定相应目标和任务的预算。这种方法的特点是针对不同的预期，在某一相关范围内的多种业务活动水平的基础上确定不同的预算额，也可按实际业务水平调整确定预算额；预算期末将实际执行结果与预算额比较，使预算执行情况的评价建立在更客观可比的基础上。

（3）滚动预算法，又称连续预算，是一种经常稳定保持一定期限的预算。其基本做法如下：当预算执行一个阶段后，即对下一个周期的预算进行顺延编制。例如，以年为周期进行滚动预算的编制，在预算执行1个月后，即根据当月预算执行过程中表现出来的与预算编制假定不一致的信息，对其余11个月的预算加以修订，并续编1个月，重新形成1个年度的预算。这种方法的优点是能对未来1年的经营活动进行持续不断的计划，并在预算中经常保持一个稳定的视野，但预算编制和管理成本较高、耗时较长。

（4）零基预算法，它要求在编制预算时，应从起点（零基）开始来编制预算。零基即对于每项作业活动或职能，均不以其存在为依据，而是重新评估，以求及时发现收益不佳的作业，杜绝资源浪费及效率低下的情形。

四、财务控制的方法

财务控制是在财务管理过程中，利用有关信息和特定手段，对企业财务活动施加影响，以实现财务预算目标的环节。企业财务控制的常用方式有两种：一种是制度控制，它是以公司章程、财务制度为依据，从合法性、合规性和合理性的角度对企业财务行为和财务活动实施的控制；另一种是预算控制，它是以财务预算的分解指标为标准，对企业财务预算指标及其主要措施的实施情况进行的控制。实行财务控制是落实预算任务、保证预算实现的有效措施。财务控制的一般步骤包括以下几点。

（1）确定控制目标。财务控制目标可按财务计划指标确定，对于一些综合性的财务控制目标应当按照责任单位或个人进行分解，使之成为能够具体掌握的可控指标。

（2）建立控制系统。按照责任制度的要求，落实财务控制目标的责任单位和个人，形成从上到下、从左到右的纵横交错的控制组织体系。

（3）信息传递与反馈。这是一个双向流动的信息系统，它不仅能够自下而上地反馈财务预算执行情况，也能够自上而下地传递调整财务预算执行偏差的信息。

（4）纠正实际偏差。根据信息反馈，及时发现实际执行情况与预算目标的差异，分析原因，采取措施加以纠正，以保证财务预算目标的实现。

五、财务分析的方法

财务分析是以企业财务报表为主要依据，运用专门的分析方法，对企业财务状况和经营成果进行解释和评价，以便于投资者、债权人、管理者及其他信息使用者做出正确的决策。企业进行财务分析常用的方法有比较分析法、因素替换法、比率分析法，其中，比较分析法是企业财务分析的基本方法。

（一）比较分析法

比较分析法是将可比的财务指标进行比较，根据比较的差异，分析企业财务状况和经营成果的一种方法。指标比较的范围，包括以下几个方面。

以报告期实际指标与计划（预算、目标等）指标相比较。这种比较一方面可以揭示计划（预算、目标）的完成情况，另一方面可以评价计划（预算、目标）本身的正确性和先进性。

以报告期实际指标与上期实际指标相比较。这种比较可以反映指标的变动情况及其发展速度，据以研究其发展变化趋势。

以报告期实际指标与本企业历史最高水平相比较。这种比较可以了解企业的现状，以便找出差距，分析原因，赶超历史先进水平。

以报告期实际指标与条件大体相同的先进企业相比较。这种比较可以找出本企业的薄弱环节，反映企业在同行业竞争中的地位。

在运用比较法进行分析时，必须注意指标之间的可比性，做到指标时间范围必须一致，指标内容和计算方法必须相同，不同企业之间的生产经营条件大体相同。

（二）因素替换法

因素替换法又称连环替换法。它是在比较分析法的基础上，分析某项财务指标的差异受哪些因素影响及其影响程度的一种方法。企业各项财务指标的完成情况是受许多因素综合影响的结果，这些因素可能按照不同的方向发生不同的影响，同时各个因素所发生的影响又是相互联系的。因此，要分析各个因素对财务指标完成结果的影响程度，只有有序地把其中一个因素当作可变的，而暂时把其他因素当作不变的情况下，才能单独地反映出这个因素的变动对被分析指标的影响程度。这样能帮助人们找出影响指标变动的主要因素与次要因素，以便抓住主要矛盾，使分析更深入。

（三）比率分析法

比率分析法是把某些彼此存在关联的项目加以对比，计算出比率，据以确定财务活动变动程度的分析方法。采用这种方法，能够把某些条件下的不可比财务指标变为可以比较的指标。比率指标主要包括结构比率、效率比率和相关比率三种。结构比率是某项财务指标的各个组成部分与总体的比率，反映部分与总体的关系。其一般计算公式为

$$结构比率=\frac{某个组成部分数额}{总体数额}$$

利用结构比率可以考察总体中某个部分的构成和安排是否合理，以便协调各项财务活动。效率比率是某项财务活动中所费与所得的比率，反映投入与产出的关系，如成本费用与销售收入的比率、利润与资本的比率等。利用效率比率指标，可以进行得失比较，考察经营成果，评价经济效益的水平。相关比率是以某个财务指标与和其有关但又不同的另一指标加以对比所得的比率，反映有关财务活动的相互关系。利用相关比率指标，可以考察有联系的相关业务安排是否合理，以保障企业经营活动能够顺畅进行，如将流动资产与流动负债对比，计算出流动比率，据以判断企业的短期偿债能力。

第五节 财务管理环境

一、财务管理环境的基本内容

财务管理环境是指对企业财务活动和财务管理产生影响作用的企业内外部的各种条件。通过环境分析，提高企业财务行为对环境的适应能力、应变能力和利用能力，以便更好地实现企业财务管理目标。

企业财务管理环境按其存在的空间，可分为内部财务环境和外部财务环境。内部财务环境主要包括企业资本实力、生产技术条件、经营管理水平和决策者的素质4个方面。内部财务环境存在于企业内部，是企业可从总体上采取一定的措施施加控制和改变的因素，而外部财务环境存在于企业外部，它们对企业财务行为的影响无论是有形的硬环境，还是无形的软环境，企业都难以控制和改变，更多的是适应和因势利导。因此，本章主要介绍外部财务环境及其变化。影响企业外部财务环境的因素有多种，其中最主要的有法律环境、经济环境、金融市场环境、技术环境和社会文化环境。

（一）法律环境

财务管理的法律环境是指企业和外部发生经济关系时所应遵守的各种法律、法规和规章制度。市场经济是一种法治经济，企业的一切经济活动都必须在一定法律规范范围内进行。一方面，法律提出了企业从事一切经济业务所必须遵守的规范，从而对企业的经济行为进行约束；另一方面，法律为企业合法从事各项经济活动提供了保护。企业财务管理中应遵循的法律法规主要包括以下几个方面。

1. 企业组织法

企业是市场经济的主体，不同组织形式的企业所适用的法律不同。按照国际惯例，企业划分为个人独资企业、合伙企业和公司制企业。各国均有相应的法律来规范这3类企业的行为。因此，不同组织形式的企业在进行财务管理时，必须熟悉其企业组织形式对财务管理的影响，从而做出相应的财务决策。

2. 税收法规

税法是税收法律制度的总称，是调整税收征纳关系的法律规范。与企业相关的税种主要有以下 5 种。

（1）所得税类：所得税类包括企业所得税、外商投资企业和外国企业所得税、个人所得税。

（2）流转税类：流转税类包括增值税、消费税和城市维护建设税。

（3）资源税类：资源税类包括资源税、土地使用税和土地增值税。

（4）财产税类：财产税类，即财产税。

（5）行为税类：行为税类包括印花税、车船使用税和屠宰税。

3. 财务法规

企业财务法规是规范企业财务活动、协调企业财务关系的法令文件。目前我国企业财务法规有《企业财务通则》、行业财务制度和企业内部财务制度3个层次。

4. 其他法规

其他法规有《中华人民共和国证券法》《中华人民共和国票据法》《中华人民共和国银行法》等。从整体上说，法律环境对企业财务管理的影响和制约主要表现在以下3个方面。

（1）在筹资活动中，国家通过法律规定了筹资的最低规模和结构。例如，虽然《中华人民共和国公司法》不再对注册资本最低限额提出具体要求，但发起人必须自行决定最低注册资本，并在公司章程中做出明确规定；法律、行政法规以及国务院另有规定的，从其规定。《中华人民共和国公司法》还规定了筹资的前提条件和基本程序，同时对公司发行债券和股票的条件做出了严格的规定。

（2）在投资活动中，国家通过法律规定了投资的方式和条件。例如，《中华人民共和国公司法》规定股份公司的发起人可以用货币资金出资，也可以用实物、工业产权、非专利技术、土地使用权作价出资，规定了投资的基本程序、投资方向和投资者的出资期限及违约责任；又如，企业进行证券投资必须按照《中华人民共和国证券法》所规定的程序来进行，企业投资必须符合国家的产业政策，符合公平竞争的原则。

（3）在分配活动中，国家通过法律（如《中华人民共和国税法》《中华人民共和国公司法》《企业财务通则》《企业财务制度》）规定了企业成本开支的范围和标准、企业应缴纳的税种及计算方法、利润分配的前提条件、利润分配的去向、一般程序及重大比例。在生产经营活动中，国家规定的各项法律也会引起财务安排的变动或者在财务活动中必须予以考虑。

（二）经济环境

财务管理作为一种微观管理活动，与其所处的经济管理体制、经济结构、经济发展状况及宏观经济调控政策等经济环境密切相关。

1. 经济管理体制

经济管理体制是指在一定的社会制度下，生产关系的具体形式及组织、管理和调节国民经济的体系、制度、方式和方法的总称。它分为宏观经济管理体制和微观经济管理体制两类。宏观经济管理体制是指整个国家宏观经济的基本经济制度，而微观经济管理体制是指一国的企业体制及企业与政府、企业与所有者的关系。宏观经济管理体制对企业财务行为的影响主要体现在：企业必须服从和服务于宏观经济管理体制，在财务管理的目标、财务主体、财务管理的手段与方法等方面与宏观经济管理体制的要求相一致。微观经济管理体制对企业财务行为的影响与宏观经济管理体制相联系，主要体现在如何处理企业与政府、企业与所有者之间的关系方面。

2. 经济结构

经济结构一般是指从各个角度考察社会生产和再生产的构成。它包括产业结构、地区结构、分配结构及技术结构等。经济结构对企业财务行为的影响主要体现在产业结构上。一方面，产业结构会在一定程度上影响甚至决定财务管理的性质，不同产业所要求的资金规模或投资规模不同，不同产业所要求的资本结构也不一样；另一方面，产业结构的调整和变动要求财务管理做出相应的调整和变动，否则企业日常财务运作艰难，财务目标难以实现。

3. 经济发展状况

任何国家的经济发展都不可能呈长期的快速增长之势，而总是表现为“波浪式前进，螺旋式上升”的状态。当经济发展处于繁荣时期时，经济发展速度较快，市场需求旺盛，销售额大幅度上升。企业为了扩大生产，需要增加投资，与此相适应，则需筹集大量的资金，以满足投资扩张的需要。当经济发展处于衰退时期时，经济发展速度缓慢，甚至出现负增长，企业的产量和销量下降，投资锐减，资金时而紧缺、时而闲置，财务运作出现较大困难。另外，经济发展中的通货膨胀也会给企业财务管理带来较大的不利影响，主要表现在：资金占用额迅速增加；利率上升，企业筹资成本加大；证券价格下跌，筹资难度增加；利润虚增，资金流失。

4. 宏观经济调控政策

政府具有对宏观经济发展进行调控的职能。在一定时期，政府为了协调经济发展，往往通过计划、税收和金融等手段对国民经济总体运行机制及子系统提出一些具体的政策措施。这些宏观经济调控政策对企业财务管理的影响是直接的，企业必须按国家政策办事，否则将寸步难行。例如，国家采取收缩的调控政策时，会导致企业的现金流入减少，现金流出增加、资金紧张、投资压缩；当国家采取扩张的调控政策时，企业财务管理则会出现与之相反的情形。

（三）金融市场环境

金融市场是指资金筹集的场所。广义的金融市场，是指一切资本（包括实物资本和货币资本）流通的场所，其交易对象为货币借贷、票据承兑和贴现、有价证券买卖、黄金和外汇买卖、办理国内外保险、生产资料的产权交换等。狭义的金融市场，一般是指有价证券市场，即股票和债券的发行和买卖市场。

1. 金融市场的分类

（1）按交易的期限，金融市场可分为短期资金市场和长期资金市场。短期资金市场是指期限不超过1年的资金交易市场，因为短期有价证券易于变成货币或作为货币使用，故也称货币市场；长期资金市场是指期限在1年以上的股票和债券交易市场，因为发行股票和债券主要用于固定资产等资本货物的购置，故也称资本市场。

（2）按交易的性质，金融市场可分为发行市场和流通市场。发行市场是指从事新证券和票据等金融工具买卖的转让市场，也称初级市场或一级市场；流通市场是指从事已上市的旧证券或票据等金融工具买卖的转让市场，也称次级市场或二级市场。

（3）按交易的直接对象，金融市场可分为同业拆借市场、国债市场、企业债券市场、股票市场及金融期货市场等。

（4）按交割的时间，金融市场可分为现货市场和期货市场。现货市场是指买卖双方成交后，当场或几天之内买方付款、卖方交出证券的交易市场；期货市场是指买卖双方成交后，在双方约定的未来某一特定的时日才交割的交易市场。

2. 金融市场与企业财务活动

企业从事投资活动所需要的资金，除了所有者投入以外，主要从金融市场取得。金融政策的变化必然影响企业的筹资与投资。因此，金融市场环境是企业最为主要的环境因素，它对企业财务活动的影响主要包括以下几个方面。

（1）金融市场为企业提供了良好的投资和筹资的场所。当企业需要资金时，可在金融市场上选择合适的筹资方式，而当企业有闲置的资金时，又可在市场上选择合适的投资方式，为其资金寻找出路。

（2）金融市场为企业的长短期资金相互转化提供方便。企业可通过金融市场将长期资金（如股票、债券）变现为短期资金，也可通过金融市场购进股票、债券等，将短期资金转化为长期资金。

（3）金融市场为企业财务管理提供有意义的信息。金融市场的利率变动反映资金的供求状况，有价证券市场的行情反映投资人对企业经营状况和盈利水平的评价，这些都是企业生产经营和财务管理的重要依据。

3. 中国主要的金融机构

（1）中国人民银行：中国人民银行是我国的中央银行，它代表政府管理全国的金融机构和金融活动，经理国库。

（2）政策银行：政策银行是指由政府设立，以贯彻国家产业政策、区域发展政策为目的，不以营利为目的的金融机构。我国目前有3家政策银行：国家开发银行、中国进出口银行和中国农业发展银行。

（3）商业银行：商业银行是以经营存款、放款、办理转账结算为主要业务，以营利为主要经营目标的金融企业。我国商业银行有国有独资商业银行、股份制商业银行。

（4）非银行金融机构：我国主要的非银行金融机构有保险公司、信托投资公司、证券机构、财务公司及金融租赁公司。

4. 金融市场利率

在金融市场上，利率是资金使用权的价格。其计算公式为

利率=纯利率+通货膨胀附加率+风险附加率

纯利率是指在没有风险和通货膨胀情况下的平均利率。在没有通货膨胀时，国库券的利率可视为纯利率。

通货膨胀附加率是指由于通货膨胀会降低货币的实际购买力，为弥补其购买力损失而在纯利率的基础上加上的利率。

风险附加率是由于存在违约风险、流动性风险和期限风险而要求在纯利率和通货

膨胀之外附加的利率。其中，违约风险附加率是指为了弥补因债务人无法按时还本付息而带来的风险，由债权人要求附加的利率；流动性风险附加率是指为了弥补因债务人资产流动不好而带来的风险，由债权人要求附加的利率；期限风险附加率是指为了弥补因偿债期限较长而带来的风险，由债权人要求附加的利率。

（四）技术环境

财务管理的技术环境，是指财务管理得以实现的技术手段和技术条件，它决定着财务管理的效率和效果。目前，我国进行财务管理所依据的会计信息是通过会计系统所提供的，占企业经济信息总量的60%~70%。在企业内部，会计信息主要是供管理层决策使用，而在企业外部，会计信息则主要是为企业的投资者、债权人等提供服务。

目前，我国正全面推进会计信息化工作，财政部《会计改革与发展“十三五”规划纲要》中明确提出需要加强会计信息化建设。

（五）社会文化环境

社会文化环境包括教育、科学、文学、艺术、新闻出版、广播电视、卫生体育、世界观、理想、信念、道德、习俗，以及与社会制度相适应的权利义务观念、道德观念、组织纪律观念、价值观念、劳动态度等。企业的财务活动不可避免地受到社会文化的影响，但是社会文化的各方面对财务管理的影响程度是不尽相同的，有的具有直接影响，有的只有间接影响；有的影响比较明显，有的影响微乎其微。

例如，随着财务管理工作的内容越来越丰富，社会整体的教育水平将显得非常重要。事实表明，在教育水平落后的情况下，为提高财务管理水平所做的努力往往收效甚微。又如，科学的发展对财务管理理论的完善也起着至关重要的作用，经济学、数学、统计学、计算机科学等诸多学科的发展，都在一定程度上促进了财务管理理论的发展。另外，社会的资信程度等也在一定程度上影响着财务管理活动。当社会资信程度较高时，企业间的信用往来会加强，会促进彼此之间的合作，并减少企业的坏账损失。同时，在不同的文化背景中做生意的公司，需要对现有员工进行文化差异方面的培训，并且在可能的情况下雇用文化方面的专家。忽视社会文化对公司财务活动的影响，将给公司的财务管理带来难以预料的问题。

二、财务管理环境的改变

（一）政策和法律环境的改变

目前各国都开始对自己国内企业的发展重视起来，也在尽全力来扶持国内各企业的发展。国家对那些严格履行金融法规的公司采取各种优惠政策，从而减轻企业纳税负担，使纳税对象更好地得到国家政策的照顾。所以，国家对企业的政策和法律，特别是对税收和金融法律法规的修订，更容易也更方便地减轻企业在财务上的负担。

（二）社会文明及经济环境的改变

随着我国人民生活水平的不断进步，人们的素质也伴随着文明的进步而提高，每个人的思维都变得敏感起来，更加包容文化，社会也日益开放。这样的文明环境对新的财政管理产生很多有利影响，也为财务管理人员采取更为灵敏化、更加人性化的管理方式带来更多有利条件。随之而来的国内经济的繁荣，各种专业各种需求急速增加，这使企业开始意识到科技转型以适应新社会及新环境的迫切性。

（三）科学创新环境的改变

在全球经济迅速繁荣发展的今天，科学技术方面的进步与提高也是巨大的。而投资的收益应以工人生产状况及质量为基础，以公司科学进步和未来发展潜力为检验准则，这种情况则不可用传统的货币和财务收益简单衡量。

（四）国际贸易大环境的改变

世界贸易全球化和经济全球化是大势所趋，是未来世界经济发展的必然方向。中国的产品不仅需要依靠国内市场，更需要紧紧拥抱国际市场。在中国企业走出去的过程中，面临的竞争压力会越来越大，激烈的竞争对中国企业产生严重的影响，对中国制造提出了更高的要求，同时也会导致日益复杂的国际贸易环境。因此，财务管理相关部门就会预留一些积累资金，用于世界交流沟通。例如，在资金调配中划分部分资金作为引进外国人才、科学技术、管理经验等的资金。

（五）企业内部管理环境的改变

一个社会的思想文明和道德文明对一个企业内部管理环境的影响是显而易见的。当今社会各种文化交流频繁，思维开始交汇融合，政策的制定受思维变化的影响，对一个企业而言，应该对这个时代流行的趋势进行跟踪追溯。制定财务管理政策也不应再局限于对资本的控制管理，应该延伸到企业外的各个方面。

第六节　智慧财务管理

数字化、网络化时代的到来，改变了传统的经济社会运行方式，对企业的运营及管理产生了巨大的影响。在互联网技术的支持下，人们不再依赖大量的人工完成相关工作，而是通过网络技术及计算机软件完成对相关工作的管理。近几年，云计算、大数据、区块链及人工智能等词频频出现在人们的面前，使人们对这个社会的认知产生了巨大的变化。在企业的管理过程中，伴随各种先进技术的应用，企业的运作方式及管理体系也发生了巨大的变化。其中，财务管理工作作为企业运营中非常重要的管理环节，也变得越来越智慧化。

一、智慧财务管理的本质

智慧财务管理，主要是指运用自主性及行动性的智慧型财务管理系统完成财务管理的具体工作。现如今，人们对智能化管理的认知水平不断提高，对智能管理技术的运用能力不断增强，对传统的财务管理方式提出了新的管理理念。本书讨论的智慧财务管理是指营利性组织运用先进的技术手段，如云计算、大数据、区块链、人工智能等，进行企业财务资源整合，促进企业业务发展与财务管理深度结合，实现智慧的财务管理。在此基础上，财务管理人员能够将企业运营过程中的价值系统与业务系统进行有效整合，加强智慧财务管理系统的核心功能。

智慧财务管理的特征主要体现为以下两点：第一，智慧财务管理具有“业财融合”的特征。企业运行过程中的财务管理工作，是一项程序复杂、内容广泛、涉及部门众多的综合管理活动。在智慧财务管理系统的支撑下，将企业内部的各个部门及全部业务有效地联系在一起，提高了企业的综合竞争实力。第二，在智慧财务管理方式下，企业更注重边际价值，强调增量优化。在数学领域中，边际是表示增量化的重要指标，如边际成本、边际价值等。在我国企业传统的财务管理过程中，主要强调在运营过程中提升企业的经济效益，并没有着重强调财务工作的边际价值。在这种情况下，会导致资金成本的增加，而由于大部分企业不具备良好的资金运作能力，在财务管理过程中经常出现一些问题。而利用智慧财务管理方式，相关工作会通过计算机软件来完成，避免了人为操作过程中的失误，提高了企业财务管理的效率。

二、智慧财务管理的优化理念

为了进一步加深对智慧财务管理的理解，可以从优化理念角度对智慧财务管理进行把握。优化理念是对财务管理应用“智慧”的具体表现，可以从财务管理理念、财务管理方式和财务管理技术 3 个方面进行阐述。

（一）优化财务管理理念

为了发挥智慧财务管理的作用及价值，就必须对智慧财务管理的理念进行准确认识，了解其主要内涵。实际上，在智慧财务管理系统运行过程中，大数据技术的运用，不仅改变了企业运行中的数据收集、传输及处理方式，更改变了人们传统的思维方式及管理方式。从目前经济社会的发展趋势看，互联网公司的出现不仅改变了人们的行为方式，而且使人们对事物的思考方式产生了一定的改变。而企业采用的智慧财务管理理念，就是建立各类“智慧”知识体系的标准及规则。

（二）优化财务管理方式

在转变财务管理理念的基础上，对智慧财务管理的方式进行调整。相关人员应进一步完善智慧财务管理体系，运用各种技术手段完成各项财务管理工作的综合性管理活动。此外，在互联网技术的支撑下，建立网络化的管理系统，完成财务管理工作。智慧财务管理的主体应具备需求识别能力、财务管理能力、财务决策能力。此外，企业智慧财务管理体系应面向经济市场，根据市场中用户的实际需求进行有针对性的管理。而作为智慧财务管理者，应具有较强的社会责任感，并能够结合自身的实际工作能力，准确地定位自己在经济市场中的地位，完善整个管理系统。

（三）优化财务管理技术

智慧财务管理系统的物理系统核心，就是财务云技术。在智慧财务管理体系的运行过程中涉及大量的数据，所以需要以数据为基础支撑财务管理工作。在传统的财务管理过程中，数据的收集、处理等工作主要是通过人工来完成的，这种工作方式的效率较低，且容易在处理数据的过程中产生一些问题。通过智慧财务管理系统的运用，工作人员只需通过简单的操作，便可利用设备软件来完成数据的收集、处理及传输，提高财务管理的工作效率。同时，由于智慧财务管理系统具有大量的智能终端、传感器等装置，能够轻松完成各种类型的财务管理任务，快速收集及整理各项财务数据，并使用相关软件对财务数据进行分析，为财务人员提供有价值的参考。

三、智慧财务管理的实施路径

在企业建立智慧财务管理体系的过程中，应逐渐实现财务自动化管理、资金流动虚拟化管理及风险精准化管理，实现创新的财务管理方式。同时，将企业运营管理中各环节的财务管理工作进行有效结合，形成完整的财务管理网络，实现企业财务管理信息的集成与共享。并且，在企业建立智能化财务管理架构的过程中，应进一步完善企业的基础设施（包括硬件系统及软件系统），增强财务管理人员对财税、法律及管理等知识的了解，提高其对大数据技术的应用水平。

智慧财务管理系统的构建，需要如大数据、云计算、人工智能、区块链等信息技术的支撑。建立标准化的信息管理体系，是实现智慧财务管理的基础工作。为了保证企业管理者能够及时了解各类财务信息，应构建统一、智能的数据传输体系，并将财务管理涉及的各方面内容有效整合到一起。换言之，应先建立标准化的数据云计算系统，再在此基础上建立财务信息标准化管理系统。对于我国的中小型企业来说，建立标准化数据云计算系统需要投入大量的资金，政府部门应给予相应的资金支持，保障当地企业的信息化建设及发展。

上文所说的大数据、云计算、人工智能、区块链等信息技术的应用贯穿于全书，为方便初学者的理解，在此先介绍与之相关的概念与特征。

（一）大数据

大数据是基于互联网技术，对生活中各种各样的信息源进行收集和处理分析、管理和最终处理整合得出来的数据。同时，大数据也是一种高增长率和信息多样化的信息资产。由于计算机技术和互联网技术的运用获得的数据量远超于统计方法数个数量级，其分析处理需要特殊的技术支持，故大数据也指大数据技术。大数据技术是指大数据的应用技术，涵盖各类大数据平台、大数据指数体系等，如大规模并行处理数据库、数据挖掘、分布式文件系统、分布式数据库、云计算平台、互联网和可扩展的存储系统等。大数据是信息技术发展的必然产物，它利用互联网、计算机等高科技手段，改变社会生产方式。

大数据具有全面性、混杂性、客观概率应用3个特点。第一，大数据的数据具有全面性，可以不依赖于对点数据的采集，而是对所有发生过的事物都进行数据采集。第二，大数据的数据是混杂的，而不是追求精确的，传统的数据统计是由人先提出主观的采集目标，再进行采样，大数据技术是直接统计事物在发展过程中产生的各种数据源，采样对象并没有主观性。大数据关注的是相关性，而非寻找事物中的因果关系。第三，大数据应用中更强调客观概率，而非主观的因素，以免人为强行找因果关系，而忽视随机性事件的系统性风险。

（二）云计算

云计算是分布式计算的一种，指的是通过网络“云”将巨大的数据计算处理程序分解成无数个小程序，然后，通过多部服务器组成的系统处理和分析这些小程序得到结果并返回给用户。云计算早期，简单地说，就是简单的分布式计算，解决任务分发，并进行计算结果的合并。因而，云计算又称为网格计算。通过这项技术，可以在很短的时间内（几秒钟）完成对数以万计的数据的处理，从而达到强大的网络服务。

云计算技术主要具有5个特点。第一，计算容量大。由于云计算技术是建立在互联网基础上的，互联网可以为云计算技术提供大规模的服务器资源和海量存储设备，运算与处理能力非常强大，信息数据容量巨大。第二，灵活性强。互联网为云计算用户营造了一个互联互通的工作环境。云计算用户不仅可以在单位办公，还可以在家庭环境下、手机网络环境下及其他环境下办公，可谓随时随地，极大地提高了办公效率。第三，稳定性高。云计算技术在进行信息数据处理过程中采用的是分布式计算方式。分布式计算方式主要是将计算任务分布到互联网上的计算节点中，与本地计算技术相比稳定性较高。第四，成本低廉。云计算技术与传统的财务信息化建设相比，在软硬件的投入方面相对较少，省去了一定的人力、物力、财力，减少重复投资和浪费，综合成本大大降低。第五，数据泄露风险大。由于互联网是对外开放的，这样难免存在着一些不法分子利用云计算技术上所存在的技术漏洞盗取企业信息数据谋取利益的现象，使得用户信息数据泄露可能性增大，风险有所增加。

（三）人工智能

人工智能是模拟、延伸和扩展人的智能理论、方法、技术及应用系统的技术科学，它由机器学习、计算机视觉、数据挖掘、专家系统、自然语言处理、语音处理、知识库系统、神经网络、遗传算法等不同的领域组成，涵盖由机器、系统实现的与人类智能有关的各种行为及思维活动，如判断、推理、证明、识别、感知、理解、设计、思考、规划、学习等。

从不同的角度来看，人工智能有多种不同的特征。从人工智能所实现的功能看，人工智能是智能机器所执行的通常与人类智能有关的功能，如判断、推理、证明、识别学习和问题求解等思维活动；从实用的观点看，人工智能是一门知识工程学，它以知识为对象，研究知识的获取、表示方法和使用；从能力的角度看，人工智能是指用人工的方法在机器（计算机）上实现的智能；从学科的角度看，人工智能是一门研究如何构造智能机器或智能系统，使它能模拟、延伸和扩展人类智能的学科。

（四）区块链

区块链是一种基于共识机制的新型应用模式，可在不同节点间建立信任机制。我们可以把区块链技术的本质内涵进行如下概括。狭义上来讲，区块链技术是由数据区块依据一定顺序与规律构成的链式结构，可利用数字密码保障技术形成不可随意更改的分布式账本；广义上来讲，区块链则是以区块链形式组成的数据结构，依托一定技术，如分布式技术、密码学技术、自动化脚本代码等实现数据的计算、分析、存储、更新、保密。区块链技术的应用有效实现了分布式技术、共识机制、数字密码技术、时间戳等的结合应用。

区块链技术的本质内涵决定了区块链技术的5个特点。第一，去中心化。区块链由于使用分布式核算和存储，不存在中心化的硬件或管理机构，任意节点的权利和义务都是均等的，系统中的数据块由整个系统中具有维护功能的节点来共同维护。第二，开放性。系统是开放的，除了交易各方的私有信息被加密外，区块链的数据对所有人都公开，任何人都可以通过公开的接口查询区块链数据和开发相关应用，因此，整个系统信息高度透明。第三，自治性。区块链采用基于协商一致的规范和协议（如一套公开透明的算法），使得整个系统中的所有节点都能够在去信任的环境自由安全地交换数据，使得对“人”的信任改成了对机器的信任，任何人为的干预都不起作用。第四，信息不可篡改。一旦信息经过验证并添加至区块链，就会永久地存储起来，除非能够同时控制住系统中超过 51%的节点，否则单个节点上对数据库的修改是无效的，因此，区块链的数据稳定性和可靠性极高。第五，匿名性。由于节点之间的交换遵循固定的算法，其数据交互是无须信任的（区块链中的程序规则会自行判断活动是否有效），故交易对手无须通过公开身份的方式让对方产生信任，对信用的累积非常有帮助。

为了能够在企业中构建完整的智慧财务管理体系，企业应充分利用如大数据、云计算、人工智能、区块链等信息技术，进一步打破信息壁垒，将企业内部的信息系统与企业外部的金融体系、政府财务管理系统进行有效连接，建立一体化的财务架构，实现对信息、资源的统一管理。目前，我国部分地区已经实现这一做法，部分地区的工商部门正在建立一体化的电子营业执照管理系统，并将企业的登记信息全部都录入该系统中，同时与企业的财务管理系统进行了有效对接，实现对其的管理及监督，从而保障企业的健康发展。

随着科学技术水平的不断提高，现代企业的财务管理方式及运行理念已经不能满足企业发展的需要，企业必须充分利用各种先进的科学技术，实现企业财务管理的智慧化、信息化建设；同时，优化企业财务管理方式，将财务管理工作的价值充分体现出来，为促进企业的发展奠定良好的基础。事实证明，智慧财务管理是一种非常有效的财务管理方式，能够帮助企业整合企业内外部的相关资源，改善财务管理环境，增强企业的综合竞争实力。相信在企业管理人员的努力下，智慧财务管理体系将会更加完善，企业将得到长久的发展。

思考与练习

1. 什么是财务管理？其主要内容有哪些？
2. 财务管理的主要理论有哪些？请简述。
3. 财务管理的基本方法有哪些？
4. 利润最大化作为公司理财的目标有何优缺点？
5. 财务分析的方法主要有哪些？
6. 请谈一谈你对智慧财务管理的理解。

第二章

价值评估理论与方法

资产价值评估是财务管理的基础。随着市场经济的发展，资产价值评估日益受到重视。价值评估广泛应用于价值分析和投资分析中，成为衡量资产质量好坏的最全面、最准确的指标之一。只有尽可能准确地确定目标资产的价值，才能做出合理的投、融资决策。随着新一代信息技术的兴起和应用，价值评估工作必将变得更加智能高效。本章将介绍价值评估的经典理论与方法。

学习目标

- 理解货币时间价值，掌握年金终值和现值的计算方法
- 理解和掌握单项资产收益和风险的含义及衡量方法
- 能够熟练地进行投资组合量化分析
- 理解和掌握资本资产定价模型

第一节　货币时间价值

一、货币时间价值的概念

货币时间价值，是指货币经历一定时间的投资和再投资所增加的价值。

在商品经济中，有这样一种现象，即现在的 1 元钱和 1 年后的 1 元钱其经济价值不相等。现在的 1 元钱，比 1 年后的 1 元钱的经济价值要大一些，即使不存在通货膨胀也是如此。为什么会这样呢？例如，将现在的 1 元钱存入银行，1 年后可得到 1.10 元（假设存款利率为 10%）。这 1 元钱经过 1 年时间的投资增加了 0.10 元，这就是货币的时间价值。在实务中，人们习惯使用相对数字表示货币的时间价值，即用增加价值占投入货币的百分数来表示。例如，前述货币的时间价值为 10%。

货币投入生产经营过程后，其金额随时间持续不断增长，这是一种客观的经济现象。企业资金循环的起点是投入货币资金，企业用它来购买所需的资源，然后生产出新的产品，产品出售时得到的货币量大于最初投入的货币量。资金的循环及因此实现的货币增值，需要或多或少的时间，每完成一次循环，货币就增加一定金额，周转的

次数越多，增值额也越大。因此，随着时间的延续，货币总量在循环中按几何级数增长，形成了货币的时间价值。

由于货币随时间的延续而增值，现在的1元钱与将来的1元多钱甚至是几元钱在经济上是等效的。换一种说法，就是现在的1元钱和将来的1元钱经济价值不相等。由于不同时间单位货币的价值不相等，所以，不同时间的货币收支不宜直接进行比较，需要把它们折算到相同的时点上，然后才能进行大小的比较和比率的计算。

二、复利终值和现值

复利是计算利息的一种方法。按照这种方法，每经过一个计息期，都要将所生利息加入本金再计利息，逐期滚算，俗称“利滚利”。这里所说的计息期，是指相邻两次计息的时间间隔，如年、月、日等。除非特别指明，计息期为1年。与复利相对的是单利。单利是指只对本金计算利息，而不将以前计息期产生的利息累加到本金中去计算利息的一种计息方法，即利息不再生息。

（一）复利终值

复利终值是指现在的特定资金按复利计算的将来一定时间的价值，或者说是现在的一定本金在将来一定时间按复利计算的本金与利息之和。

例2-1　小王将存款20 000元进行一项投资，年报酬率为10%，经过1年时间，该投资的期末金额为

$$\begin{aligned} F &= P + P \cdot i \\ &= P \cdot (1+i) \\ &= 20\,000 \times (1+10\%) \\ &= 22\,000(\text{元}) \end{aligned}$$

其中，P为现值或初始值；i为报酬率或利率；F为终值或本利和。

若小王并不提走现金，将22 000元继续用于投资，则第二年本利和为

$$\begin{aligned} F &= \left[P \cdot (1+i)\right] \cdot (1+i) \\ &= P \cdot (1+i)^2 \\ &= 20\,000 \times (1+10\%)^2 \\ &= 20\,000 \times 1.21 \\ &= 24\,200(\text{元}) \end{aligned}$$

第n年的期终金额为$F = P(1+i)^n$。

上式是计算复利终值的一般公式，其中的$(1+i)^n$被称为复利终值系数或1元的复利终值，用符号（F/P，i，n）表示。例如，（F/P，10%，3）表示利率为10%的3期复利终值的系数。为了便于计算，可编制“复利终值系数表”（见本书附表一）备用。该表的第一行是利率i，第一列是计息期n，相应的$(1+i)^n$值在其纵横相交处。通过该表可查出，（F/P，10%，3）= 1.331。在时间价值为10%的情况下，现在的1元和3年后的1.331元在经济上是等效的，根据这个系数可以把现值换算成终值。该表的作用不

仅在于已知 i 和 n 时查找 1 元的复利终值，而且可在已知 1 元复利终值和 n 时查找 i，或已知 1 元复利终值和 i 时查找 n。

（二）复利现值

复利现值是复利终值的对称概念，指未来一定时间的特定资金按复利计算的现在价值，或者说是为取得将来一定本利和而现在所需要的本金。

复利现值计算，是指已知 F、i、n 时，求 P。

通过复利终值计算已知 $F = P(1+i)^n$

所以：

$$P = \frac{F}{(1+i)^n} = F \cdot (1+i)^{-n}$$

其中，$(1+i)^{-n}$ 为把终值折算成现值的系数，称为复利现值系数，或称作 1 元的复利现值，用符号（P/F，i，n）来表示。例如，（P/F，10%，5）表示利率为 10%时 5 期的复利现值系数。为了便于计算，可编制“复利现值系数表”（见本书附表二）备用。该表的使用方法与“复利终值系数表”相同。

（三）报价利率、计息期利率和有效年利率

复利的计息期间不一定是1年，有可能是季度、月份或日。在复利计算中，如按年复利计息，1 年就是 1 个计息期；如按季复利计息，1 季就是 1 个计息期，1 年就有 4 个计息期。计息期越短，1 年中按复利计息的次数就越多，每年的利息额就会越大。这就需要明确 3 个概念：报价利率、计息期利率和有效年利率。

1. 报价利率

银行等金融机构在为利息报价时，通常会提供一个年利率，并且同时提供每年的复利次数。此时金融机构提供的年利率被称为报价利率，有时也被称为名义利率。在提供报价利率时，必须同时提供每年的复利次数（或计息期的天数），否则意义是不完整的。

2. 计息期利率

计息期利率是指借款人对每1元本金每期支付的利息。它可以是年利率，也可以是半年利率、季度利率、每月或每日利率等，其公式表示如下：

$$计息期利率 = 报价利率/每年复利次数$$

例 2-2　本金 10 000 元，投资 5 年，年利率 8%，按季度付息，则：

$$每季度利率 = 8\% \div 4 = 2\%$$

$$复利次数 = 5 \times 4 = 20$$

$$\begin{aligned} F &= 10\,000 \times (1+2\%)^{20} \\ &= 10\,000 \times 1.485\,9 \\ &= 14\,859(元) \end{aligned}$$

3. 有效年利率

在按照给定的计息期利率和每年复利次数计算利息时，能够产生相同结果的每年

复利一次的年利率被称为有效年利率，或者称等价年利率。

假设每年复利次数为 m：

$$有效年利率=\left(1+\frac{报价利率}{m}\right)^m-1$$

$$i=(1+8\%\div4)^4-1=1.0824-1=8.24\%$$

$$F=10\,000\times(1+8.24\%)^5=10\,000\times1.4857=14\,857\text{（元）}$$

三、年金终值和现值

年金是指等额、定期的系列收支。例如，分期付款赊购、分期偿还贷款、发放养老金、分期支付工程款、每年相同的销售收入等，都属于年金收付形式。按照收付时点和方式的不同可以将年金分为普通年金、预付年金、递延年金和永续年金 4 种。

（一）普通年金终值和现值

普通年金又称后付年金，是指各期期末收付的年金。普通年金的收付形式如图 2-1 所示。横线代表时间的延续，用数字标出各期的顺序号；竖线的位置表示收付的时刻，竖线下端数字表示收付的金额。

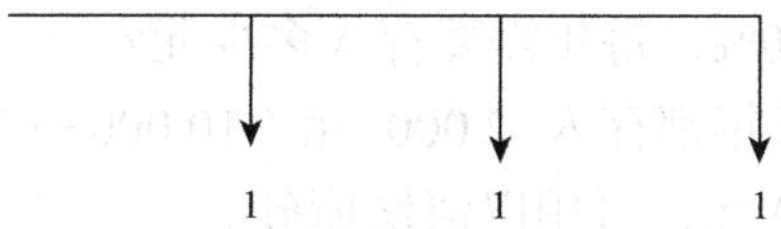

图 2-1　普通年金的收付形式

1. 普通年金终值

普通年金终值是指其最后一次收付时的本利和，它是每次收付的复利终值之和。例如，按图 2-1 的数据，其第三期末的普通年金终值计算图如图 2-2 所示。

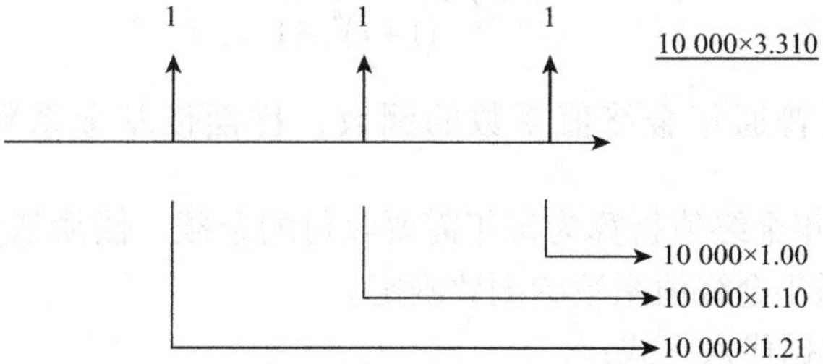

图 2-2　普通年金终值计算图

第一期末的 10 000 元，应赚得两期的利息，因此，到第三期末其值为 12 100 元；第二期末的 10 000 元，应赚得一期的利息，因此，到第三期末其值为 11 000 元；第三期末的 10 000 元，没有计息，其价值是 10 000 元。整个年金终值 33 100 元。

如果年金的期数很多，用上述方法计算终值显然相当烦琐。由于每年收付额都相等，折算终值的系数又有规律，所以，可找出简便的计算方法。

设每年的收付金额为 A，利率为 i，期数为 n，则按复利计算的普通年金终值 F 为

$$F=A+A(1+i)+A(1+i)^2+\cdots+A(1+i)^{n-1}$$

等式两边同乘（$1+i$）：

$$(1+i)F=A(1+i)+A(1+i)^2+A(1+i)^3+\cdots+A(1+i)^n$$

上述两式相减：

$$(1+i)F-F=A(1+i)^n-A$$

$$F=\frac{A(1+i)^n-A}{(1+i)-1}$$

$$F=A\bullet\frac{(1+i)^n-1}{i}$$

其中，$\frac{(1+i)^n-1}{i}$ 表示普通年金为 1 元、利率为 i、经过 n 期的年金终值，记作（F/A，i，n）。可据此编制“年金终值系数表”（见本书附表三），以供查阅。

2. 偿债基金

偿债基金是指为使年金终值达到既定金额每年末应收付的年金数额。

例 2-3 拟在 5 年后还清 10 000 元债务，从现在起每年末等额将一笔款项存入银行。假设银行存款利率为 10%，每年需要存入多少元？

由于利息原因，不必每年都存入 2 000 元（10 000÷5），只要存入较少的金额，5 年后本利和即可达到 10 000 元，可用以清偿债务。

根据普通年金终值计算公式：

$$F=A\bullet\frac{(1+i)^n-1}{i}$$

可知

$$A=F\bullet\frac{i}{(1+i)^n-1}$$

其中，$\frac{i}{(1+i)^n-1}$ 为普通年金终值系数的倒数，称偿债基金系数，记作（A/F，i，n）。它可以把普通年金终值折算为每年需要收付的金额。偿债基金系数可以制成表格备查，亦可根据普通年金终值系数的倒数确定。

将例 2-3 有关数据代入上式：

$$A=10\,000\times\frac{i}{(F/A,10\%,5)}$$
$$=10\,000\times0.163\,8$$
$$=1\,638(元)$$

因此，在银行利率为 10%时，每年存入 1 638 元，5 年后可得 10 000 元，用来还清债务。

有一种折旧方法，称为偿债基金法，其理论依据是"折旧的目的是保持简单再生产"。为在若干年后购置设备，并不需要每年都提存设备原值与使用年限的算术平均数，由于利息不断增加，每年只需提存较少的数额，即按偿债基金提取折旧，就可在使用期满时得到设备原值。偿债基金法的年折旧额，就是根据偿债基金系数乘以固定资产原值计算出来的。

3. 普通年金现值

普通年金现值，是指为在每期期末都收付相等金额的款项，现在需要投入或收取的金额。

例 2-4　某人出国 3 年，请你代付房租，每年租金 10 000 元，设银行存款利率为 10%，他应当现在给你在银行存入多少钱？

这个问题可以表述如下：$i=10\%$，$n=3$，$A=10\,000$ 元的年末付款的现在等效值是多少？

设年金现值为 P：

$$P=10\,000\times(1+10\%)^{-1}+10\,000\times(1+10\%)^{-2}+10\,000\times(1+10\%)^{-3}$$
$$=10\,000\times0.909\,1+10\,000\times0.826\,4+10\,000\times0.751\,3$$
$$=10\,000\times2.486\,8$$
$$=24\,868\text{（元）}$$

计算普通年金现值的一般公式：

$$P=A(1+i)^{-1}+A(1+i)^{-2}+\cdots+A(1+i)^{-n}$$

等式两边同乘 $(1+i)$：

$$P(1+i)=A+A(1+i)^{-1}+\cdots+A(1+i)^{-(n-1)}$$

后式减前式：

$$P(1+i)-P=A-A(1+i)^{-n}$$

$$P\cdot i=A\cdot\left[1-(1+i)^{-n}\right]$$

$$P=A\cdot\frac{1-(1+i)^{-n}}{i}$$

其中，$\frac{1-(1+i)^{-n}}{i}$ 表示普通年金为 1 元，利率为 i，经过 n 期的年金现值，记作（P/A，i，n）。可据此编制"年金现值系数表"（见本书附表四），以供查阅。

根据例 2-4 数据计算：$P=A\cdot(P/A,\ i,\ n)=10\,000\times(P/A,\ 10\%,\ 3)$

查表：（P/A，10%，3）= 2.486 9

$$P=10\,000\times2.486\,9=24\,869\text{（元）}$$

例 2-5　假设以 10%的利率借款 20 000 元，投资于某个寿命为 10 年的项目，每年至少要收回多少现金才是有利的？

根据普通年金现值的计算公式可知：

$$P=A\cdot(P/A,i,n)$$

$$=A\cdot\frac{1-(1+i)^{-n}}{i}$$

$$A=P\cdot\frac{i}{1-(1+i)^{-n}}$$

$$=20\ 000\times\frac{10\%}{1-(1+10\%)^{-10}}$$

$$=20\ 000\times0.162\ 7$$

$$=3\ 254(元)$$

因此，每年至少要收回现金 3 254 元，才能还清贷款本利。

上述计算过程中的 $\frac{i}{1-(1+i)^{-n}}$ 为普通年金现值系数的倒数，它可以把普通年金现值折算为年金，称作投资回收系数。

（二）预付年金终值和现值

预付年金是指在每期期初收付的年金，又称即付年金或期初年金。

1. 预付年金终值计算

预付年金终值的计算公式如下：

$$F=A(1+i)+A(1+i)^2+\cdots+A(1+i)^n$$

其中，各项为等比数列；首项为 $A(1+i)$；公比为 $(1+i)$。根据等比数列的求和公式可知：

$$F=A\times\frac{(1+i)\times\left[1-(1+i)^n\right]}{1-(1+i)}=A\times\frac{(1+i)-(1+i)^{n+1}}{-i}$$

$$=A\times\left[\frac{(1+i)^{n+1}-1}{i}-1\right]$$

其中，$\left[\frac{(1+i)^{n+1}-1}{i}-1\right]$ 为预付年金终值系数，或称 1 元的预付年金终值。它和普通年金终值系数 $\left[\frac{(1+i)^n-1}{i}\right]$ 相比，期数加 1，而系数减 1，可记作 $[(F/A,i,n+1)-1]$，并可利用“年金终值系数表”查得 $(n+1)$ 期的值，减去 1 后得出 1 元预付年金终值。

例 2-6　$A=200$，$i=8\%$，$n=6$ 的预付年金终值是多少？

$$F=A\times[(F/A,i,n+1)-1]$$

$$=200\times[(F/A,8\%,6+1)-1]$$

查“年金终值系数表”：$(F/A,8\%,7)=8.922\ 8$

$$F=200\times(8.922\ 8-1)=1\ 584.56(元)$$

2. 预付年金现值计算

预付年金现值的计算公式：

$$P = A + A(1+i)^{-1} + A(1+i)^{-2} + \cdots + A(1+i)^{-(n-1)}$$

其中，各项为等比数列；首项为A；公比为（$1+i$）$^{-1}$。根据等比数列的求和公式可知：

$$P = \frac{A\cdot\left[1-(1+i)^{-n}\right]}{1-(1+i)^{-1}} = A\cdot\frac{1-(1+i)^{-n}}{\frac{1+i}{1+i}-\frac{1}{1+i}}$$

$$=A\cdot\frac{\left[1-(1+i)^{-n}\right](1+i)}{i}$$

$$=A\cdot\left[\frac{1-(1+i)^{-(n-1)}}{i}+1\right]$$

其中，$\left[\frac{1-(1+i)^{-(n-1)}}{i}+1\right]$为预付年金现值系数，或称1元的预付年金现值。它和普通年金现值系数$\left[\frac{1-(1+i)^{-n}}{i}\right]$相比，期数减 1，而系数加 1，可记作[（$P/A$，$i$，$n-1$）+ 1]。可利用“年金现值系数表”查得（$n-1$）期的值，然后加 1，得出 1 元的预付年金现值。

例 2-7　6 年分期付款购物，每年初付 200 元，设银行利率为 10%，该项分期付款相当于一次现金支付的购价是多少？

$$P=A\cdot[(P/A,\ i,\ n-1)+1]$$
$$=200\times[(P/A,\ 10\%,\ 5)+1]$$
$$=200\times(3.790\ 8+1)$$
$$=958.16\text{（元）}$$

（三）递延年金终值和现值

递延年金是指第一次收付发生在第二期或第二期以后的年金。一般用m表示递延期数，本例设$m=3$。第一次收付在第四期期末，连续收付 4 次，即$n=4$。

递延年金终值的计算方法和普通年金终值类似：

$$m=3,\ i=10\%,\ n=4$$
$$F=A\times(F/A,\ i,\ n)$$
$$=100\times(F/A,\ 10\%,\ 4)$$
$$=100\times4.641$$
$$=464.1\text{（元）}$$

递延年金的现值计算方法有两种：

第一种方法，是把递延年金视为n期普通年金，求出递延期末的现值，然后再将此现值调整到第一期期初。

$$P_3=A\times(P/A,\ i,\ n)$$

$=100\times(P/A,10\%,4)$
$=100\times3.170$
$=317$（元）
$P_0=P_3\times(1+i)^{-m}$
$=317\times(1+10\%)^{-3}$
$=317\times0.7513$
$=238.16$（元）

第二种方法，是假设递延期也进行收付，先求出（$m+n$）期的年金现值，然后，扣除实际并未收付的递延期（m）的年金现值，即可得出最终结果。

$$P_{(m+n)}=100\times(P/A,i,m+n)$$
$$=100\times(P/A,10\%,3+4)$$
$$=100\times4.8684$$
$$=486.84(\text{元})$$
$$P_{(m)}=100\times(P/A,i,m)$$
$$=100\times(P/A,10\%,3)$$
$$=100\times2.4869$$
$$=248.69(\text{元})$$
$$P_{(n)}=P_{(m+n)}-P_{(m)}$$
$$=486.84-248.69$$
$$=238.15(\text{元})$$

（四）永续年金终值和现值

无限期定额支付的年金，称为永续年金。现实中的存本取息，可视为永续年金的一个例子。

永续年金没有终止的时间，也就没有终值。永续年金的现值可以通过普通年金现值的计算公式导出：

$$P=A\cdot\frac{1-(1+i)^{-n}}{i}$$

当$n\to\infty$时，$(1+i)^{-n}$的极限为零，故上式可写成：

$$P=A\cdot\frac{1}{i}$$

例2-8　如果1股优先股，每季分得股息2元，而利率是每年6%。对于一个准备买这种股票的人来说，他愿意出多少钱来购买此优先股?

$$P=2\div1.5\%=133.33（元）$$

假定上述优先股息是每年2元，而利率是年利6%，该优先股的价值是

$$P=2\div6\%=33.33（元）$$

第二节　单项资产的收益与风险

一、资产收益及计量

（一）资产收益的含义

资产收益是指资产的价值在一定时期的增值。一般情况下，有两种表示资产收益的方式。第一种方式是以金额表示的，称为资产的收益额，通常以资产价值在一定期限内的增值量来表示，该增值量来源于两部分：一是期限内资产的现金净收入；二是期末资产的价值（或市场价格）相对于期初价值（价格）的升值。前者多为利息、红利或股息收益，后者称为资本利得。第二种方式是以百分比表示的，称为资产的收益率或报酬率，是资产增值量与期初资产价值（价格）的比值。该收益率也包括两部分：一是利息（股息）的收益率；二是资本利得的收益率。显然，以金额表示的收益与期初资产的价值（价格）相关，不利于不同规模资产之间收益的比较，而以百分数表示的收益则是一个相对指标，便于不同规模下资产收益的比较和分析。所以，通常情况下，我们都是用收益率的方式来表示资产收益的。

另外，由于收益率是相对于特定期限的，它的大小要受计算期限的影响，但是计算期限常常不一定是 1 年，为了便于比较和分析，对于计算期限短于或长于 1 年的资产，在计算收益率时一般要将不同期限的收益率转化为年收益率。因此，如果不作特殊说明的话，资产的收益指的就是资产的年收益率，又称资产的报酬率。

（二）资产收益的类型及计量

在实际的财务工作中，由于工作角度和出发点不同，资产收益率可以有以下几种类型。

1. 实际收益率

实际收益率表示已经实现或者确定可以实现的资产收益率，表述为已实现或确定可以实现的利息（股息）率与资本利得收益率之和。当然，当存在通货膨胀时，还应当扣除通货膨胀率的影响，剩余的才是真实的收益率。

2. 预期收益率

预期收益率也称为期望收益率，是指在不确定的条件下，预测的某资产未来可能实现的收益率。

一般按照加权平均法计算预期收益率。计算公式为

$$\text{预期收益率}=\sum_{i=1}^{n}P_i \times R_i$$

其中，P_i 表示情况 i 可能出现的概率；R_i 表示情况 i 出现时的收益率。

例 2-9　某企业有 A、B 两个投资项目，两个投资项目的收益率及其概率分布情况如表 2-1 所示，试计算两个项目的期望投资收益率。

表 2-1 A 项目和 B 项目投资收益率的概率分布

项目实施情况	该种情况出现的概率		投资收益率	
	项目 A	项目 B	项目 A	项目 B
好	0.2	0.3	15%	20%
一般	0.6	0.4	10%	15%
差	0.2	0.3	0	-10%

根据公式计算项目 A 和项目 B 的期望投资收益率，分别为

项目 A 的期望投资收益率=0.2×15%+0.6×10%+0.2×0=9%

项目 B 的期望投资收益率=0.3×20%+0.4×15%+0.3×（−10%）=9%

3. 必要收益率

必要收益率也称最低报酬率或最低要求的收益率，表示投资者对某资产合理要求的最低收益率。必要收益率由两部分构成：

第一，无风险收益率。无风险收益率也称无风险利率，它是指无风险资产的收益率，它的大小由纯粹利率（资金的时间价值）和通货膨胀补贴两部分组成。用公式表示如下：

无风险收益率=纯粹利率（资金的时间价值）+通货膨胀补偿率

由于国债的风险很小，尤其是短期国债的风险更小，因此，一般情况下，为了方便起见，通常用短期国债的利率近似地代替无风险收益率。

第二，风险收益率。风险收益率是指某资产持有者因承担该资产的风险而要求的超过无风险收益率的额外收益。风险收益率衡量了投资者将资金从无风险资产转移到风险资产而要求得到的“额外补偿”，它的大小取决于以下两个因素：一是风险的大小；二是投资者对风险的偏好。

综上所述：

必要收益率=无风险收益率+风险收益率

=纯粹利率（资金的时间价值）+通货膨胀补偿率+风险收益率

二、资产风险及计量

（一）资产风险的含义

风险是一个非常重要的财务概念。任何决策都有风险，这使得风险观念在理财中具有普遍意义。风险最简单的定义如下：“风险是发生财务损失的可能性。”发生损失的可能性越大，风险越大。它可以用不同结果出现的概率来描述。结果可能是好的，也可能是坏的，坏结果出现的概率越大，就认为风险越大。这个定义非常接近日常生活中使用的普通概念，主要强调风险可能带来的损失，与危险的含义类似。

在对风险进行深入研究以后人们发现，风险不仅可以带来超出预期的损失，也可能带来超出预期的收益。于是，出现了一个更正式的定义：“风险是预期结果的不确定性。”风险不仅包括负面效应的不确定性，还包括正面效应的不确定性。新的定义要

求区分风险和危险。危险专指负面效应，是损失发生及其程度的不确定性。人们对于危险，需要识别、衡量、防范和控制，即对危险进行管理。保险活动就是针对危险的，是为同类危险聚集资金，对特定危险的后果提供经济保障的一种财务转移机制。风险的概念比危险广泛，危险只是风险的一部分。风险的另一部分即正面效应，可以称为“机会”。人们对于机会，需要识别、衡量、选择和获取。理财活动不仅要管理危险，还要识别、衡量、选择和获取增加企业价值的机会。风险的新概念，反映了人们对财务现象更深刻的认识，也就是危险与机会并存。

在投资组合理论出现之后，人们认识到投资多样化可以降低风险。当增加投资组合中资产的种类时，组合的风险将不断降低，而收益仍然是个别资产的加权平均值。当投资组合中的资产多样化到一定程度后，特殊风险可以被忽略，而只关心系统风险。系统风险是没有有效的方法可以消除的，会影响所有资产的风险，它来自整个经济系统影响公司经营的普遍因素。投资者必须承担系统风险并可以获得相应的投资回报。在充分组合的情况下，单个资产的风险对于决策是没有用的，投资人关注的只是投资组合的风险；特殊风险与决策是不相关的，相关的只是系统风险。在投资组合理论出现以后，风险是指投资组合的系统风险，既不是指单个资产的风险，也不是指投资组合的全部风险。

在资本资产定价理论出现以后，单项资产的系统风险计量问题得到解决。如果投资者选择一项资产并把它加入已有的投资组合中，那么该资产的风险完全取决于它如何影响投资组合收益的波动性。因此，一项资产最佳的风险度量，是其报酬率变化对市场投资组合报酬率变化的敏感程度，或者说是一项资产对投资组合风险的贡献。在这以后，投资风险被定义为资产对投资组合风险的贡献，或者说是指该资产报酬率与市场组合报酬率之间的相关性。衡量这种相关性的指标，被称为β系数。

理解风险概念及其演进时，不要忘记财务管理创造“风险”这一专业概念的目的。不断精确定义风险概念是为了明确风险和收益之间的权衡关系，并在此基础上给风险定价。因此，风险概念的演进，实际上是逐步明确什么是与收益相关的风险，与收益相关的风险才是财务管理中所说的风险。

在使用风险概念时，不要混淆投资对象本身固有的风险和投资人需要承担的风险。投资对象是指一项资产，在资本市场理论中经常用“证券”一词代表任何投资对象。投资对象的风险具有客观性。例如，无论企业还是个人，投资国库券其收益的不确定性较小，而投资股票则收益的不确定性大得多。这种不确定性是客观存在的，不以投资人的意志为转移。因此，我们才可以用客观尺度来计量投资对象的风险。投资人是通过投资获取收益并承担风险的个体，可以是任何单位或个人。财务管理主要研究企业投资。一个企业可以投资一项资产，也可以投资多项资产。由于投资分散化可以降低风险，作为投资人的企业，承担的风险可能会小于企业单项资产的风险。一个股东可以投资一个企业，也可以投资多个企业。由于投资分散化可以降低风险，股东个人所承担的风险可能会小于他投资的各个企业的风险。投资人是否去冒风险及冒多大风险，是可以选择的，是主观决定的。在什么时间、投资什么样的资产，各投资多少，风险是不一样的。

（二）资产风险的计量

我们一般使用统计学中衡量概率分布离散程度的指标，来定量地衡量风险大小。表示随机变量离散程度的量数，最常用的是方差和标准差。方差是用来表示随机变量与期望值之间离散程度的一个量，它是离差平方的平均数。

$$\text{总体方差}=\frac{\sum_{i=1}^{n}\left(K_i-\overline{K}\right)^2}{N}$$

$$\text{样本方差}=\frac{\sum_{i=1}^{n}\left(K_i-\overline{K}\right)^2}{n-1}$$

标准差是方差的平方根：

$$\text{总体标准差}=\sqrt{\frac{\sum_{i=1}^{n}\left(K_i-\overline{K}\right)^2}{N}}$$

$$\text{样本标准差}=\sqrt{\frac{\sum_{i=1}^{n}\left(K_i-\overline{K}\right)^2}{n-1}}$$

总体，是指我们准备加以测量的一个满足指定条件的元素或个体的集合，也称母体。在实际工作中，为了了解研究对象的某些数学特性，往往只能从总体中抽出部分个体作为资料，用数理统计的方法加以分析。这种从总体中抽取部分个体的过程称为“抽样”，所抽得部分称为“样本”。通过对样本的测量，可以推测整体的特征。

由于在财务管理实务中使用的样本量都很大，区分总体标准差和样本标准差没有什么实际意义。如果样本量比较小，则应当加以区分。在已经知道每个变量值出现概率的情况下，标准差可以按下式计算：

$$\text{标准差}(\sigma)=\sqrt{\sum_{i=1}^{n}\left(K_i-\overline{K}\right)^2\times P_i}$$

标准差是以均值为中心计算出来的，因而有时直接比较标准差是不准确的，需要剔除均值大小的影响。为了解决这个问题，引入了变异系数（离散系数）的概念。变异系数是标准差与均值的比，它是从相对角度观察的差异和离散程度，在比较相关事物的差异程度时较之直接比较标准差要好些。

变异系数 = 标准差/均值

例 2-10　A 证券的期望报酬率为 10%，标准差是 12%；B 证券的期望报酬率为 18%，标准差是 20%。

变异系数（A）= 12%/10% = 1.20

变异系数（B）= 20%/18% = 1.11

直接从标准差看，B 证券的离散程度较大，能否说 B 证券的风险比 A 证券大呢？不能轻易下这个结论，因为 B 证券的平均报酬率较大。如果以各自的平均报酬率为基础观察，A 证券的标准差是其均值的 1.20 倍，而 B 证券的标准差只是其均值的 1.11 倍，

B 证券的相对风险较小。这就是说，A 证券的绝对风险较小，但相对风险较大，B 证券与此正相反。

第三节　投资组合的量化分析

一、投资组合的收益与风险

投资组合理论认为，若干种证券组成的投资组合，其收益是这些证券收益的加权平均数，但是其风险不是这些证券风险的加权平均风险，投资组合能降低风险。这里的“证券”是“资产”的代名词，它可以是任何产生现金流的东西。例如，一项生产性实物资产、一条生产线或者是一个企业。

（一）投资组合的风险和收益

1. 证券组合的期望报酬率和标准差

1）期望报酬率

两种或两种以上证券的组合，其期望报酬率可以直接表示为

$$r_p = \sum_{j=1}^{m} r_j A_j$$

其中，r_j 为第 j 种证券的期望报酬率；A_j 为第 j 种证券在全部投资额中的比重；m 为组合中的证券种类总数。

2）标准差与相关性

证券组合的标准差，并不是单个证券标准差的简单加权平均。证券组合的风险不仅取决于组合内的各证券的风险，还取决于各个证券之间的关系。

例 2-11　假设投资 100 万元，A 和 B 各占 50%。如果 A 和 B 完全负相关，即一个变量的增加值永远等于另一个变量的减少值。组合的风险被全部抵消，如表 2-2 所示。如果 A 和 B 完全正相关，即一个变量的增加值永远等于另一个变量的增加值。组合的风险不减少也不扩大，如表 2-3 所示。

表 2-2　完全负相关的证券组合数据　　单位：万元

年度	A		B		A 与 B 的组合	
	收益	报酬率	收益	报酬率	收益	报酬率
20×1	20	40%	−5	−10%	15	15%
20×2	−5	−10%	20	40%	15	15%
20×3	17.5	35%	−2.5	−5%	15	15%
20×4	−2.5	−5%	17.5	35%	15	15%
20×5	7.5	15%	7.5	15%	15	15%
平均数	7.5	15%	7.5	15%	15	15%
标准差		22.6%		22.6%		0

表 2-3 完全正相关的证券组合数据 单位：万元

年度	A		B		A 与 B 的组合	
	收益	报酬率	收益	报酬率	收益	报酬率
20×1	20	40%	20	40%	40	40%
20×2	−5	−10%	−5	−10%	−10	−10%
20×3	17.5	35%	17.5	35%	35	35%
20×4	−2.5	−5%	−2.5	−5%	−5	−5%
20×5	7.5	15%	7.5	15%	15	15%
平均数	7.5	15%	7.5	15%	15	15%
标准差		22.6%		22.6%		22.6%

实际上，各种股票之间不可能完全正相关，也不可能完全负相关，所以不同股票的投资组合可以降低风险，但又不能完全消除风险。一般而言，股票的种类越多，风险越小。

2. 投资组合的风险计量

投资组合的风险不是各证券标准差的简单加权平均数，那么它如何计量呢？

投资组合报酬率概率分布的标准差是

$$\sigma_p=\sqrt{\sum_{j=1}^{m}\sum_{k=1}^{m}A_jA_k\sigma_{jk}}$$

其中，m 为组合内证券种类总数；A_j 为第 j 种证券在投资总额中的比例；A_k 为第 k 种证券在投资总额中的比例；σ_{jk} 为第 j 种证券与第 k 种证券报酬率的协方差。

该公式的含义说明如下：

1）协方差的计算

两种证券报酬率的协方差，用来衡量它们之间共同变动的程度：

$$\sigma_{jk}=r_{jk}\sigma_j\sigma_k$$

其中，r_{jk} 为证券 j 和证券 k 报酬率之间的预期相关系数；σ_j 为第 j 种证券的标准差；σ_k 为第 k 种证券的标准差。

关于证券 j 和证券 k 报酬率概率分布的标准差的计算方法，前面讲述单项证券标准差时已经介绍。

相关系数总是在−1～+1 取值。当相关系数为 1 时，表示一种证券报酬率的增长总是与另一种证券报酬率的增长成比例；当相关系数为−1 时，表示一种证券报酬率的增长与另一种证券报酬率的减少成比例；当相关系数为 0 时，表示缺乏相关性，每种证券的报酬率相对于另外的证券的报酬率都独立变动。一般而言，多数证券的报酬率趋于同向变动，因此，两种证券之间的相关系数多为小于 1 的正值。

$$\text{相关系数}（r）=\frac{\sum_{i=1}^{n}\left[\left(x_i-\overline{x}\right)\times\left(y_i-\overline{y}\right)\right]}{\sqrt{\sum_{i=1}^{n}\left(x_i-\overline{x}\right)^2}\times\sqrt{\sum_{i=1}^{n}\left(y_i-\overline{y}\right)^2}}$$

2）协方差矩阵

根号内双重的$\sum$ 符号，表示对所有可能配成组合的协方差，分别乘以两种证券的投资比例，然后求其总和。

例如，当 m 为 3 时，所有可能的配对组合的协方差矩阵如下所示：

$$\begin{bmatrix} \sigma_{11} & \sigma_{12} & \sigma_{13} \\ \sigma_{21} & \sigma_{22} & \sigma_{23} \\ \sigma_{31} & \sigma_{32} & \sigma_{33} \end{bmatrix}$$

左上角的组合 σ_{11} 是 σ_1 与 σ_1 之积，即标准差的平方，称为方差，此时，$j=k$。从左上角到右下角，共有 3 种 $j=k$ 的组合，在这 3 种情况下，影响投资组合标准差的是 3 种证券的方差。当 $j=k$ 时，相关系数是 1，并且 $\sigma_j\times\sigma_k$ 变为 σ_j^2。这就是说，对于矩阵对角线位置上的投资组合，其协方差就是各证券自身的方差。

组合 σ_{12} 代表证券 1 和证券 2 报酬率之间的协方差，组合 σ_{21} 代表证券 2 和证券 1 报酬率的协方差，它们的数值是相同的。这就是说，需要计算两次证券 1 和证券 2 之间的协方差。对于其他不在对角线上的配对组合的协方差，我们同样计算了两次。

双重求和符号，就是把由各种可能配对组合构成的矩阵中的所有方差项和协方差项都加起来。3 种证券的组合，一共有 9 项，由 3 个方差项和 6 个协方差项（3 个计算了两次的协方差项）组成。

3）协方差比方差更重要

该公式表明，影响证券组合的标准差不仅取决于单个证券的标准差，还取决于证券之间的协方差。随着证券组合中证券个数的增加，协方差项越来越重要，而方差项将变得微不足道。这一结论可以通过考察上述矩阵得到证明。例如，在两种证券的组合中，沿着对角线有两个方差项 σ_{11} 和 σ_{22}，以及两个协方差项 σ_{12} 和 σ_{21}。对于 3 种证券的组合，沿着对角线有 3 个方差项 σ_{11}、σ_{22}、σ_{33} 及 6 个协方差项。在 4 种证券的组合中，沿着对角线有 4 个方差项和 12 个协方差。当组合中证券数量较多时，总方差主要取决于各证券间的协方差。例如，在含有 20 种证券的组合中，矩阵共有 20 个方差项和 380 个协方差项。当一个组合扩大到能够包含所有证券时，只有协方差项是重要的，方差项将变得微不足道。因此，充分投资组合的风险，只受证券之间协方差的影响，而与各证券本身的方差无关。

下面举例说明两种证券组合报酬率的期望值和标准差的计算过程。

例 2-12 假设 A 证券的期望报酬率为 10%，标准差是 12%。B 证券的期望报酬率为 18%，标准差是 20%。假设等比例投资于两种证券，即各占 50%。

该组合的期望报酬率为

$$r_p = 10\%\times0.50 + 18\%\times0.50 = 14\%$$

如果两种证券期望报酬率的相关系数等于 1，没有任何抵消作用，在等比例投资的情况下，该组合的标准差等于两种证券各自标准差的简单算术平均数，即 16%。

如果两种证券期望报酬率的相关系数是 0.2，组合的标准差会小于加权平均的标准差，其标准差是

$$\sigma_p = \sqrt{0.5\times0.5\times1.0\times0.12^2 + 2\times0.5\times0.5\times0.2\times0.12\times0.2 + 0.5\times0.5\times1.0\times0.2^2}$$
$$= \sqrt{0.0036 + 0.0024 + 0.01}$$
$$= 12.65\%$$

从这个计算过程可以看出：只要两种证券期望报酬率的相关系数小于 1，证券组合期望报酬率的标准差就小于各证券期望报酬率标准差的加权平均数。

（二）两种证券组合的投资比例与有效集

在例 2-12 中，两种证券的投资比例是相等的。例如，投资比例变化了，投资组合的期望报酬率和标准差也会发生变化。对于这两种证券其他投资比例的组合，计算结果如表 2-4 所示。

表 2-4 不同投资比例的组合

组合	对 A 的投资比例	对 B 的投资比例	组合的期望报酬率	组合的标准差
1	1	0	10.00%	12.00%
2	0.8	0.2	11.60%	11.11%
3	0.6	0.4	13.20%	11.78%
4	0.4	0.6	14.80%	13.79%
5	0.2	0.8	16.40%	16.65%
6	0	1	18.00%	20.00%

图 2-3 描绘出随着对两种证券投资比例的改变，期望报酬率与风险之间的关系。图 2-3 中黑点与表 2-4 中的 6 种投资组合一一对应。连接这些黑点所形成的曲线称为机会集，它反映出风险与报酬之间的权衡关系。

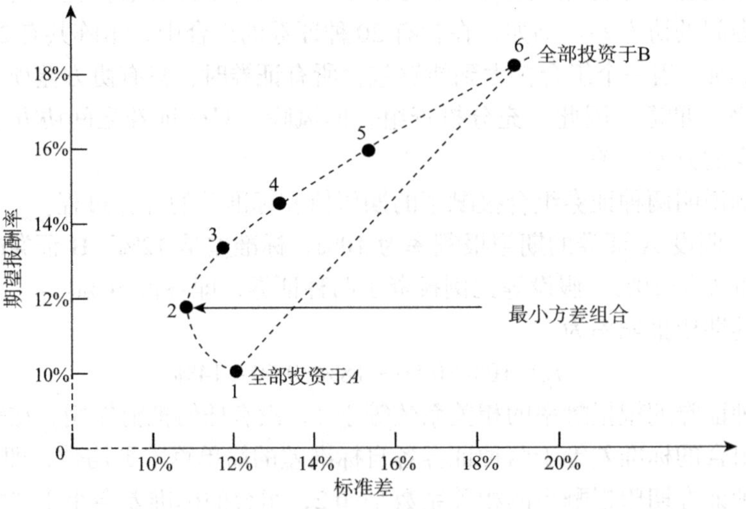

图 2-3 投资于两种证券组合的机会集

图 2-3 有几项特征是非常重要的：

（1）它揭示了分散化效应。比较曲线和以虚线绘制的直线的距离可以判断分散化效应的大小。该直线是由全部投资于 A 和全部投资于 B 所对应的两点连接而成。它是当两种证券完全正相关（无分散化效应）时的机会集曲线。曲线则代表相关系数为 0.2 时的机会集曲线。从曲线和直线间的距离，我们可以看出例 2-12 的风险分散效果是相当显著的。投资组合的抵消风险的效应可以通过曲线 1~2 的弯曲看出来。从第 1 点出发，拿出一部分资金投资于标准差较大的 B 证券所得的组合标准差会比将全部资金投资于标准差小的 A 证券所得标准差要小。这种结果与人们的直觉相反，揭示了风险分散化的内在特征。一种证券的未预期变化往往会被另一种证券的反向未预期变化所抵消。尽管从总体上看，这两种证券都是同向变化的，但是抵消效应还是存在的，在图 2-3 中表现为机会集曲线有一段 1 ~ 2 的弯曲。

（2）它表达了最小方差组合。曲线最左端的第 2 点组合被称作最小方差组合，它在持有证券的各种组合中有最小的标准差。例 2-12 中，最小方差组合是 80%的资金投资于 A 证券、20%的资金投资于 B 证券。离开此点，无论增加或减少投资于 B 证券的比例，都会导致标准差的小幅上升。必须注意的是，机会集曲线向点 A 左侧凸出的现象并非必然伴随分散化投资发生，它取决于相关系数的大小。

（3）它表达了投资的有效集合。在只有两种证券的情况下，投资者的所有投资机会只能出现在机会集曲线上，而不会出现在该曲线上方或下方。改变投资比例只会改变组合在机会集曲线上的位置。最小方差组合以下的组合（曲线 1 ~ 2 的部分）是无效的。没有人会打算持有期望报酬率比最小方差组合期望报酬率还低的投资组合，它们与最小方差组合相比，不但风险大，而且报酬低。因此，机会集曲线 1 ~ 2 的弯曲部分是无效的，它们与最小方差组合相比不但标准差大（风险大），而且报酬率低。本例中，有效集是2~6的那段曲线，即从最小方差组合点到最高期望报酬率组合点的那段曲线。

（三）相关性对风险的影响

图 2-3 中，只列示了相关系数为 0.2 和 1 的机会集曲线，如果增加一条相关系数为 0.5 的机会集曲线，就成为图 2-4。从图 2-4 中可以看到：①相关系数为 0.5 的机会集曲线与完全正相关的直线的距离缩小了，并且没有向点 1 左侧凸出的现象。②最小方差组合是 100%投资于 A 证券。将任何比例的资金投资于 B 证券，所形成的投资组合的方差都会高于将全部资金投资于风险较低的 A 证券的方差。因此，新的有效边界就是整个机会集。③证券报酬率之间的相关系数越小，机会集曲线就越弯曲，风险分散化效应也就越强。证券报酬率之间的相关系数越大，风险分散化效应就越弱。完全正相关的投资组合，不具有风险分散化效应，其机会集是一条直线。

（四）多种投资组合的风险和报酬

对于两种以上证券构成的组合，以上原理同样适用。值得注意的是，多种证券组合的机会集不同于两种证券的机会集。两种证券的所有可能组合都落在一条曲线上，而两种以上证券的所有可能组合会落在一个平面中，如图 2-5 的阴影部分所示。这个机

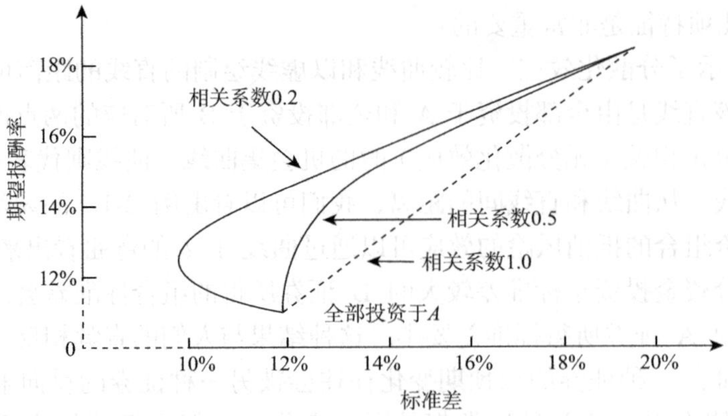

图 2-4　相关系数机会集曲线

会集反映了投资者所有可能的投资组合，图中阴影部分中的每一点都与一种可能的投资组合相对应。随着可供投资的证券数量的增加，所有可能的投资组合数量将呈几何级数上升。

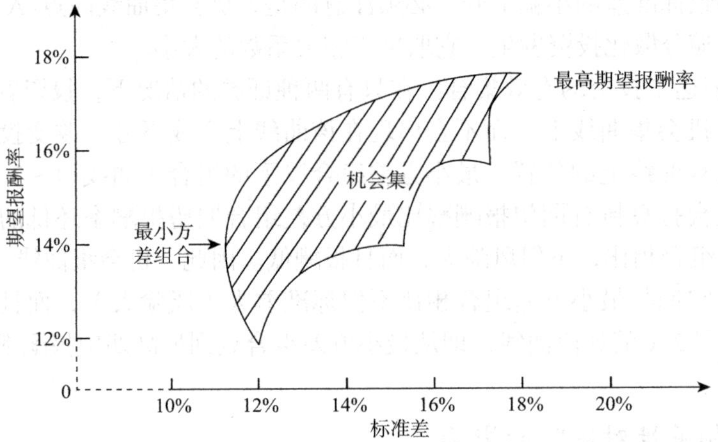

图 2-5　机会集例示

最小方差组合是图 2-5 最左端的点，它具有最小组合标准差。多种证券组合的机会集外缘有一段向后弯曲，这与两种证券组合中的现象类似：不同证券报酬率相互抵消，产生风险分散化效应。

在图 2-5 中以粗线描出的部分，称为有效集或有效边界，它位于机会集的顶部，从最小方差组合点起到最高期望报酬率点止。投资者应在有效集上寻找投资组合。有效集以外的投资组合与有效边界上的组合相比，有3种情况：相同的标准差和较低的期望报酬率；相同的期望报酬率和较高的标准差；较低的期望报酬率和较高的标准差。这些投资组合都是无效的。如果你的投资组合是无效的，可以通过改变投资比例转换到有效边界上的某个组合，以达到提高期望报酬率而不增加风险，或者降低风险而不降低期望报酬率，或者得到一个既提高期望报酬率又降低风险的组合。

（五）资本市场线

如图 2-6 所示，从无风险资产的报酬率（Y 轴的 R_f）开始，做有效边界的切线，切点为 M，该直线被称为资本市场线。

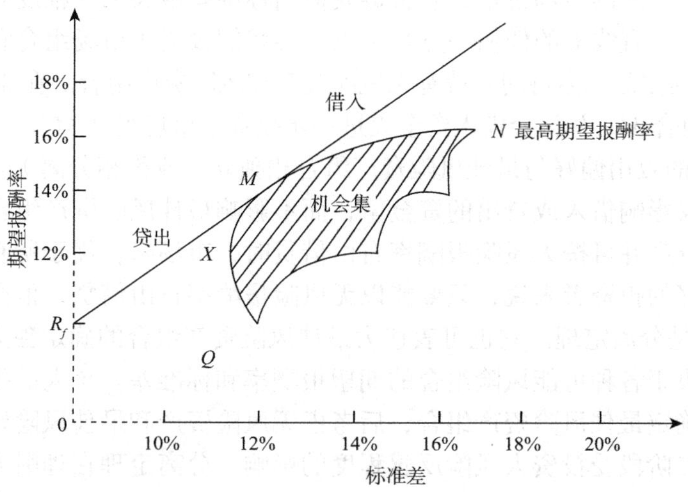

图 2-6　资本市场线：最佳组合的选择

现将资本市场线的有关问题说明如下：

（1）假设存在无风险资产，投资者可以在资本市场上借到钱，将其纳入自己的投资总额；或者可以将多余的钱贷出。无论借入还是贷出，利息都是固定的无风险资产的报酬率。R_f代表无风险资产的报酬率，它的标准差为零，即报酬率是确定的。

（2）存在无风险资产的情况下，投资人可以通过贷出资金减少自己的风险，当然也会同时降低期望报酬率。最厌恶风险的人可以全部将资金贷出，如购买政府债券并持有至到期。偏好风险的人可以借入资金（对无风险资产的负投资），增加购买风险资产的资本，以使期望报酬率增加。

$$总期望报酬率 = Q\times 风险组合的期望报酬率 + （1-Q）\times 无风险报酬率$$

其中，Q 代表投资者自有资本总额中投资于风险组合 M 的比例；$1-Q$ 代表投资于无风险资产的比例。

如果贷出资金，Q 将小于 1；如果借入资金，Q 将大于 1。

$$总标准差 = Q\times 风险组合的标准差$$

此时不用考虑无风险资产，因为无风险资产的标准差等于零。如果贷出资金，Q 小于 1，他承担的风险小于市场平均风险；如果借入资金，Q 大于 1，他承担的风险大于市场平均风险。

（3）切点 M 是市场均衡点，它代表唯一最有效的风险资产组合，它是所有证券以各自的总市场价值为权数的加权平均组合，我们将其定义为“市场组合”。虽然理智的投资者可能选择 XMN 线上的任何有效组合（它们在任何给定风险水平下收益最大），但是无风险资产的存在，使投资者可以同时持有无风险资产和市场组合（M），从而位于 MR_f上的某点。MR_f上的组合与 XMN 线上的组合相比，它的风险小而报酬率与之相同，或者报酬率高而风险与之相同，或者报酬率高且风险小。

（4）图 2-6 中的直线揭示出持有不同比例的无风险资产和市场组合情况下风险和期望报酬率的权衡关系。直线的截距表示无风险报酬率，它可以视为等待的报酬率。直线的斜率代表风险的市场价格，它告诉我们当标准差增长某一幅度时相应要求的报酬率的增长幅度。直线上的任何一点都可以告诉我们投资于市场组合和无风险资产的比例。在 M 点的左侧，你将同时持有无风险资产和风险资产组合。在 M 点的右侧，你将仅持有市场组合 M，并且会借入资金以进一步投资于市场组合 M。

（5）个人的效用偏好与最佳风险资产组合相独立（或称相分离）。投资者个人对风险的态度仅仅影响借入或贷出的资金量，而不影响最佳风险资产组合。其原因是，当存在无风险资产并可按无风险报酬率自由借贷时，市场组合优于所有其他组合。对于不同风险偏好的投资者来说，只要能以无风险报酬率自由借贷，他们都会选择市场组合 M，这就是分离定理。它也可表述为最佳风险资产组合的确定独立于投资者的风险偏好，它取决于各种可能风险组合的期望报酬率和标准差。个人的投资行为可分为两个阶段：先确定最佳风险资产组合，后考虑无风险资产和最佳风险资产组合的理想组合。只有第二阶段受投资人风险反感程度的影响。分离定理在理财方面非常重要，它表明企业管理层在决策时不必考虑每位股东对风险的态度。证券的价格信息完全可用于确定投资者所要求的报酬率，该报酬率可指导管理层进行有关决策。

（六）系统风险和非系统风险

在投资组合的讨论中，我们知道个别资产的风险，有些可以被分散掉，有些则不能。无法分散掉的是系统风险，可以分散掉的是非系统风险。

1. 系统风险

系统风险是指那些会影响所有公司的因素引起的风险。例如，战争、经济衰退、通货膨胀、高利率等非预期的变动，对许多资产都会有影响。系统风险所影响的资产非常多，虽然影响程度的大小有区别。例如，各种股票都处于同一经济系统之中，它们的价格变动有趋同性，多数股票的报酬率在一定程度上正相关。经济繁荣时，多数股票的价格都上涨；经济衰退时，多数股票的价格都下跌。尽管涨跌的幅度各股票有区别，但是多数股票的变动方向是一致的。所以，不管投资多样化有多充分，即使购买的是全部股票的市场组合，也不可能消除全部风险。

由于系统风险是影响整个资本市场的风险，所以也称“市场风险”。由于系统风险没有有效的方法消除，所以也称“不可分散风险”。

2. 非系统风险

非系统风险，是指发生于个别公司的特有事件造成的风险。例如，一家公司的工人罢工、新产品开发失败、失去重要的销售合同、诉讼失败，或者宣告发现新矿藏、取得一个重要合同等。这类事件是非预期的、随机发生的，它只影响一家或少数公司，不会对整个市场产生太大影响。这种风险可以通过多样化投资来分散，即发生于一家公司的不利事件可以被其他公司的有利事件所抵消。

由于非系统风险是个别公司或个别资产所特有的，因此也称“特殊风险”或“特有风险”。由于非系统风险可以通过投资多样化分散掉，因此也称“可分散风险”。

由于非系统风险可以通过分散化消除，因此一个充分的投资组合几乎没有非系统风险。假设投资人都是理智的，都会选择充分投资组合，非系统风险将与资本市场无关，市场不会对它给予任何价格补偿。可以通过分散化消除的非系统风险，几乎没有任何值得市场承认的、必须花费的成本。

我们已经知道，资产的风险可以用标准差计量，这个标准差是指它的整体风险。现在我们把整体风险划分为系统风险和非系统风险，如图 2-7 所示。

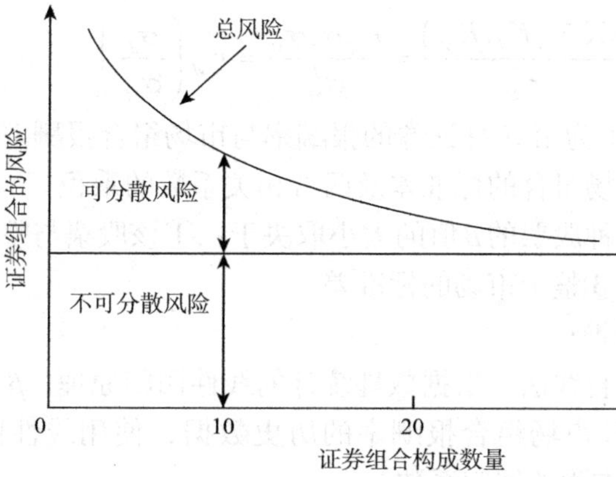

图 2-7 投资组合的风险

承担风险会从市场上得到回报，回报大小仅仅取决于系统风险。这就是说，一项资产的期望报酬率高低取决于该资产的系统风险大小。

综上所述，需要掌握的主要内容如下：证券组合的风险不仅与组合中每个证券的报酬率标准差有关，而且与各证券之间报酬率的协方差有关。对于一个含有两种证券的组合，投资机会集曲线描述了不同投资比例组合的风险和报酬之间的权衡关系。风险分散化效应有时使得机会集曲线向左凸出，并产生比最低风险证券标准差还低的最小方差组合。有效边界就是机会集曲线上从最小方差组合点到最高期望报酬率的那段曲线。持有多种彼此不完全正相关的证券可以降低风险。如果存在无风险证券，新的有效边界是经过无风险报酬率并和机会集相切的直线，该直线称为资本市场线，该切点被称为市场组合，其他各点为市场组合与无风险投资的有效搭配。资本市场线横坐标是标准差，纵坐标是报酬率，该直线反映两者的关系即风险价格。

二、资本资产定价模型

1964 年，威廉·夏普（William Sharp）根据投资组合理论提出了资本资产定价模型。资本资产定价模型，是财务学形成和发展过程中最重要的里程碑。它第一次使人们可以量化市场的风险程度，并且能够对风险进行具体定价。

资本资产定价模型的研究对象，是充分组合情况下风险与必要报酬率之间的均衡关系。资本资产定价模型可用于回答如下不容回避的问题：为了补偿某一特定程度的风险，投资者应该获得多大的报酬率？在前面的讨论中，我们将风险定义为期望报酬率的不确定性，然后根据投资理论将风险区分为系统风险和非系统风险，知道了在高度分散化的资本市场里只有系统风险，并且承担系统风险会得到相应的回报。现在将讨论如何衡量系统风险及如何给风险定价。

（一）系统风险的度量

既然一项资产的期望报酬率取决于它的系统风险，那么度量系统风险就成了一个关键问题。度量一项资产系统风险的指标是 β 系数。β 系数被定义为某个资产的报酬率与市场组合之间的相关性。其计算公式如下：

$$\beta_J=\frac{\mathrm{COV}(K_J,K_M)}{\sigma_M^2}=\frac{r_{JM}\sigma_J\sigma_M}{\sigma_M^2}=r_{JM}\left(\frac{\sigma_J}{\sigma_M}\right)$$

其中，分子 COV（K_J，K_M）为第 J 种证券的报酬率与市场组合报酬率之间的协方差。它等于该证券的标准差、市场组合的标准差及两者相关系数的乘积。

根据上式可以看出，一种股票的 β 值的大小取决于：①该股票与整个股票市场的相关性；②它自身的标准差；③整个市场的标准差。

β 系数的计算方法有两种：

一种方法是，使用回归直线法。根据数理统计的线性回归原理，β 系数均可以通过同一时期内的资产报酬率和市场组合报酬率的历史数据，使用线性回归方程预测出来。β 系数就是该线性回归方程的回归系数。

例 2-13 J 股票报酬率及市场报酬率的有关资料如表 2-5 所示，计算其 β 值的数据准备过程如表 2-6 和表 2-7 所示。

表 2-5 计算 β 值的数据

年数	J 股票报酬率（Y_i）	市场报酬率（X_i）
1	1.8	1.5
2	−0.5	1
3	2	0
4	−2	−2
5	5	4
6	5	3

表 2-6 回归直线法计算 β 值的数据准备

年数	J 股票报酬率（Y_i）	市场报酬率（X_i）	X_i^2	$X_i Y_i$
1	1.8	1.5	2.25	2.7
2	−0.5	1	1	−0.5
3	2	0	0	0
4	−2	−2	4	4
5	5	4	16	20
6	5	3	9	15
合计	11.3	7.5	32.25	41.2

表 2-7　公式法计算 β 值的数据准备

年数	J 股票报酬率（Y_i）	市场报酬率（X_i）	X_i^2	X_iY_i	$(X_i-\overline{X})$	$(Y_i-\overline{Y})$	$(X_i-\overline{X})\times(Y_i-\overline{Y})$	$(X_i-\overline{X})^2$	$(Y_i-\overline{Y})^2$
1	1.8	1.5	2.25	2.7	0.25	−0.08	−0.02	0.062 5	0.006 4
2	−0.5	1	1	−0.5	−0.25	−2.38	0.595	0.062 5	5.664 4
3	2	0	0	0	−1.25	0.12	−0.15	1.562 5	0.014 4
4	−2	−2	4	4	−3.25	−3.88	12.61	10.562 5	15.054
5	5	4	16	20	2.75	3.12	8.58	7.562 5	9.734 4
6	5	3	9	15	1.75	3.12	5.46	3.062 5	9.734 4
合计	11.3	7.5	32.2	41.2			27.075	22.875	40.208
平均数	1.88	1.25							
标准差	2.835 8	2.138 9							

求解回归方程 $y=a+bx$ 系数的计算公式如下：

$$a=\frac{\sum_{i=1}^{n}X_i^2\times\sum_{i=1}^{n}Y_i-\sum_{i=1}^{n}X_i\times\sum_{i=1}^{n}X_iY_i}{n\sum_{i=1}^{n}X_i^2-\left(\sum_{i=1}^{n}X_i\right)^2}$$

$$b=\frac{n\sum_{i=1}^{n}X_iY_i-\sum_{i=1}^{n}X_i\times\sum_{i=1}^{n}Y_i}{n\sum_{i=1}^{n}X_i^2-\left(\sum_{i=1}^{n}X_i\right)^2}$$

将相关数据代入上式：

$$\begin{aligned}a&=\frac{32.25\times11.3-7.5\times41.2}{6\times32.25-7.5\times7.5}\\&=\frac{55.425}{137.25}\\&=0.40\end{aligned}$$

$$\begin{aligned}b&=\frac{6\times41.2-7.5\times11.3}{6\times32.25-7.5\times7.5}\\&=\frac{162.45}{137.25}\\&=1.18\end{aligned}$$

直线方程斜率 b，就是该股票的 β 系数。

另一种方法是，按照定义，根据证券与股票指数报酬率的相关系数、股票指数的标准差和股票报酬率的标准差直接计算。

相关系数的计算：

$$r=\frac{\sum_{i=1}^{n}\left[\left(x_i-\overline{x}\right)\times\left(y_i-\overline{y}\right)\right]}{\sqrt{\sum_{i=1}^{n}\left(x_i-\overline{x}\right)^2}\times\sqrt{\sum_{i=1}^{n}\left(y_i-\overline{y}\right)^2}}$$

$$r_{JM}=\frac{27.075}{\sqrt{22.875}\times\sqrt{40.208\,4}}$$
$$=\frac{27.075}{4.782\,8\times6.341\,0}$$
$$=0.892\,7$$

标准差的计算：

$$\sigma\sqrt{\frac{\sum_{i=1}^{n}\left(X_i-X\right)^2}{n-1}}$$

$$\sigma_M=\sqrt{\frac{22.875}{6-1}}=2.138\,9$$

$$\sigma_J=\sqrt{\frac{40.208\,4}{6-1}}=2.835\,8$$

β系数的计算：

$$\beta_J=r_{JM}\left(\frac{\sigma_J}{\sigma_M}\right)$$
$$=0.892\,7\times\frac{2.835\,8}{2.138\,9}$$
$$=1.18$$

β系数的经济意义在于，它告诉我们相对于市场组合而言特定资产的系统风险是多少。例如，市场组合相对于它自己的β系数是1；如果一项资产的$\beta=0.5$，表明它的系统风险是市场组合系统风险的 0.5，其报酬率的波动性只有一般市场波动性的一半；如果一项资产的$\beta=2.0$，说明这种股票的波动幅度为一般市场波动的2倍。总之，某一股票β值的大小反映了该股票报酬率波动与整个市场报酬率波动之间的相关性及程度。

（二）投资组合的β系数

投资组合的β_p等于被组合各证券β值的加权平均数：

$$\beta_p=\sum_{i=1}^{n}X_i\beta_i$$

如果一个高β值股票（$\beta>1$）被加入一个平均风险组合（β_p）中，则组合风险将会提高；如果一个低β值股票（$\beta<1$）加入一个平均风险组合中，则组合风险将会降低。所以，一种股票的β值可以度量该股票对整个组合风险的贡献，β值可以作为这一股票风险程度的一个大致度量。

例 2-14　一个投资者用 10 万元现金进行组合投资，共投资 10 种股票且各占 1/10，即 1 万元。如果这 10 种股票的β值皆为 1.18，则组合的β值为$\beta_p=1.18$。该组合的风险比市场风险大，即其价格波动的范围较大，报酬率的波动也较大。现在假设完全售出其中的一种股票且以一种 $\beta=0.8$ 的股票取而代之。此时，股票组合的 β 值将由 1.18 下降至 1.142。

$$\beta_p=0.9\times1.18+0.1\times0.8=1.142$$

（三）证券市场线

按照资本资产定价模型理论，单一证券的系统风险可由 β 系数来度量，而且其风险与收益之间的关系可由证券市场线来描述。

证券市场线：

$$R_i=R_f+\beta\left(R_m-R_f\right)$$

其中，R_i 为第 i 个股票的必要报酬率；R_f 为无风险报酬率（通常以国库券的报酬率作为无风险报酬率）；R_m 为平均股票的必要报酬率（指 $\beta=1$ 的股票的必要报酬率，也是指包括所有股票的组合，即市场组合的必要报酬率）。这个等式被称为资本资产定价模型。在均衡状态下，（R_m-R_f）为投资者为补偿承担超过无风险报酬的平均风险而要求的额外收益，即风险价格（图 2-8）。

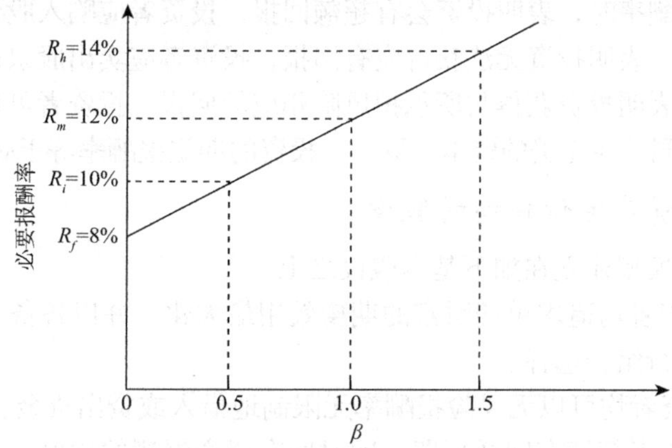

图 2-8　证券市场线：β 值与必要报酬率

证券市场线的主要含义如下：

（1）纵轴为必要报酬率，横轴则是以 β 值表示的风险。

（2）无风险证券的 $\beta=0$，故 R_f 成为证券市场线在纵轴的截距。

（3）证券市场线的斜率[$\Delta Y/\Delta X$=（R_m-R_f）/（1−0）= 12%−8% = 4%]表示经济系统中风险厌恶感的程度。一般来说，投资者对风险的厌恶感越强，证券市场线的斜率越大，对风险资产所要求的风险补偿越大，风险资产的必要报酬率越高。

（4）在 β 值分别为 0.5、1 和 1.5 的情况下，必要报酬率由最低 R_i = 10%，到市场平均的 R_m = 12%，再到最高的 R_h = 14%。β 值越大，必要报酬率越高。

从证券市场线可以看出，投资者的必要报酬率不仅仅取决于市场风险，还取决于无风险报酬率（证券市场线的截距）和市场风险补偿程度（证券市场线的斜率）。由于这些因素始终都处于变动之中，所以证券市场线也不会一成不变。预计通货膨胀提高时，无风险报酬率会随之提高，进而导致证券市场线的向上平移。风险厌恶感的加强，会提高证券市场线的斜率。

需要说明的是，图 2-8 的证券市场线与图 2-6 的资本市场线是两条完全不同的直线，它们之间有着明显的区别。资本市场线描述的是由风险资产和无风险资产构成的投资组合的有效边界。其中，最优投资组合由两部分组成：一部分是无风险资产，另一部分则是风险资产组合有效集上的一个风险组合。资本市场线上的 M 点代表的就是这一风险组合；而资本市场线上的其他点，则表示由 M 点与无风险资产以不同比例所构成的投资组合。其测度风险的工具是整个资产组合的标准差，此直线只适用于有效组合。

而证券市场线描述的则是在市场均衡条件下单项资产或资产组合（不论它是否已经有效地分散风险）的期望收益与风险之间的关系。测度风险的工具是单项资产或资产组合对于整个市场组合方差的贡献程度，即 β 系数。

此外，需要注意的是，必要报酬率也称最低要求报酬率，是指准确反映预期未来现金流量风险的报酬率，是等风险投资的机会成本；期望报酬率则是使净现值为零的报酬率。期望报酬率和必要报酬率的关系，决定了投资者的行为。以股票投资为例，当期望报酬率大于必要报酬率时，表明投资会有超额回报，投资者应购入股票；当期望报酬率小于必要报酬率时，表明投资无法获得应有回报，投资者应卖出股票；当期望报酬率等于必要报酬率时，表明投资获得与所承担风险相应的回报，投资者可选择采取或不采取行动，其他项目相同。在完美的资本市场上，投资的期望报酬率等于必要报酬率。

（四）资本资产定价模型的假设

资本资产定价模型建立在如下基本假设之上。

（1）所有投资者均追求单期财富的期望效用最大化，并以各备选组合的期望收益和标准差为基础进行组合选择。

（2）所有投资者均可以无风险报酬率无限制地借入或贷出资金。

（3）所有投资者都拥有同样预期，即对所有资产报酬的均值、方差和协方差等，投资者均有完全相同的主观估计。

（4）所有的资产均可被完全细分，拥有充分的流动性且没有交易成本。

（5）没有税金。

（6）所有投资者均为价格接受者，即任何一个投资者的买卖行为都不会对股票价格产生影响。

（7）所有资产的数量都是给定的和固定不变的。

在以上假设的基础上，提出了具有奠基意义的资本资产定价模型。随后，每一个假设都逐步被放开，并在新的基础上进行研究，这些研究成果都是对资本资产定价模型的突破与发展。多年来，资本资产定价模型经受住了大量的经验上的证明，尤其是 β 系数概念。

自提出资本资产定价模型以来，各种理论争议和经验证明便不断涌现。尽管该模型存在许多问题和疑问，但是以其科学的简单性、逻辑的合理性赢得了人们的支持，各种实证研究验证了 β 概念的科学性及适用性。

第四节　价值评估的智慧化展望

随着云计算、大数据、区块链和人工智能的发展，科技正以前所未有的速度切入金融领域，包括支付、结算、融资、投资等各个环节，包括价值评估在内的许多原本依赖于高学历人群完成的工作，逐渐被更高层面的金融科技所替代。大数据和人工智能等新技术在价值评估中的应用，不仅极大地提升了价值评估活动的效率，还实现了更多传统价值评估模型无法实现的功能。

一、评估对象多样化

信息技术的发展带来了资产形式的重大变革，基于信息技术和数字存储的数字资产（digital assets）应运而生，并且占据越来越重要的地位。因此，资产价值评估的对象不仅包括传统的有形资产和无形资产，也包括新型的数字资产。

数字资产是指，企业或个人拥有或控制的，以电子数据形式存在的，在日常活动中持有以备出售或处于生产过程中的非货币性资产。网络时代的网络会计、办公自动化、电子支付系统平台等使现行的生产方式具有了传统生产方式无法比拟的优越性，可是在现实生活中，它们只是依托磁性介质而存在的一连串“0”和“1”的代码。它们虽是数字化商品，却体现出资产的性质，因此可称其为数字资产。

数字资产具有以下特点。

（1）价格昂贵。由于这些有着特殊用途的应用软件是专门为某一特定工作而研制的，因此其成本比较高，价格也不比厂房等固定资产的价格低。

（2）依附性强。应用软件必须得到计算机硬件及系统软件的支持才可以发挥作用，而不能独立存在并发挥作用。

（3）互动性强。即使是最简单的应用软件也有一定的交互功能，如对操作人员的错误的提示，这是IT行业产品最基本的优越性体现。

（4）数量上无限。数字资产作为资产是稀缺的，但它的供应可以是无限的。而有形资产由于企业的财产和存储空间的限制，总是有限的。

（5）成本递减。有形资产的生产成本与生产数量成正比例关系递增。数字资产的成本主要是在前期的研究开发阶段及在销售过程中发生的销售费用和其他经营费用，由于数字产品产量的无限性，其开发成本按传统财务会计的方法被分摊到产量上，因此数字产品的成本随着销售量的不断扩大，其成本是越来越低的。

资产的确认一般有两个标准，即导致未来经济利益与其成本和价值能够可靠地加以计量，而数字资产是符合这两个标准的。首先，在一个以生产和经营数字化产品为主的企业，销售数字产品是其主营业务收入的主要来源，数字产品能够给企业带来经济效益，并且数字资产作为企业的研究开发成果，是企业的一项知识产权，是能被拥有和控制的。其次，数字资产的研究开发成本是可以合理计量的，其市场价值可以通过评估等方式进行确定。

数字资产作为一项资产，为公司企业获得长久的经济利益服务。而对数字资产价值评估的准确与否，直接影响到企业的会计计量和数字资产的开发利用。因此，如何评估数字资产的价值至关重要。

关于数字资产价值评估的方法，至今尚未形成共识。一部分学者认为，数字资产的价值评估应借鉴无形资产价值评估方法。传统的无形资产评估方法包括收益法、市场法和成本法3种类型，它是数字资产价值评估方法的基本参照。其中收益法根据预期收益折现计算资产价值；市场法以市场上同类资产为参照，对比成交价格和交易条件，估算和调整资产价格；成本法是当前条件重置成本扣除资产贬值来衡量资产价格的方法。

与此同时，考虑到传统的成本法、收益法、市场法的适用范围和条件存在一定的争议，目前还诞生了很多新的数字资产评估方法，如数字资产层次分析定价模型。数字资产层次分析定价模型将统计模型引入数字资产的价值评估当中，基于数字媒体资产的产权特性，引入金融投资组合及品牌管理中的金字塔结构，创新性地提出了数字资产增值开发的分层拆解与组合原理，并给出了数字资产价值层次分析定价模型的实现路径。

二、评估方法智慧化

信息技术的发展不仅使得评估对象更加多样化，还提供了更多智慧化的价值评估方法。大数据、人工智能、区块链、云计算等技术的不断成熟，进一步推动了智慧价值评估的发展。

首先，对于“大数据”技术。大数据技术在价值评估领域中具有很强的应用前景。大数据技术能把价值评估的各项复杂、无序的数据指标，都变成简单、有序的信息；基于文本、图像等非结构化数据，构建价值评价机制；将逻辑性、文字性的信息转化为可视化、图形化的信息，进而对价值评估做出更智慧的判断与回应。

其次，对于人工智能技术。2016 年 3 月，全球四大会计师事务所之一的德勤会计师事务所宣布与Kira Systems合作，将人工智能引入会计行业，之后又相继有其他会计师事务所和会计相关行业表示引入人工智能，至此，人工智能正式进入会计、审计行业，引起会计行业及相关从业人员的高度关注。人工智能在行业交叉应用中的优越性与局限性决定了其运用空间，而聚焦资产评估行业，现阶段人工智能技术的运用还十分有限，未来运用前景无可限量。

再次，对于区块链技术。区块链技术可以极大程度地解决数字资产的价值评估问题。区块链技术具有加密和不可篡改的属性，可以让更有价值的数据在上面流转。互联网解决的是信息互联的问题，而区块链解决的是价值互联的问题。也就是说区块链不仅仅局限于信息本身，而是开始思考信息背后的计价流通问题。之所以能做到这一点，是因为区块链技术可以实现数据的标记溯源，并通过分布式记账为数据的安全和价值传递提供保障，从而可以放心地进行数据流通与价值分享。

最后，对于云计算技术。大数据离不开云计算，云计算为大数据提供了弹性可拓展的基础设备，是产生大数据的平台之一。自 2013 年开始，大数据技术已开始和云计算技术紧密结合，预计未来两者关系将更为密切。大数据与云计算的结合，让智慧价值评估发挥出更大的影响力。

三、应用举例：估值机器人

估值机器人（如 ValueGo）就是一个典型的智慧价值评估的例子。传统的价值评估主要依靠人工来完成，而智能的估值机器人则依靠大数据、云计算等高效计算方法，自动选择估值模型、完成估值计算，从而极大地节省了人力成本。以上市公司价值评估为例，我国目前有 3 400 多家上市公司，如果靠人力来计算公司估值的话，每个公司至少需要花 50 小时/人来计算，研究完 3 000 家公司的信息约需要 15 万小时，约合 42 年×300 天×12 小时。假设能达到这种能力的人每小时薪酬为 500 元，则雇用这个人需要花 7 500 万元，且只能研究一次。而估值机器人，能够将 15 万小时的研究时间缩短为 18 小时，从而为金融机构节省上千万元的人力成本。

智能估值机器人不仅可以提升评估效率，还可以借助外部数据和先进算法完成传统价值评估模型所不能实现的功能。例如，智能估值机器人可以基于大数据对事件关联性和产业关联性进行分析，预测公司财务状况；又如，智能估值机器人能通过大数据在上市公司发布季报数据前预测该上市公司的业绩等。智能估值机器人还能够基于人工智能和机器学习来自动优化模型参数，而传统估值模型中参数选取靠的是“一半是科学，一半是艺术”的思维，利用人工智能和机器学习可以将“艺术”也变成“科学”。

思考与练习

1. 某人拟购置一处房产，房主提出两种付款方案：

方案 1：从现在起，每年年初支付 40 万元，连续支付 10 次，共 400 万元。

方案 2：从第 5 年开始，每年年末支付 50 万元，连续支付 10 次，共 500 万元。

请问，若银行愿意为你提供购房所需款项，资金成本率为 5%，你应选择哪种付款方式？

2. 股票 A 和股票 B 的部分年度资料如表 2-8 所示。

表 2-8　股票 A 和股票 B 的部分年度资料

年数	A 股票报酬率	B 股票报酬率
1	26%	13%
2	11%	21%
3	15%	27%
4	27%	41%
5	21%	22%
6	32%	32%

要求：

（1）分别计算投资于股票 A 和股票 B 的平均报酬率和标准差。

（2）计算股票 A 和股票 B 报酬率的相关系数。

（3）如果投资组合中，股票 A 占 40%，股票 B 占 60%，该组合的期望报酬率和标准差分别是多少？（计算结果保留小数点后 4 位）

3. 证券市场线反映的是系统风险与期望报酬率的关系（表 2-9）。

表 2-9 系统风险与期望报酬率的关系

市场销售情况	概率	甲项目的收益率	乙项目的收益率
很好	0.2	25%	20%
一般	0.5	12%	9%
很差	0.3	−5%	2%

要求：

（1）分别计算甲、乙两个投资项目的期望收益率。

（2）分别计算甲、乙两个投资项目收益率的标准差。

（3）分别计算甲、乙两个投资项目收益率的变异系数。

（4）假设资本资产定价模型成立，无风险报酬率为 5%，股票市场的平均收益率为 12%，分别计算甲、乙两个投资项目的 β 值。

（5）假设股票市场收益率的标准差为 8%，分别计算甲、乙两个投资项目收益率与市场组合收益率的相关系数。

（6）假设按照 80%和 20%的比例投资甲、乙两个投资项目构成投资组合，计算该组合的综合 β 值和组合的投资收益率。

4. 已知：现行国库券的利率为 4%，证券市场组合平均收益率为 10%，市场上 A、B、C、D 四种股票的 β 系数分别为 0.8、1.2、1.5 和 1；B、C、D 股票的必要收益率分别为 11.2%、13%和 10%。

要求：

（1）采用资本资产定价模型计算 A 股票的必要收益率。

（2）假定投资者购买 A、B、C 三种股票的比例为 2∶3∶5。计算 A、B、C 投资组合的 β 系数和必要收益率。

（3）已知按 3∶5∶2 的比例购买 A、B、D 三种股票，所形成的 A、B、D 投资组合的 β 系数为 1.14，该组合的必要收益率为 10.84%；如果不考虑风险大小，请在 A、B、C 和 A、B、D 两种投资组合中做出投资决策，并说明理由。

5. 评估方法智慧化体现在哪几个方面？

第三章 财务分析与财务预测

财务分析在企业财务管理中起着举足轻重的作用，强化财务分析理念、财务分析程序、财务分析方法，对于提高企业财务管理水平具有重要意义。财务预测是根据财务活动的历史资料，考虑现实的要求和条件，对未来的财务活动和财务成果做出科学的预计和测算。财务预测对现代企业的生存和发展有着至关重要的作用，了解财务预测、做好财务预测已成为企业刻不容缓的任务。本章主要围绕财务分析和财务预测，介绍财务分析的主要内容与方法、基本财务报表分析、上市公司财务分析、财务预测的步骤和方法，以及增长率与资本需求的测算 5 个方面的内容。

学习目标

- 了解并熟悉财务分析的主要方法
- 掌握基本财务报表的分析方法
- 掌握上市公司财务分析的指标和计算
- 了解财务预测的步骤和方法
- 掌握增长率与资本需求的测算

第一节 财务分析的主要内容与方法

一、财务分析的概念

财务分析就是采用一系列专门的分析技术和方法，对企业等经济组织的营利能力、营运能力、偿债能力和成长能力状况等进行分析与评价的经济管理活动。它能够帮助企业的投资者、债权人、经营者及其他利益相关者了解企业的过去，评价企业的现状，预测企业的未来。财务分析可以反映出企业在运营过程中的利弊得失和发展趋势，从而为改进企业财务管理工作和优化经济决策提供重要的财务信息。简而言之，财务分析就是以企业的财务报告等会计信息为基础，采用专门的方法，系统分析和评价企业的财务状况、经营成果及未来发展趋势的过程。

二、财务分析的作用

财务分析的作用是对财务报告所提供的会计信息进行进一步加工和处理，其目的是为会计信息使用者提供更具相关性的会计信息，以提高其决策质量。具体体现在以下 3 个方面。

首先，财务分析是评价财务状况及经营业绩的重要依据。通过财务分析，可以了解企业的营利能力、营运能力、偿债能力和成长能力状况，合理评价和考核企业的经营业绩。

其次，财务分析是提高企业经营管理水平和经济效益的有效途径。财务分析可以揭示企业财务活动中存在的问题，识别出企业的经营风险，促进企业内部资源有效配置，以达到扬长避短、提高经营管理水平和经济效益的目的。

最后，财务分析是实施正确投资决策的重要步骤。投资者通过财务分析，可以了解企业的获利能力、偿债能力，从而进一步预测出不同投资方案的收益水平与风险程度，以做出正确的投资决策。

三、财务分析的内容

对外发布的财务报表，是根据使用人的一般要求设计的，并不一定适合特定报表使用人的特定要求。报表使用人要从中选择自己需要的信息，去粗取精，并研究其相互关系，使之符合特定决策的要求。企业财务报表的主要使用人包括投资人、企业债权人、经营决策者和政府等。不同主体出于不同的利益考虑，对财务分析信息有着各自不同的要求。

（1）投资人对企业的净资产拥有所有权，同时也是企业最终风险的承担者。他们更关心企业的当前收益、未来收益和收益增长趋势，因此较为重视企业的营利能力指标，主要进行企业营利能力分析。

（2）债权人关心的是企业的资本结构、资金的主要来源及用途，据以制定贷款的利率水平、贷款限额、保障条款等。因此，债权人对企业财务报表的分析着重关心的是企业未来的偿债能力，主要进行企业偿债能力分析。

（3）经营决策者为了进行有效的财务决策而进行财务分析，涉及的内容最广泛，几乎包括外部使用人关心的所有问题，包括营利能力、营运能力、偿债能力和成长能力状况的全部信息。因此他们会进行各方面的综合分析，并关注企业的财务风险与经营风险。

（4）政府需要通过财务分析了解企业纳税情况、遵守政府法规和市场秩序的情况，监督企业对社会责任的履行程度。

为了满足不同使用人的需求，财务分析一般应包括偿债能力分析、营运能力分析、营利能力分析和发展能力分析等方面。

四、常用财务分析方法

（一）比较分析法

财务报表分析的比较分析法，是对两个或两个以上有关的可比数据进行对比，从而揭示趋势或差异。比较分析法主要可分为纵向比较分析法和横向比较分析法两种。

（1）纵向比较分析法，又称趋势分析法，是将同一企业连续若干期的财务状况进行比较，确定其增减变动的方向、数额和幅度，以此来揭示企业财务状况的发展变化趋势，如比较财务报表法、比较财务比率法。纵向比较分析法的比较对象是本企业的历史，这是财务分析中最常用的分析方法。

（2）横向比较分析法是将本企业的财务状况与其他企业的同期财务状况进行比较，确定其存在的差异及其程度，以此来揭示企业财务状况及可能存在的问题的分析方法。

比较分析法的具体运用主要有重要财务指标的比较、会计报表的比较和会计报表项目构成的比较 3 种方式。

1. 重要财务指标的比较

重要财务指标的比较是将不同时期财务报告中的相同指标或比率进行纵向比较，直接观察其增减变动情况及变动幅度，研究其发展趋势，预测其发展前景。用于不同时期财务指标比较的比率主要有以下两种。

（1）定基动态比率。定基动态比率是以某一时期的数额为固定的基期数额而计算出来的动态比率。其计算公式为

$$定基动态比率 =（分析期数据 \div 固定期数据）\times 100\%$$

（2）环比动态比率。环比动态比率是以每一分析期的数据与上期数据相比计算出来的动态比率。其计算公式为

$$环比动态比率 =（分析期数据 \div 前期数据）\times 100\%$$

2. 会计报表的比较

这种方法是将连续数期的会计报表的有关数字并行排列，比较相同指标的增减变动金额及幅度，以此来说明企业财务状况和经营成果的发展变化。一般可通过编制比较资产负债表、比较损益表及比较现金流量表来进行，计算出各有关项目增减变动的金额及变动百分比。

3. 会计报表项目构成的比较

这种方法是以会计报表中某个总体指标作为 100%，再计算出报表各构成项目占该总体指标的百分比，依次来比较各个项目百分比的增减变动，以及判断有关财务活动的变化趋势。这种方法既可用于同一企业不同时期财务状况的纵向比较，又可用于不同企业间的横向比较，还可消除不同时期（不同企业）业务规模差异的影响，有助于正确分析企业财务状况及发展趋势。

采用比较分析法时，应当注意以下问题。

（1）用于对比的各个时期的指标，其计算口径必须保持一致。

（2）应剔除偶发性项目的影响，使分析所利用的数据能反映正常的生产经营状况。

（3）应运用例外原则对某项有显著变动的指标做重点分析，并研究其产生的原因，以便采取对策，趋利避害。

（二）因素分析法

因素分析法是指对经济活动的总体或部分总体进行因素分解，确定影响经济活动总体或部分总体的各种因素及影响方式，按照一定的方法计算各因素变动对经济活动总体或部分总体的影响程度及影响方向的一种分析方法。

因素分析法具体有两种，分别是连环替代法和差额分析法。

1. 连环替代法

连环替代法是将分析指标分解为各个可以计量的因素，并根据各个因素之间的依存关系，顺次用各因素的比较值（通常为实际值）替代基准值（通常为标准值或计划值），据以测定各因素对分析指标的影响。

例 3-1　某企业 20×1 年 3 月生产产品所耗某种材料费用的实际数是 6 720 元，而其计划数是 5 400 元。实际比计划增加 1 320 元。由于材料费用由产品产量、材料单耗和材料单价 3 个因素的乘积构成。因此，可以把材料费用这一总指标分解为 3 个因素，然后逐个分析它们对材料费用总额的影响程度。现假设这 3 个因素的数值如表 3-1 所示。

表 3-1　材料费用资料

项目	单位	计划数	实际数	差异
产品产量	件	120	140	20
材料单耗	千克/件	9	8	−1
材料单价	元/千克	5	6	1
材料费用	元	5 400	6 720	1 320

根据表中资料，材料费用总额实际数较计划数增加 1 320 元，这是分析对象。运用连环替代法，可以计算各因素变动对材料费用总额的影响程度，具体如下：

计划指标：120×9×5=5 400（元）　①

第一次替代：140×9×5=6 300（元）　②

第二次替代：140×8×5=5 600（元）　③

第三次替代：140×8×6=6 720（元）　④

各因素变动的影响程度分析：

②−①=6 300−5 400=900（元）　产量增加的影响

③−②=5 600−6 300=−700（元）　材料节约的影响

④−③=6 720−5 600=1 120（元）　价格提高的影响

900−700+1 120=1 320（元）　全部因素的影响

2. 差额分析法

差额分析法是连环替代法的一种简化形式，是利用各个因素的比较值与基准值之间的差额，来计算各因素对分析指标的影响。

因素分析法既可全面分析各因素对某一经济指标的影响，又可单独分析某个因素对某一经济指标的影响，在财务分析中应用广泛。应用因素分析法须注意以下 4 个问题：①因素分解的关联性。构成经济指标的各因素确实是形成该项指标差异的内在原因，它们之间存在着客观的因果关系。②因素替代的顺序性。替代因素时，必须按照各因素的依存关系，排列成一定顺序依次替代，不可随意加以颠倒，否则各个因素的影响值就会得出不同的计算结果。在实际工作中，往往是先替代数量因素，后替代质量因素；先替代实物量、劳动量因素，后替代价值量因素；先替代原始的、主要的因素，后替代派生的、次要的因素；在有除号的关系式中，先替代分子，后替代分母。③顺序替代的连环性。计算每个因素变动的影响数值时，都是在前一次计算的基础上进行的，并采用连环比较的方法确定因素变化影响结果。只有保持这种连环性，才能使各因素影响之和等于分析指标变动的总差异。④计算结果的假定性。由于替代计算顺序的不同因素分析法计算各个因素变动的影响值会有差别，因此，计算结果具有一定顺序上的假定性和近似性。

（三）比率分析法

比率分析法是通过计算财务指标比率，来确定财务活动变动程度的一种分析方法。比率是相对数，采用这种方法，要把分析对比的数值变成相对数，计算出各种比率指标，然后进行比较，从确定的比率差异中发现问题。这种方法还常能将在某些条件下的不可比指标变为可以比较的指标，以便进行分析。比率分析法是财务分析中应用最为广泛的一种方法。常见的比率指标主要有以下 3 种类型。

1. 构成比率

构成比率又称结构比率，用来计算某项财务指标的各个组成部分占总体的比重，反映部分与总体的关系。它通常反映会计报表各项目的纵向关系。其典型计算公式为

$$构成比率=（某个组成部分数额\div总体数额）\times100\%$$

在财务报表结构分析中，构成比率可以用于计算：①各资产项目占总资产的比率；②各负债项目占总负债的比率；③各负债及所有者权益项目占总负债及所有者权益的比率；④各项业务或产品利润、收入、费用占总利润、总收入和总费用的比率；⑤单位成本各构成项目占单位产品成本的比率；⑥各存货项目占总存货的比率；⑦利润分配各项目占总的利润分配数额的比率，等等。利用构成比率指标，可以考察总体中某个部分的形成、安排是否合理，某个部分在总体中的地位、作用，以便协调各项财务活动，突出重点。

2. 效率比率

效率比率用来计算某项财务活动中所费与所得的比例，反映投入与产出、耗费与收入的比例关系。例如，成本费用与产品销售收入的比率、成本费用与利润的比率、资金占用额与销售收入的比率、资金占用额与利润的比率、资本数额与利润的比率等。利用效率比率指标，可以对企业进行得失比较，分析考察企业财务成果，评价企

业经营状况和经济效益水平。

3. 相关比率

相关比率是用来计算具有相关关系的指标的比率，以反映有关财务指标间的相互联系，评价企业财务状况及经营状况。例如，负债总额与资产总额的比率，即资产负债率；流动资产与流动负债的比率，即流动比率；速动资产与流动负债的比率，即速动比率等。利用相关比率指标，可以考察企业有联系的相关指标之间安排是否合理，能否保障生产经营活动的正常运行。

第二节　基本财务报表分析

不同使用者对财务报表分析的侧重点并不完全相同，但也有着一些共同的需求。从企业总体来看，财务报表分析的基本内容主要包括以下 3 个方面。

（1）分析企业的偿债能力，分析企业权益的结构、估量对债务资金的利用程度。

（2）评价企业资产的营运能力，分析企业资产的分布情况和周转使用情况。

（3）评价企业的营利能力，分析企业利润目标的完成情况和不同年度盈利水平的变动情况。

以上 3 个方面的分析内容互相联系、互相补充，可以综合地描述出企业生产经营的财务状况、经营成果和现金流量情况，以满足不同使用者对会计信息的基本需要。其中，偿债能力是企业财务目标实现的稳健保证，营运能力是企业财务目标实现的物质基础，营利能力则是前两者共同作用的结果，同时也对前两者的增强起推动作用。

一、偿债能力分析

企业的偿债能力是指企业用其资产偿还长期债务与短期债务的能力。企业有无支付现金的能力和偿还债务的能力，是企业能否生存和健康发展的关键，是反映企业财务状况和经营能力的重要标志。

企业的偿债能力分析包括短期偿债能力分析和长期偿债能力分析两个方面。

（一）短期偿债能力分析

短期偿债能力主要表现为公司到期债务与可支配流动资产之间的关系，主要的衡量指标有营运资本、流动比率、速动比率、现金比率和现金流量比率。

1. 营运资本

营运资本是指流动资产超过流动负债的部分。其计算公式为

营运资本=流动资产−流动负债

=（总资产−非流动资产）−（总资产−股东权益−非流动负债）

=（股东权益+非流动负债）−非流动资产

=长期资本−长期资产

当流动资产大于流动负债时，营运资本为正数，表明长期资本的数额大于长期资

产，超出部分被用于流动资产。营运资本的数额越大，财务状况越稳定。当全部流动资产未由任何流动负债提供资金来源，而全部由长期资本提供时，企业没有任何短期偿债压力。

当流动资产小于流动负债时，营运资本为负数，表明长期资本的数额小于长期资产，有部分长期资产由流动负债提供资金来源。由于流动负债在1年或1个营业周期内需要偿还，而长期资产在1年或1个营业周期内不能变现，偿债所需现金不足，必须设法另外筹资，这意味着财务状况不稳定。

2. 流动比率

流动比率是流动资产与流动负债的比率，是衡量企业短期偿债能力最常用的指标。其计算公式为

流动比率=流动资产÷流动负债

流动比率用来衡量企业流动资产在短期债务到期以前，可以变为现金用于偿还负债的能力。一般来说，流动比率越高，说明企业资产的变现能力越强，短期偿债能力亦越强；反之则弱。一般情况下，营业周期、应收账款和存货的周转速度是影响流动比率的主要因素。

3. 速动比率

速动比率是企业速动资产与流动负债的比率，又称“酸性”测试比率。其计算公式为

速动比率=速动资产÷流动负债

速动比率是衡量企业流动资产中可以立即变现用于偿还流动负债的能力。传统经验认为，速动比率维持在1∶1较为正常，它表明企业的每1元流动负债就有1元易于变现的流动资产来抵偿，短期偿债能力有可靠的保证。速动比率过低，企业的短期偿债风险较大，速动比率过高，企业在速动资产上占用资金过多，会增加企业投资的机会成本，但以上评判标准并不是绝对的。实际工作中，应考虑到企业的行业性质。例如，商品零售行业，由于采用大量现金销售，几乎没有应收账款，速动比率大大低于1，也是合理的。相反，有些企业虽然速动比率大于1，但速动资产中大部分是应收账款，并不代表企业的偿债能力强，因为应收账款能否收回具有很大的不确定性。所以，在评价速动比率时，还应分析应收账款的质量。

4. 现金比率

现金比率是货币资金与流动负债的比率。其计算公式为

现金比率=货币资金÷流动负债

速动资产中，流动性最强、可直接用于偿债的资产是现金。与其他速动资产不同，现金本身可以直接偿债，而其他速动资产需要等待不确定的时间，才能转换为不确定金额的现金。现金比率表明1元流动负债有多少现金作为偿债保障。

5. 现金流量比率

现金流量比率是经营活动现金流量净额与流动负债的比率。其计算公式为

现金流量比率=经营活动现金流量净额÷流动负债

"经营活动现金流量净额"，通常使用现金流量表中的"经营活动产生的现金流量净额"。它代表企业创造现金的能力，且扣除了经营活动自身所需的现金流出，是可以用来偿债的现金流量。一般而言，该比率中的流动负债采用期末数而非平均数，因为实际需要偿还的是期末金额，而非平均金额。现金流量比率表明每1元流动负债的经营活动现金流量保障程度。该比率越高，企业偿债能力越强。

（二）长期偿债能力分析

长期偿债能力通常是指企业偿还1年以上债务的能力，与企业的营利能力、资金结构有十分密切的关系。企业的长期偿债能力可通过资产负债率、产权比率、权益乘数、长期资本负债率、利息保障倍数、现金流量利息保障倍数、现金流量与负债比率等指标来进行分析。

1. 资产负债率

资产负债率是企业负债总额除以资产总额的比率。其计算公式为

资产负债率=（负债总额÷资产总额）×100%

资产负债率可以反映企业总资产中有多大的比例是通过负债取得的，可以衡量企业清算时资产对债权人的保障程度。资产负债率越低，企业偿债越有保证，负债越安全。

2. 产权比率和权益乘数

产权比率和权益乘数是资产负债率的另外两种表现形式，它和资产负债率的性质一样，计算公式分别如下：

产权比率=总负债÷股东权益

权益乘数=总资产÷股东权益

产权比率表明每1元股东权益配套的总负债的金额。权益乘数表明每1元股东权益启动的总资产的金额。它们是两种常用的财务杠杆比率。财务杠杆比率表示负债的比例，与偿债能力相关。财务杠杆影响总资产净利率和权益净利率之间的关系，还表明权益净利率风险的高低，与营利能力相关。

3. 长期资本负债率

长期资本负债率是指非流动负债占长期资本的百分比。其计算公式为

长期资本负债率=[非流动负债÷（非流动负债+股东权益）]×100%

长期资本负债率是反映公司资本结构的一种形式。由于流动负债的金额经常变化，非流动负债较为稳定，资本结构通常使用长期资本负债率衡量。

4. 利息保障倍数

利息保障倍数是指息税前利润（earning before interest and taxes，EBIT）对利息费用的倍数。其计算公式为

利息保障倍数=息税前利润÷利息费用

=（利润总额+利息费用）÷利息费用

如果利息保障倍数小于 1，表明自身产生的经营收益不能支持现有规模的债务。利息保障倍数等于1也很危险，因为息税前利润受经营风险的影响，很不稳定，但支付利息是固定的。因此，一般来说，企业的利息保障倍数至少要大于 1。在进行分析时通常与公司历史水平比较，这样才能评价长期偿债能力的稳定性。同时从稳健性角度出发，通常应选择一个指标最低年度的数据作为标准。

5. 现金流量利息保障倍数

现金流量利息保障倍数是指经营活动现金流量净额对利息费用的倍数。其计算公式为

现金流量利息保障倍数=经营活动现金流量净额÷利息费用

现金流量利息保障倍数是现金基础的利息保障倍数，表明每1元利息费用有多少倍的经营活动现金流量净额作为支付保障。它比利润基础的利息保障倍数更为可靠，因为实际用以支付利息的是现金，而不是利润。

6. 现金流量与负债比率

现金流量与负债比率是指经营活动现金流量净额与负债总额的比率。其计算公式如下：

现金流量与负债比率=（经营活动现金流量净额÷负债总额）×100%

一般来讲，该比率中的负债总额采用期末数而非平均数，因为实际需要偿还的是期末金额，而非平均金额。该比率表明企业用经营活动现金流量净额偿付全部债务的能力。比率越高，偿还负债总额的能力越强。

（三）分析企业偿债能力的意义

1. 评价企业财务状况

能否及时偿还到期债务及偿债能力的强弱，是反映企业财务经济状况的重要指标。通过对企业偿债能力的客观分析，可以准确评价企业财务经济状况及其变动原因，帮助企业所有者、经营者、债权人及其他利益相关者了解企业经营状况，做出正确判断和决策。

2. 控制企业财务风险

举债必须以能偿还为前提，如果企业不能按时偿还所负债务的本息，势必影响企业筹措资金的信誉，从而影响到企业正常的生产经营，甚至危及企业的生存。即使是盈利不错的企业，也存在着由于资金调度不灵，不能及时偿还债务而破产的风险。因此，企业负债经营的基本原则是举债适度和收益与风险对等，了解并控制企业财务风险，是偿债能力分析的重要目标。

3. 预测企业筹资前景

企业通过各种渠道筹集资金是维持正常经营活动的必要前提。正确评价企业偿债能力，准确预测企业筹资前景，是企业债权人进行正确信贷决策的基础。企业偿债能力强，则企业财务状况较好，信誉较高，债权人的本金与资金利息的保障程度较高。

因此，分析企业偿债能力，准确预测未来筹资前景，对于企业信用与潜在债权人的信贷决策至关重要。

二、营运能力分析

营运能力主要指资产运用、循环的效率高低。一般而言，资金周转速度越快，说明企业的资金管理水平越高，资金利用效率越高，企业可以以较少的投入获得较多的收益。因此，营运能力指标是通过投入与产出（主要指收入）之间的关系反映。营运能力分析方面常用的财务比率有应收账款周转率、存货周转率、流动资产周转率、营运资本周转率、非流动资产周转率和总资产周转率等。

（一）流动资产营运能力分析

反映流动资产周转情况的指标主要有应收账款周转率、存货周转率和流动资产周转率。

1. 应收账款周转率

应收账款周转率是营业收入与应收账款的比率。它有应收账款周转次数、应收账款周转天数和应收账款与收入比 3 种表示形式，计算公式分别如下：

应收账款周转次数=营业收入÷应收账款

应收账款周转天数=365÷（营业收入÷应收账款）

应收账款与收入比=应收账款÷营业收入

在一定时期内应收账款周转的次数越多，表明应收账款回收速度越快，企业管理工作的效率越高。这不仅有利于企业及时收回贷款，减少或避免发生坏账损失的可能性，而且有利于提高企业资产的流动性及企业短期债务的偿还能力。

2. 存货周转率

存货周转率是营业收入与存货的比率。它有 3 种计算方法，计算公式分别如下：

存货周转次数=营业收入÷存货

存货周转天数=365÷（营业收入÷存货）

存货与收入比=存货÷营业收入

存货周转率是反映企业销售能力和流动资产流动性的一个指标，也是衡量企业生产经营各个环节中存货运营效率的一个综合性指标。

计算存货周转率时，使用“营业收入”还是“营业成本”作为周转额，要看分析的目的。在短期偿债能力分析中，为了评估资产的变现能力需要计量存货转换为现金的金额和时间，应采用“营业收入”。在分解总资产周转率时，为系统分析各项资产的周转情况并识别主要的影响因素，应统一使用“营业收入”。如果是为了评估存货管理的业绩，应当使用“营业成本”，使其分子和分母保持口径一致。

3. 流动资产周转率

流动资产周转率是营业收入与流动资产的比率。它有 3 种计算方法，计算公式分别如下：

流动资产周转次数=营业收入÷流动资产

流动资产周转天数=365÷（营业收入÷流动资产）

流动资产与收入比=流动资产÷营业收入

流动资产周转率是反映企业流动资产周转速度的指标。在一定时期内，流动资产周转次数越多，表明以相同的流动资产完成的周转额越多，流动资产利用的效果越好。

流动资产周转率用周转天数表示时，周转一次所需要的天数越少，表明流动资产在经历生产和销售各阶段时占用的时间越短，周转越快。生产经营任何一个环节上的工作得到改善，都会反映到周转天数的缩短上来。按天数表示的流动资产周转率能更直接地反映生产经营状况的改善，便于比较不同时期的流动资产周转率，应用较为普遍。

（二）非流动资产营运能力分析

非流动资产周转率是营业收入与非流动资产的比率。它有3种计算方法，计算公式分别如下：

非流动资产周转次数=营业收入÷非流动资产

非流动资产周转天数=365÷（营业收入÷非流动资产）

非流动资产与营业收入比=非流动资产÷营业收入

非流动资产周转次数，表明1年中非流动资产周转的次数，或者说明每1元非流动资产投资支持的营业收入。非流动资产周转天数表明非流动资产周转一次需要的时间，也就是非流动资产转换成现金平均需要的时间。非流动资产与营业收入比，表明每1元营业收入需要的非流动资产投资。

非流动资产周转率反映非流动资产的管理效率，主要用于投资预算和项目管理，以确定投资与竞争战略是否一致，收购和剥离政策是否合理等。

（三）总资产营运能力分析

总资产周转率是营业收入与总资产的比率。它有 3 种计算方法，计算公式分别如下：

总资产周转次数=营业收入÷总资产

总资产周转天数=365÷（营业收入÷总资产）

总资产与营业收入比=总资产÷营业收入

总资产周转次数，表明1年中总资产周转的次数，或者说明每1元总资产投资支持的营业收入。总资产周转天数表明总资产周转一次需要的时间，也就是总资产转换成现金平均需要的时间。总资产与营业收入比，表明每1元营业收入需要的总资产投资。

这一比率可用来分析企业全部资产的使用效率。如果这个比率较低，则说明企业利用全部资产进行经营的效率较差，最终会影响企业的获得能力。这样，企业就应该采取措施提高各项资产的利用程度，从而提高销售收入或处理多余资产。

（四）营运资本周转情况分析

营运资本周转率是营业收入与营运资本的比率。它有3种计算方法，计算公式分别如下：

营运资本周转次数=营业收入÷营运资本

营运资本周转天数=365÷（营业收入÷营运资本）

营运资本与营业收入比=营运资本÷营业收入

营运资本周转率是一个综合性的比率。营运资本周转次数表明1年中营运资本周转的次数，或者说明每1元营运资本投资支持的营业收入。营运资本周转天数表明营运资本周转一次需要的时间，也就是营运资本转换成现金平均需要的时间。营运资本与营业收入比，表明每1元营业收入需要的营运资本投资。

（五）分析企业营运能力的意义

1. 有利于企业管理层改善经营管理

企业的营运能力分析对企业管理层至关重要，它可以帮助企业优化资产结构，通过资产结构分析，可发现和揭示与企业经营性质、经营时期不相适应的结构比例，并及时加以调整，形成合理的资产结构。分析企业的营运情况可以改善企业财务状况，改善资产结构，使资产保持足够的流动性。它也可以加速企业的资金周转，通过资产结构分析，对流动资产与其他资产的比例关系进行合理调整。

2. 有助于投资者进行投资决策

企业营运能力分析有助于判断企业财务的安全性、资本的保全程度及资产的收益能力，可用以进行相应的投资决策。

一是企业的安全性与其资产结构密切相关，如果企业流动性强的资产所占的比重大，企业资产的变现能力强，企业的财务安全性较高。

二是要保全所有者或股东的投入资本，要有高质量的资产作为其物质基础，否则资金周转价值不能实现，就无从谈及资本保全。而通过资产结构和资产管理效果分析，可以很好地判断资本的安全程度。

三是企业的资产结构直接影响着企业的收益。企业存量资产的周转速度越快，实现收益的能力越强；存量资产中商品资产越多，实现的收益额也越大；商品资产中毛利额高的商品所占比重越高，取得的利润率就越高。

四是有助于债权人进行信贷决策。资产结构和资产管理效果分析有助于判明其债权的物资保证程度或其安全性，可用以进行相应的信用决策。

三、营利能力分析

营利能力是指企业获取利润、实现资金增值的能力。它是企业营销能力、获取现金能力、降低成本能力及规避风险能力等的综合体现，也是企业各环节经营结果的具体表现，企业经营的好坏都会通过营利能力表现出来。营利能力分析方面常用的财务比率有营业净利率、总资产净利润率和权益净利率。

（一）营业净利率

净利，或称“净利润”，在我国会计制度中是指税后利润。营业净利率是指净利润与营业收入的百分比，其计算公式为

营业净利率=（净利润÷营业收入）×100%

该指标反映每1元营业收入带来的净利润是多少，表示营业收入的收益水平。从营业净利率的指标关系看，净利润与营业净利率成正比关系，而营业收入与营业净利率成反比关系。公司在增加营业收入的同时，必须相应获得更多的净利润，才能使营业净利率保持不变或有所提高。分析营业净利率的升降变动，可以促使公司在扩大销售业务的同时，注意改进经营管理，提高盈利水平。

（二）总资产净利润率

总资产净利润率又叫总资产报酬率、投资报酬率或资产收益率，是企业在一定时期内的净利润和资产平均总额的比率，其计算公式为

总资产净利润率=（净利润÷平均资产总额）×100%

总资产净利润率主要用来衡量企业利用资产获取利润的能力，反映企业总资产的利用效率，表示企业每单位资产获得净利润的数量，这一比率越高，说明企业全部资产的营利能力越强。

（三）权益净利率

权益净利率，也称净资产收益率，是净利润与股东权益的比率。计算公式为

权益净利率=（净利润÷股东权益）×100%

权益净利率的分母是股东的投入，分子是股东的所得。它反映每1元股东权益赚取的净利润，可以衡量企业的总体营利能力，具有很强的综合性，概括了公司的全部经营业绩和财务业绩。

（四）分析企业营利能力的意义

企业的营利能力也是衡量经营者经营业绩的集中体现。企业营利能力分析的意义在于以下几个方面。

1. 有助于保障投资人的所有者权益

投资人的投资动机是获取较高的投资回报。一个不能盈利，甚至赔本的经营项目对投资人的投资会构成严重威胁。若企业经营得好，营利能力就强，就能给企业带来较丰厚的利润，良好的业绩会引起公司股票市价的升值，给公司股东带来双重好处。

2. 有利于债权人衡量投入资金的安全性

向企业提供中长期贷款的债权人十分关心企业的资本结构和长期偿债能力，从而衡量他们能否收回本息的安全程度。从根本上看，企业是否具有较强的营利能力及营利能力的发展趋势乃是保证中长期贷款人利益的基础所在。若具有较强的营利能力，往往说明企业管理者经营有方，管理得当，企业有发展前途。

3. 有利于保障企业职工的劳动者权益

企业营利能力强弱、经济效益大小，直接关系到企业员工自身利益。实际上也成为人们择业的一个比较主要的衡量条件。企业的竞争说到底是人才的竞争。企业经营得好，具有较强的营利能力，就能为员工提供较稳定的就业位置、较多的深造和发展机会、较丰厚的薪金及物质待遇，为员工工作、生活、健康等各方面创造良好的条件，同时也就能留住人才，为他们更努力地为企业工作提供经济保障。

第三节　上市公司财务分析

一、上市公司特殊财务分析指标

（一）市盈率

市盈率，是普通股每股市价与其每股收益的比值。其中，每股收益是指可分配给普通股股东的净利润与流通在外普通股加权平均股数的比率，它反映每只普通股当年创造的净利润水平。其计算公式如下：

市盈率=每股市价÷每股收益

每股收益=普通股股东净利润÷流通在外普通股加权平均股数

每股市价实际上反映了投资者对未来收益的预期。然而，市盈率是基于过去年度的收益。如果投资者预期收益从当前水平大幅增长，一般来说，市盈率表示该公司需要累积多少年的盈利才能达到目前的市价水平，所以市盈率指标数值越小越好，越小说明投资回收期（payback period，PP）越短。对仅有普通股的公司而言，每股收益的计算相对简单。在这种情况下，计算公式如上所示。如果公司还有优先股，则计算公式如下：

每股收益=（净利润−优先股股息）÷流通在外普通股加权平均股数

每股收益仅适用于普通股，即普通股的每股收益。优先股股东除规定的优先股股息外，对剩余的净利润不再具有索取权。

（二）市净率

市净率也称为市账率，是指普通股每股市价与每股净资产的比率。它反映普通股股东愿意为每1元净资产支付的价格，说明市场对公司净资产质量的评价。每股净资产也称为每股账面价值，是指普通股股东权益与流通在外普通股股数的比率。每股净资产是指每股股票所拥有的公司净资产价值，它等于公司净资产除以公司股本数量。每股净资产对公司股票的定价与波动趋势产生着很大的影响。其计算公式为

每股净资产=公司净资产/公司股本数量

一般来说，每股净资产比值越高，说明企业每股股票所拥有的资产现值越多，企业的发展潜力越大，企业的营利能力也越强。除了依靠该指标，还要结合其他的指标及资料来评价企业的营利能力。在计算市净率和每股净资产时，应注意所使用的流通

在外普通股股数是资产负债表日流通在外普通股股数，而不是当期流通在外普通股加权平均股数。这是因为每股净资产的分子为时点数，分母也应选取同一时点数。

（三）市销率

市销率也称为收入乘数，是指普通股每股市价与每股销售收入的比率。它表示普通股股东愿意为每1元营业收入支付的价格。其中，每股销售收入是指销售收入与流通在外普通股加权平均股数的比率，它表示每只普通股创造的销售收入。计算公式分别如下：

市销率=每股市价÷每股销售收入

每股销售收入=销售收入÷流通在外普通股加权平均股数

二、杜邦分析体系

杜邦分析体系，又称杜邦财务分析体系，简称杜邦体系，是利用各主要财务比率之间的内在联系，对公司财务状况和经营成果进行综合评价的系统方法。该体系是以权益净利率为核心，以总资产净利率和权益乘数为分解因素，重点揭示公司获利能力及杠杆水平对权益净利率的影响，以及各相关指标间的相互关系。杜邦体系最初因美国杜邦公司成功应用而得名。

（一）杜邦体系的核心比率

权益净利率是杜邦体系的核心比率，具有很好的可比性，可用于不同公司之间的比较。由于资本具有逐利性，总是流向投资报酬率高的行业和公司，因此各公司的权益净利率都会比较接近。如果一个企业的权益净利率经常高于其他公司，就会引来竞争者，迫使该公司的权益净利率回到平均水平。如果一个公司的权益净利率经常低于其他公司，就难以增获资本，会被市场驱逐，从而使幸存公司的权益净利率平均水平回归正常。

权益净利率不仅有很强的可比性，而且有很强的综合性。公司为了提高权益净利率，可从如下3个分解指标入手：

$$\text{权益净利率}=\frac{\text{净利润}}{\text{营业收入}}\times\frac{\text{营业收入}}{\text{总资产}}\times\frac{\text{总资产}}{\text{股东权益}}$$

$$=\text{营业净利率}\times\text{总资产周转次数}\times\text{权益乘数}$$

无论提高其中的哪个比率，权益净利率都会提高。其中，“营业净利率”为利润表的一种概括表示，“净利润”和“营业收入”两者相除可以概括企业经营成果；“权益乘数”为资产负债表的一种概括表示，表明资产、负债和股东权益的比例关系，可以反映企业最基本的财务状况；“总资产周转次数”把利润表和资产负债表联系起来，使权益净利率可以综合分析评价整个企业经营成果和财务状况。

（二）杜邦体系的基本框架

杜邦体系的基本框架可用图3-1表示。

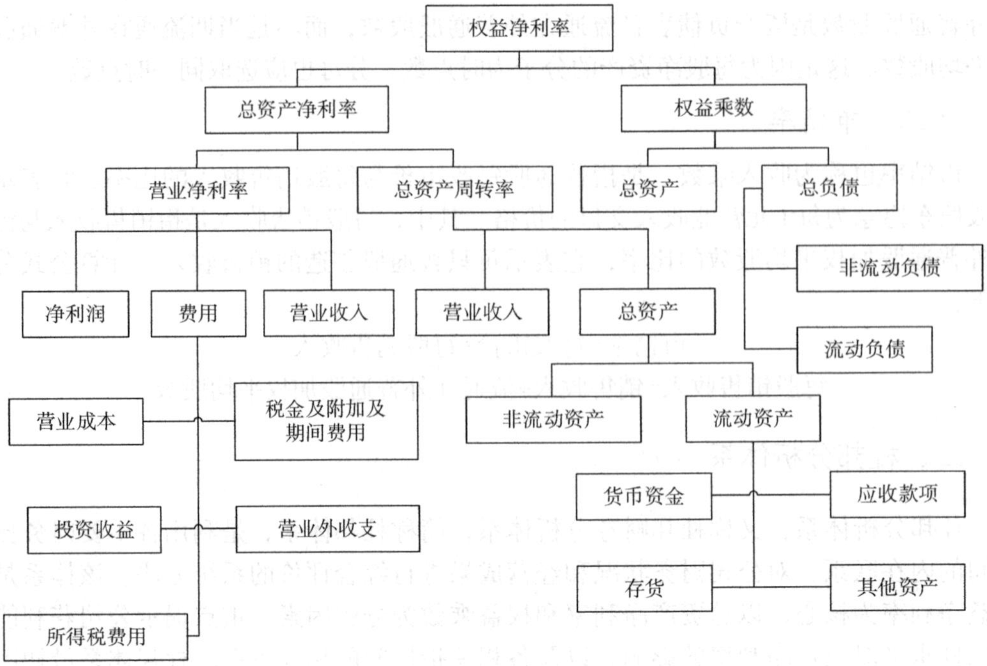

图 3-1　杜邦体系的基本框架图

由图 3-1 可见，该体系是一个多层次的财务比率分解体系。各项财务比率，可在每个层次上与本公司历史或同业财务比率比较，比较之后向下一级分解。逐级向下分解，逐步覆盖公司经营活动的每个环节，以实现系统、全面评价公司经营成果和财务状况的目的。

第一层次的分解，是把权益净利率分解为营业净利率、总资产周转次数和权益乘数。这 3 个比率在各企业之间可能存在显著差异。通过对差异的比较，可以观察本公司与其他公司的经营战略和财务政策有什么不同。

分解出来的营业净利率和总资产周转次数，可以反映公司的经营战略。一些公司营业净利率较高，而总资产周转次数较低；另一些公司与之相反，总资产周转次数较高而营业净利率较低。两者经常呈反方向变化。这种现象并不偶然。为了提高营业净利率，就要增加产品附加值，往往需要增加投资，引起周转次数的下降。与此相反，为了加快周转，就要降低价格，引起营业净利率的下降。

通常，营业净利率较高的制造业，其周转次数都较低；周转次数很高的零售业，营业净利率都很低。采取“高盈利、低周转”还是“低盈利、高周转”的方针，是企业根据外部环境和自身资源做出的战略选择。正因如此，仅从营业净利率的高低并不能看出业绩好坏，应把它与总资产周转次数联系起来考察企业经营战略。真正重要的是两者共同作用得到的总资产净利率。总资产净利率可以反映管理者运用企业资产赚取盈利的业绩，是最重要的营利能力。

分解出来的财务杠杆（以权益乘数表示）可以反映企业的财务政策。在总资产净利率不变的情况下，提高财务杠杆可以提高权益净利率，但同时也会增加财务风险。

如何配置财务杠杆是公司最重要的财务政策。一般而言，总资产净利率较高的公司，财务杠杆较低，反之亦然。可以设想，为了提高权益净利率，公司倾向于尽可能提高财务杠杆。但是，债权人不一定会同意这种做法。债权人不分享超过利息的收益，更倾向于为预期未来经营活动现金流量净额比较稳定的企业提供贷款。为了稳定现金流量，公司的一种选择是降低价格以减少竞争；另一种选择是增加营运资本以防止现金流中断，这都会导致总资产净利率下降。也就是说，为了提高流动性，只能降低盈利性。

因此，经营风险低的公司可以得到较多的贷款，其财务杠杆较高；经营风险高的企业，只能得到较少的贷款，其财务杠杆较低。总资产净利率与财务杠杆呈负相关，共同决定了公司的权益净利率。因此，公司必须使其经营战略和财务政策相匹配。

该分析体系要求，在每一个层次上进行财务比率分解和比较。通过与上年比较可以识别变动的趋势，通过与同业比较可以识别存在的差距。分解的目的是识别引起变动（或产生差距）的原因，并衡量其重要性，为后续分析指明方向。

（三）杜邦体系的局限性

前述杜邦体系虽然被广泛使用，但也存在某些局限性。

（1）计算总资产净利率的“总资产”与“净利润”不匹配。总资产为全部资产提供者享有，而净利润则专属于股东，两者不匹配。由于总资产净利率的“投入与产出”不匹配，该指标不能反映实际的报酬率。为了改善该比率，要重新调整分子和分母。

公司资金的提供者包括无息负债的债权人、有息负债的债权人和股东，无息负债的债权人不要求分享收益，要求分享收益的是股东和有息负债的债权人。因此，需要计量股东和有息负债债权人投入的资本，并且计量这些资本产生的收益，两者相除才是合乎逻辑的报酬率，才能准确反映企业的基本营利能力。

（2）没有区分经营活动损益和金融活动损益。传统的杜邦体系不区分经营活动和金融活动。对于大多数公司来说，金融活动是净筹资，它们在金融市场上主要是筹资，而不是投资。筹资活动不产生净利润，而是支出净费用。这种筹资费用是否属于经营活动费用，在会计准则制定过程中始终存在很大争议，各国的会计准则对此的处理不尽相同。从财务管理角度看，公司的金融资产是尚未投入实际经营活动的资产，应将其与经营资产相区别。与此相应，金融损益也应与经营损益相区别，才能使经营资产和经营损益匹配。因此，正确计量基本营利能力的前提是区分经营资产和金融资产，区分经营损益和金融损益。

（3）没有区分金融负债与经营负债。既然要把金融活动分离出来单独考察，就需要单独计量筹资活动成本。负债的成本（利息支出）仅仅是金融负债的成本，经营负债是无息负债。因此，必须区分金融负债与经营负债。利息与金融负债相除，才是真正的平均利息率。此外，区分金融负债与经营负债后，金融负债与股东权益相除，可以得到更符合实际的财务杠杆。经营负债没有固定成本，本来就没有杠杆作用，将其计入财务杠杆，会歪曲杠杆的实际效应。

（四）管理用财务报表体系

针对上述问题，人们对传统财务报表进行了反思，并尝试和探索了新的管理用财务报表体系。该体系的基本思想是将公司活动分为经营活动和金融活动两种：经营活动是指销售商品或提供劳务等营业活动及与此有关的生产性资产投资活动；金融活动是指筹资活动及多余资本的利用。

1. 管理用资产负债表

经营资产是指销售商品或提供劳务所涉及的资产；金融资产是利用经营活动多余资金进行投资所涉及的资产。与此相应，经营负债是指销售商品或提供劳务所涉及的负债，编制管理用财务报表时，还需具体情况具体分析；金融负债是债务筹资活动所涉及的负债。由此形成下列关系表达式：

资产=经营资产+金融资产

=（经营性流动资产+经营性长期资产）+（短期金融资产+长期金融资产）

负债=经营负债+金融负债

=（经营性流动负债+经营性长期负债）+（短期金融负债+长期金融负债）

净经营资产=经营资产−经营负债

=（经营性流动资产+经营性长期资产）

−（经营性流动负债+经营性长期负债）

=（经营性流动资产−经营性流动负债）

+（经营性长期资产−经营性长期负债）

=经营营运资本+净经营性长期资产

净金融负债=金融负债−金融资产=净负债

净经营资产=净负债+股东权益=净投资资本

2. 管理用利润表

金融损益是指金融负债利息与金融资产收益的差额，即扣除利息收入、金融资产公允价值变动收益等以后的利息费用。由于存在所得税，应计算该利息费用的税后结果，即税后利息费用（也称为净金融损益）。经营损益是指除金融损益以外的当期损益。由此形成的关系表达式如下：

净利润=经营损益+金融损益=税后经营净利润−税后利息费用

=税前经营利润×（1−所得税税率）−利息费用×（1−所得税税率）

3. 管理用现金流量表

经营现金流量是指企业因销售商品或提供劳务等营业活动及与此有关的生产性资产投资活动产生的现金流量；金融现金流量是指企业因筹资活动和金融市场投资活动而产生的现金流量。

经营现金流量，代表了企业经营活动的全部成果，是“企业生产的现金”，因此又称为实体经营现金流量，简称实体现金流量。企业的价值决定于未来预期的实体现金流量。

此处的“经营现金流量”（营业现金毛流量，也经常简称为“营业现金流量”）与传统现金流量表的“经营活动产生的现金流量”不同。前者包括生产性资产投资活动产生的现金流量，后者不包括生产性资产投资活动产生的现金流量。管理者要使企业更有价值，就应当增加企业的实体现金流量。实体现金流量的关系表达式如下：

营业现金毛流量=税后经营净利润+折旧与摊销

营业现金净流量=营业现金毛流量−经营营运资本增加

实体现金流量=营业现金净流量−资本支出

资本支出=净经营长期资产增加+折旧与摊销

企业实体现金流量的用途（或去向）可以分为两部分：①债务现金流量，是与债权人之间的交易形成的现金流，包括支付利息、偿还或借入债务及购入和出售金融资产。②股权现金流量，是与股东之间的交易形成的现金流，包括股利分配、股份发行和回购等。

综上，从实体现金流量的来源分析，它是营业现金毛流量超出经营营运资本增加和资本支出的部分，即来自经营活动；从实体现金流量的去向分析，它被用于债务融资活动和权益融资活动，即被用于金融活动。因此，管理用现金流量表的基本等式可归纳如下：

营业现金毛流量−经营营运资本增加−资本支出=债务现金流量+股权现金流量

经营现金流量=实体现金流量=融资现金流量=金融现金流量

实体现金流量=（税后经营净利润+折旧与摊销）−[经营营运资本增加+（净经营性长期资产增加+折旧与摊销）]

=税后经营净利润−（经营营运资本增加+净经营性长期资产增加），

折旧与摊销金额实际上不影响实体现金流量的结果。

4. 管理用财务分析体系

鉴于传统杜邦体系存在“总资产”与“净利润”不匹配、未区分经营损益和金融损益、未区分有息负债和无息负债等诸多局限，故应基于改进的管理用财务报表重新设计财务分析体系。

改进的财务分析体系的核心公式：

$$\begin{aligned}权益净利率&=\frac{税后经营净利润}{股东权益}-\frac{税后利息费用}{股东权益}\\&=\frac{税后经营净利润}{净经营资产}\times\frac{净经营资产}{股东权益}-\frac{税后利息费用}{净负债}\times\frac{净负债}{股东权益}\\&=\frac{税后经营净利润}{净经营资产}\times\left(1+\frac{净负债}{股东权益}\right)-\frac{税后利息费用}{净负债}\times\frac{净负债}{股东权益}\\&=净经营资产净利率+（净经营资产净利率-税后利息率）\times净财务杠杆\end{aligned}$$

根据该公式，权益净利率的高低取决于 3 个驱动因素：净经营资产净利率（可进一步分解为销售税后经营净利率和净经营资金周转次数）、税后利息率和净财务杠杆。

第四节　财务预测的步骤与方法

一、财务预测的相关概念

（一）财务预测的含义

财务预测是根据财务活动的历史资料，考虑现实的要求和条件，对未来的财务活动和财务成果做出科学的预计和测算。狭义的财务预测仅指估计企业未来的融资需求，广义的财务预测包括编制全部的预计财务报表。

（二）财务预测的意义

第一，预测各项生产经营和投资方案的收益，为财务决策提供可靠的依据；第二，预测财务收支变化的情况，以确定经营目标；第三，预测各项收支定额和标准，为编制计划和分解计划服务。

（三）财务预测的分类

（1）按预测对象，财务预测可分为筹资预测、投资预测、成本预测、收入预测和利润预测。

（2）按性质，财务预测可分为定性预测和定量预测。

（3）按预测跨度时间，财务预测可分为长期预测、中期预测和短期预测。

（4）按预测值多寡，财务预测可分为单项预测和多项预测。

（5）按预测态势，财务预测可分为表态预测和动态预测。

二、财务预测的基本步骤

财务预测的基本步骤包括以下几点。

（一）销售预测

财务预测的起点是销售预测。一般情况下，财务预测把销售数据视为已知数，作为财务预测的起点。销售预测本身不是财务管理的职能，但它是财务预测的基础，销售预测完成后才能开始财务预测。

销售预测对财务预测的质量有重大影响。如果销售的实际状况超出预测很多，公司没有准备足够的资金添置设备或储备存货，则无法满足顾客需要，不仅会失去盈利机会，并且会丧失原有的市场份额。相反，销售预测过高，筹集大量资金购买设备并储备存货则会造成设备闲置和存货积压，使资金周转速度下降，导致权益净利率降低，股价下跌。

（二）估计经营资产和经营负债

通常，经营资产是营业收入的函数，根据历史数据可以分析出该函数关系。根据预计营业收入及经营资产与营业收入的函数，可以预测所需经营资产的金额。大部分经营负债也是营业收入的函数，应据此预测经营负债随营业收入的自发增长，这种增长可以减少企业外部融资额。

（三）估计各项费用和留存收益

假设各项费用也是营业收入的函数，可以据此估计费用和损失，并在此基础上确定净利润。净利润和利润留存率共同决定所能提供的利润留存额。

（四）估计所需外部融资需求

根据预计经营资产总量，减去已有的经营资产、自发增长的经营负债、可动用的金融资产和内部提供的利润留存便可得出外部融资需求。

三、财务预测的方法

（一）销售百分比法

销售百分比法是根据资产负债表和利润表中有关项目与营业收入之间的依存关系预测资金需求量的一种方法，即假设相关资产、负债与营业收入存在稳定的百分比关系，然后根据预计营业收入和相应的百分比预计相关资产、负债，最后确定融资需求。运用销售百分比法预测的步骤如下。

1. 确定经营资产和经营负债项目的销售百分比

经营资产和经营负债项目的销售百分比，可以根据传统财务报表数据预计，也可以使用经过调整的管理用财务报表数据预计，后者更方便，也更合理。经营资产和经营负债项目占营业收入的百分比，可以根据基期的数据确定，也可以根据以前若干年度的平均数确定。

例 3-2　假设 ABC 公司 20×1 年实际营业收入为 3 000 万元，20×1 年的各项销售百分比在 20×2 年可以持续，20×2 年预计营业收入为 4 000 万元。以 20×1 年为基期，采用销售百分比法预测外部融资需求。

各项目销售百分比=基期经营资产（或负债）÷基期营业收入

根据 20×1 年营业收入（300 万元）计算的各项经营资产和经营负债的销售百分比，如表 3-2 的“销售百分比”栏所示。

表 3-2　净经营资产的预计　　单位：万元

项目	20×1 年实际	销售百分比	20×2 年预测
营业收入	3 000		4 000
货币资金	44	1.47%	59
应收票据及应收账款	418	13.93%	557
预付款项	22	0.73%	29
其他应收款（扣除应收利息、应收股利）	12	0.40%	16
存货	119	3.97%	159
一年内到期的非流动资产	77	2.57%	103

续表

项目	20×1 年实际	销售百分比	20×2 年预测
其他流动资产	8	0.27%	11
长期股权投资	30	1.00%	40
固定资产	1 238	41.27%	1 651
在建工程	18	0.60%	24
无形资产	6	0.20%	8
长期待摊费用	5	0.17%	7
其他非流动资产	3	0.10%	4
经营资产合计	2 000	66.67%	2 667
应付票据及应付账款	133	4.43%	177
预收款项	10	0.33%	13
应付职工薪酬	2	0.07%	3
应交税费	5	0.17%	7
其他应付款（扣除应付利息、应付股利）	25	0.83%	33
其他流动负债	53	1.77%	71
长期应付款	50	1.67%	67
经营负债合计	278	9.27%	371
净经营资产总计	1 722	57.40%	2 296

2. 预计各项经营资产和经营负债

各项经营资产（或负债）=预计营业收入×各项目销售百分比

根据20×2年预计营业收入（4 000万元）和各项目销售百分比计算的各项经营资产和经营负债，如表 3-2 所示的“20×2 年预测”栏。

融资总需求=（预计经营资产合计−基期资产合计）

−（预计经营负债合计−基期负债合计）

=2 296−1 722=574（万元）

该公司 20×2 年需要融资 574 万元，如何筹集该资金取决于它的融资政策。通常，融资的优先顺序如下：①动用现存的金融资产；②增加留存收益；③增加金融负债；④增发股票。

3. 预计可动用的金融资产

如有可动用的金融资产，应扣减该金融资产，形成新的融资需求额。由于例 3-2 中无财务成本管理可动用的金融资产，故融资需求额仍为 574 万元。

4. 预计增加的留存收益

留存收益是企业内部的融资来源。只要企业有盈利并且不全部支付股利，留存收益就会使股东权益增长，从而全部或部分满足企业的融资需求。这部分资金的多少，取决于净利润的多少和股利支付率的高低。

预计增加的留存收益=预计营业收入×预计营业净利率×（1−预计股利支付率）

假设 ABC 公司 20×2 年预计营业净利率为 4.5%。由于需要的融资额较大，20×2 年

ABC 公司不支付股利。

预计增加的留存收益=4 000×4.5%=180（万元）

外部融资额=574−180=394（万元）

这里需要注意一个问题：该留存收益增加额的计算隐含了一个假设，即预计营业净利率可以涵盖增加的利息。提出该假设的目的是摆脱融资预测的数据循环。在融资预测时，需要先确定留存收益的增加额，然后确定需要增加的借款，借款的改变反过来又会影响留存收益。其数据关系如下：股利支付率确定后，留存收益受净利润的影响；净利润受利息费用的影响；利息费用受借款数额的影响；借款增加额要视留存收益增加额而定。为了解决该数据循环问题，一种方法是使用多次迭代法，逐步逼近可以使数据平衡的留存收益和借款增加额；另一种方法是假设预计营业净利率不变，即其他利润表项目可以吸收或涵盖新增借款增加的利息，故先确定留存收益，然后确定借款增加额。此处使用的是后一种处理方法。

5. 预计增加的借款

需要的外部融资额，可以通过增加借款或增发股票筹集，涉及资本结构管理问题。通常，在目标资本结构允许的情况下，企业会优先使用借款融资。如果不宜再增加借款，则需要增发股票。

假设 ABC 公司可以通过借款筹集资金 394 万元，则：

融资总需求=动用金融资产+增加留存收益+增加借款=0+180+394=574（万元）

销售百分比法是一种比较简单、粗略的预测方法。首先，该方法假设各项经营资产和经营负债与营业收入保持稳定的百分比，可能与事实不符。其次，该方法假设预计营业净利率可以涵盖借款利息的增加，也未必合理。

（二）回归分析法

财务预测的回归分析法，是利用一系列历史资料求得各资产负债表项目和销售收入的函数关系，然后基于预计营业收入预测资产、负债数量，最后预测融资需求。

通常假设营业收入与资产、负债等存在线性关系。例如，假设存货与营业收入之间存在线性关系，其直线方程为“存货=a+b×营业收入”，根据历史资料和回归分析的最小二乘法可以求出直线方程的系数 a 和 b；然后根据预计营业收入和直线方程预计存货的金额。

完成资产、负债项目的预计后，其他计算步骤与销售百分比法相同。

（三）运用电子系统预测

对于大型企业来说，无论是销售百分比法还是回归分析法都显得过于简化。实际上影响融资需求的变量很多，如产品组合、信用政策、价格政策等。把这些变量纳入预测模型后，计算量大增，手工已经很难处理，需要使用计算机方可完成。

最简单的计算机财务预测，是使用“电子表软件”，如 Excel。使用电子表软件时，计算过程和手工预测几乎没有差别。相比之下，其主要优点在于：预测期间如果是几年或者要分月预测时，计算机要比手工快得多；如果改变一个输入参数，软件能自动重新计算所有预测数据。

比较复杂的预测时使用交互式财务规划模型，它比电子表软件功能更强，其主要的优点在于能通过“人机对话”进行“反向操作”。例如，不但能根据既定的销售水平预测融资需求，还可以根据既定的资金限额来预测可达到的销售收入。

最复杂的预测是使用综合数据库财务计划系统。该系统建有企业的历史资料库和模型库，用以选择适用的模型并预测各项财务数据；它通常是一个联机的实时系统，随时更新数据库；可以使用概率技术，分析预测的可靠性；它还是一个综合的规划系统，不仅用于资金的预测和规划，而且包括需求、价格、成本及各项资源的预测和规划；该系统通常也是规划与预测结合的系统，能快速生成预计的财务报表，从而支持财务决策。

四、选择财务预测方法应考虑的因素

（一）预测的目的

预测的目的即将来如何使用这个预测?是为了编制长期计划而提供依据，还是为作为控制标准的预算而提供依据。这一问题决定了预测方法应有怎样的精确度。例如，决定是否从事某种经营，可能只对市场容量做一个粗略的估计，而为了制定预算而做出的预测就应精确得多，这两个具体的不同预测目的所适用的预测方法就应有所不同。

（二）预测对象的特征

预测活动的主要工作是要考虑针对预测对象搜集信息，同时，在对数据资料观察的基础上，认识有关预测对象的规律并在此基础上进行预测。预测对象有多种多样，财务预测中的预测对象主要有4类，即销售预测、成本预测、资金需要量预测、利润预测。预测对象的特征主要包括详细程度、稳定性等要素。

1. 详细程度

在大多数企业，不同的职能部门在进行决策工作时所需要资料的详细程度不同。例如，公司的综合计划部门在做年度计划时，往往对公司的产品类别或全部销售额进行综合计划；而在这个公司的其他部门，则对产品资料所要求的详细程度又有不同，如生产部门就可能以个别产品及其不同规格为基础进行计划。在为某一特定情况选择预测方法时，必须要弄清楚预测对决策是否有用，并根据需要确定预测对象的详细程度。

2. 稳定性

稳定性是指预测对象自身的发展趋势是否稳定，如在情况非常稳定时所做的预测与在情况波动时所做的预测就完全不同。在稳定的情况下或新发生的变化不会在短期内造成预测对象全貌的改变，则可以沿用原有预测方法，并且定期检验以鉴定其适应性；在不稳定的情况下，则需要采用不断地适应于最近发展情况和最新信息的预测方法。

（三）预测方法的特征

经验表明，任何一种方法都有其特殊性。在对预测对象的特性进行分析的基础上，掌握常用的各种方法的特征是预测者必须具备的能力之一。预测方法的特征主要有预测时间、模型的类型等要素。

1. 预测时间

预测时间的长短，即预测是属于短期、中期还是长期预测。决定预测方法必须要考虑预测的时间。一般来说，定性预测更加适合用于长期预测，而定量预测则较适合用于中期和短期预测。在定量预测中，移动平均法、指数平滑法适合用于短期预测，回归预测法则适合用于中期和长期预测。由于不同的预测方法适应于不同类型的预测，所以，要使预测的时间长短与预测方法适当地配合。

2. 模型的类型

预测方法在定性和定量划分的基础上，还可以根据被预测对象的具体情况，将定量预测方法再分为3类，即因果分析预测法、时间数列分析预测法及其他的财务预测方法。因果分析预测法一般具有精确度高，但工作量大的特点；时间数列预测方法则具有简单、容易掌握的特点，但预测精确度难保证；其他的财务预测方法则是建立在变量间具有确定关系的基础上。不同的预测方法，其主要区别在于模型不同。

（四）可供利用的数据资料

一般情况下，定量预测的方法都需要有比较完备的、较多的、连续的历史数据，如直线趋势法、回归预测法等；如果没有可以利用的历史资料，或者在主要因素难以定量分析的条件下，则只能采用定性预测的方法。因此，在进行方法选择时需要考虑以下问题：第一，手中现存多少资料？这些资料包括什么样的信息？第二，搜集补充资料还需要多少费用？

（五）精确度与预测费用

选择预测方法时，要考虑的另一个重要因素就是对预测的精确度要求。对预测的精确度要求主要取决于预测的目的。如果预测的目的是为计划服务，则预测的精确度相对可以低一些；相反，如果预测是为制定预算提供服务，预测的精确度则要求高一些。对于预测的准确性，要求明确以下两点：第一，准确性并不是模型选择的唯一标准。例如，与在考虑管理问题时一样，在进行决策时需要加以权衡的通常有好几个标准，对预测来说同样是如此。当把准确性作为评价该方法的唯一标准时，可能得出错误的结论。第二，在其他条件相同的情况下，要选择预测准确性较高的方法。

选择预测方法时，还要考虑选用某种方法所需要的预测费用。预测费用是在预测过程中人力、物力消耗的总和，主要有调研经费、预测人员工资及计算机使用过程中发生的运转费、存储费、折旧费等。

一般来讲，对预测的精确度要求高，相应的数据量就大，所需要的调研经费及存储费就会相对多一些。如果这时采用对数据量要求不大的预测方法，预测费用虽然少了，但预测精确度低引起的预测损失就会更大。因此，预测费用是进行预测方法选择的因素之一。然而对预测费用加以考虑时决不能认为，预测方法越复杂，预测所需要的数据量越多，预测就越准确。显然，采用较低的花费得到所要求的精确度是一种理想的结果。

第五节 增长率与资本需求的测算

公司要以发展求生存，销售增长是任何公司都要追求的目标，而公司销售的增长往往需要资本的增加。在销售增长时公司往往需要补充资本，这主要是因为销售增长通常会引起存货和应收账款等资产的增加，销售增长的越多，需要的资本越多。

从资本来源来看，公司实现增长有 3 种方式：

第一，完全依靠内部资本增长。有些小公司无法取得借款，有些大公司不愿意借款，它们主要靠内部积累实现增长。内部有限的财务资源往往会限制公司的发展，使其无法充分利用扩大公司财富的机会。

第二，主要依靠外部资本增长。从外部筹资，包括增加负债和股东投资，也可以实现增长，但主要依靠外部资本实现增长不能持久。增加负债会使公司的财务风险增加，筹资能力下降，最终会使借款能力完全丧失；通过增发股票等方式增加股东投资，不仅会分散控制权，而且会稀释每股收益，除非追加投资有更高的报酬率，否则不会增加股东财富。

第三，平衡增长。保持目前的财务结构和与此相关的财务风险，按照股东权益的增长比例增加借款，以此支持销售增长。这种增长，一般不会消耗公司的财务资源，是一种可持续增长。

一、内含增长率的测算

销售增长引起的资本需求增长可有3种途径满足：一是动用金融资产；二是增加留存收益；三是外部融资（包括借款和股权融资，但不包括经营负债的自然增长）。如果企业没有可动用的金融资产，且不能或不打算从外部融资，则只能靠内部积累，这将限制销售增长，此时的销售增长率称为“内含增长率”。

（一）外部融资销售增长比

既然销售增长会带来资本需求的增加，那么销售增长和融资需求之间就存在某种函数关系，根据这种关系，就可以直接计算特定的销售增长下的融资需求。假设它们之间呈正比例关系，换言之，两者之间有稳定的百分比（代表每增加1元营业收入需要追加的外部融资额），该百分比也称为“外部融资额占销售增长的百分比”，简称“外部融资销售增长比”。

公式推导：利用增加额法的公式两边均除以新增销售收入得到。

预计需要外部融资额＝增加的销售收入×经营资产销售百分比－增加的销售收入×经营负债销售百分比－可动用金融资产－预计销售额×预计销售净利率×（1－预计股利支付率）

通常假设可动用金融资产为 0：

外部融资销售增长比=经营资产销售百分比−经营负债销售百分比
−[（1+销售增长率）÷销售增长率]×预计销售净利率
×（1−预计股利支付率）

（二）内含增长率

1. 计算方法一

设外部融资需求量等于零，同时没有可动用金融资产，则：

外部融资需求量=（经营资产销售百分比×新增营业收入）
−（经营负债销售百分比×新增营业收入）
−[预计营业净利率×预计营业收入
×（1−预计股利支付率）]

根据上式计算求得新增营业收入，然后再根据：

营业增长率=新增营业收入÷基期营业收入

即可求得内含增长率。

或设外部融资销售增长比=0，即

经营资产销售百分比−经营负债销售百分比−预计营业净利率×[（1+增长率）÷增长率]×

$$(1-\text{预计股利支付率})=0$$

亦可求得营业收入增长率，即内含增长率。

2. 计算方法二

净经营资产增加=基期净经营资产×增长率

$$=\frac{\text{预测期净经营资产}}{(1+\text{增长率})}\times\text{增长率}$$

留存利润增加=预测期净利润×预测期留存利润比率

如果没有可动用金融资产，而且不从外部融资，则：

净经营资产增加=留存利润增加，即

$$\text{净经营资产增加}=\frac{\text{预测期净经营资产}}{(1+\text{增长率})}\times\text{增长率}=\text{预测期净利润}\times\text{预测期留存利润比率}$$

化简后求得

增长率=（预测期净利润/预测期净经营资产×预测期留存利润比率）/
（1−预测期净利润/预测期净经营资产×预测期留存利润比率）

假设经营资产销售百分比和经营负债销售百分比不变（从本质上讲即假设净经营资产周转率不变），同时销售净利率和留存利润比率不变，则：

增长率=（基期净利润/基期净经营资产×基期留存利润比率）/
（1−基期净利润/基期净经营资产×基期留存利润比率）

例 3-3 甲公司是一家动力电池生产企业，拟采用财务报表进行财务分析。相关资料如表 3-3 所示。

表 3-3 甲公司的资产负债情况

资产负债表项目	2018 年末
货币资金	200
应收票据及应收账款	600
预付账款	200
存货	1 500
固定资产	5 500
资产总计	8 000
应付票据及应付账款	2 000
长期借款	2 000
股东权益	4 000
负债及股东权益总计	8 000
营业收入	10 000
减：营业成本	6 000
税金及附加	320
销售和管理费用	2 000
财务费用	160
利润总额	1 520
减：所得税费用	380
净利润	1 140

假设 2019 年甲公司经营资产销售百分比和经营负债销售百分比保持不变，可动用的金融资产为 0，预计营业净利率和预计股利支付率均保持不变，预计股利支付率=60%，计算其内含增长率。

1）提示：（两种计算方法）

2）计算

方法一：利用外部融资销售增长比的公式，令外部融资销售增长比为 0，解出销售增长率。

0=经营资产销售百分比−经营负债销售百分比−（1+增长率）×预计经营净利率×（1−预计股利支付率）/增长率

方法二：把方法一中的增长率通过解方程，求出来就得到本书上的公式。

$$\text{内含增长率}=\frac{\dfrac{\text{净利润}}{\text{净经营资产}}\times\text{利润留存率}}{1-\dfrac{\text{净利润}}{\text{净经营资产}}\times\text{利润留存率}}$$

$$\frac{\text{净利润}}{\text{净经营资产}}=\frac{\text{净利润}}{\text{营业收入}}\times\frac{\text{营业收入}}{\text{净经营资产}}=\text{营业净利率}\times\text{净经营资产周转率}$$

经营资产销售百分比=8 000/10 000=0.8

经营负债销售百分比=2 000/10 000=0.2

预计营业净利率=1 140/10 000=11.4%

预计股利支付率=60%

0=0.8−0.2−（1+增长率）/增长率×11.4%×（1−60%）

解得：增长率=8.23%。

二、可持续增长率

（一）可持续增长率概念及计算

含义	可持续增长率是指不发行新股并保持目前经营效率和财务政策不变的条件下公司销售所能达到的最大增长率
假设条件	公司目前的资本结构是目标资本结构，并且打算继续维持下去；公司目前的股利支付率是目标股利支付率，并且打算继续维持下去；不愿意或者不打算增发新股和股份回购，增加债务是唯一的外部筹资来源；公司的营业净利率将维持当前水平，并且可以涵盖新增债务增加的利息；公司的资产周转率将维持当前的水平。在上述假设条件成立时，销售的增长率与可持续增长率相等
计算	根据期初股东权益计算： 可持续增长率=期初权益本期净利率×本期利润留存率 =本期净利润/期初股东权益×本期利润留存率 根据期末股东权益计算： 可持续增长率=（本期利润留存率×营业净利率×权益乘数×总资产周转次数）/（1−本期利润留存率×营业净利率×权益乘数×总资产周转次数）=（权益净利率×利润留存率）/（1−权益净利率×利润留存率）
应用	假设经营效率和财务政策不变，则股利支付率、营业净利率不变。营业净利率不变，意味着销售增长率等于净利润增长率（营业净利率的分子、分母变动幅度相同）；而股利支付率不变，意味着股利增长率等于净利润增长率（股利支付率的分子、分母变动幅度相同），所以，销售增长率等于股利增长率

（二）可持续增长率与内含增长率的联系与区别

1. 联系

都是销售增长率；都是不发行股票。

2. 区别

情况	内含增长率	可持续增长率
负债	外部增加金融负债为0	可以从外部增加金融负债
假设	销售百分比法的假设	5个假设

计算公式区别：

内含增长率=预计销售净利率×净经营资产周转率×预计利润留存率

/（1−预计销售净利率×净经营资产周转率×预计利润留存率）

=预计净利润/预计净经营资产×预计利润留存率

/［（1−（预计净利润/预计净经营资产×预计利润留存率）］

根据期末股东权益计算的可持续增长率：

可持续增长率=销售净利率×净经营资产周转率×净经营资产权益乘数

×本期利润留存率/（1−销售净利率×净经营资产周转率

×净经营资产权益乘数×本期利润留存率）

=权益净利率×本期利润留存率/（1−权益净利率×本期利润留存率）

沿用例3-3，以传统报表为例，假设甲公司不增发新股或回购股票，且维持2018年的经营效率和财务政策不变，即营业净利率、总资产周转次数、权益乘数和利润留存率保持不变，则2019年公司可持续增长率是多少？

营业净利率=1 140÷10 000=11.4%

总资产周转次数=10 000÷8 000=1.25

权益乘数=8 000÷4 000=2

利润留存率（留存收益率）=1−股利支付率=1−60%=40%

不增发新股或回购股票，经营效率和财务政策不变，同时满足了可持续增长率的5个假设条件，所以：

2019年的预期销售增长率=2019年的可持续增长率=2018年的可持续增长率

=（11.4%×1.25×2×40%）/（1−11.4%×1.25×2×40%）

=12.87%

由于同时满足可持续增长率的5个假设条件，所以预期销售增长率=可持续增长率=资产增长率=负债增长率=股东权益增长率=留存收益增长率=股利增长率=12.87%。

三、外部资本需求的测算

（一）外部融资销售增长比

外部融资销售增长比的应用：

（1）外部融资额=外部融资销售增长比×新增营业收入。

（2）如果存在通货膨胀，则应将销售增长率调整为营业收入含有通货膨胀的增长率。

（3）调整财务政策的可行性。

（二）外部融资需求的敏感分析

外部融资需求的多少，不仅取决于销售增长，还要看营业净利率和股利支付率。在股利支付率小于1的情况下，营业净利率越大，外部融资需求越少；在营业净利率大于0的情况下，股利支付率越高，外部融资需求越大。

1. 计算依据：根据增加额的计算公式

外部融资需求=增加的销售收入×经营资产销售百分比−增加的销售收入×经营负债销售百分比−可动用的金融资产−预计销售额×预计销售净利率×（1−预计股利支付率）

2. 外部融资需求的影响因素

（1）经营资产占销售收入的比（同向）。

（2）经营负债占销售收入的比（反向）。

（3）销售增长（取决于与内含增长率的关系）。

（4）销售净利率（在股利支付率小于1的情况下，反向）。

（5）股利支付率（在销售净利率大于0的情况下，同向）。

（6）可动用金融资产（反向）。

思考与练习

1. 甲公司是一家医疗器械企业，现对公司财务状况和经营成果进行分析，以发现和主要竞争对手乙公司的差异。

（1）甲公司 2018 年主要财务数据如表 3-4 和表 3-5 所示。

表 3-4　甲公司 2018 年主要财务数据（一）　　单位：万元

资产负债表	2015 年末
货币资金	3 150
应收账款	5 250
预付账款	900
存货	3 600
固定资产	11 100
资产合计	24 000
流动负债	10 500
非流动负债	1 500
股东权益	12 000
负债和股东权益合计	24 000

表 3-5　甲公司 2018 年主要财务数据（二）　　单位：万元

利润表	2015 年
营业收入	30 000
减：营业成本	19 500
营业税金及附加	900
销售费用	4 200
管理费用	480
财务费用	120
利润总额	4 800
减：所得税费用	1 200
净利润	3 600

注：假设资产负债表项目中年末余额代表全年水平

（2）乙公司相关财务比率如表 3-6 所示。

表 3-6　乙公司相关财务比率

营业净利率	总资产周转率	权益乘数
24%	0.6	1.5

要求：

（1）使用因素分析法，按照营业净利率、总资产周转率、权益乘数的顺序，对 2015 年甲公司相对于乙公司权益净利率的差异进行定量分析；

（2）说明营业净利率、总资产周转率、权益乘数 3 个指标各自经济含义及各评价企业哪方面能力，并指出甲乙公司在经营战略和财务政策上的差别。

2. 甲公司是一个材料供应商，拟与乙公司建议长期合作关系，为了确定对乙公司采用何种信用政策，需要分析乙公司的偿债能力和营运能力。为此，甲公司收集了乙公司 2018 年的财务报表，相关的财务报表数据及财务报表附注中披露的信息如表 3-7 和表 3-8 所示。

表 3-7　资产负债表项目　　单位：万元

项目	年末金额	年初金额
流动资产合计	4 600	4 330
其中：货币资金	100	100
以公允价值计量且其变动计入当期损益的金融资产	500	460
应收账款	2 850	2 660
预付账款	150	130
存货	1 000	980
流动负债合计	2 350	2 250

表 3-8　利润表项目　　单位：万元

项目	本年金额	上年金额（略）
营业收入	14 500	
财务费用	500	
资产减值损失	10	
所得税费用	32.50	
净利润	97.50	

（1）乙公司的生产经营存在季节性，每年 3~10 月是经营旺季，11 月至次年 2 月是经营淡季。

（2）乙公司按照应收账款余额的 5%计提坏账准备，2013 年年初坏账准备余额 140 万元，2018 年年末坏账准备余额 150 万元。近些年乙公司的应收账款回收情况不好，截至 2013 年年末账龄 3 年以上的应收账款已达到应收账款余额的 10%。为了控制应收账款的增长，乙公司在 2018 年收紧了信用政策，减少了赊销客户的比例。

（3）乙公司 2018 年资本化利息支出 100 万元，计入在建工程。

（4）计算财务比率时，涉及的资产负债表数据均使用其年初和年末的平均数。

要求：

（1）计算乙公司 2018 年的速动比率。评价乙公司的短期偿债能力时，需要考虑哪些因素？具体分析这些因素对乙公司短期偿债能力的影响。

（2）计算乙公司 2018 年的利息保障倍数；分析并评价乙公司的长期偿债能力。

（3）计算乙公司 2018 年的应收账款周转次数；评价乙公司的应收账款变现速度时，需要考虑哪些因素？具体分析这些因素对乙公司应收账款变现速度的影响。

3. 甲公司是一家新型建筑材料生产企业，为做好 2017 年财务计划，拟进行财务报表分析和预测。相关资料如下：

（1）甲公司2016年主要财务数据：（单位：万元）。

（2）公司没有优先股且没有外部股权融资计划，股东权益变动均来自留存收益。公司采用固定股利支付率政策，股利支付率60%。

（3）销售部门预测2017年公司营业收入增长率10%。

（4）甲公司的企业所得税税率25%。

要求：

假设2017年甲公司除长期借款外，所有资产和负债不营业收入保持2016年的百分比关系，所有成本费用不营业收入的占比关系维持2016年水平，用销售百分比法初步测算公司2017年融资总需求和外部融资需求。

4. 财务分析的目的是什么?

5. 会计报表分析的主要内容包括哪几个方面?

6. 每股收益作为评价上市公司营利能力的核心指标，其作用有哪些?

7. 财务预测定量分析方法有哪些?

第四章

投 资 管 理

投资是企业重要的财务活动，投资管理是企业财务管理的重要内容之一。投资管理的重点是科学合理地选择投资项目，优化投资结构、降低投资风险并增加投资收益，从而有效地实现企业价值最大化的理财目标。本章主要对投资的基本概念、目的和分类，以及投资项目管理、证券投资管理等内容进行介绍，还介绍了信息化投资管理的主要内容及信息化对投资管理的影响。

学习目标

- 了解投资的定义和目的，理解和熟悉投资的分类
- 理解并掌握投资项目的现金流量估算和评价指标计算及独立和互斥两种投资方案的基本决策方法；比较并掌握固定资产更新和新建两类项目的决策过程；理解并掌握生产设备的最优更新期决策过程；理解敏感分析的作用并掌握其分析方法
- 了解证券投资的特点、种类和目的；掌握债券投资和股票投资的内容
- 了解信息化投资管理的投资理念与理论，掌握信息化投资的具体方法

第一节　投资管理概述

一、投资的定义

投资，广义地讲，是指特定经济主体（包括政府、企业和个人）以本金回收并获利为基本目的，将货币、实物资产等作为资本投放于某一个具体对象，以在未来较长期间内获取预期经济利益的经济行为。企业投资，是企业为获取未来长期收益而向一定对象投放资金的经济行为，主要指对房屋、建筑物、机器、设备等能够形成生产能力物质技术基础的投资，也包括对无形资产和长期有价证券等的投资。

二、投资的目的

企业投资是指公司对现在所持有资金的一种运用，如投入经营资产，或购买金融

资产，或者是取得这些资产的权利，其目的是在未来一定时期内获得与风险相匹配的报酬。在市场经济条件下，公司能否把筹集到的资金投放到报酬高、回收快的项目上去，对企业的生存和发展十分重要。

（1）企业投资是实现财务管理目标的基本前提。企业财务管理的目标是不断提高企业价值，为股东创造财富。因此要采取各种措施增加利润，提高企业价值。企业要想获得利润，就必须进行投资，在投资中获得收益。

（2）企业投资是公司生存与发展的必要手段。企业的生产经营，就是企业资产的运用和资产形态的转换过程。投资，是一种资本性支出的行为，通过投资支出，企业购建流动资产和长期资产，形成生产条件和生产能力。实际上，不论是新建一个企业，还是建造一条生产流水线，都是一种投资行为。通过投资，确立企业的经营方向，配置企业的各类资产，并将它们有机地结合起来，形成企业的综合生产经营能力。

（3）企业投资是公司降低经营风险的重要方法。公司把资金投向生产经营的关键环节，可以使各种生产经营能力配套、平衡，形成更大的综合生产经营能力。例如，把资金投向多个行业，实行多元化经营，跨行业生产经营多种多样的产品或业务，扩大企业的生产经营范围和市场范围，充分发挥企业特长，充分利用企业的各种资源，提高经营收益，这些都是降低公司经营风险的重要方法。

三、投资的分类

投资行为按不同的角度可分为不同的种类。全面理解和把握各种投资的类型和特征，可以使投资者更科学合理地从事投资活动，有利于加强投资管理。

（1）按投资活动与企业本身的生产经营活动的关系，投资可分为直接投资和间接投资。直接投资是指由投资人直接介入的投资行为，即将货币资金直接投入投资项目，形成实物资产或者购买现有企业资产的一种投资，一般都属于长期投资，其特点是投资行为可以直接将投资者与投资对象联系在一起。间接投资是指投资者以其资本购买公司债券、金融债券或公司股票等各种有价证券，以预期获取一定收益的投资，由于其投资形式主要是购买各种各样的有价证券，因此也被称为证券投资。间接投资方不直接介入具体生产经营过程，而是通过股票、债券上所约定的收益分配权利，获得股利或利息收入，分享直接投资的经营利润。

（2）按投资回收期限的长短，投资可分为短期投资和长期投资。短期投资是指能够随时变现并且持有时间不准备超1年或1个营业周期的投资。短期投资的目的一般是使闲置的资金得到最大的效用并从中获得收益，其需具备的条件包括：能够在公开市场进行交易并且有明确的市价；持有投资作为剩余资金的存放方式，并保持其流动性和获利性。短期投资分为短期股权投资和短期债券投资。长期投资是指回收期在1年以上的投资，其特点是投资金额较大，而且不容易变现，主要包括固定资产、无形资产、对外长期投资，等等。

（3）按投资项目之间的相互关联关系，投资可以划分为独立投资和互斥投资。独立投资是相容性投资，各个投资项目之间都互不关联、互不影响，可以同时并存。例如，建造一个饮料厂和建造一个纺织厂，它们之间并不冲突，可以同时进行。对于一个独立投资项目而言，其他投资项目是否被采纳，对本项目的决策并无显著影响。因此，独立投资项目决策考虑的是方案本身是否满足某种决策标准。例如，可以规定凡提交决策的投资方案，其预期投资报酬率都要求达到 20%才能被采纳。这里，预期投资报酬率达到 20%，就是一种预期的决策标准。互斥投资是非相容性投资，各个投资项目之间都相互关联、相互替代，不能同时并存，如对企业现有设备进行更新，购买新设备就必须处置旧设备，它们之间是互斥的。对于一个互斥投资项目而言，其他投资项目是否被采纳或放弃，直接影响本项目的决策，其他项目被采纳，本项目就不能被采纳。因此，互斥投资项目决策考虑的是各方案之间的排斥性，也许每个方案都是可行方案，但互斥决策需要从中选择最优方案。

第二节 投资项目管理

一、投资项目管理概述

（一）项目的含义

项目是指具有明确目标的一系列复杂并相互关联的活动。公司尤其是实业公司为实现增长，进而达到财务管理目标，往往进行项目投资。开发新产品、建造生产线都是实业公司的重要项目，具有目标性、长期性、唯一性和不可逆性等基本特征。

（二）投资项目的类型

按照不同的分类标准，投资项目可划分为不同类型。按投资对象的不同，经营性长期资产投资项目可分为以下 5 种类型。

1. 新产品开发或现有产品的规模扩张项目

通常需要添置新的固定资产，并增加企业的营业现金流入。

2. 设备或厂房的更新项目

通常需要更换固定资产，但不改变企业的营业现金流入。

3. 研究与开发项目

通常不直接产生现实的收入，而是得到一项是否投产新产品的选择权。

4. 勘探项目

通常使企业得到一些有价值的信息。

5. 其他项目

包括劳动保护设施建设、购置污染控制装置等。这些决策不直接产生营业现金流入，而使企业在履行社会责任方面的形象得到改善。它们有可能减少未来的现金流出。

（三）投资项目管理的基本程序

1. 投资项目的提出

投资项目是由企业领导者根据企业的长远发展战略、中长期投资计划和投资环境的变化，在把握良好的投资机会的情况下提出来的。

2. 投资项目的评价

投资项目的评价主要涉及以下几项工作：一是对提出的投资项目进行适当的分类，为后面的分析评价做好准备；二是计算项目的建设周期，测算项目投产后各年的现金流量；三是运用各种投资评价指标，判断项目的可行性；四是写出详细的评价报告。

3. 投资项目的决策

在对投资项目进行评价后，企业要做出最后的决策。结果一般可分为以下 3 种：①接受这个项目，可以进行投资；②放弃这个项目，不能进行投资；③返还给项目的提出部门，让其重新调查，再做处理。

4. 投资项目的执行

在决定对某一项目进行投资后，企业要积极地筹集资金，实施投资。在投资项目的执行过程中，企业要对项目的进度、质量和成本进行监督和控制，从而使得投资项目能按预算规定如期完成。

5. 投资项目的再评价

在投资项目的执行过程中，企业应积极地关注其发展战略、市场环境等因素的变化，一旦发现这些因素出现了重大变化，并使原有的投资项目变得不合理，就要尽快做出中途停止原有投资项目的决策，以避免遭受更大的损失。

（四）投资项目计算期

投资项目计算期，是指投资项目从投资建设开始到最终清理结束整个过程所需的全部时间，通常以年为单位。由于投资项目的规模较大，需要较长的建设时间，因此，通常将投资项目的整个持续时间分为项目建设期和生产经营期。

1. 项目建设期

项目建设期（s）是指从项目资金正式投入到项目建成投产为止所需的时间，其第一年初称为建设起点（记作第 0 年），最后一年末称为投产日（记作第 s 年），若建设期不足半年，可假定建设期为零。

2. 生产经营期

项目生产经营期（P）是指投产日到终结点（记作第 n 年）之间的时间间隔。

项目计算期、建设期和生产经营期有如下的关系式：

项目计算期（n）＝建设期＋生产经营期＝$s+P$

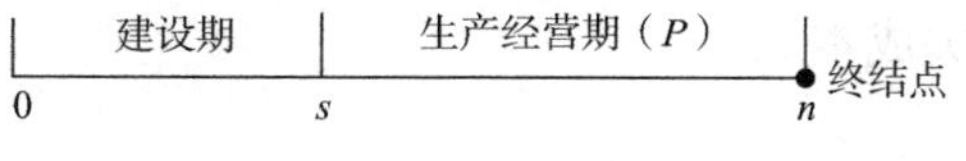

二、估算投资项目的现金流量

（一）投资项目现金流量的含义

现金流量是指和投资项目有关的现金流入和流出的数量。现金流量中的“现金”是广义的现金，它不仅包括各种货币资金，还包括项目需要投入的、企业现有的非货币资产的变现价值。例如，一个项目需要使用的厂房、设备和材料等的变现价值都属于现金流量的内容。

任何一项投资项目的实施，都会引起现金的流入和流出。现金流量是投资项目财务可行性分析的主要分析对象，净现值、内含报酬率（internal rate of return，IRR）、投资回收期等财务评价指标，均是以现金流量为对象进行可行性评价的。因此，要正确地评价各备选投资项目的可行性，必须事先计算现金流量这个基础性指标。这里要注意，现金流量所表示的现金流入和现金流出是指实际收到和支付的现金数，而不是指会计上的营业收入和营业支出。由于投资项目决策是事先决策，而现金流量发生在将来，因此要对投资项目的现金流量进行估算。

（二）现金流量的估算原则及应注意的问题

1. 现金流量的估算原则

在估算投资项目的现金流量时，应遵循的最基本原则如下：只有增量现金流量才是与项目相关的现金流量。增量现金流量，是指接受或拒绝某个投资方案后，企业总现金流量因此发生的变动。只有那些由于采纳某个项目引起的现金支出增加额，才是该项目的现金流出，只有那些由于采纳某个项目引起的现金流入增加额，才是该项目的现金流入。

2. 现金流量估算应注意的问题

为了正确计算投资项目的总现金流量，需要正确判断哪些支出会引起企业总现金流量的变动，哪些支出不会引起企业总现金流量的变动。在进行这种判断时，要注意以下问题。

1）区分相关成本和非相关成本

相关成本，是指与特定决策有关的、在分析评价时必须加以考虑的成本，如差额成本、未来成本、重置成本、机会成本等。凡是与特定决策无关的、在分析评价时不必加以考虑的成本都是非相关成本（无关成本），如沉没成本、过去成本、账面成本等。例如，某公司在2018年曾经计划新建一条生产线，并支付咨询费10万元聘请一家会计公司做可行性分析，后来由于公司有了更好的投资机会，该项目就被搁置下来，该笔咨询费作为费用已经入账。两年后公司旧事重提，在进行投资分析时，重新支付8万元的咨询费进行可行性分析，并开始建设该项目。在对这个投资项目进行现金流量估算时，两年前发生的10万元咨询费用属于沉没成本，该笔支出已经发生，它已无法收回，与公司未来的总现金流量无关，是与该投资项目决策的无关成本。两年后发生的8万元咨询费才是相关成本。

2）不要忽视机会成本

在投资方案的选择中，如果选择了一个投资方案，则必须放弃投资其他途径的机会。也就是说，所放弃的其他投资机会可能取得的收益是实行本方案的一种代价，称为该项投资方案的机会成本。公司拥有的一块土地，可以用来出租，也可以用来建厂房，如果选择用来建厂房，势必就要选择放弃出租这块土地的方案，也就意味着丧失了租金收益。如果土地出租租金收入是200万元，那么这200万元的租金收入将是建造厂房方案的机会成本。机会成本不是我们通常意义上的“成本”，它不是一种支出或费用，而是失去的收益。这种收益不是实际发生的，而是潜在的。机会成本总是针对具体方案的，离开被放弃的方案就无从计量确定。

3）考虑投资方案对公司其他项目的影响

当采纳一个新的项目后，该项目可对公司的其他项目造成有利或不利的影响。例如，若新建车间生产的产品上市后，原有其他产品的销售可能减少，而且整个公司的销售额也许会不增加甚至减少。因此公司在进行投资分析时，不应将新车间的销售收入作为增量收入处理，而应先扣除其他项目因此减少的销售收入。当然，也可能发生相反的情况，新产品上市后将促进其他项目的销售增长。这要看新项目和原有项目是竞争关系还是互补关系。例如，公司决定进行新产品生产投资，预计新产品上市后，销售收入为 200 万元，但同时新产品的上市会使原有产品销售收入减少 25 万元。那么在投资分析时，新产品的增量现金流入应为 175 万元，而不是 200 万元。

4）对净营运资金的影响

在一般情况下，当公司开办一个新业务并使销售额扩大后，对于存货和应收账款等经营性流动资产的需求也会增加，公司必须筹集新的资金以满足这种额外需求；公司扩充的结果，应付账款与一些应付费用等经营性流动负债也会同时增加，从而降低公司流动资金的实际需要。净营运资金的需要，是指增加的经营性流动资产与增加的经营性流动负债之间的差额。当投资方案的寿命周期快要结束时，公司将与项目有关的存货出售，应收账款变为现金，应付账款和应付费用也随之偿付，净营运资金恢复到原有水平。通常，在进行投资分析时，一般要假定开始投资时筹措的净营运资金能在项目结束时收回。

5）所得税的影响

上缴的所得税是企业的一种现金流出，在整个项目的运营期都会涉及。运营期内每年的所得税额取决于该年利润的大小和所得税税率的高低。

税后成本。税后成本是指扣除了所得税影响以后的费用净额。一个项目运营期内每年发生的、依据税法规定可以在税前扣除的费用，具有减少所得税的作用。因此，企业实际支付额并不是真实成本，而应将因此而减少的所得税扣除。其计算公式为税后成本 = 收入金额×（1−所得税税率）。

税后收入。税后收入是指扣除了所得税影响以后的收入净额。税后收入是与税后成本相对应的概念。一个项目运营期内每年取得的营业收入，依据税法规定需要缴纳所得税。这会使得企业营业收入的金额有一部分流出企业，企业实际得到的现金流入是税后收入。其计算公式为税后收入 = 收入金额×（1−所得税税率）。

折旧的抵税作用。众所周知，折旧是在所得税前扣除的一项费用，因此，折旧可以起到减少所得税的作用，这种作用称为折旧抵税。其计算公式为税负减少额=折旧额×所得税税率。可见，折旧对投资项目现金流量产生影响，实际上是由所得税引起的。

（三）投资项目现金流量的分阶段估算

新建项目的现金流量可以按初始现金流量、营业现金流量和终结点现金流量三个部分进行估算。

1. 初始现金流量

初始现金流量是指项目开始投资时所发生的现金流量，具体包括以下内容。

（1）建设投资。

（2）垫支流动资金。

（3）机会成本。

（4）其他投资费用，如筹建经费、职工培训费、谈判费、注册费用等。

（5）原有固定资产变价收入，主要指固定资产更新时原有固定资产变卖所得的现金收入。

2. 营业现金流量

1）营业现金流入量

运营期营业现金流入量是指项目投产后每年的全部营业现金收入。营业现金收入主要包括当期收现收入、收回前期的赊销收入。它是运营期主要的现金流入项目。营业收入属于时期指标，为简化计算，假定营业收入发生于运营期各年的年末。

2）营业现金流出量

运营期营业现金流出量是指项目投产后每年发生的全部营业现金支出。

付现成本

成本中需要每年支付现金的部分称为付现成本，如购买原材料、燃料和动力，支付的职工薪酬和其他费用等。成本中不需要每年支付现金的部分称为非付现成本，主要包括固定资产折旧费用、无形资产摊销费用等。付现成本与非付现成本构成企业的营业成本。付现成本是生产经营阶段最主要的现金流出量。营业成本属于时期指标，为简化计算，假定营业成本发生于运营期各年的年末。

所得税

所得税是项目投产后依法缴纳的费用，它会引起现金的流出。

3）营业现金净流量

营业现金净流量是指投资项目投入使用后，在其寿命周期内由于生产经营所带来的现金流入和现金流出的差额。

根据直接法计算

直接法是根据净现金流量的定义计算得到的。所得税是一种现金支付，应当作为每年营业净现金流量的一个减项。年营业净现金流量计算公式如下：

年营业 NCF=年营业收入−年付现成本−年所得税

根据间接法计算

间接法是根据直接法推导出来的。

推导过程如下：

年营业 NCF=年营业收入−（年付现成本+年所得税）

=年营业收入−（年营业成本−年折旧−年摊销）−年所得税

=年营业收入−年营业成本−年所得税+年折旧+年摊销

=年净利润+年折旧+年摊销

根据所得税和折旧对营业现金流量的影响计算

营业净现金流量计算公式如下：

年营业 NCF=年经营净利润 + 年折旧+年摊销

=（年营业收入−年营业成本）×（1−所得税税率）+年折旧+年摊销

=（年营业收入−年付现成本−年折旧−年摊销）×（1−所得税税率）+年折旧+年摊销

=年营业收入×（1−所得税税率）−年付现成本×（1−所得税税率）−（年折旧+年摊销）×（1−所得税税率）+年折旧+年摊销

=年营业收入×（1−所得税税率）−年付现成本×（1−所得税税率）+（年折旧+年摊销）×所得税税率

=税后营业收入−税后付现成本+税负减少

以上 3 个公式可以根据已知条件灵活选用。

3. 终结点现金流量

1）终结点现金流入量

项目寿命期末现金流入量除了最后一年的营业净现金流量外，还会产生以下现金流入量。

回收的固定资产余值

固定资产余值是指项目在终结点固定资产残值收入扣除了所需要上缴的流转税金等支出后的残值收入及其所得税影响。固定资产残值收入是指出售旧固定资产或残料变现收入扣除清理费用后的现金收入。相关流转税金是指按税法规定出售固定资产残值收入应缴纳的增值税等。所得税影响是计算期期末处置固定资产时产生的净损益应缴纳或应抵减的所得税。按税法规定，如果预计的固定资产报废时残值净收入大于预计残值，就应上缴所得税，形成一项现金流出量；反之，如果预计的固定资产报废时残值净收入小于预计残值，则可以抵减当年所得税，形成一项现金流入量。

回收的垫支净营运资本

投资项目在清理时，收回原垫支在各种流动资产上的资金，收回的资金可以用于别处，这部分资金是企业资本的内部转移，不需要缴纳税金，仅仅使收回当期现金流入量增加。

在终结点回收的固定资产余值和回收的垫支净营运资本统称为回收额。

2）终结点净现金流量的计算

终结点某年的净现金流量等于该年的现金流入量减去该年的现金流出量。终结点净现金流量主要指现金流入量。

其简化计算公式如下：

终结点净现金流量＝运营期最后一年的营业净现金流量＋回收额

例 4-1　某公司计划年度拟投资 A 项目，经可行性分析，有关资料如下。

（1）A 项目共需固定资产投资 450 000 元，其中第 1 年年初和第 2 年年初分别投资 250 000 元和 200 000 元，第 1 年年末部分竣工并投入试生产，第 2 年年末全部竣工交付使用。

（2）A 项目投产时需垫支相应流动资金 320 000 元，用于购买材料、支付工资等。其中第 1 年年末垫支 200 000 元，第 2 年年末垫支 120 000 元。

（3）A 项目经营期预计为 5 年，固定资产按直线法计提折旧，残余价值 100 000 元。

（4）根据市场预测，A 项目投产后第 1 年营业收入为 320 000 元，以后 4 年每年营业收入为 450 000 元。第 1 年的付现成本 150 000 元，以后 4 年每年的付现成本均为 210 000 元。

（5）该企业适用所得税税率为 25%。

要求：估算 A 项目未来 5 年的现金流量。

解：首先，计算 A 项目的每年折旧额：

年折旧额=（450 000−100 000）÷5=70 000 元

其次，计算经营期净现金流量（表 4-1）。

表 4-1　经营期净现金流量计算表　　单位：元

项目	第 1 年	第 2 年	第 3 年	第 4 年	第 5 年
营业收入	320 000	450 000	450 000	450 000	450 000
−付现成本	150 000	210 000	210 000	210 000	210 000
−折旧	70 000	70 000	70 000	70 000	70 000
税前利润	100 000	170 000	170 000	170 000	170 000
−所得税	25 000	42 500	42 500	42 500	42 500
税后利润	75 000	127 500	127 500	127 500	127 500
+折旧	70 000	70 000	70 000	70 000	70 000
经营期净现金流量	145 000	197 500	197 500	197 500	197 500

最后，在 A 项目经营期净现金流量计算出来后，便可计算该项目的全部现金流量。计算过程见表 4-2。

表 4-2　现金流量计算表　　单位：元

年数	0	1	2	3	4	5	6
固定资产投资	−250 000	−200 000					
流动资金投资		−200 000	−120 000				

续表

年数	0	1	2	3	4	5	6
经营期现金净流量			145 000	197 500	197 500	197 500	197 500
固定资产净残值							100 000
流动资金回收							320 000
现金流量合计	−250 000	−400 000	25 000	197 500	197 500	197 500	617 500

三、计算投资项目决策评价指标

投资项目评价使用的基本方法是现金流量折现法，主要有净现值法和内含报酬率法。此外，有一些辅助方法，主要是回收期法和会计报酬率（accounting rate return，ARR）法。

（一）净现值

上面谈到项目投资的现金流量是个基础型指标。但是，现金流量不能作为评价投资项目的经济效益及其是否可行的直接依据。企业中我们主张为股东创造价值。从最一般的意义上而言，投资项目在市场上的价值高于我们取得它的成本，那么，我们就创造了价值。净现值是指特定项目未来现金流入的现值与未来现金流出的现值之间的差额，它是指对进行一项投资所创造或增加的价值进行计量的尺度。既然我们的目标是为股东创造价值，那么投资项目过程可以看作在寻找正的净现值的投资。净现值的计算公式为

$$\mathrm{NPV}=\sum_{t=0}^{n}\frac{\mathrm{NCF}_t}{(1+i)^t}$$

其中，NCF_t 为第 t 年的现金净流量；n 为项目的年限；i 为资本成本或折现率。

1. 净现值的计算

例 4-2　A 公司的资本成本为 10%，现有 3 个投资方案，各方案年现金净流量数据如表 4-3 所示。

表 4-3　现金净流量数据表　　单位：元

年数	方案 1	方案 2	方案 3
0	−20 000	−9 000	−12 000
1	11 800	1 200	4 600
2	13 240	6 000	4 600
3		6 000	4 600

各方案的净现值为

$$\mathrm{NPV}_1=(11\,800\times0.909\,1+13\,240\times0.826\,4)-20\,000=1\,669\text{（元）}$$

$$\mathrm{NPV}_2=(1\,200\times0.909\,1+6\,000\times0.826\,4+6\,000\times0.751\,3)-9\,000=1\,557\text{（元）}$$

$$\mathrm{NPV}_3=4\,600\times2.487-12\,000=-559.8\text{（元）}$$

方案 1 和方案 2 的净现值为正数，说明两个项目的投资报酬率均超过 10%，可以接受。方案 3 的净现值小于零，说明该项目投资报酬率达不到 10%，应予以放弃。

方案1和方案2相比，哪一个更优？方案1用20 000元的投资，两年内取得较多的净现值。方案2用9 000元的投资，3年内取得较少的净现值。两个项目的初始投资和期限不同，两个净现值没有直接可比性，所以不能根据净现值直接判断。

2. 净现值的决策规则

净现值的决策规则如下：对于独立投资项目，净现值大于零，投资项目可以接受；反之，净现值小于零，投资项目不可接受。对于互斥项目，如果初始投资和项目期限相同，选择净现值大于零且净现值最大的方案。

3. 净现值的优缺点

净现值的优点：①综合考虑了资金时间价值，能合理地反映投资项目的真正经济价值。②考虑了项目整个期间的全部现金流量。③考虑了投资风险性，因为贴现率的大小与风险大小有关，风险越大，贴现率就越高。

净现值的缺点：①不能动态反映项目的实际收益率。②当各方案投资额不等时，无法确定方案的优劣。③当各方案的经济寿命不等时，用净现值难以进行评价。④净现值的大小取决于折现率，而折现率的确定较为困难。

实务中，折现率的确定方法之一是以资本成本作为折现率，但计算资本成本比较难，限制了该方法的应用；还有一种方法是以现金的机会成本作为折现率，这也是公司要求的最低报酬率，这种方法比较常用。

净现值指标在资本预算中具有重要地位。项目的净现值与公司价值有密切的关系，财务管理的目标就是提高公司的价值，任何净现值大于零的项目理论上都会提高公司价值。

（二）现值指数

现值指数（present index，PI）是未来现金净流量的总现值与初始投资额现值的比率，亦称为现值比率、获利指数等。其计算公式为

$$现值指数=\frac{未来现金净流量的总现值}{初始投资额现值}$$

从现值指数的计算公式来看，现值指数的计算结果有3种：大于1、等于1、小于1。

1. 现值指数的计算

例4-3　沿用例4-2，A公司的资本成本为10%，有3个投资方案，各方案年现金净流量数据如表4-4所示。

表4-4　现金净流量数据表　　单位：元

年数	方案1	方案2	方案3
0	−20 000	−9 000	−12 000
1	11 800	1 200	4 600
2	13 240	6 000	4 600
3		6 000	4 600

根据公式计算：

方案 1 的现值指数=21 699÷20 000=1.08

方案 2 的现值指数=10 557÷9 000=1.17

方案 3 的现值指数=11 440÷12 000=0.95

现值指数表示 1 元初始投资取得的现值毛收益。方案 1 的 1 元投资取得 1.08 元的现值毛收益，也就是取得 0.08 元的现值净收益，或者说用股东的 1 元钱为他们创造了 0.08 元的财富。方案 2 的 1 元投资取得 1.17 元的现值毛收益，也就是 0.17 元的现值净收益。方案 3 的 1 元投资只取得 0.95 元的现值毛收益，也就是 1 元投资净损失 0.05 元，股东财富减少了 5%。

方案 1 和方案 2 的现值指数大于 1，方案可行；方案 3 的现值指数小于 1，方案不可行。那么方案 1 和方案 2 谁更优呢？现值指数是相对数，反映投资的效率，方案 2 的效率高；净现值是绝对数，反映投资的收益，方案 1 的收益高。两者各有自己的用途。而且两个方案的期限长短不一致，现值指数只消除了初始投资额不同的影响，但没有消除期限不同的影响。

2. 现值指数的决策规则

根据现值指数指标进行各独立项目选择的决策规则如下：若现值指数大于或等于 1，方案可行，说明方案实施后的报酬率高于或等于必要报酬率；若现值指数小于 1，方案不可行，说明方案实施后的报酬率低于必要报酬率。在两个以上项目期限相同的方案比较时，现值指数越大，方案越好。

3. 现值指数的优缺点

现值指数的优点：由于现值指数是用相对数来表示，故有利于在初始投资额不同的投资方案之间进行对比，可以直观反映不同项目投资效率的差别。

现值指数的缺点：现值指数只代表获得收益的能力，而不代表实际可以获得的财富。而且它忽略了项目期限的不同，所以在多个互斥项目的选择中，可能会得到错误的结论。

（三）年金净流量

投资项目期间全部现金净流量的现值总额或终值总额折算为等额年金的平均现金净流量称为年金净流量（annual net cash flow，ANCF）。年金净流量的计算公式为

年金净流量=现金净流量总现值/年金现值系数

=现金净流量总终值/年金终值系数

1. 年金净流量的计算

（1）计算每年现金净流量。

（2）计算净现值。

（3）计算年金净流量。

例 4-4 甲、乙两个投资方案，甲方案需一次性投资 10 000 元，可用 8 年，残值 2 000 元，每年取得税后营业利润 3 500 元；乙方案需一次性投资 10 000 元，可用 5 年，

无残值，第 1 年获利 3 000 元，以后每年递增 10%。如果资本成本率为 10%，应采用哪种方案?

两项目使用年限不同，净现值是不可比的，应考虑它们的年金净流量。

由于甲方案营业期年金净流量 = 3 500+（10 000−2 000）/8 = 4 500（元）

乙方案营业期年金净流量：

第 1 年 = 3 000+10 000/5 = 5 000（元）

第 2 年 = 3 000×（1+10%）+10 000/5 = 5 300（元）

第 3 年 = 3 000×（1+10%）^{2}+10 000/5 = 5 630（元）

第 4 年 = 3 000×（1+10%）^{3}+10 000/5 = 5 993（元）

第 5 年 = 3 000×（1+10%）^{4}+10 000/5 = 6 392.30（元）

甲方案净现值 = 4 500×5.335+2 000×0.467−10 000 = 14 941.50（元）

乙方案净现值 = 5 000×0.909+5 300×0.826+5 630×0.751+5 993×0.683+6 392.30×0.621−10 000 = 11 213.77（元）

甲方案年金净流量 = 14 941.50/（P/A，10%，8）= 2 801（元）

乙方案年金净流量 = 11 213.77/（P/A，10%，5）= 2 958（元）

尽管甲方案净现值大于乙方案，但它是 8 年内取得的。而乙方案年金净流量高于甲方案，如果按 8 年计算可取得 15 780.93 元（2 958×5.335）的净现值，高于甲方案。因此，乙方案优于甲方案。本例中，用终值进行计算也可得出同样的结果。

从投资报酬的角度来看，甲方案投资额为 10 000 元，扣除残值，现值 934 元（2 000×0.467），按 8 年年金现值系数 5.335 计算，每年应回收 1 699.34 元（9 066/5.335）。这样每年现金流量 4 500 元中，扣除投资，回收 1 699 元，投资报酬为 2 801 元。按同样方法计算，乙方案年投资报酬为 2 958 元。所以，年金净流量的本质是各年现金流量中的超额投资报酬额。

2. 年金净流量的决策规则

与净现值指标一样，年金净流量指标大于零，说明每年平均的现金流入能抵补现金流出，投资项目的净现值（或净终值）大于零，投资方案的报酬率大于所要求的报酬率，投资方案可行。在两个以上寿命期不同的投资方案比较时，年金净流量越大，投资方案越好。

3. 年金净流量的优缺点

年金净流量法是净现值法的辅助方法，在各方案的寿命期相同时，实质上就是净现值法。因此它适用于期限不同的投资方案决策。同时，它也具有与净现值法同样的缺点，不便于对原始投资额不相等的独立投资方案进行决策。

（四）内含报酬率

内含报酬率是指能够使未来现金流入量的现值等于现金流出量现值的折现率，或者说是使投资项目净现值为零的折现率。内含报酬率通常也称为内部收益率。其计算公式为

$$\text{NPN}=\sum_{t=0}^{n}\frac{\text{NCF}_t}{(1+\text{IRR})^t}=0$$

其中，NCF_t为第 t 年项目的现金净流量。

1. 每年现金净流量不等时内含报酬率的计算步骤

每年现金净流量不等时内含报酬率的计算，通常要使用逐步测算法。步骤如下：

第一步，估计一个折现率，用它来计算项目的净现值。

第二步，如果净现值恰好为零，则表明所用的折现率就是内含报酬率；如果净现值为正数，说明方案本身的报酬率超过估计的折现率，应提高折现率后进一步测试；如果净现值为负数，说明方案本身的报酬率低于估计的折现率，应降低折现率后进一步测算。

第三步，经过多次测算，找到接近于零的正负两个净现值对应的折现率，用插值法求出近似的内含报酬率。

例 4-5 沿用例 4-2，计算方案 1 和方案 2 的内含报酬率（表 4-5~表 4-7）。

表 4-5 现金净流量数据表 单位：元

年数	方案 1	方案 2	方案 3
0	−20 000	−9 000	−12 000
1	11 800	1 200	4 600
2	13 240	6 000	4 600
3		6 000	4 600

表 4-6 方案 1 内含报酬率的测试

年数	现金净流量/元	折现率 = 18%		折现率 = 16%	
		贴现系数/元	现值/元	贴现系数	现值/元
0	−20 000	1	−20 000	1	−20 000
1	11 800	0.847 5	10 001	0.862 1	10 173
2	13 240	0.718 2	9 509	0.743 2	9 840
净现值			−490		13

表 4-7 方案 2 内含报酬率的测试

年数	现金净流量/元	折现率 = 18%		折现率 = 16%	
		贴现系数	现值/元	贴现系数	现值/元
0	−9 000	1	−9 000	1	−9 000
1	1 200	0.847 5	1 017	0.862 1	1 035
2	6 000	0.718 2	4 309	0.743 2	4 459
3	6 000	0.608 6	3 652	0.640 7	3 844
净现值			−22		338

第四步，利用插值法，求出方案 1 的内含报酬率。

$$\left.\begin{array}{l}\left.\begin{array}{l}16\%\\ \mathrm{IRR}_1\end{array}\right\}X\\ 18\%\end{array}\right\}2\% \qquad \left.\begin{array}{l}\left.\begin{array}{l}13\\ 0\end{array}\right\}13\\ -490\end{array}\right\}13+490$$

$$\frac{x}{2\%}=\frac{13}{13+490}$$

$$\mathrm{IRR}_1=16\%+\left(2\%\times\frac{13}{13+490}\right)=16.05\%。$$

第五步，利用插值法，求出方案 2 的内含报酬率。

$$\left.\begin{array}{l}\left.\begin{array}{l}16\%\\ \mathrm{IRR}_2\end{array}\right\}X\\ 18\%\end{array}\right\}2\% \qquad \left.\begin{array}{l}\left.\begin{array}{l}338\\ 0\end{array}\right\}338\\ -22\end{array}\right\}338+22$$

$$\frac{x}{2\%}=\frac{338}{338+22}$$

$$\mathrm{IRR}_2=16\%+\left(2\%\times\frac{338}{22+338}\right)=17.88\%。$$

2. 每年现金净流量相等时内含报酬率的计算步骤

在投资项目的有效期内，如果各期现金净流量相等，同时不存在建设期，则可按以下步骤计算项目的内含报酬率。

第一步，计算年金现值系数。

因为，初始投资额=每年现金净流入量×年金现值系数

则：

$$年金现值系数=\frac{初始投资额}{每年现金净流入量}$$

第二步，查“年金现值系数表”，在相同的期数内，找出与上述年金现值系数相邻的较大和较小的两个折现率。

第三步，根据上述两个相邻的折现率和已经求得的年金现值系数，采用插值法计算出该项目的内含报酬率。

沿用例 4-2，方案 3 的内含报酬率为

$$12\,000=4\,600\times(P/A，\mathrm{IRR}_3，3)$$

$$(P/A，\mathrm{IRR}_3，3)=2.608\,7$$

查阅“年金现值系数表”，寻找 n=3 时系数 2.608 7 所指的利率。查表结果，与 2.608 7 所接近的现值系数 2.624 3 和 2.577 1 分别指向 7%和 8%。用插值法确定方案 3 的内含报酬率为

$$\left.\begin{array}{l}\left.\begin{array}{l}7\%\\ \mathrm{IRR}_3\end{array}\right\}X\\ 8\%\end{array}\right\}1\% \qquad \left.\begin{array}{l}\left.\begin{array}{l}2.624\,3\\ 2.608\,7\end{array}\right\}0.015\,6\\ 2.577\,1\end{array}\right\}2.624\,3-2.577\,1$$

$$\frac{x}{1\%}=\frac{0.0156}{2.6243-2.5771}$$

$$\text{IRR}_3=7\%+\left(1\%\times\frac{0.0156}{2.6243-2.5771}\right)=7.33\%$$

计算出各方案的内含报酬率后，可以根据企业的资本成本对方案进行取舍。由于资本成本是 10%，那么方案 1 和方案 2 都可以接受，而方案 3 则应放弃。

内含报酬率是项目本身的营利能力。如果以内含报酬率作为贷款利率，通过借款来投资项目，那么还本付息后将会一无所获。

内含报酬率和现值指数法有相似之处，都是根据相对比率来评价项目，而不像净现值法那样使用绝对数来评价项目。在评价项目时要注意，比率高的项目绝对数不一定大，反之也一样。内含报酬率法与现值指数法也有区别。在计算内含报酬率时不必事先估计资本成本，只是最后才需要一个切合实际的资本成本来判断项目是否可行。现值指数法需要一个合适的资本成本，以便将现金流量折为现值，折现率的高低有时会影响方案的优先次序。

3. 内含报酬率的决策规则

内含报酬率的决策规则如下：在独立投资项目的评价中，如果计算出的内含报酬率大于或等于公司的资本成本或必要报酬率，就采纳；反之，则拒绝。若评价互斥的多个投资项目，内含报酬率越高，则投资效率越高。

4. 内含报酬率的优缺点

内含报酬率的优点：考虑了资金的时间价值，反映了投资项目的真实报酬率。

内含报酬率的缺点：计算过程比较复杂，特别是对于每年现金净流量不相等的投资项目，要经过多次测算才能得出。另外，对于非常规投资项目，会出现多个内含报酬率问题，给决策带来不便。

（五）投资回收期

投资回收期是指通过项目的现金净流量来收回初始投资的现金所需要的时间，一般以年为单位。

1. 投资回收期的计算步骤

投资回收期的计算，因每年营业现金净流量是否相等而有所不同。

（1）若每年营业现金净流量相等，则投资回收期的计算公式为

$$\text{投资回收期}=\frac{\text{初始投资额}}{\text{年现金净流量}}$$

例 4-6　某工厂准备从甲、乙两种设备中选购一种。甲设备购价为 35 000 元，投入使用后，每年现金净流量为 7 000 元；乙设备购价为 36 000 元，投入使用后，每年现金净流量为 8 000 元。要求：用回收期指标决策该工厂应选购哪种机床。

甲设备回收期=35 000÷7 000=5（年）

乙设备回收期=36 000÷8 000=4.5（年）

计算结果表明，投资乙设备的回收期比投资甲设备短，该工厂应选择乙设备。

（2）若每年营业现金净流量不相等，则投资回收期的计算要根据每年年末尚未收回的投资额加以确定。其计算公式为

$$投资回收期=累积现金净流量开始出现正值的年份-1+\frac{上一年的累积现金净流量绝对值}{当年现金净流量}。$$

例 4-7　B 公司一个投资项目的现金净流量如表 4-8 所示，计算该项目的投资回收期。

表 4-8　现金净流量表　　单位：元

年数	0	1	2	3	4	5	6
现金净流量	−225 000	39 800	50 110	67 130	62 760	78 980	80 000
累积现金净流量	−225 000	−185 200	−135 090	−67 960	−5 200	73 780	153 780

$$投资回收期=5-1+5\ 200÷78\ 980=4.07（年）$$

2. 投资回收期的决策规则

利用投资回收期进行项目评价的规则如下：当投资回收期小于基准回收期（由公司自行确定或根据行业标准确定）时，可接受该项目；反之，则应放弃。在实务分析中，如果没有建设期的话，一般认为投资回收期小于项目经营期的一半时方为可行。

3. 投资回收期的优缺点

投资回收期计算简单，反映直观，但存在一定缺陷，主要表现在以下几个方面。

（1）没有考虑货币的时间价值。这显然是不科学的。为了克服这一缺点，往往需要计算折现回收期（也称为动态回收期）。

沿用例 4-7，折现率为 10%，则该项目折现现金流量如表 4-9 所示。

表 4-9　折现现金流量　　单位：元

年数	0	1	2	3	4	5	6
现金净流量	−225 000	39 800	50 110	67 130	62 760	78 980	80 000
当年现值	−225 000	36 182	41 411	50 435	42 865	49 039	45 160
累积现值	−225 000	−188 818	−147 407	−96 972	−54 107	−5 068	40 092

$$折现回收期=6-1+5\ 068÷45\ 160=5.11（年）$$

折现回收期要长于非折现回收期，因为考虑了货币的时间价值，故更符合项目回收的实际情况。

（2）该法只考虑回收期以前各期的现金流量，将投资回收以后的现金流量截断了，完全忽略了投资回收以后的经济效益，不利于反映项目全部期间的实际状况。

（六）会计报酬率法

1. 会计报酬率的概念及计算方法

会计报酬率也称平均投资报酬率，是指投资项目寿命期内的平均年投资报酬率。

计算时使用会计报表上的数据，以及普通会计的利润和成本概念。

会计报酬率的计算公式为

$$会计报酬率=\frac{年平均净利润}{原始投资额}\times100\%$$

例 4-8 沿用例 4-4，计算甲、乙两投资方案的会计报酬率。

$$会计报酬率（甲）=\frac{3\,500}{10\,000}=35\%$$

$$会计报酬率（乙）=\frac{\left(3\,000+3\,000\times1.1+3\,000\times1.1^2+3\,000\times1.1^3+3\,000\times1.1^4\right)/5}{10\,000}=36.63\%$$

2. 会计报酬率的优缺点

优点：它是衡量项目整体盈利性的一种简单方法，概念易于理解；使用财务报告数据容易取得。揭示了采纳一个项目后企业长期资本报酬率的变化情况，使经理人员能够预期未来的业绩。

缺点：使用各年净收益的算术平均，没有考虑资金时间价值，无法判断不同投资项目的投资效率。会计利润的计算容易受到折旧方法、税收政策的影响。投资决策的判断标准的确定存在主观的人为设定问题，缺乏理论支撑。

四、投资项目决策的基本方法

（一）独立投资方案的决策——内含报酬率法

独立投资方案，是指两个或两个以上项目互不依赖，可以同时并存，各方案的决策也是独立的，多发生在企业资金充足的情况下。独立投资方案的决策属于筛分决策，评价各方案本身是否可行，即方案本身是否达到某种可行性标准。

独立投资方案之间比较时，决策要解决的问题是如何确定各种可行方案的投资顺序，即各独立方案之间的优先次序。排序分析时，以各独立方案的获利程度作为评价标准，一般采用内含报酬率法进行比较决策。

例 4-9 某企业有足够的资金准备投资于 3 个独立投资项目。A 项目投资额 10 000 元，期限 5 年；B 项目投资额 18 000 元，期限 5 年；C 项目投资额 18 000 元，期限 8 年，贴现率为 10%，其他资料如表 4-10 所示。如何进行投资顺序的安排？

表 4-10 独立投资方案的可行性指标

项目	A 项目	B 项目	C 项目
初始投资额	（10 000）	（18 000）	（18 000）
年金净流量	4 000	6 500	5 000
期限	5 年	5 年	8 年
净现值	5 164	6 642	8 675
现值指数	1.52	1.37	1.48
内含报酬率	28.68%	23.61%	22.28%
年金净流量	1 362	1 752	1 626

通过上述数据，我们可以看到：

（1）A 项目与 B 项目比较：两项目原始投资额不同，但期限相同，尽管 B 项目净现值和年金净流量均大于 A 项目，但 B 项目初始投资额高，获利程度低。因此，应优先安排内含报酬率和现值指数较高的 A 项目。

（2）B 项目与 C 项目比较：两项目初始投资额相等，但期限不同，尽管 C 项目净现值和现值指数高，但它需要经历 8 年才能获得。B 项目 5 年项目结束后，所收回的投资可以进一步投资于其他后续项目。因此应该优先安排内含报酬率和年金净流量较高的 B 项目。

（3）A 项目与 C 项目比较：两项目的初始投资额和期限都不相同，A 项目内含报酬率较高，但净现值和年金净流量都较低。C 项目净现值高，但期限长；C 项目年金净流量也较高，但它是依靠较大的投资额取得的。因此，从获利程度的角度来看，A 项目较优（表 4-11）。

表 4-11　A、B、C 三个项目可行性指标比较结果

净现值	C>B>A
现值指数	A>C>B
内含报酬率	A>B>C
年金净流量	B>C>A

综上所述，在对各独立投资方案进行比较时，内含报酬率指标具有很强的综合性，在各种情况下的决策结论都是正确的。而现值指数，虽然也反映了方案的获利程度，但不适用于期限不同的情况，如 B 项目和 C 项目的比较（这种情况下，现值指数就是净现值的另一种表达形式）；至于净现值和年金净流量，它们反映的是各方案的获利数额，要结合内含报酬率指标进行综合决策。

因此本例的投资项目的优先顺序为 A>B>C。

（二）互斥投资方案的决策——年金净流量法

互斥投资方案，方案之间互相排斥，不能并存，一般因为企业资金有限，因此决策的实质在于选择最优方案。从选定经济效益最大的要求出发，互斥决策以方案的获利数额作为评价标准。因此，一般采用净现值法和年金净流量法进行选优决策。但净现值指标受投资项目寿命期的影响，因而年金净流量法是互斥方案最恰当的决策方法。

1. 项目的寿命期相等时

当项目寿命相等时，年金净流量和净现值的决策结论一致。

从例 4-9 可知，A、B 两项目寿命期相同，而原始投资额不等；B、C 两项目原始投资额相等而寿命期不同。如果这 3 个项目是互斥投资方案，只能采纳一个，不能同时并存。

A 项目与 B 项目比较，两项目初始投资额不等。尽管 A 项目的内含报酬率和现值指数都较高，但互斥方案应考虑获利数额，因此净现值高的 B 项目是最优方案。两项目的期限是相同的，年金净流量指标的决策结论与净现值指标的决策结论是一致的。

B 项目比 A 项目投资额多 8 000 元，按 10%的贴现率水平要求，分 5 年按年金形式回收，每年应回收 2 110 元（8 000/3.790 8）。但 B 项目每年现金净流量比 A 项目也多取得 2 500 元，扣除增加的回收额 2 110 元后，每年还可以多获得投资报酬 390 元。这个差额，正是两项目年金净流量指标值的差额（1 752 元−1 362 元）。所以，在初始投资额不等、寿命期相同的情况下，净现值与年金净流量指标的决策结论一致，应采用年金净流量较大的 B 项目。

事实上，互斥方案的选优决策，各方案本身都是可行的，均有正的净现值，表明各方案均收回了初始投资，并有超额报酬。进一步在互斥方案中选优，方案的获利数额作为选优的评价标准。在项目的寿命期相等时，不论方案的初始投资额大小如何，能够获得最大的获利数额即净现值的，即最优方案。所以，在互斥投资方案的选优决策中，初始投资额的大小并不影响决策的结论，无须考虑初始投资额的大小。

2. 项目的寿命期不相等

项目寿命期不等时，可以使用年金净流量法或共同年限法。

1）年金净流量

B 项目与 C 项目比较，寿命期不等。尽管 C 项目净现值较大，但它是 8 年内取得的。按每年平均的获利数额来看，B 项目的年金净流量（1 752 元）高于 C 项目（1 626 元），因此 B 项目优于 C 项目。

2）共同年限法

如果 B 项目 5 年寿命期届满后，所收回的投资重新投入原有方案，达到与 C 项目同样的投资年限，取得的经济效益也将高于 C 项目。这就是共同年限法的比较思路。实际上，在两个寿命期不等的互斥投资项目比较时，需要将两个项目转化成同样的投资期限，才具有可比性。因为按照持续经营假设，寿命期短的项目，收回的投资将重新进行投资。针对各项目寿命期不等的情况，可以找出各项目寿命期的最小公倍期数，作为共同的有效寿命期。

例 4-10 现有甲、乙两个设备购置方案，甲设备投资额 10 000 元，可使用两年，无残值，每年产生 8 000 元的现金净流量。乙设备投资额 20 000 元，可用 3 年，无残值，每年产生 10 000 元现金净流量。要求的最低报酬率是 10%，问哪个方案更优？

先看两方案目前的各指标比较情况，如表 4-12 所示。

表 4-12 互斥投资方案的指标比较

项目	甲设备	乙设备
净现值/元	3 888	4 870
年金净流量/元	2 238	1 958
内含报酬率	38%	23.39%

从表 4-12 看到：尽管甲方案净现值低于乙方案，但年金净流量和内含报酬率均高于乙方案。如果按最小公倍数法测算，则将两方案的期限调整为最小公倍数 6 年，甲方

案经历 3 次投资循环，乙方案经历两次投资循环。各方案的相关评价指标为

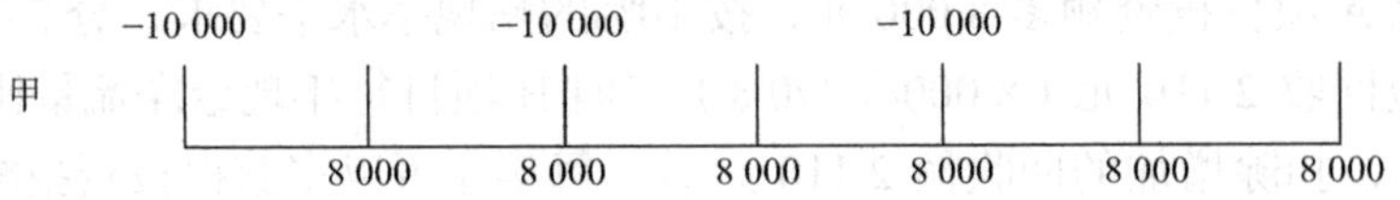

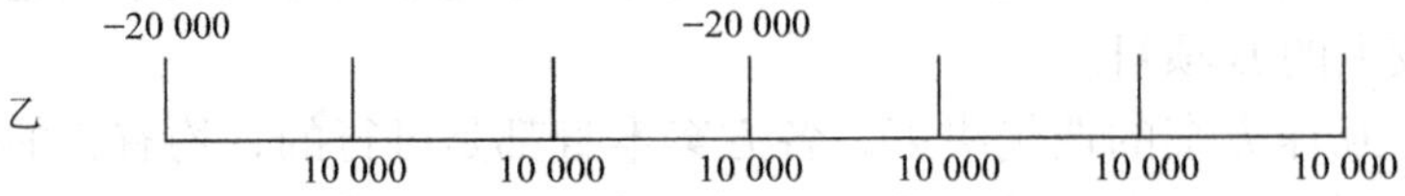

甲方案

净现值=8 000×（*P*/*A*，10%，6）−10 000×（*P*/*F*，10%，4）−10 000

×（*P*/*F*，10%，2）−10 000

=9 748（元）

年金净流量=9 748/（*P*/*A*，10%，6）=2 238（元）

乙方案

净现值=10 000×（*P*/*A*，10%，6）−20 000×（*P*/*F*，10%，3）−20 000

=8 527（元）

年金净流量=8 527/（*P*/*A*，10%，6）=1 958（元）

上述计算说明，延长寿命期后，两方案投资期限相等，甲方案净现值 9 748 元高于乙方案净现值 8 527 元，故甲方案优于乙方案。

至于内含报酬率指标，可以测算出：当 i=38%时，甲方案净现值为 0；当 i=23.39%时，乙方案净现值为 0。这说明，只要方案的现金流量状态不变，按最小公倍数法延长寿命后，方案的内含报酬率并不会变化。

同样，只要方案的现金流量状态不变，按最小公倍数法延长寿命后，方案的年金净流量指标也不会改变。甲方案仍为 2 238 元，乙方案仍为 1 958 元。由于寿命期不同的项目换算为最小公倍期数比较麻烦，而按各方案本身期限计算的年金净流量与按最小公倍数法得到的结果一致。因此，实务中对于期限不等的互斥方案比较，无须换算寿命期限，直接按原始期限的年金净流量指标进行决策。

综上所述，互斥投资方案的选优决策中，以方案的获利数额作为评价标准，而年金净流量全面反映了各方案的获利数额，是最佳的决策指标。当各方案的寿命期相等时，净现值指标与年金净流量指标的决策结论一致。当各方案的寿命期不等时，净现值指标需要各方案按最小公倍数法调整计算后，会得出与年金净流量一致的结论，否则不能以净现值大小为判断标准。

五、比较与应用投资项目决策方法

（一）固定资产更新决策

固定资产反映了企业的生产经营能力，固定资产更新决策是投资项目决策的重要

组成部分。它主要是在继续使用旧设备与购置新设备之间进行选择。从决策性质上看，固定资产更新决策属于互斥投资方案的决策类型。因此，固定资产更新决策所采用的决策方法是净现值法和年金净流量法。

但一般来说，设备更换不改变企业生产能力，不增加公司营业收入，即使有少量的残值变价收入，也不是实质性收入增加。因此，所发生的现金流量主要是现金流出量，对于公司而言，若继续拥有旧设备，实际上丧失了将旧设备变现可获得的好处，表现为拥有旧设备的机会成本；而购置新设备则表现为现实的购置成本。在这种情况下，净现值法和年金净流量法可以适当变形地去应用：如果新旧设备使用年限相同，可以比较成本的现值之和，较小者为最优；如果新旧设备使用年限不同，应当采用比较年平均成本的方法进行决策分析。

1. 固定资产更新决策——新旧设备使用寿命相等的情况

当新旧设备使用寿命相等时，应用净现值法，运用到这里，也就是应用比较成本的总现值之和的方法来进行决策，同时可以借助差量法辅助计算。

例 4-11 某公司考虑用一台新的、效率更高的设备来代替旧设备，以减少成本，增加收益。旧设备原购置成本为 40 000 元，已使用 5 年，估计还可使用 5 年，已提取折旧 20 000 元，假定使用后无残值，如果现在销售可获得价款 20 000 元，使用该设备每年可获得收入 50 000 元，每年付现成本为 30 000 元。新设备的购置成本为 60 000 元，估计可使用 5 年，期满有残值 10 000 元，使用新设备每年收入可达 80 000 元，每年付现成本为 40 000 元。假设该公司的资本成本为 10%，公司所得税税率为 25%，并均采用直线法计提折旧。试做出该公司是继续使用旧设备还是对其进行更新的决策。

1）分别计算初始投资与折旧的现金流量的差额

初始投资=新设备购置成本−旧设备变现价格=60 000−20 000=40 000（元）

年折旧额=新设备年折旧额−旧设备年折旧额

=（60 000−10 000）/5−（40 000/10）

=6 000（元）

2）列表比较两个方案各年营业现金净流量的差额（表 4-13）

表 4-13 投资项目的年营业现金净流量差额 单位：元

项目	第 1~5 年
销售收入①	30 000
付现成本②	10 000
折旧额③	6 000
税前净利④＝①−②−③	14 000
所得税⑤＝④×25%	3 500
税后利润⑥＝④−⑤	10 500
营业现金净流量⑦＝⑥+③	16 500

3）比较两个方案全年现金净流量的差额（表 4-14）

表 4-14　投资项目的年现金净流量差额　　单位：元

项目	第 0 年	第 1 年	第 2 年	第 3 年	第 4 年	第 5 年
初始投资	-40 000					
营业现金净流量		16 500	16 500	16 500	16 500	16 500
结束现金流量						10 000
现金流量	-40 000	16 500	16 500	16 500	16 500	26 500

4）计算现金净流量差额的净现值

NPV=16 500×（*P*/*A*，10%，5）+10 000×（*P*/*F*，10%，5）−40 000

=16 500×3.790 8+10 000×0.620 9−40 000

=28 757.20（元）

通过计算可以看出：投资项目更新后，有净现值 28 757.20 元，故应进行更新。本题也可通过分别计算两个方案的净现值来比较，得出的结论一样。

2. 固定资产更新决策——新旧设备使用寿命不等的情况

当新旧设备使用寿命不等时，一般情况下，寿命越长，能给公司带来的未来现金流量越多，净现值也就越大，所以容易得出寿命越长项目越好的不正确结论。

为了使投资者在这种情况下做出正确的决策，可以采取的方法有年金净流量法，如果营业收入在两种方案下没有改变，可以直接比较成本，运用到这里，即使用年均成本法或者最小公倍寿命法。

1）直接使用净现值法

例 4-12　现有旧设备 A 和新设备 B，其每年现金流出量的情况如表 4-15 所示。做出是否更新的决策。

表 4-15　两个不同寿命期项目的年现金净流出量分布　　单位：元

年数	0	1	2	3
旧设备	10 000	1 000	1 200	1 500
新设备	9 000	1 000	1 200	

取折现率为 10%，那么旧设备的成本现值为

P（旧）=10 000+1 000×（*P*/*F*，10%，1）+1 200×（*P*/*F*，10%，2）+1 500×（*P*/*F*，10%，3）

=10 000+909.1+991.68+1 126.95

=13 027.73（元）

新设备的成本现值为

P（新）=9 000+1 000×（*P*/*F*，10%，1）+1 200×（*P*/*F*，10%，2）

=9 000+909.1+991.68

=10 900.78（元）

从它们的成本现值可以看出，旧设备的成本现值大于新设备的成本现值，应该是购买新设备更可取，但是新设备的使用年限只有两年，而旧设备的使用年限是3年，所以只是绝对地比较它们的成本现值大小是不行的。可以采取年均成本法或者最小公倍寿命法得出正确的结论。

2）年均成本法

年均成本法就是把投资项目在寿命周期内总的成本现值转化为每年的平均成本，并进行比较的方法。年均成本的计算公式是

年均成本=现值总成本/年金现值系数

沿用例 4-12 的资料，计算出旧设备的成本现值为 13 027.73 元，新设备的成本现值为 10 900.78 元。

所以，旧设备的年均成本=P÷（P/A，10%，3）=13 027.73÷2.486 9=5 238.54（元）

新设备的年均成本=P÷（P/A，10%，2）=10 900.78÷1.735 5=6 281.06（元）

表 4-16 列出了年均成本与成本现值的比较。

表 4-16 年均成本与成本现值的比较 单位：元

年数		0	1	2	3	成本现值
旧设备	年现金流量	10 000	1 000	1 200	1 500	13 027.73
	年均成本		5 238.54	5 238.54	5 238.54	13 027.73
新设备	年现金流量	9 000	1 000	1 200		10 900.78
	年均成本		6 281.06	6 281.06		10 900.78

由于旧设备的年均成本低于新设备的，所以应该选择保留旧设备，于是得到了与直接使用净现值法相反的结论。所以，对于使用寿命不等的项目或方案，应选择年均成本最低的。

3）最小公倍寿命法

最小公倍寿命法又称项目复制法，是将两个方案使用寿命的最小公倍数作为比较期间，并假设两个方案在这个比较期间进行多次重复投资，将各自多次投资的净现值进行比较的分析方法。

沿用例 4-12 的资料，旧设备使用年限 3 年，新设备使用年限两年，两种设备寿命按最小公倍数法计算是 6 年，在这 6 年中，旧设备的投资项目可以进行两次，新设备的投资项目可以进行 3 次。

所以，6 年内，旧设备成本现值是

P（旧）=13 027.73+13 027.73×（P/F，10%，3）=22 815.46（元）

新设备成本现值是

P（新）=10 900.78+10 900.78×（P/F，10%，2）+10 900.78
×（P/F，10%，4）
=27 354.42（元）

所以，在将两个方案使用寿命的最小公倍数作为比较期间时，选择成本现值最低

的方案，即保留旧设备。

（二）新建项目投资决策

新建项目投资决策的关键是分析项目的现金流量。新建项目一般在初始投资时会涉及固定资产投资、营运资本的垫支。由于新建项目通常会增加公司的生产经营能力，因此在经营期间，需要分析由于项目的实施而增加的现金流入与现金流出，计算营业现金净流量。投资项目结束时还要分析固定资产变卖或停止使用所产生的相关现金流量及营运资本的收回。在估算出新建项目的现金流量后，计算投资决策的相关评价指标，进而判断项目的财务可行性。

例 4-13　公司计划增添一条生产线，以扩充生产能力。该生产线预计投资 750 000 元，估计使用寿命为5年，采用直线法计提折旧，预计净残值为30 000元。生产线投入使用后，每年增加营业收入 1 400 000 元，增加付现成本 1 050 000 元，项目投入运营时，需要垫支营运资本 250 000 元。公司使用的所得税税率为 25%，该项目要求的最低报酬率为 12%。计算该项目的净现值并判断其可行性。

（1）计算该生产线的年折旧费。

年折旧费=（750 000−30 000）/5 = 144 000（元）

（2）计算该项目的现金流量。

初始现金流量（NCF_0）=−750 000−250 000=−1 000 000 （元）

营业现金净流量（NCF_{1-5}）=（1 400 000−1 050 000）×（1−25%）+144 000×25%
=298 500（元）

项目结束现金流量=250 000+30 000=280 000（元）

（3）计算项目的净现值。

NPV=−1 000 000+298 500×（P/A，12%，5）+280 000×（P/F，12%，5）
=−1 000 000+298 500×3.604 8+280 000×0.567 4
=234 904.8（元）

因为该项目的净现值大于零，所以该投资可行。

（三）生产设备最优更新期的决策

生产设备最优更新期的决策就是选择最佳的淘汰旧设备的时间，此时该设备的年平均成本最低。与生产设备相关的总成本在其被更新前共包括两大部分：一部分是运行费用。运行费用又包括设备的能源消耗及设备维护修理费用等。它会随着使用年限的增加、设备的不断老化而逐年上升。另一部分是消耗在使用年限内的设备本身的价值，它是以设备在更新时能够按其折余价值变现为前提的，即从数量关系上看，它是设备的购入价与更新时的变现价值之差。因此，生产设备在更新前的现值总成本为

$$现值总成本 = C - \frac{S_n}{(1+i)^n} + \sum_{t=1}^{n}\frac{C_n}{(1+i)^t}$$

其中，C 为设备原值；S_n 为第 n 年（设备被更新年）时的设备余值；C_n 为第 n 年设备的运行成本；n 为设备被更新的年份；i 为设定的投资报酬率。

在考虑了货币的时间价值的基础上，生产设备的平均年成本就不再是总成本与年

限的比值，而是将其看作以现值总成本为现值、期数为n的年金，即考虑到货币时间价值时每年的现金流出：

$$平均年成本=现值总成本/年金现值系数=\left[C-\frac{S_n}{(1+i)^n}+\sum_{t=1}^{n}\frac{C_n}{(1+i)^t}\right]\div(P/A,i,n)$$

设备最佳更新期决策也就是找出能够使平均年成本的得数最小的年数n来，其方法通常是计算出若干个不同更新期的平均年成本进行比较，然后从中找出最小的平均年成本及年限。固定资产的平均年成本如图4-1所示。

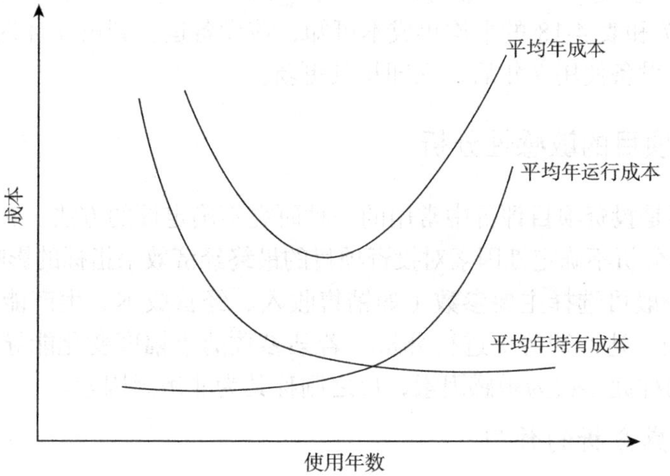

图4-1 固定资产的平均年成本

例4-14 某设备的购买价格是70 000元，预计使用寿命为10年，无残值。资金成本为10%。其各年的折旧额、折余价值及运行费用见表4-17。

表4-17 各年的折旧额、折余价值及运行费用 单位：元

更新年限	1	2	3	4	5	6	7	8	9	10
折旧额	7 000	7 000	7 000	7 000	7 000	7 000	7 000	7 000	7 000	7 000
折余价值	63 000	56 000	49 000	42 000	35 000	28 000	21 000	14 000	7 000	0
运行费用	10 000	10 000	10 000	11 000	11 000	12 000	13 000	14 000	15 000	16 000

要求：确定最优使用年限。

解：根据上述资料，可计算出不同年份的平均年成本，见表4-18。

表4-18 某设备不同年份的平均年成本 单位：元

更新年限	1	2	3	4	5	6	7	8	9	10
①原值	70 000	70 000	70 000	70 000	70 000	70 000	70 000	70 000	70 000	70 000
②余值	63 000	56 000	49 000	42 000	35 000	28 000	21 000	14 000	7 000	0
③贴现系数	0.909 1	0.826 4	0.751 3	0.683 0	0.620 9	0.564 5	0.513 2	0.466 5	0.424 1	0.385 5
④余值现值	57 273	46 278	36 814	28 686	21 732	15 806	10 777	6 531	2 969	0
⑤运行成本	10 000	10 000	10 000	11 000	11 000	12 000	13 000	14 000	15 000	16 000

续表

更新年限	1	2	3	4	5	6	7	8	9	10
⑥运行成本现值	9 091	8 264	7 513	7 513	6 830	6 774	6 672	6 531	6 361	6 168
⑦累积运行成本现值	9 091	17 355	24 868	32 381	39 211	45 985	52 657	59 188	65 549	71 718
⑧现值总成本	21 818	41 077	58 054	73 695	87 479	100 179	111 880	122 657	132 580	141 718
⑨年金现值系数	0.909 1	1.735 5	2.486 9	3.169 9	3.790 8	4.355 3	4.868 4	5.334 9	5.759 0	6.144 6
⑩平均年成本	24 000	23 669	23 344	23 248	23 077	23 002	22 981	22 991	23 021	23 064

表 4-18 中：④=②×③　⑥=⑤×③　⑦=∑⑥　⑧=①+⑦−④　⑩=⑧÷⑨

比较表 4-17 和表 4-18 的平均年成本可知，该设备运行到第 7 年时的平均年成本最低，因此应在设备使用 7 年后，立即将其更新。

六、投资项目的敏感性分析

敏感性分析是投资项目评价中常用的一种研究不确定性的方法。它在确定性分析的基础上，进一步分析不确定性因素对投资项目的最终经济效果指标的影响及影响程度。

敏感因素一般可选择主要参数（如销售收入、经营成本、生产能力、初始投资、寿命期、建设期、达产期等）进行分析。若某参数的小幅度变化能导致经济效果指标的较大变化，则称此参数为敏感因素，反之则称其为非敏感因素。

（一）敏感分析的作用

（1）确定影响项目经济效益的敏感因素。找出影响最大、最敏感的主要变量因素，进一步分析、预测或估算其影响程度，找出产生不确定性的根源，采取相应有效措施。

（2）计算主要变量因素的变化引起项目经济效益评价指标变动的范围，使决策者全面了解建设投资项目方案可能出现的经济效益变动情况，以减少和避免不利因素的影响，提高项目的投资效果。

（3）通过各种方案敏感度大小的对比，区别敏感度大或敏感度小的方案，选择敏感度小的，即风险小的项目作投资方案。

（4）通过可能出现的最有利与最不利的经济效果变动范围的分析，为决策者预测可能出现的风险程度，并对原方案采取某些控制措施或寻找可替代方案，为最后确定可行的投资方案提供可靠的决策依据。

（二）敏感分析的方法

敏感分析的方法是一项有广泛用途的分析技术。投资项目的敏感分析，通常是在假定其他变量不变的情况下，测定某一个变量发生特定变化时对净现值（或内含报酬率）的影响。敏感分析主要包括最大最小法和敏感程度法两种分析方法。

1. 最大最小法

最大最小法的主要步骤包括以下几点。

（1）给定计算净现值的每个变量的预期值。计算净现值时需要使用预期的初始投资、营业现金流入、营业现金流出等变量。这些变量都是最可能发生的数值，称为预期值。

（2）根据变量的预期值计算净现值，由此得出的称为基准净现值。

（3）选择一个变量并假设其他变量不变，令净现值等于零，计算选定变量的临界值。如此往复，测试每个变量的临界值。

通过上述步骤，可以得出使基准净现值由正值变为负值（或相反）的各变量最大（或最小）值，帮助决策者认识项目的特有风险。

例4-15 某公司拟投产一个新产品，预期每年增加税后营业现金流入100万元，增加税后营业现金流出69万元，预计需要初始投资90万元，项目寿命为4年，公司的所得税税率20%。有关数据如表4-19“预期值”栏所示。

表4-19 最大最小法 单位：万元

项目	预期值	税后营业流入最小值	税后营业流出最大值
每年税后营业现金流入	100	92.89	100
每年税后营业现金流出	69	69	76.11
折旧抵税（20%）	4.5	4.5	4.5
每年税后营业现金净流量	35.5	28.39	28.39
年金现值系数（10%，4年）	3.169 9	3.169 9	3.169 9
营业现金净流入总现值	112.53	90.00	90.00
初始投资	90.00	90.00	90.00
净现值	22.53	0	0

根据各项预期值计算的净现值为22.53万元。由于各变量具有不确定性，计算的净现值也具有不确定性。假设主要的不确定性来自营业现金流，因此，只分析营业现金流入和流出变动对净现值的影响。首先分析营业现金流入变动的影响：令净现值等于零，其他因素不变，求解此时的税后营业现金流入，其结果为 92.89 万元。该数据表明，如果每年税后营业现金流入下降到92.89万元，则净现值变为零，该项目不再具有投资价值。其次分析营业现金流出变动的影响：令净现值为零，其他因素保持基准状态，求解此时的税后营业现金流出，其结果为76.11万元。该数据表明，如果每年税后营业现金流出上升至76.11万元，则净现值变为零，项目不再具有投资价值。如果决策者对于上述最小营业现金流入和最大营业现金流出有信心，则项目是可行的。如果相反，决策者认为营业现金流入很可能低于上述最小值，或者营业现金流出很可能超出上述最大值，则项目风险很大，应慎重考虑是否应承担该风险。

2. 敏感程度法

敏感程度法的主要步骤包括以下几点。

（1）计算项目的基准净现值（方法与最大最小法相同）。

（2）选定一个变量，如每年税后营业现金流入，假设其发生一定幅度的变化，而其他因素不变，重新计算净现值。

（3）计算选定变量的敏感系数。

敏感系数=目标值变动百分比／选定变量变动百分比

它表示选定变量变化 1%时导致目标值变动的百分比，可以反映目标值对于选定变量变化的敏感程度。

（4）根据上述分析结果，对项目的敏感性做出判断。

采用上述数据，我们计算税后营业现金流入增减 5%和 10%（其他因素不变化）的净现值，以及税后营业现金流入变动净现值的敏感系数，然后按照同样的方法，分别计算税后营业现金流出量和初始投资变动对净现值的影响，如表 4-20~表 4-22 所示。

表 4-20　敏感程度法：每年税后营业现金流入量变化　　单位：万元

变动百分比	−10%	−5%	基准情况	+5%	+10%
每年税后营业现金流入	90	95	100	105.00	110.00
每年税后营业现金流出	69	69	69	69	69
每年折旧抵税（20%）	4.5	4.5	4.5	4.5	4.5
每年税后营业现金净流量	25.5	30.5	35.5	40.5	45.5
年金现值系数（10%，4 年）	3.169 9	3.169 9	3.169 9	3.169 9	3.169 9
每年税后现金净流量总现值	80.83	96.68	112.53	128.38	144.23
初始投资	90.00	90.00	90.00	90.00	90.00
净现值	−9.17	6.68	22.53	38.38	54.23
每年税后营业现金流入的敏感系数	[（54.23−22.53）/22.53]÷10%=140.7%/10%=14.07				

注：敏感系数的正负号只是表明方向，判断敏感程度大小应根据绝对值的大小判断

表 4-21　敏感程度法：每年税后营业现金流出量变化　　单位：万元

变动百分比	−10%	−5%	基准情况	+5%	+10%
每年税后营业现金流入	100	100	100	100	100
每年税后营业现金流出	62.1	65.55	69	72.45	75.90
每年折旧抵税（20%）	4.5	4.5	4.50	4.5	4.5
每年税后营业现金净流量	42.40	38.95	35.50	32.05	28.60
年金现值系数（10%，4 年）	3.169 9	3.169 9	3.169 9	3.169 9	3.169 9
现金流入总现值	134.40	123.47	112.53	101.60	90.66
初始投资	90.00	90.00	90.00	90.00	90.00
净现值	44.40	33.47	22.53	11.60	0.66
每年税后营业现金流出的敏感系数	[（0.66−22.53）/ 22.53]÷10%=−97.07%÷10%=−9.71				

表 4-22 敏感程度法：初始投资变化 单位：万元

变动百分比	−10%	−5%	基准情况	+5%	+10%
每年税后营业现金流入	100	100	100	100	100
每年税后营业现金流出	69	69	69	69	69
每年折旧抵税（20%）	4.05	4.275	4.5	4.725	4.95
每年税后营业现金净流量	35.05	35.275	35.5	35.725	35.95
年金现值系数（10%，4 年）	3.169 9	3.169 9	3.169 9	3.169 9	3.169 9
现金流入总现值	111.1	111.82	112.53	113.24	113.96
初始投资	81	85.5	90	94.5	99
净现值	30.1	26.32	22.53	18.74	14.96
初始投资的敏感系数	[（14.96−22.53）/22.53]÷10%=−33.6%÷10%=−3.36				

表 4-20~表 4-21 中分别计算了 3 个变量变化一定百分比对净现值的影响，向决策者展示了不同前景出现时的后果。这些信息可以帮助决策者认识项目的特有风险和应关注的重点。例如，税后营业现金流入降低 10%就会使该项目失去投资价值，若这种可能性较大就应考虑放弃项目，或者重新设计项目加以避免，至少要有应对的预案。该变量是引发净现值变化的主要敏感因素，营业收入每减少 1%，项目净现值就损失 14.07%，或者说营业收入每增加 1%，净现值就提高 14.07%。若实施该项目，应予以重点关注。次要敏感因素是税后营业现金流出，相对不敏感的因素是投资额，但都具有一定的影响。因此，从总体上看该项目风险较大。

（三）敏感分析的评价

敏感分析是一种最常用的风险分析方法，计算过程简单易于理解，但也存在局限性，主要包括以下几个方面。

（1）在进行敏感分析时，只允许一个变量发生变动，而假设其他变量保持不变，但在现实世界中这些变量通常是相互关联的，会一起发生变动，但是变动的幅度不同；

（2）每次测算一个变量变化对净现值的影响，都可以提供一系列分析结果，但是没有给出每一个数值发生的可能性。

第三节 证券投资管理

一、证券投资管理概述

证券资产是企业进行金融投资所形成的资产。证券投资不同于项目投资，项目投资的对象是实体性经营资产，经营资产是直接为企业生产经营服务的资产，如固定资产、无形资产等，它们往往是一种服务能力递减的消耗性资产。证券投资的对象是金融资产，金融资产是一种以凭证、票据或者合同合约形式存在的权利性资产，如股票、债券及其衍生证券等。

（一）证券资产的特点

1. 价值虚拟性

证券资产不能脱离实体性经营资产而完全独立存在，但证券资产的价值不是完全由实体资本的现实生产经营活动决定的，而是取决于契约性权利所能带来的未来现金流量，是一种未来现金流量折现的资本化价值。例如，债券投资代表的是未来按合同规定收取债息和收回本金的权利，股票投资代表的是对发行股票企业的经营控制权、财务控制权、收益分配权、剩余财产追索权等股东权利。证券资产的服务能力在于它能带来未来的现金流量、按未来现金流量折现，即资本化价值，是证券资产价值的统一表达。

2. 可分割性

实体项目投资的经营资产一般具有整体性要求，如购建新的生产能力，往往是厂房、设备、配套流动资产的结合。证券资产可以分割为一个最小的投资单位，如一只股票、一份债券，这就决定了证券资产投资的现金流量比较单一，往往由初始投资、未来收益或资本利得、本金回收所构成。

3. 持有目的多元性

实体项目投资的经营资产往往是为消耗而持有，为流动资产的加工提供生产条件。证券资产的持有目的是多元的，既可能是为未来积累现金，即为未来变现而持有，也可能是为谋取资本利得，即为销售而持有，还有可能是为取得对其他企业的控制权而持有。

4. 流动性

证券资产具有很强的流动性，其流动性表现在：①变现能力强。证券资产往往都是上市证券，一般都有活跃的交易市场可供及时转让。②持有目的可以相互转换。当企业急需现金时，可以立即将为其他目的而持有的证券资产变现。证券资产本身的变现能力虽然较强，但其实际周转速度取决于企业对证券资产的持有目的。作为长期投资的形式，企业持有的证券资产每周转一次一般都会超过一个会计年度。

5. 高风险性

证券资产是一种虚拟资产，决定了金融投资受公司风险和市场风险的双重影响，不仅发行证券资产的公司业绩影响着证券资产投资的报酬率，资本市场的市场平均报酬率变化也会给金融投资带来直接的市场风险。

（二）证券投资的概念和种类

证券投资是指投资人（法人或自然人）购买股票、债券等有价证券及这些有价证券的衍生品以获取红利、利息及资本利得的投资行为和投资过程。

由于金融证券多种多样，可供企业进行选择的证券投资也多种多样，根据证券投资对象的不同，证券投资基本可以分为债券投资、股票投资两大类。

1. 债券投资

债券投资是指公司购买政府、金融机构或公司发行的债券以获取收益的行为。与股票投资相比，债券投资能获得稳定收益，投资风险较低。稳定收益，是指债券一般有固定的利息率和付息日，投资者可在规定的时间收到固定的利息。风险小是因为债券有固定的到期日，债券价格的波动通常小于股票，且债券的求偿权在股票之前。但是，投资于一些期限长、信用等级低的债券，也会承担较大风险。

2. 股票投资

股票投资是指公司将资金投向其他股份公司所发行的股票，以获得投资收益的投资行为。股票投资具有高风险、高收益的特点。公司投资股票，尤其是投资普通股票，要承担较大风险，但在通常情况下，也会取得较高收益。

（三）证券投资的目的

1. 分散资金投向，降低投资风险

投资分散化，即将资金投资于多个相关程度较低的项目，实行多元化经营，能够有效地分散投资风险。当某个项目经营不景气而利润下降甚至导致亏损时，其他项目可能会获取较高的收益。将企业的资金分成内部经营投资和对外证券投资两个部分，实现了企业投资的多元化。而且，与内部经营投资相比，对外证券投资不受地域和经营范围的限制，投资选择面非常广，投资资金的退出和收回也比较容易，是多元化投资的主要方式。

2. 利用闲置资金，增加企业收益

企业在生产经营过程中，由于各种原因有时会出现资金闲置、现金结余较多的情况。这些闲置的资金可以投资于股票、债券等有价证券上，谋取投资收益，这些投资收益主要表现在股利收入、债息收入、证券买卖差价等方面。同时，有时企业资金的闲置是暂时性的，可以投资于在资本市场上流通性和变现能力较强的有价证券，这类证券能够随时变卖，收回资金。

3. 稳定客户关系，保障生产经营

企业生产经营环节中，供应和销售是企业与市场相联系的重要通道。没有稳定的原材料供应来源，没有稳定的销售客户，都会使企业的生产经营中断。为了保持与供销客户良好而稳定的业务关系，可以对业务关系链的供销企业进行投资，保持对它们一定的债权或股权，甚至控股。这样，能够以债权或股权对关联企业的生产经营施加影响和控制，保障本企业的生产经营顺利进行。

4. 提高资产的流动性，增强偿债能力

资产流动性强弱是影响企业财务安全性的主要因素。除现金等货币资产外，有价证券投资是企业流动性最强的资产，是企业速动资产的主要构成部分。在企业需要支付大量现金，而现有现金储备又不足时，可以通过变卖有价证券迅速取得大量现金，保证企业的及时支付。

二、债券

债券是发行者为筹集资金、在约定时间支付一定比例的利息，并在到期时偿还本金而发行的一种有价证券。

（一）债券的基本要素

1. 债券面值

债券面值是指设定的票面金额，它代表发行人承诺于未来某一特定日期偿付给债券持有人的金额。

2. 债券票面利率

债券票面利率是指债券票面载明的年利息率，又称为名义利率，是债券发行者承诺在一定时期后支付给债券持有人利息的支付标准。

3. 债券的付息方式

债券的付息方式规定了债券利息如何支付。债券利息是可以到期一次性支付，也可以是在偿还期内分期支付；债券的利息可能使用单利，也可能使用复利。

4. 债券到期日

债券的到期日指偿还本金的日期。债券一般都规定到期日，以便到期时归还本金。

（二）债券的分类

1. 按债券是否记名分类

按债券上是否记有持券人的姓名或名称，分为记名债券和无记名债券。在公司债券上记载持券人姓名或名称的为记名债券；反之为无记名债券。

2. 按债券能否转换为股票分类

按能否转换为公司股票，分为可转换债券和不可转换债券。若公司债券能转换为本公司股票，为可转换债券；反之为不可转换债券。一般来讲，前者的利率要低于后者。

3. 按有无财产抵押分类

按有无特定的财产担保，分为抵押债券和信用债券。发行公司以特定财产作为抵押品的债券为抵押债券；没有特定财产作为抵押品，凭信用发行的债券为信用债券。抵押债券又分为一般抵押债券、不动产抵押债券、设备抵押债券和证券信托债券。一般抵押债券，即以公司全部资产作为抵押品而发行的债券；不动产抵押债券，即以公司的不动产作为抵押品而发行的债券；设备抵押债券，即以公司的机器设备作为抵押品而发行的债券；证券信托债券，即以公司持有的股票证券及其他担保证书作为抵押品交付给信托公司而发行的债券等。

4. 按能否上市分类

按能否上市，分为上市债券和非上市债券。可在证券交易所挂牌交易的债券为上市债券；反之为非上市债券。上市债券信用度高，且变现速度快，因而容易吸引投资者，但上市条件严格，且要承担上市费用。

5. 按偿还方式分类

按偿还方式，分为到期一次债券和分期债券。发行公司于债券到期日一次集中清偿本息的，为到期一次债券；一次发行而分期、分批偿还的债券为分期债券。分期债券的偿还又有不同办法。

6. 按债券的发行人分类

按发行人不同，债券分为以下类别。

中央政府债券：通常指中央政府发行的债券。一般认为，政府债券会按时偿还利息和本金，没有拖欠风险。但是，在市场利率上升时，政府债券的市场流通价格会下降，因此也是有风险的。

地方政府债券：指地方政府发行的债券。地方政府债券有拖欠风险，因此利率会高于中央政府债券。

公司债券：指公司发行的债券。公司债券有拖欠风险，不同的公司债券拖欠风险有很大差别。拖欠风险越大，债券的利率越高。

国际债券：指外国政府或外国公司发行的债券。不仅外国公司债券有拖欠风险，有些外国政府债券也有拖欠风险。此外，如果国际债券以国外货币结算，购买者需要承担汇率风险。

（三）债券的估价模型

将在债券投资上未来收取的利息和收回的本金折为现值，即可得到债券的内在价值。债券的内在价值也称为债券的理论价格，只有债券的价值大于其购买价格时，该债券才值得投资。计算现值时使用的折现率，取决于当前等风险投资的市场利率。

1. 债券估价的基本模型

典型的债券是固定利率、每年计算并支付利息、到期归还本金。按照这种模式，债券价值计算的基本模型是

$$V_d = \frac{I_1}{(1+r_d)^1} + \frac{I_2}{(1+r_d)^2} + \cdots + \frac{I_n}{(1+r_d)^n} + \frac{M}{(1+r_d)^n}$$

其中，V_d 为债券价值；I 为每年的利息；M 为面值；r_d 为年折现率，一般采用当前等风险投资的市场利率；n 为到期前的年数。

从债券估价的基本模型中可以看出，债券面值、债券期限、票面利率、市场利率是影响债券价值的基本因素。债券一旦发行，其面值、期限、票面利率都相对固定了，因此市场利率是最为重要的因素。

2. 影响债券内在价值因素

影响债券价值的因素除债券面值、票面利率和计息期以外，还有折现率、利息支付频率和到期时间。

1）债券价值与折现率

例 4-16　某公司发行 10 年期的公司债券，每张债券的面值为 1 000 元，债券票面

利率为 10%，复利计息，1 年付息 1 次，到期一次还本，同等风险投资的必要报酬率为 12%，要求计算债券的价值。

解析：

$$V_d=\frac{I_1}{(1+r_d)^1}+\frac{I_2}{(1+r_d)^2}+\cdots+\frac{I_n}{(1+r_d)^n}+\frac{M}{(1+r_d)^n}$$
$$=\frac{1\,000\times10\%}{(1+12\%)}+\frac{1\,000\times10\%}{(1+12\%)^2}+\cdots+\frac{1\,000\times10\%}{(1+12\%)^{10}}+\frac{1\,000}{(1+12\%)^{10}}$$
$$=1\,000\times10\%\times(P/A,12\%,10)+1\,000\times(P/F,12\%,10)$$
$$=887.02(\text{元})$$

例 4-17　某公司发行 10 年期的公司债券，每张债券的面值为 1 000 元，债券票面利率为 10%，复利计息，1 年付息 1 次，到期一次还本，同等风险投资的必要报酬率为 8%，要求计算债券的价值。

解析：

$$V_d=\frac{I_1}{(1+r_d)^1}+\frac{I_2}{(1+r_d)^2}+\cdots+\frac{I_n}{(1+r_d)^n}+\frac{M}{(1+r_d)^n}$$
$$=\frac{1\,000\times10\%}{(1+8\%)}+\frac{1\,000\times10\%}{(1+8\%)^2}+\cdots+\frac{1\,000\times10\%}{(1+8\%)^{10}}+\frac{1\,000}{(1+8\%)^{10}}$$
$$=1\,000\times10\%\times(P/A,8\%,10)+1\,000\times(P/F,8\%,10)$$
$$=1134.21(\text{元})$$

例 4-18　某公司发行 10 年期的公司债券，每张债券的面值为 1 000 元，债券票面利率为 10%，复利计息，1 年付息 1 次，到期一次还本，同等风险投资的必要报酬率为 10%，要求计算债券的价值。

解析：

$$V_d=\frac{I_1}{(1+r_d)^1}+\frac{I_2}{(1+r_d)^2}+\cdots+\frac{I_n}{(1+r_d)^n}+\frac{M}{(1+r_d)^n}$$
$$=\frac{1\,000\times10\%}{(1+10\%)}+\frac{1\,000\times10\%}{(1+10\%)^2}+\cdots+\frac{1\,000\times10\%}{(1+10\%)^{10}}+\frac{1\,000}{(1+10\%)^{10}}$$
$$=1\,000\times10\%\times(P/A,10\%,10)+1\,000\times(P/F,10\%,10)$$
$$=999.96\approx1\,000(\text{元})$$

根据例 4-16、例 4-17、例 4-18 分析，可以得出以下结论。

（1）折现率越小，债券价值越大；折现率越大，债券价值越小。

（2）当同等风险投资的必要报酬率高于票面利率时，债券价值低于票面价值（简称面值），即折价发行。

（3）当同等风险投资的必要报酬率低于票面利率时，债券价值高于面值，即溢价发行。

（4）当同等风险投资的必要报酬率等于票面利率时，债券价值等于面值，即平价发行。

对于所有类型的债券估值，都必须遵循这一原理。

2）债券价值与利息支付频率

例 4-19 某公司发行 10 年期的公司债券，每张债券的面值为 1 000 元，债券票面利率为 10%，复利计息，1 年付息两次，到期一次还本，同等风险投资的必要报酬率为 12%，要求计算债券的价值。

解析：

$$V_d=\frac{I_1}{(1+r_d)^1}+\frac{I_2}{(1+r_d)^2}+\cdots+\frac{I_n}{(1+r_d)^n}+\frac{M}{(1+r_d)^n}$$

$$=\frac{1\,000\times5\%}{(1+6\%)}+\frac{1\,000\times5\%}{(1+6\%)^2}+\cdots+\frac{1\,000\times5\%}{(1+6\%)^{20}}+\frac{1\,000}{(1+6\%)^{20}}$$

$$=1\,000\times5\%\times(P/A,6\%,20)+1\,000\times(P/F,6\%,20)$$

$$=885.295(\text{元})$$

根据例 4-16、例 4-19 分析，可以得出以下结论。

当债券票面利率小于必要报酬率时，1 年内付息频率越高，债券价值越小。

同理，当把例 4-17、例 4-18 中的付息频率改为 1 年付息两次，并且计算债券价值，可以得出以下结论。

（1）对于折价发行的债券，加快付息频率，债券价值下降。

（2）对于溢价发行的债券，加快付息频率，债券价值上升。

（3）对于平价发行的债券，加快付息频率，债券价值不变。

像这样利息在期间内平均支付的债券为平息债券。支付的频率可能是 1 年 1 次、半年 1 次或每季度 1 次等。

平息债券价值的计算公式为

$$V_d=\sum_{t=1}^{mn}\frac{\frac{I}{m}}{\left(1+\frac{r_d}{m}\right)^t}+\frac{M}{\left(1+\frac{r_d}{m}\right)^{mn}}$$

其中，V_d 为债券价值；I 为每年的利息；M 为面值；m 为年付利息次数；n 为到期前的年数。

3）债券价值与到期时间

债券的到期时间，是指当前日至债券到期日的时间间隔。随着时间的延续，债券的到期时间逐渐缩短，至到期日时该间隔为零。

在例4-16中，如果折现率保持12%不变的情况下，假设距离到期日还有5年，那么债券的价值为

V_d=1 000×10%×（P/A，12%，5）+1 000×（P/F，12%，5）=927.88（元）

在年折现率不变的情况下，当到期日为 10 年时，债券价值为 887.02 元；当到期日为 5 年时，债券价值为 927.88 元，向面值 1 000 元靠近了。

在例 4-17 中，如果折现率保持 8%不变的情况下，假设距离到期日还有 5 年，那么债

券的价值为

$$V_d = 1\,000 \times 10\% \times (P/A, 8\%, 5) + 1\,000 \times (P/F, 8\%, 5) = 1\,079.87\text{（元）}$$

在年折现率不变的情况下，当到期日为 10 年时，债券价值为 1 134.21 元；当到期日为 5 年时，债券价值为 1 079.87 元，向面值 1 000 元靠近了。

在例 4-18 中，如果折现率保持 10%不变的情况下，假设距离到期日还有 5 年，那么债券的价值为

$$V_d = 1\,000 \times 10\% \times (P/A, 10\%, 5) + 1\,000 \times (P/F, 10\%, 5) = 1\,000\text{（元）}$$

在年折现率不变的情况下，当到期日为10年时，债券价值为1 000元；当到期日为5 年时，债券价值为 1 000 元，保持不变。

因此，如图 4-2 所示，对于平息债券，在折现率一直都保持不变的情况下，不管它高于或低于票面利率，债券价值随着到期时间的缩短逐渐向债券面值靠近，至到期日债券价值等于债券面值。当折现率高于票面利率时，随着时间向到期日靠近，债券价值逐渐提高，最终等于债券面值；当折现率等于票面利率时，债券价值一直都等于面值；当折现率低于票面利率时，随着时间向到期日靠近，债券价值逐渐下降，最终等于债券面值。

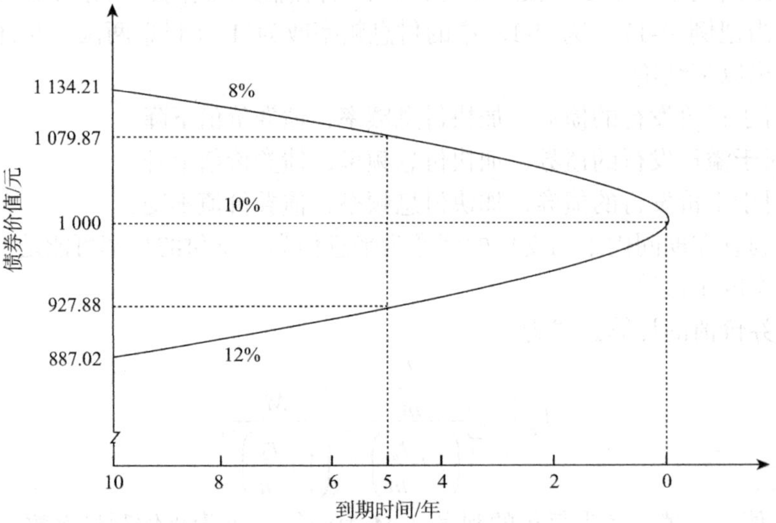

图 4-2　债券价值与到期时间

如果折现率在债券发行后发生变动，债券价值也会因此而变动。随着到期时间的缩短，折现率变动对债券价值的影响越来越小。从上述计算中看出，当到期日还有 10 年的时候，折现率从 8%变为 10%，债券价值从 1 134.21 元变为 1 000 元，下降了 11.83%；当到期日还有 5 年的时候，折现率从 8%变为 10%，债券价值从 1 079.87 元变为 1 000 元，下降了 7.40%。这就是说，随着到期时间的缩短，债券价值对折现率特定变化的反应越来越不灵敏。

3. 债券估价的其他模型

1）纯贴现债券

纯贴现债券是指承诺在未来某一特定日期按面值支付的债券。这种债券在到期日

前购买人不能得到任何现金支付，因此，也称为“零息债券”。零息债券没有标明利息计算规则的，通常采用按年计息的复利计算规则。

纯贴现债券的价值：

$$V_d = \frac{F}{(1+r_d)^n}$$

其中，V_d 为债券价值；F 为到期日支付额；r_d 为年折现率；n 为到期前的年数。

例 4-20 从现在起 10 年内到期的一张零息债券，如果其面值是 1 000 元，折现率是 12%，它的价值是多少？

解析：

$$\begin{aligned} V_d &= \frac{F}{(1+r_d)^n} \\ &= \frac{1000}{(1+12\%)^{10}} \\ &= 1\,000 \times (P/F, 12\%, 10) \\ &= 322(\text{元}) \end{aligned}$$

2）永久债券

永久债券是一种没有到期日，永不停止定期支付利息的债券。永续年金的现值等于无限期的利息流量的复利现值之和。如果每年的利息支付是固定的，则永久债券的内在价值公式为

$$V_d = \frac{I}{r_d}$$

其中，V_d 为债券价值；I 为每年的利息；r_d 为年折现率。

例 4-21 假设有一优先股，承诺每年支付优先股息 40 元，假设必要报酬率 10%，那么该债券的内在价值是多少？

解析：

$$\begin{aligned} V_d &= \frac{I}{r_d} \\ &= 40/10\% \\ &= 400(\text{元}) \end{aligned}$$

（四）债券的到期收益率

债券的收益水平通常用到期收益率来衡量。到期收益率是指以特定价格购买债券并持有至到期日所能获得的报酬率。它是使未来现金流量现值等于债券购入价格的折现率。

计算到期收益率的方法是求解含有折现率的方程，即购进价格 = 每年的利息×年金现值系数 + 面值×复利现值系数，表示如下：

$$P_0 = I \times (P/A, r_d, n) + M + (P/F, r_d, n)$$

其中，P_0 为债券价格；I 为每年的利息；M 为面值；n 为到期前的年数；r_d 为年折

现率。

例 4-22 某公司于 2019 年 1 月 1 日以 1 100 元买进一张面值为 1 000 元的债券，其票面利率为 9%，每年的 12 月 31 日计算并支付一次利息，债券 8 年后到期。如果该公司持有此债券至到期日，计算其到期收益率。

解析：采用“试误法”

$$1\,100=90\times(P/A,\ r_d,\ 8)+1\,000\times(P/F,\ r_d,\ 8)$$

当 i=9%时，试算：

$$\begin{aligned}90\times(P/A,\ 9\%,\ 8)+1\,000\times(P/F,\ 9\%,\ 8)&=90\times5.534\,8+1\,000\times0.501\,9\\&=1\,000.032（元）\end{aligned}$$

小于 1 100 元，可判断贴现率低于 9%，降低试算值，当 i=7%时，试算：

$$\begin{aligned}90\times(P/A,\ 7\%,\ 8)+1\,000\times(P/F,\ 7\%,\ 8)&=90\times5.971\,3+1\,000\times0.582\,0\\&=1\,119.417（元）>1\,100（元）\end{aligned}$$

则判断：$7\%<r_d<9\%$

用内插法计算：$r_d=7.33\%$。

三、股票

（一）股票的相关概念、分类及特点

股票是股份公司发给股东的所有权凭证，是股东借以取得股利的一种证券。股票持有者即该公司的股东，对该公司财产有要求权。

股票可以按不同的方法和标准分类。

按股东所享有的权利，可分为普通股和优先股；按票面是否标明持有者姓名，分为记名股票和不记名股票；按股票票面是否记明入股金额，分为有面值股票和无面值股票；按能否向股份公司赎回自己的财产，分为可赎回股票和不可赎回股票。

企业进行股票投资的目的主要有两种。一种是获利，即获取盈利，如作为一般的证券投资获取股利收入及买卖差价；另一种是控股，即通过购买某一企业的大量股票达到控制该企业的目的。

股票投资的特点包括以下几个方面。

1. 权益性投资

股票投资是权益性投资，股票是代表所有权的凭证，持有人作为发行公司的股东，有权参与公司的经营决策。

2. 投资风险大

投资者购买股票后，不能要求股份公司偿还本金，只能在证券市场上转让。股票投资的收益主要是股利和转让的差价收益，相对债券而言，收益稳定性较差。股票价格既受发行公司经验状况的影响，又受股市投机等因素影响，波动性极大。

3. 投资收益高

由于投资的高风险性，股票作为一种收益不固定的证券，其收益率一般比债券高。

（二）股票价值的评估模型

1. 股票估值的基本模型

股票带给持有者的现金流入包括两部分：股利收入和出售时的售价。股票的内在价值包括股利和将来出售股票时售价的现值之和。

如果股东永远持有股票，他只获得股利，是一个永续的现金流入。这个现金流入的现值就是股票的价值：

$$V_s = \frac{D_1}{(1+r_s)^1} + \frac{D_2}{(1+r_s)^2} + \cdots + \frac{D_n}{(1+r_s)^n} = \sum_{t=1}^{\infty} \frac{D_t}{(1+r_s)^t}$$

其中，V_s 为普通股价值；D_t 为第 t 年的股利；r_s 为年折现率，一般采用资本成本率或投资的必要报酬率。

上式是股票估值的基本模型。在实际应用时，面临的主要问题是如何预计未来每年的股利，以及如何确定折现率。股利的多少，取决于每股盈利和股利支付率两个因素。对其估计的方法是对历史资料的统计分析，如回归分析、时间序列的趋势分析等。股票估值的基本模型要求无限期地预计历年的股利，实际上不可能做到。因此，应用的模型都是各种简化办法，如每年股利相同或固定比率增长等。

折现率的主要作用是把所有未来不同时间的现金流入都折算为现在的价值。折现率应当是投资的必要报酬率。

如果投资者不打算永久地持有该股票，而是在一段时间后出售，他的未来现金流入是几次股利和出售时的股价。因此，买入时的股票价值为

$$V_s = \sum_{t=1}^{\infty} \frac{D_t}{(1+r_s)^t} + \frac{P_t}{(1+r_s)^t}$$

其中，V_s 为普通股价值；D_t 为第 t 年的股利；r_s 为年折现率；P_t 为在第 t 年出售股票所获得的现金流入。

例 4-23　某企业投资 A 公司股票，根据 A 公司的生产经营状况及近年来的股利分配政策，预计今后 3 年的每股股利分别是 0.2 元，0.25 元，0.3 元，预计 3 年后出售的价格可达到 10 元，目前该股票市场价格为 8.2 元，股票市场评价报酬率为 12%，请问该企业是否应该进行此项投资？

解析：该股票内在价值为

$$\begin{aligned} V_s &= \frac{0.2}{1+12\%} + \frac{0.25}{(1+12\%)^2} + \frac{0.3}{(1+12\%)^3} + \frac{10}{(1+12\%)^3} \\ &= 0.2 \times 0.8929 + 0.25 \times 0.7972 + 0.3 \times 0.7118 + 10 \times 0.7118 \\ &= 7.71(\text{元}) \end{aligned}$$

该股票的内在价值为 7.71 元，市场价格高达 8.2 元，故不应进行此项投资。若此时投资的话，其报酬率达不到市场平均水平。

2. 零增长股票的估值模型

假设未来股利不变，则支付的股利可以看作一个永续年金，因此，零增长股利的股票价值等于永续年金现值。因此股票内在价值计算的公式为

$$V_s = \frac{D}{r_s}$$

其中，V_s 为普通股价值；D 为每期相等的股利；r_s 为年折现率。

如果每年分配股利 2 元，必要报酬率为 16%，则内在价值 V_s =2÷16%=12.5（元），这就是说，该股票每年给你带来 2 元的收益，在必要报酬率为 16%的条件下，它相当于 12.5 元资本的收益，所以其价值是 12.5 元。当然，市场上的股价不一定就是 12.5 元，还要看投资人对风险的态度，可能高于或低于 12.5 元。如果当时的市价不等于股票价值，如市价为 12 元，每年固定股利 2 元，则其期望报酬率 r_s = 2÷12×100% = 16.67%。可见，市价低于股票价值时，期望报酬率高于必要报酬率。

3. 固定增长股票的价值模型

有些企业的股利是不断增长的。当公司进入可持续增长状态时，其增长率是固定的，则股票价值的估计方法如下。

假设 ABC 公司今年的股利为 D_0，则 t 年的股利应为

$$D_t = D_0(1+g)^t$$

若 $D_0 = 2$，$g = 10\%$，则 5 年后的每年股利为

$$D_5 = D_0 \cdot (1+g)^t = 2\times(1+10\%)^5 = 2\times1.610\ 5 = 3.22（元）$$

固定增长股票的股价计算公式如下：

$$V_s = \sum_{t=1}^{\infty} \frac{D_0(1+g)^t}{(1+r_s)^t}$$

当 g 为常数，并且 $r_s > g$ 时，上式可简化为

$$V_s = \frac{D_0\times(1+g)}{r_s - g} = \frac{D_1}{r_s - g}$$

其中，V_s 为普通股价值；D_0 为当前的股利；r_s 为年折现率；g 为固定的股利增长率。

例 4-24　某公司准备购买 B 公司股票，每股支付股利 0.5 元，预计未来每股股利支付额将以 10%的比率增长，公司要求的必要报酬率为 12%。请计算 B 公司每股价值。

$$V_s = \frac{0.5\times(1+10\%)}{12\% - 10\%} = 27.5(元)$$

如果此时 B 公司的股票市场价格低于或等于 27.5 元，则可以进行投资；反之则不能进行投资。

4. 非固定增长股票的价值模型

在现实生活中，有的公司股利是不固定的。例如，在一段时间里高速增长，在另一段时间里正常固定增长或固定不变。在这种情况下，就要分段计算，才能确定股票的价值。

1）非固定增长后的零增长模型

该模型假设：初始阶段，股利增长率是不稳定或高速增长的；在后续阶段股利固定保持不变。

例4-25 某公司股票最近一次的每股支付股利为3元，预计此后两年高速增长，增长率第一年 25%，第二年 20%，且预计保持不变，该股票的最低收益率为 15%。请计算该公司股票的内在价值（表4-23）。

解析：

表 4-23 公司股利情况

年数	股利/元
1	3×（1+25%）=3.75
2	3.75×（1+20%）=4.5
3	3.75×（1+20%）=4.5
…	…
n	3.75×（1+20%）=4.5

该股票的内在价值为

$$V_s=\frac{3.75}{1+15\%}+\frac{4.5}{(1+15\%)^2}+\frac{4.5}{15\%}\times(P/F,15\%,2)$$
$$=29.346\,6(\text{元})$$

2）非固定增长后的固定增长模型

该模型假设：初始阶段，股利增长率是不稳定或高速增长的；在后续增长阶段，股利增长率是稳定的，而且在可以预期的将来保持不变。

例4-26 某公司股票最近一次的每股支付股利为3元，预计此后两年高速增长，增长率第一年 25%，第二年 20%，且保持 12%的增长率不变，该股票的最低收益率为 15%。请计算该公司股票的内在价值（表4-24）。

解析：

表 4-24 公司股利情况

年数	股利/元
1	3×（1+25%）=3.75
2	3.75×（1+20%）=4.5
3	3.75×（1+20%）×（1+12%）
4	3.75×（1+20%）×（1+12%）^{2}
…	…
n	3.75×（1+20%）×（1+12%）$^{n-2}$

该股票的内在价值为

$$V_s=\frac{3.75}{1+15\%}+\frac{4.5}{(1+15\%)^2}+\frac{4.5\times(1+12\%)}{15\%-12\%}\times(P/F,15\%,2)=133.688\,4(\text{元})$$

（三）普通股的期望报酬率

前面主要讨论如何估计普通股的价值，以判断某种股票被市场高估或低估。现在，假设股票价格是公平的市场价格，证券市场处于均衡状态；在任一时点证券价格都能完全反映有关该公司的任何可获得的公开信息，而且证券价格对新信息能迅速做出反应。在这种假设条件下，股票的期望报酬率等于其必要报酬率。

根据固定增长股利模型，我们知道：

$$V_s = D_1 / (r_s - g)$$

如果把公式移项整理，求 r_s，可以得到：

$$r_s = D_1 / V_s + g$$

这个公式就是股票期望报酬率模型。它告诉我们，股票的总报酬率可以分为两个部分：第一部分是 D_1/V_s，叫作股利收益率，它是根据预期现金股利除以当前股价计算出来的。第二部分是增长率 g，叫作股利增长率。由于股利的增长速度也就是股价的增长速度，因此，g 可以解释为股价增长率或资本利得收益率。g 的数值可以根据公司的可持续增长率估计。V_s 为股票市场形成的价格，只要能预计出下一期的股利，就可以估计股东预期报酬率，在有效市场中它就是与该股票风险相适应的必要报酬率。

例 4-27　某普通股每股价格 20 元，预计下一期股利为 1 元，该股利将以 10%的速度持续增长。该股票的期望报酬率为

$$r_s=1/20+10\%=15\%$$

如果股东要求的必要报酬率也为 15%，则 1 年后的股价为

$$V_1=D_1\times(1+g)/(r_s-g)$$
$$=1\times(1+10\%)/(15\%-10\%)$$
$$=22（元）$$

如果现在用 20 元购买该股票，年末将收到 1 元股利，并且得到 2 元的资本利得：

总报酬率=股利收益率+资本利得收益率

=1/20+2/20

=5%+10%

=15%

此例验证了股票期望报酬率模型的正确性。

如果股东要求的必要报酬率大于期望报酬率，他就不会进行这种投资；如果股东要求的必要报酬率小于期望报酬率，就会争购该股票，使得价格升上去。

第四节　投资的智能决策

一、大数据在投资领域的应用

（一）大数据与企业内部投资

企业的目标是创造利润，谋求发展，占据更多的市场份额。企业会对内部进行投资，扩张企业规模，降低经营成本；利用大数据，企业可以分析当前的经营状况和行业发展趋势，做出符合自身发展的投资决策；此外，企业为了分散经营风险，拓展新

领域，可以依靠大数据分析新领域是否会为企业带来收益；大数据的应用可以降低经营风险，有利于企业做出正确的投资决策。大数据内部投资示意图如图 4-3 所示。

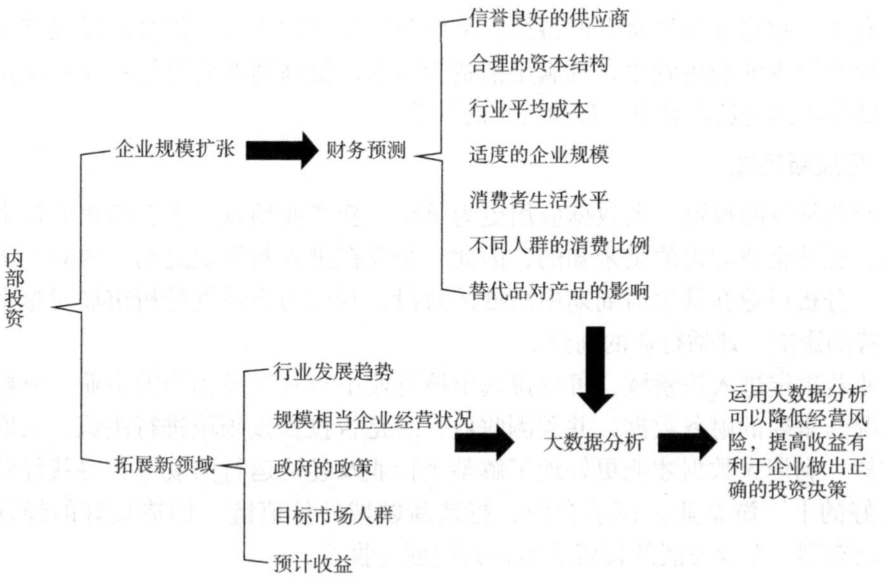

图 4-3　大数据内部投资示意图

1. 企业规模扩张

企业为了谋求发展，占有更多的市场份额，就需要进行规模扩张，然而，扩张的过程中要考虑是否达到适度规模，取得规模收益。因此，企业自我评估就显得格外重要。企业的规模是否合理是由经济状况、同行业竞争、市场需求、企业的生产水平等因素共同决定。其中，企业的生产水平短时间内并不会轻易改变，但企业可以通过对结构和非结构历史大数据的综合分析，预测市场需求变化，判断整个行业的发展趋势，进一步结合政府政策、整个市场的经济环境、消费者的消费观念和生活水平等因素，利用大数据分析做出合理的销售预测。

企业有合理的销售预测作为基础，财务预测会更加精确。财务预测不仅要对资金做出规划和预测，还要考虑需求、价格、成本及各项资源的预测和规划；企业可以利用大数据对整个原材料的来源市场进行分析，包括分析材料的价格、供应商的经营状况、信用等，采取一定的标准对企业进行排序，从而挑选出适合的供应商，与多方合作分散单个合作者所带来的经营风险。

企业是否会取得持续良好的收益，很大程度上依赖市场需求。市场需求主要是由价格、消费者的生活水平、产品的替代品等因素决定的，故企业可根据历史数据分析价格对整个行业市场需求的影响。进而利用大数据对整个行业的平均成本进行分析，挑选本行业排名靠前的企业，分析它们的平均成本和资本结构等基本的财务数据，对比分析本企业在行业中所处的水平，从而发掘出企业的潜力和内在价值；结合现实因素做出适当调整，提高竞争能力，综合多种因素，确定合适的价格。

大数据还提供全新的客户沟通渠道和公司营销手段，使了解客户的消费习惯和行为特征变得轻而易举，不仅省时省力，还利于及时、准确地把握市场营销效果。如今消费者更加追求个性化，未来这种趋势会更加明显，企业要以满足消费者需求为基本原则，利用大数据分析消费者的特征，采取弹性生产的方式，提高产品投资分配的合理性，提高资本的利用效率，既满足消费者需求，提高消费者黏性；又提高企业的收益，帮助企业提高运营效率，加快资本的流动。

2. 拓展新领域

新产业领域的投资，大数据应用更为重要。新产业领域是否会给企业带来新的发展机遇、提升企业的价值是未知的，因此，企业在进入新领域之前，要对经济形势进行预测，分析行业在其生命周期中所处的阶段，利用历史数据分析市场对整个行业的发展趋势的影响，评估行业的前景。

企业若决定进入该领域，可以挑选出该行业中与其规模相当的企业，分析它们的经营状况、重要的财务数据，并预测收益，对是否投资该领域进行决策，采取合适的资本结构。利用大数据才能更好地了解整个行业及经济运行的规律，寻找经营状况及信誉良好的上下游企业，谋求合作，打造新领域的价值链，创造良好的经营生态环境，做出有利于企业发展的投资决策，共同创造收益。

因此，利用大数据分析多种因素对企业经营状况的影响，可以做出合理的销售预测，得到财务预测，才能更好地决定投资方案。

（二）大数据与企业外部投资

投资人进行投资是为了合理有效地使用资金，降低资本的成本，获取更多的收益。投资人在外部投资更注重风险与收益，风险的来源很多，如市场风险、利率风险、经营风险、财务风险等。大数据分析，让投资者了解风险和收益，从而决定是否投资。大数据外部投资示意图如图 4-4 所示。

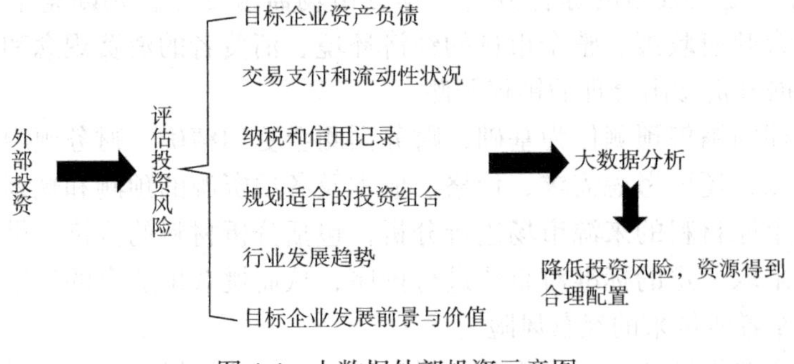

图 4-4　大数据外部投资示意图

不同的投资方式带来的风险大小不同，获得的收益也不同，投资者会根据自己的偏好、承担风险的能力及期望收益进行选择。例如，股权投资相较于债权投资风险更大，股权的收益不定，且债权优先于股权偿还。大数据可以协助投资者选择合适的投资组合和资产配置比例，降低投资风险。

1. 股权投资

当投资者看好企业的发展潜力和整个行业的发展前景，预计会带来期望收益时，投资者就会承担相应的风险进行股权投资。所以，投资者可以利用大数据对行业绩效进行短期的评估，包括销售、市场份额及行业投资，并结合当下经济发展主流、消费群体的消费理念和时代需求，对行业的短期绩效进行评估。分析行业竞争条件的特征，得出行业内在盈利的立足点，进一步分析出成长型企业、风险低的初创企业等。分析企业的基本财务数据及注解，可以更清楚了解企业的财务状况，包括所用的会计方法、正经受的诉讼、收入如何确认等。

投资者可以利用大数据分析目标行业的发展趋势、市场需求、政府政策及市场饱和度，判定是否会达到预期收益，是否对该行业进行投资。如果看好行业的前景，可以利用大数据对该行业的企业进行分析，包括资本结构、重要财务数据、信用等级、市场占有份额、上游公司等因素；综合评估企业的价值和发展潜力，如果企业符合投资人的预期要求，投资者将会进行投资。

股权投资充满不确定性，高收益的同时要承担高风险，大数据为投资者提供了寻找最佳投资对象的工具，为投资者提供做出投资方案的依据。

2. 债权投资

作为债权人，利用大数据对相关活动的流动性数据进行实时和全程的监控分析，有利于提高数据的准确性，大大增强了风险控制能力，整合目标企业的资产负债、交易支付、流动性状况、纳税和信用记录等，对企业行为进行全面的评价，计算动态违约概率和损失率，提高投资决策的可靠性。

大数据分析该投资的风险与预期收益是否相当，可以利用数据预测未来风险的变化，得到合理的必要报酬率和期望报酬率。利用目标企业的历史和现有数据评判企业的信用等级和偿债能力，对各行业的企业进行相似的评估，选出合适的投资组合，进一步降低投资风险；并且尽可能地使收益最大化，这是人工所不能达到的。大数据对可靠的数据的分析，使投资人尽量以较低风险获得较高收益，也使资源得到合理的配置。因此，大数据的利用可以降低投资风险，在低风险的情况下，取得合理的收益，使资源得到合理配置，提高资金的使用效率。

二、云计算在投资领域的应用

（一）云计算与企业内部投资

企业要盈利，首先要对自身的发展有清晰的判断，包括是否应该进行企业规模的扩展和是否应该为公司在新领域拓展业务。利用云计算虚拟化的特点，企业内部的资源可以得到很好的整合和共享，为管理者判断自身企业的资产使用情况和发展状况提供便利。下面本书将介绍云计算在内部投资中企业规模扩张和拓展新领域这两个方面的应用。

1. 企业规模扩张

任何一家企业都有着促进自身企业规模扩张的欲望，从而获取更多的经济利润。

不论是固定资产的更新还是厂房的扩建，其中都存在着不可避免的风险，而云计算可以做的就是最大限度地评估风险并比较风险和收益之间的大小关系，帮助企业做出决策，判断企业是否应该进行固定资产的更新及更新的数量。

企业的采购交易很大程度上决定了企业的生产成本和销售利润。传统的企业采购都是线下一对一进行的，效率低下而且不透明。借助云计算，企业的整个采购业务流程都可以在线上完成，既可以提升采购业务整体效率，又可以节约采购成本。另外，传统的采购供应链是一个个单独的链条，彼此之间并不关联，形成了巨大的信息孤岛，而在云模式下，采购交易将形成一种网状关系，供应商可以在其各个采购方之间实现协同，采购材料的企业也可以更快地获取反馈信息。传统模式与云模式下采购业务比较见图 4-5。

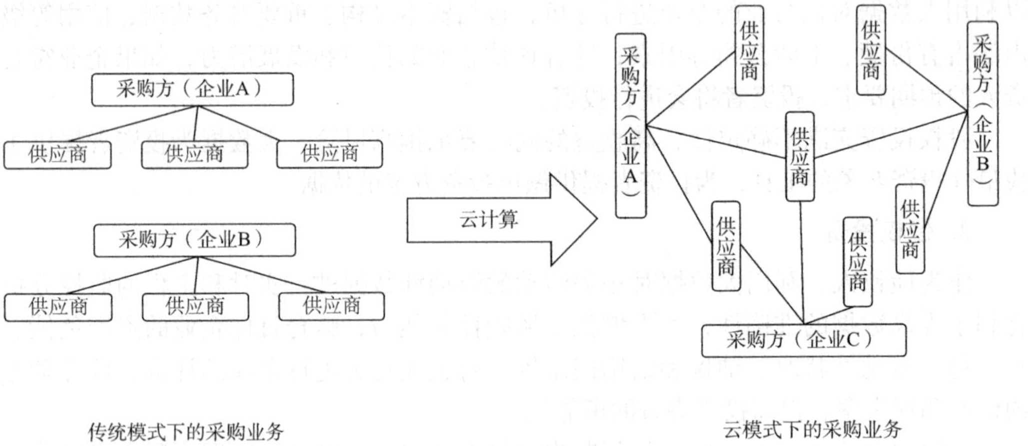

图 4-5 传统模式与云模式下采购业务比较

扩大生产规模之后，企业也要随之扩大销售规模。传统的营销模式下，上游企业往往把注意力集中在多渠道的连接上，但是在云环境下，上游企业可以很便捷地掌握终端客户需求和资金流，能够更快速地感知到市场变化，准确预测市场需求，更高效地组织渠道运作，发挥规模优势。因此，在云计算的服务模式下，上游企业可以直接面向终端市场的零售店提供商品和服务，这就意味着企业的买方市场得到了扩大。

2. 拓展新领域

企业除了需要进行自身的规模扩张外，还要时刻掌握市场动态，发现客户需求，进行新领域的业务拓展。而随着市场信息量的不断增大，企业对市场信息的把握愈发困难。在云计算模式下，企业可以按照自身需求掌握多方位的信息，及时了解空白市场或者是市场尚未饱和的项目，早于其他企业占据市场份额；了解国家政府政治动向、相关经济政策，选择性投资于政府鼓励型项目；了解瞬息万变的社会文化变更，并借此开发相关周边产品，及时抓住消费者当下的消费需求。

另外，通过全面评估公有云平台和第三方软件即服务，企业能以前所未有的速度规划市场进入策略，同时，云计算还能够帮助企业根据速度、范围和反响情况迅速做出调整。即使没有跨行业的专业知识，也能很好地创建并利用专业合作伙伴生态圈指导自己的市场进入战略，这就意味着企业可以更加大胆地进入市场，而不用局限于传统的尝试模式。

（二）云计算与企业外部投资

当企业在自身规模处于一个合适的状态，并且有一部分可以流动的资金存在时，管理者往往会通过价值判断，选择合适的企业或个人，对某些项目进行企业的外部投资。但由于外部投资所固有的信息不对称性问题，如何选择投资项目一直都是一个十分考验决策者能力的问题。云计算技术可以将众多企业的信息进行互联、存储，并快速生成相应的子系统供用户调取，从而大大减小了投资者和被投资者之间的信息不对称问题。下面本书将从外部投资中的股权投资和债权投资两个方面来讲述云计算在其上的应用。

1. 股权投资

利用云计算构建数据平台，依托于云计算强大的存储技术，可以构建一套完整的跨行业、多领域数据资产体系。也就是说，云计算可以使得各个企业的信息更加透明化，共享信息、开放互联将是市场发展的总体趋势。在此基础上，企业在选择是否投资之前，可以结合目前社会的流行趋势、消费者的主要需求、目标企业所透露财务信息等相关资料，对目标企业的经营状况、市场竞争力、营利能力进行判断，进而决定是否对其进行投资。通过将金融数值数据库、计算模型数据库等相关数据与云计算平台进行关联，调用数据库的数据和计算模型，利用云计算的分布式计算模式，较快得到如净现值、相关成本、资金周转情况等评价指标的数据，评估投资项目的风险情况和盈利情况。

2. 债权投资

相较于股权投资，债权投资最终以债务人还本付息的方式回收资本，企业所借出的那部分资本就是企业的资本成本，得到的利息就是企业的债权收益。因此，企业是否对外进行债权投资，更多的是要对企业的还款能力、信用等级进行判定。同时，只有该项债权投资的经济利润大于资本成本，才属于有效投资。云计算在外部投资上的应用如图 4-6 所示。

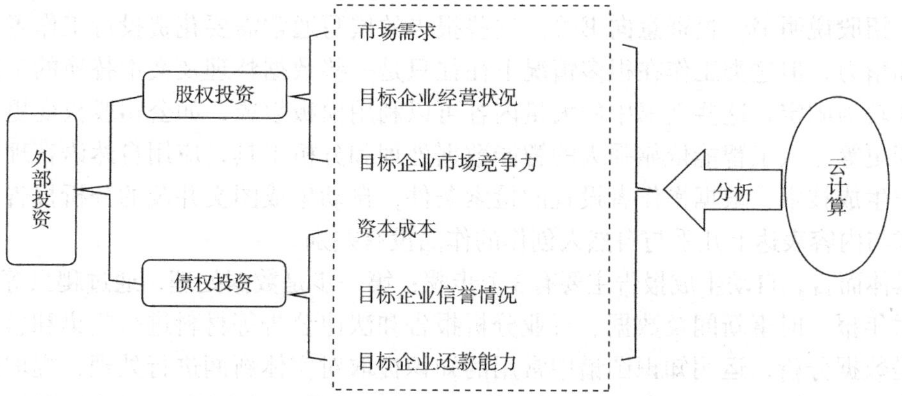

图 4-6 云计算在外部投资上的应用

软件即服务可以为企业提供一个能力管理平台，提供业务和能力的全生命周期管理平台，包括能力可视化、业务模式分析、业务风险管控等，利用云计算，可以很好地对目标企业进行领域建模。也就是说，云计算可以帮助管理者科学分析债权投资风险，为投资者提供决策依据。

三、人工智能在投资领域的应用

投资领域是能够与人工智能进行有机结合并产生价值的绝佳领域。就目前形势来看，投资领域已经被充分的数据化，为人工智能的应用提供了充分的数据基础，便于运用技术进行数据分析与处理；同时，投资领域的各个环节模式都较为固定且有规律可循，可以通过人工智能技术形成固定的步骤与模式。人工智能在投资领域的应用主要分为以下几个方面：自动生成报告、智能投资顾问和人工智能辅助。人工智能在投资领域的应用如图 4-7 所示。

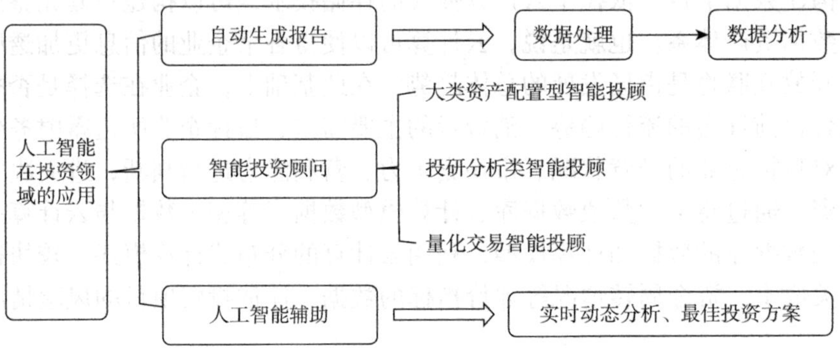

图 4-7 人工智能在投资领域的应用

1. 人工智能与自动生成报告

自动生成报告是人工智能在投资领域的重要应用之一，它可以通过自然语言处理技术，根据报告的普遍模板和格式，将传统的报告格式固定化，从而便利相关人员撰写报告，节约时间，提高投资行业工作效率。

投行业务需要撰写大量文书，这些文书工作往往具有固定的格式或模板，如研究报告、招股说明书、投资意向书等。这些报告的撰写通常需要花费投行工作者大量的时间和精力，但这类工作在很多情况下往往只是一些数据整理及文本替换的工作。由于格式较为固定，这些文书中的大量内容可以利用模板生成，如公司股权变更、会计数据变更等。人工智能依靠强大的智能数据处理和分析工具，应用自然语言理解和自然语言生成技术，根据操作者设置的检索条件，自动生成图文并茂的分析报告，在外观形式与内容表达上几乎与自然人创作的作品没有差别。

具体而言，自动生成报告主要有 3 个步骤：第一步是数据处理，通过爬虫等计算机程序对年报、时事新闻及数据、行业分析报告和法律公告等材料进行收集和整合；第二步是数据分析，运用知识图谱中常用的知识提取对实体新闻进行处理，提取逻辑主干，结合其他关键信息，再将其嵌入模板；第三步是生成报告，经过数据的分析处理，报告便可生成。如有必要，可以对自动生成的报告进行人工审核和微调。自动生成报告的步骤如图 4-8 所示。

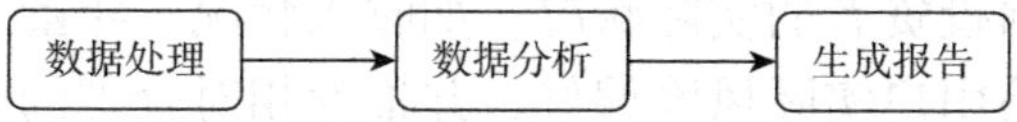

图 4-8 自动生成报告的步骤

2. 人工智能与智能投资顾问

智能投顾，是人工智能计算机基于客户自身投资理财需求，通过机器学习等技术来完成以往人工提供的投资理财顾问服务，根据客户的年龄、经济状况、实际需求等提供不同的方案。

传统的投资顾问模式需要高素质的理财顾问来帮助投资者规划符合其投资风险偏好、某一时期资金需求及某一阶段市场表现的投资组合，因此费用高昂，使用者往往局限在高净值人群中。智能投顾与传统的人类投顾相比具有透明度高、投资门槛低、个性化等独特优势。智能金融正在以一种人机结合的方式提供个性化的辅助决策工具。在逻辑链条形成的过程中，智能投顾以最少的人工干预方式帮助投资者进行资产配置及管理，让投资人更容易获得数据和分析层面的支持，从而将更多的精力投入更加重要的工作。借助计算机和量化交易技术，智能投顾平台可为经过问卷评估的客户提供量身定制的资产投资组合建议。

通常我们把利用人工智能技术辅助到投资领域的智能系统称为智能投顾系统。一个理想中的完整的投顾流程大致可以分为以下几个阶段。人工智能辅助下的智能投顾系统如图 4-9 所示。

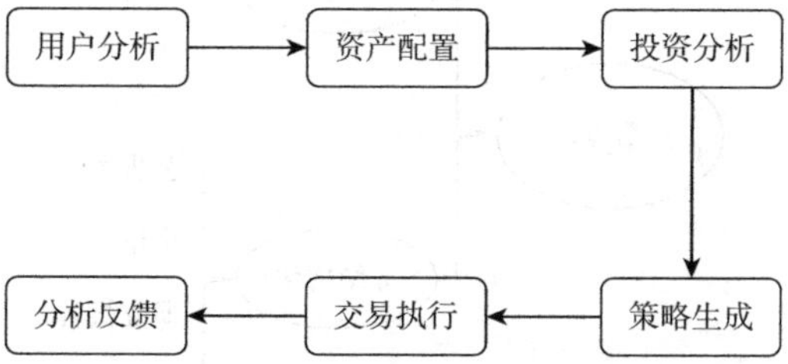

图 4-9 人工智能辅助下的智能投顾系统

对应金融投资的不同业务阶段，所用到的智能系统的职责也大不相同。因此按照阶段出现了大类资产配置型智能投顾、投研分析类智能投顾、量化交易智能投顾三种类型的智能系统。金融投资的不同业务阶段比较如表 4-25 所示。

表 4-25 金融投资的不同业务阶段比较

阶段	用户分析	资产配置	投资分析	策略生成	交易执行	分析反馈
大类资产配置型智能投顾	具备	具备	具备	具备	具备	具备
投研分析类智能投顾	具备	具备	具备	具备	具备	具备
量化交易智能投顾	具备	具备	具备	具备	具备	具备

1）大类资产配置型智能投顾

应用于销售前端的大类资产配置型智能投顾，主要是通过用户分析为客户解决大类资产配置问题。根据投资者的实际状况，如收入状况、年龄、投资目的、心理风险承受能力等因素来评估用户实际风险偏好，并推荐相对合理的投资组合建议，其投资标的主要为各类 ETF 基金，属于资产配置型的被动投资。

2）投研分析类智能投顾

应用于投资分析阶段的投研型智能投顾，主要通过海量数据挖掘和逻辑链条解决投资研究的问题。

投研分析首先是数据分析。利用人工智能技术，可以帮助从业人员更快地从海量数据中发现不同信息的逻辑关系，从而更加精准快速地做出决策。投研分析中的数据分析如图 4-10 所示。

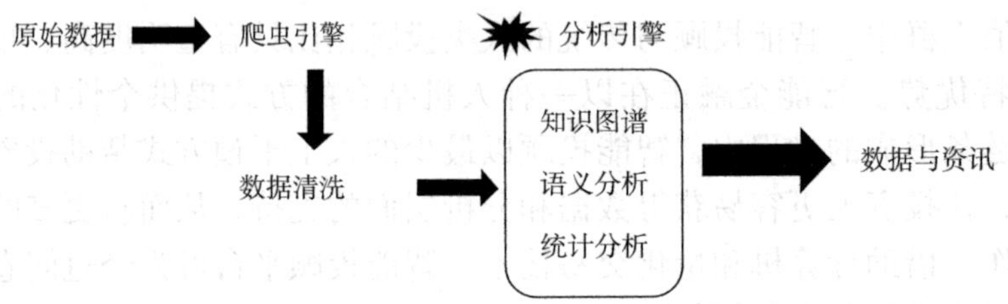

图 4-10　投研分析中的数据分析

其中，数据可分类为如下所示（图 4-11）。

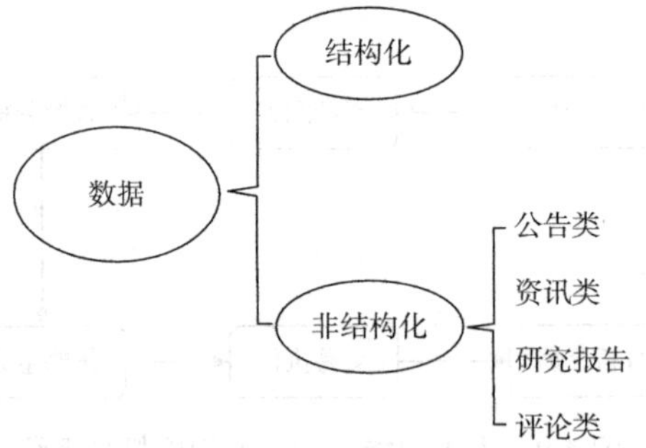

图 4-11　数据分类

3）量化交易智能投顾

主要通过人工智能手段取代交易员，应用于投资交易。量化投资通过对历史数据进行分析，借助一系列的数学方法进行归类和判断。

3. 人工智能辅助

人工智能辅助系统根据历史经验和新的市场信息可以更加准确地预测金融市场的走向，创建出更符合实际的最佳投资组合；人工智能助手还可以将问题与实践及市场动态结合，提供实时更新的研究辅助。

人工智能广泛应用之前，投资等活动都只能通过计算机来进行数据计算、观察数据走向等辅助。随着人工智能机器学习技术的不断推进，人工智能辅助系统可以根据历史经验和新的市场信息更加准确地预测金融市场的走向，整理出更符合实际的最佳投资组合。同时，结合自然语言搜索、用户界面图形化及云计算后，人工智能助手可以将问题与实践及市场动态结合，提供实时更新的研究辅助。此外，人工智能不会像人类一样受到情绪的影响，可以从根本上杜绝投资决策过程中恐惧、冲动和贪婪等非理性情绪因素的干扰。

当然人工智能辅助也存在一定的问题，如特殊事件发生时，机器学习和自然语言处理无法发挥出其相应的功能。这类特殊事件往往属于新型事件，人工智能系统无法从历史经验中找出相关模式，因此无法进行较为准确的预测与分析。如果让人工智能在这类事件发生时去进行投资分析，就存在很大的风险。

四、区块链在投资领域的应用

在企业的生存与发展过程中，企业的投资活动始终都是市场经济条件下企业财务活动的重要组成部分。无论是企业内部生产经营活动所形成的各项经济资源之间的现金流动，还是企业以现金实物或是购买有价证券、股票的方式，投资其他单位以期获得未来收益的经济行为，都是企业在金融领域中的投资活动。在投资领域中，区块链技术有着传统数据库与信息收集体系不可比拟的技术优势。因其在数据防篡改能力、信息公开透明、简化流程手续上有着明显的优势，所以区块链技术可广泛应用于对内投资、跨界投资、债券投资、股权投资等方面。区块链技术在投资领域中的应用如图 4-12 所示。

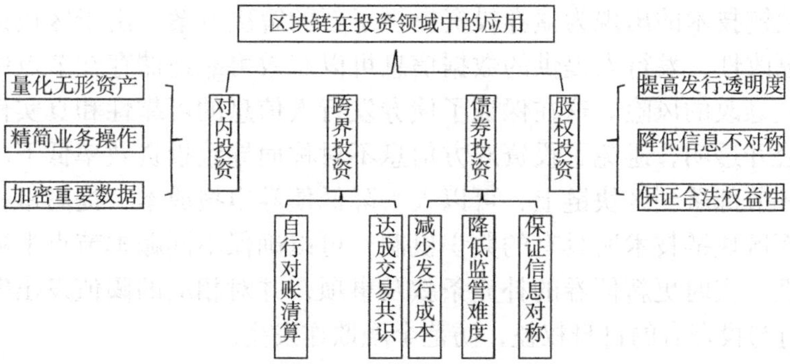

图 4-12　区块链技术在投资领域中的应用

1. 区块链与对内投资

企业在进行生产经营活动时，不仅要面临企业的外部投资，对于企业内部明星业务，或是新的可拓展业务同样需要投资。可拓展业务的出现，往往意味着企业对内投资的新机遇。企业在进行对内投资前，需要对投资活动进行评估，可除了企业拥有的固定资产和有形资产外，企业的无形资产也是进行投资评估的重要对象。无形资产通常是指企业拥有或控制没有实体形态的可辨认非货币性资产，其评估量化具有评估复杂、难以辨认、难以量化的特点。而区块链技术的优势，刚好可以解决企业对内投资时无形资产评估困难的问题。区块链技术的强项是将以前无法量化，特别是跟互联网和数据有关的无形资产进行量化，从而实现可辨认、可评估。同时，区块链可以实现某些权益权属化、证券化或可交易，大大增强了这些权益的变现能力，从而让无形资产变为有形。企业可以根据量化后的无形资产对可拓展业务重新评估，从而更加准确高效地进行对内投资。除此之外，区块链技术的运用，还可以将企业内部资产活动的交易记录数据化，从而精简业务流程，节约成本。对于企业重要的数据进行加密，其不可篡改的特性，为企业投资发展特色业务创造良好的空间。

2. 区块链与跨界投资

运用区块链技术能降低跨境金融支付的对账成本，提高效率，降低小额跨境支付的门槛。由于区块链技术的去中心化的特质，可以在不需要第三方中介机构的前提下，自行对账与清算，降低成本，提高效率。区块链所含有的共识机制能够有效解决分布式账本存在分歧、跨境双方难以达成共识的问题。通过共识机制确保交易的时间和流程，并通过时间戳记录在区块里，保证了交易顺序和共识性。规避了第三方中介机构舞弊和操纵交易牟利的可能性，降低了投资方跨境投资的成本。

3. 区块链与债券投资

在传统的债券投资体系中，债券的发行过程冗长、程序复杂，需要大量的中介机构参与其中。不仅如此，发行债券除了需要发行主体的信息外，还需要获取抵押品、担保人等信息，申报材料需要多个部门进行审核评估，其中所需要的大量手工作业和纸质材料，影响发行债券的效率。认购债券的投资方在对发行方债券进行认购时，所获得的信息的准确性和一致性无法得到保证，同样也造成了业务系统之间信息不对称的情况。区块链技术的出现为债券投资提供了新的解决方案。由于区块链中储存的数据具有不可篡改性，发行人提供的数据信息可以有效可靠地储存在节点中，而不用担心数据存在被篡改的风险。这在保证了债券发行人信息的可靠性和真实性的同时，实现了信息的公开透明，避免了投资双方信息不对称而导致投资效率低下的问题。将债券申报评估环节部署到区块链上，可以大大降低债券申报成本，提高审核效率，降低监管难度。而区块链技术所具有的共识机制，可以确保不同账本节点上账本数据的一致性和正确性，实时更新债券的补充条款及事项，并对相应的阈值发出警报，有利于监督合约履行与投资者的自身权益，防范金融欺诈发生。

4. 区块链与股权投资

区块链技术可以有效提高首次公开发行透明度，降低信息不对称性。目前我国采用核准制开展首次公开募股，往往同一家券商兼任保荐人与承销人。保荐人目标在于规范发行工作，保证信息真实性；而承销人则以获取佣金为目的。这两种身份中存在一定程度的目标冲突，为上市发行欺诈创造了充足合理的动机。在现有基础上为首次公开发行引入区块链技术，可将信息充分透明、公开化、去中心化，降低中介机构作用，规范发行市场，降低发行费用。不仅如此，区块链技术还可以规范私募股权交易市场，降低欺诈风险。在目前的股权交易过程中，非上市公司股权因缺少监管，缺乏信用中介机构对股权交易进行注册登记，因而存在违规变更股权、持有人信息不完全等问题。而通过区块链技术公开透明的特点，可以保证股权交易过程的透明度，防范金融欺诈，保证投资者的合法权益。通过拟定智能合约，投资者可以共享透明信息，顺利进行股权交易。

思考与练习

1. 结合实际谈谈为什么投资管理对企业来说很重要?

2. 讨论目前我国企业投资活动管理存在哪些问题?

3. 甲公司是一家家电产品制造企业，主营业务是家用电器的生产和销售，为了扩大市场份额，准备投产智能型手机产品。目前相关技术研发已经完成，正在进行该项目的可行性研究。资料如下：

如果可行，该项目拟在 2016 年初投产，预计该智能产品 3 年后（2018 年末）停产，即项目预期持续 3 年。智能产品单位售价 3 000 元，2016 年销售 10 万部，销量以后每年按 10%增长，单位变动制造成本为 2 000 元，每年付现固定制造费用 400 万元，每年付现销售和管理费用与销售收入的比例为 10%。

为生产该智能产品，需添置一条生产线，预计购置成本 12 000 万元。生产线可在 2015 年末前安装完毕。按《中华人民共和国税法》规定，该生产线折旧年限 4 年，预计净残值率为 5%，采用直线法计提折旧，预计 2018 年末该生产线变现价值为 2 400 万元。

公司现有一闲置厂房对外出租，每年年末收取租金 80 万元，该厂房可用于生产该智能产品，因生产线安装期较短，安装期间租金不受影响。由于智能产品对当前产品的替代效应，当前产品 2016 年销量下降 1.5 万部，下降的销量以后按每年 10%增长，2018 年末智能产品停产，替代效应消失，2019 年当前产品销量恢复至智能产品投产前水平。当前产品的单位售价 1 600 元，单位变动成本为 1 200 元。

营运资本为销售收入的 20%，智能产品项目垫支的营运资本在各年年初投入，在项目结束时全部收回，减少的当前产品垫支的营运资本在各年年初收回，智能产品项目结束时重新投入。

项目加权平均资本成本为 9%，公司适用的所得税税率为 25%，假设该项目的初始现金流量发生在 2015 年末，营业现金流量均发生在以后各年末。

（1）计算项目的初始现金流量（2015 年末增量现金净流量）、2016～2018 年的增量现金净流量及项目的净现值、折现回收期和现值指数，并判断项目可行性。

（2）为分析未来不确定性对该项目净现值的影响，应用最大最小法计算单位变动制造成本的最大值，应用敏感程度法计算单位变动制造成本上升 5%时，净现值对单位变动制造成本的敏感系数。

4. 内含报酬率是反映项目获得利润的可能性指标，已在国内外得到广泛的采用，指可以使项目寿命期内一系列收入和支出的现金流量净现值等于零的贴现率。内含报酬率确实有它的直观、便利性。例如，我们算出投资项目具有 25%的年化内含报酬率，这时，与我们企业一般小于 10%的资金成本率相比，便具有了直观诱人的可行性。但是长久以来，它的一些技术性缺陷并没有得到人们的足够重视。

内含报酬率的技术性缺陷，到底会给项目的财务收益评估带来多大的影响？从麦肯锡公司的一项针对内含报酬率的调查中可以明显地看出：有一家大型工业企业的管理人员根据内含报酬率，在 5 年间共批准了 23 个大型投资项目，这些项目的平均内含报酬率为 77%。然而，通过他们对该企业的再投资收益率进行的研究，根据实际的资本成本对再投资收益率进行了调整，结果，真实的平均收益率一下子降为 16%。并且最具吸引力项目的排序发生了显著的变化。原来根据内含报酬率排在第一位的项目，现在落到了第十位。

问：怎样理解内含报酬率存在的技术缺陷，竟然能使项目的报酬率有如此的反差？

5. ABC 公司拟于 20×1 年 2 月 1 日发行面额为 1 000 元的债券，其票面利率为 8%，每年 2 月 1 日计算并支付一次利息，并于 5 年后的 1 月 31 日到期。同等风险投资的必要报酬率为 10%，则债券的价值为多少？

6. ABC 公司拟于 20×1 年 2 月 1 日用平价购买一张面额为 1 000 元的债券，其票面利率为 8%，每年 2 月 1 日计算并支付一次利息，并于 5 年后的 1 月 31 日到期。该公司持有该债券至到期日，计算其到期收益率。

7. 信息化投资管理技术新逻辑是什么？

8. 信息化投资管理实践新逻辑是什么？

第五章

融 资 管 理

融资管理是企业财务管理的三大核心内容之一。融资是企业根据生产经营和其他方面的需要，通过融资渠道和金融市场，结合恰当的融资方式，经济有效地筹措资金的财务活动。筹集到的资金不仅要满足企业正常的经营和特定投资计划的要求，而且要满足企业到期还本付息及支付股利方面的需要。故本章主要介绍筹资管理的概述、资本成本和资本结构的相关概念及计算，介绍了不同的融资方式及融资渠道，最后介绍了信息化融资管理的相关内容，描述了信息化融资对企业融资的影响。

学习目标

- 理解筹资的定义及目的；掌握筹资方式的分类
- 掌握资本成本的相关概念，了解影响资本成本的因素；掌握债务资本成本、权益资本成本及加权资本成本的计算；理解杠杆原理的搭配，掌握如何有效利用经营杠杆和财务杠杆
- 了解影响资本结构的因素；掌握资本结构与企业价值之间的关系；掌握资本结构决策的 3 种方法，了解公司如何做资本结构决策
- 理解、掌握并比较债务融资、股权融资及混合融资的内容

第一节　筹资管理概述

一、筹资的定义

企业筹集资金，是指企业作为筹资主体，根据其生产经营、对外投资和调整资本结构等需要，通过筹资渠道和金融市场，采取适当的方式获取所需资金的活动。筹集资金是企业资金运作的起点，通过一定的渠道，采取适当的方式，组织资金的供应，是企业财务管理的一项重要内容。

对于大多数公司而言，主要的资金来源是它们从经营活动中产生的现金减去偿还现有债务（支付利息费用和偿还贷款）、交税及向股东支付股利使用的现金之后的净值。当内部产生的现金不足以维持现有资产及为所有可创造价值的新投资机会提供资

金时，公司就必须以债务资本或权益资本形式从外部渠道筹集额外资金。借入资金的来源渠道包括银行贷款、租赁及向投资者出售债券等；权益的外部来源渠道包括向现有股东和新股东出售优先股、普通股等。本章的第四节将会对以上筹资渠道进行详细的介绍。

二、筹资的目的

企业筹资最基本的目的是企业经营的维持和发展，为企业的经营活动提供资金保障，但每次具体的筹资行为，往往都会受特定动机的驱动。例如，为提高技术水平购置新设备而筹资；为对外投资活动而筹资；为产品研发而筹资；为解决资金周转临时需要而筹资；等等。各种具体的筹资原因，归纳起来表现为以下3类。

（一）满足企业经营活动的资金需要

在财务界有一个共识，即资金是企业的血液。这充分表明资金是企业开展生产经营活动的基本前提，而企业筹资活动可以为企业生产经营活动的正常开展提供资金保证。首先，企业设立时，要按照企业经营规模核定长期资本需要量和流动资金需要量，购建厂房设备等，安排铺底流动资金，形成企业的经营能力。此外，企业在开展经营活动过程中，经常会出现超出维持正常经营活动资金需求的季节性、临时性的交易支付需要，如原材料购买的大额支付、员工工资的集中发放、银行借款的提前偿还、股东股利的发放等。这些情况要求除了正常经营活动的资金投入以外，还需要通过经常的临时性筹资来满足经营活动的正常波动需求，维持企业的支付能力。

（二）满足企业投资活动的资金需要

企业维持简单再生产所需要的资金是稳定的，通常不需要或很少追加筹资，但处于成长期的企业，随着企业的发展壮大，往往会扩大经营规模、开展对外投资，因此需要大量追加筹资。扩张性的筹资活动，在筹资的时间和数量上都要服从于投资决策和投资计划的安排，避免资金的闲置和投资时机的贻误。因而扩张性筹资的直接结果，往往是企业资产总规模的增加和资本结构的明显变化。

（三）满足企业调整资本结构的需要

资本结构是指企业负债与资本的比例关系。资本结构调整的目的在于降低资本成本，控制财务风险，提升企业价值。企业通过筹资来调整资本结构的具体原因大致有以下两个。

一是优化资本结构，合理利用财务杠杆效应。一方面，债务资本比例过高，有较大的财务风险；另一方面，如果负债占总资产的比例过低，股权资本比例较大，企业的资本成本负担较重且会失去可能获得的杠杆利益。因此企业通过筹资可以增加股权或债务资金，达到调整、优化资本结构的目的。

二是偿还到期债务，债务结构内部调整。例如，流动负债比例过大，使得企业近期偿还债务的压力较大，可以举借长期债务来偿还部分短期债务。又如，一些债务即将到期，企业虽然有足够的偿债能力，但为了保持现有的资本结构，可以举借新债以偿还旧债。

在实务中，企业筹资的目的可能不是单纯和唯一的，通过追加筹资，既满足了经营活动、投资活动的资金需要，又达到了调整资本结构的目的。这类情况很多，可以归纳称之为混合性的筹资目的。例如，企业对外产权投资需要大额资金，其资金来源通过增加长期贷款或发行公司债券解决，这种情况既扩张了企业规模，又使得企业的资本结构有较大的变化。混合性筹资动机一般是基于企业规模扩张和调整资本结构两种目的，兼具扩张性筹资动机和调整性筹资动机的特性，同时增加了企业的资产总额和资本总额，也导致企业的资产结构和资本结构同时变化。

三、筹资的分类

企业采用不同方式所筹集的资金，按照不同分类标准可分为不同的筹资类别。

（一）股权筹资与债务筹资

一般来说，企业最基本的筹资方式有两种：股权筹资和债务筹资。股权筹资形成企业的股权资金，通过吸收直接投资、公开发行股票等方式取得；债务筹资形成企业的债务资金，通过向银行借款、发行公司债券、利用商业信用等方式取得。至于发行可转换债券等筹集资金的方式，属于兼有股权筹资和债务筹资性质的混合筹资方式。下面我们来详细介绍什么是股权筹资，什么是债务筹资。

1. 股权筹资

股权资本亦称股权资金，是企业所有者投入企业和企业在生产经营期间积累的资金。根据我国的有关法规制度，企业的股权资本由实收资本（或股本）、资本公积、盈余公积和未分配利润组成。按照国际惯例，股权资本通常包括投入资本和留存收益两部分，它是企业依法取得并长期拥有，可以自主调配运用的资本。企业通过政府财政资本、其他法人资本、民间资本、企业内部资本和国外及我国港澳台地区资本等筹集渠道，采用吸收直接投资、发行股票、利用留存收益等方式筹集的资金都属于股权资本。

股权资本具有以下特点：

（1）股权资本的所有权归属于企业的所有者，所有者凭借其所有权参与企业的经营管理和利润分配，并对企业的经营状况承担有限责任。

（2）企业对股权资本依法享有经营权，企业及其经营者能长期占有和自主使用。在企业存续期内，投资者除依法转让外，不得以任何方式抽回其投入的资本，因而股权资本被视为“永久性资本”。

2. 债务筹资

负债是企业所承担的、能以货币计量、需以资产或劳务偿付的债务。负债资金是指企业向银行、非银行金融机构、其他企业单位、居民个人等以负债的形式筹集的资金。从经济意义上来说，债务资金是债权人对企业的一种投资，债权人依法享有企业使用债务资金所取得的经济利益，它反映了债权人对企业的权益。负债资金的出资者是企业的债权人，对企业拥有债权，有权要求企业按期还本付息，但债权人无权参与企业经营管理和利润分配，对企业的经营状况不承担责任，因而债务资金具有较大的财务风险，但付出的资本成本相对较低。

一般通过银行信贷资金、非银行金融机构资金、其他企业单位资金、民间资金、外资资金等筹资渠道，采用银行借款、发行债券、商业信用等筹资方式筹集的资金属于企业的负债资金。

与股权筹资相比，债务筹资具有以下特点：

（1）债务筹资产生合同义务。筹资公司在取得资金的同时，必须承担规定的合同义务。这种义务包括在未来某一特定日期归还本金，以及支付本金之外的利息费用或票面利息。

（2）公司在履行上述义务时，归还债权人本息的请求权优先于股东的股利。

（3）提供债务资本的投资者，没有权利获得高于合同规定利息之外的任何收益。

由于债务筹资的上述特点，债务资本的提供者承担的风险显著低于股东，所以其期望报酬率低于股东，即债务的资本成本低于股权筹资。

正是由于股权筹资和债务筹资的资本成本和筹资风险不同，每个企业的权益资金与负债资金都应该存在一个合理的比例，因此合理安排权益资金和负债资金的比例关系是企业筹资管理的核心问题之一。

（二）直接筹资与间接筹资

按照是否以金融机构为媒介，企业筹资可分为直接筹资和间接筹资。

1. 直接筹资

直接筹资，是企业直接与资金供应者协商融通资金的筹资活动。直接筹资不需要通过金融机构来筹措资金，是企业直接从社会取得资金的方式。直接筹资方式主要有发行股票、发行债券、吸收直接投资等。直接筹资方式既可以筹集股权资金，也可以筹集债务资金。按法律规定，公司股票、公司债券等有价证券的发行需要通过证券公司等中介机构进行，但证券公司所起到的只是承销的作用，资金拥有者并未向证券公司让渡资金使用权，因此发行股票债券属于直接向社会筹资。相对来说，直接筹资的筹资手续比较复杂，筹资费用较高；但筹资领域广阔，能够直接利用社会资金，有利于提高企业的知名度和资信度。

2. 间接筹资

间接筹资，是企业借助银行等金融机构融通资金的筹资活动。在间接筹资方式下，银行等金融机构发挥中介作用，预先筹集资金，资金拥有者首先向银行等金融机构让渡资金的使用权，然后由银行等金融机构将资金提供给企业。间接筹资的基本方式是银行借款，此外有融资租赁等方式。间接筹资形成的主要是债务资金，主要用于满足企业资金周转的需要。间接筹资手续相对比较简便、筹资效率高、筹资费用较低，但容易受金融政策的制约和影响。

第二节 资本成本

一、资本成本概述

（一）资本成本的含义

资本成本是衡量资本结构优化程度的标准，也是对投资获得经济收益的最低要求，通常用资本成本率表示。一般来说，资本成本是指投资资本的机会成本。这种成本不是实际支付的成本，而是一种失去的收益，是将资本用于本项目投资所放弃的其他投资机会的收益，因此被称为机会成本。例如，投资人投资于一个公司的目的是取得回报，他是否愿意投资特定企业要看该公司能否提供更多的报酬。为此，他需要比较该公司的期望报酬率与其他等风险投资机会公司的期望报酬率。如果该公司的期望报酬率高于所有的等风险投资机会公司的期望报酬率，他就会投资该公司。他放弃的其他投资机会的收益就是投资本公司的成本。因此，资本成本也称为投资项目的取舍率、最低可接受的报酬率。企业所筹得的资本付诸使用以后，只有项目的投资报酬率高于资本成本率，才表明所筹集的资本取得了较好的经济效益。

资本成本是指企业为筹集和使用资本而付出的代价，包括筹资费用和占用费用。资本成本是资本所有权与资本使用权分离的结果。对出资者而言，由于让渡了资本使用权，必须要求取得一定的补偿，资本成本表现为让渡资本使用权所带来的投资报酬。对筹资者而言，由于取得了资本使用权，必须支付一定代价，资本成本表现为取得资本使用权所付出的代价。资本成本可以用绝对数表示，也可以用相对数表示。用绝对数表示的资本成本，主要由以下两个部分构成：

一是筹资费用，是指企业在资本筹措过程中为获取资本而付出的代价，如向银行支付的借款手续费，因发行股票、公司债券而支付的发行费等。筹资费用通常在资本筹集时一次性发生，在资本使用过程中不再发生，因此，视为筹资数额的一项扣除。

二是占用费用，是指企业在资本使用过程中因占用资本而付出的代价，如向银行等债权人支付的利息、向股东支付的股利等。占用费用是因为占用了他人资金而必须支付的，是资本成本的主要内容。

（二）资本成本的类型

资本成本的概念主要包括3个方面：个别资本成本、项目资本成本和公司资本成本。

个别资本成本是指单一融资方式本身的资本成本，包括银行借款资本成本、公司债券资本成本、融资租赁资本成本、优先股资本成本、普通股资本成本和留存收益资本成本等，其中前 3 类是债务资本成本，后 3 类是权益资本成本。个别资本成本的高低，用相对数即资本成本率表达。

此外，资本成本的概念包括两个方面：一方面，资本成本与公司的投资活动有关，它是投资所要求的必要报酬率，即投资的成本；另一方面，资本成本与公司的筹资活动有关，它是公司募集和使用资金的成本，即筹资的成本。这两个方面既有联系，也有区别。为了加以区分，我们称前者为项目资本成本，后者为公司资本成本。

项目资本成本是公司投资于资本支出项目所要求的必要报酬率。因为不同投资项目的风险不同，所以它们的最低报酬率不同。风险高的投资项目要求的报酬率较高，风险低的投资项目要求的报酬率较低。作为投资项目的资本成本即项目的必要报酬率，其高低主要取决于资本运用于什么样的项目，而不是从哪里筹资。

公司资本成本是指投资者预计可从公司购买和管理的所有资产中获取的收益率，是投资人针对整个公司要求的报酬率，或者说是投资者对于企业全部资产要求的必要报酬率，它属于为这些资产提供融资的投资者，而不属于其他人。因而，这个收益率应该等于债权人和股东期望的收益率，按照他们各自投资于这些资产的比例加权得到的平均数。换言之，公司的资本成本应该等于来自不同渠道资金成本的加权平均数。

小结内容见表 5-1 和图 5-1。

【小结】

表 5-1　资本成本的类型

项目资本成本	公司资本成本	个别资本成本
公司投资于资本支出项目所要求的必要报酬率	投资人针对整个公司或公司全部资产要求的必要报酬率	每一种资本要素（资本来源）都要求的必要报酬率
项目资本成本取决于项目风险，不取决于项目融资来源	公司资本成本是个别资本成本的加权平均	个别资本成本由于风险不同而不同

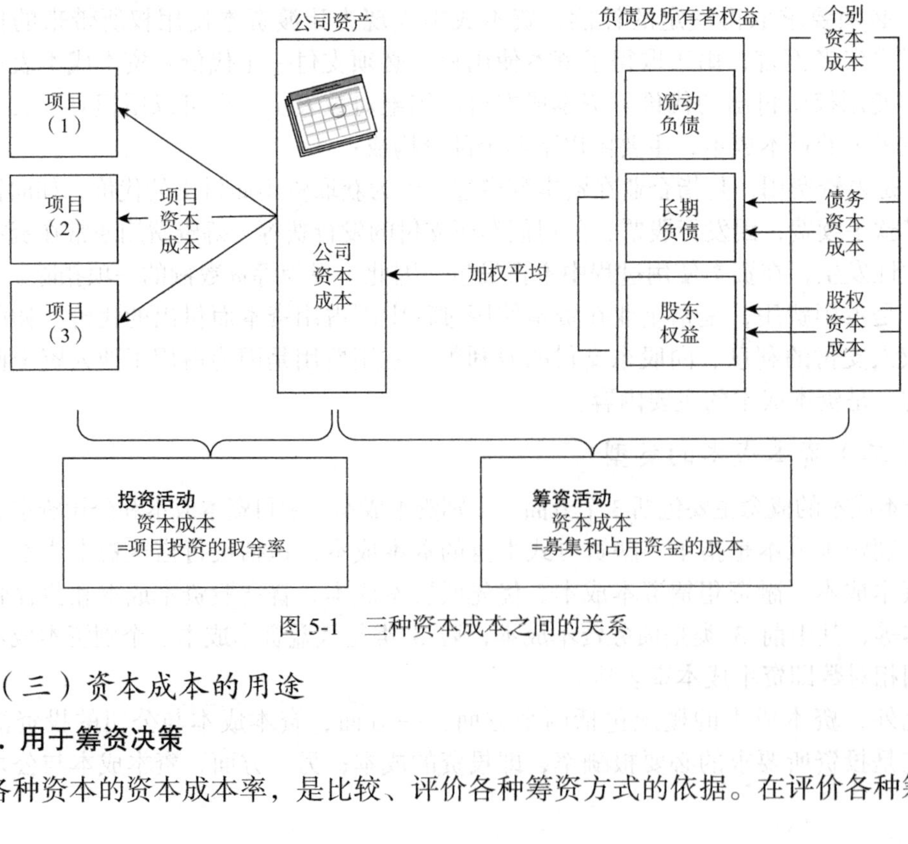

图 5-1　三种资本成本之间的关系

（三）资本成本的用途

1. 用于筹资决策

各种资本的资本成本率，是比较、评价各种筹资方式的依据。在评价各种筹资方式时，一般会考虑的因素包括对企业控制权的影响、对投资者吸引力的大小、融资的难易和风险、资本成本的高低等，而资本成本是其中的重要因素。在其他条件相同时，企业筹资应选择资本成本最低的方式。

2. 用于投资决策

任何投资项目，如果它预期的投资报酬率超过该项目使用资金的资本成本率，则该项目在经济上就是可行的。因此，资本成本率是企业用以确定项目要求达到的投资报酬率的最低标准。

3. 用于企业价值评估

企业财务管理目标是企业价值最大化，企业价值是企业资产带来的未来现金流量的贴现值。计算企业价值时，经常采用企业的平均资本成本作为贴现率，当平均资本成本最小时，企业价值最大，此时的资本结构是企业理想的资本结构。

4. 用于企业整体业绩评价

一定时期企业资本成本率的高低，不仅反映企业筹资管理的水平，还可作为评价企业整体经营业绩的标准。企业的生产经营活动，实际上就是所筹集资本经过投放后形成资产的营运，企业的总资产税后报酬率应高于其平均资本成本率，这样才能带来剩余收益。

二、资本成本的影响因素

在市场经济环境中，多方面因素的综合作用决定着企业资本成本的高低，其中主要有市场利率、市场风险溢价、税率、资本结构、股利政策和投资政策。这些因素发生变化时，就需要调整资本成本。

（一）外部因素

1. 市场利率

市场利率上升，公司的债务成本会上升，因为投资人的机会成本增加了，公司筹资时必须付给债权人更多的报酬。根据资本资产定价模型，利率上升也会引起普通股和优先股的成本上升。个别公司无法改变利率，只能被动接受。资本成本上升，投资的价值会降低，抑制公司的投资。利率下降，公司资本成本也会下降，会刺激公司投资。

2. 市场风险溢价

市场风险溢价由资本市场上的供求双方决定，个别公司无法控制。根据资本资产定价模型可以看出，市场风险溢价会影响股权成本。

3. 税率

税率是政府政策，个别公司无法控制。税率变化直接影响税后债务成本及公司加权平均资本成本。此外，资本性收益的税务政策发生变化，会影响人们对于权益投资和债务投资的选择，并间接影响公司的最佳资本结构。

（二）内部因素

1. 资本结构

在计算加权平均资本成本时，我们假定公司的目标资本结构已经确定。企业改变资本结构时，资本成本会随之改变。增加债务的比重，会使平均资本成本降低，同时会加大公司的财务风险。财务风险的提高，又会引起债务成本和股权成本上升。因此，公司应适度负债，寻求资本成本最小化的资本结构。

2. 股利政策

股利政策影响净利润中分配给股东的比例。根据股利折现模型，它是决定股权成本的因素之一。公司改变股利政策，就会引起股权成本的变化。

3. 投资政策

公司的资本成本反映现有资产的平均风险。如果公司向高于现有资产风险的新项目大量投资，公司资产的平均风险就会提高，并使得资本成本上升。因此，公司投资政策发生变化时资本成本就会发生变化。

三、个别资本成本的计算

（一）债务资本成本

债务资本成本是指长期借款和发行债券的成本。估计债务成本就是确定债权人要求的收益率。

1. 长期借款成本

长期借款成本包括借款利息和筹资费用。

借款利息计入税前成本费用，可以起到抵税的作用。因此，一次还本、分期付息借款的资金成本的计算公式如下：

$$K_l = \frac{I_l(1-T)}{L(1-F_l)}$$

其中，K_l 为长期借款资本成本；I_l 为长期借款年利息；T 为所得税税率；L 为长期借款筹资额（借款本金）；F_l 为长期借款筹资费用率。

例 5-1　某企业取得 5 年期长期借款 400 万元，年利率为 12%，每年付息一次，到期一次还本，筹资费用率为 0.5%，企业所得税税率为 25%。该项长期借款的资本成本为

$$K_l = \frac{400 \times 12\% \times (1-25\%)}{400 \times (1-0.5\%)} = 9.05\%$$

上述计算长期借款资本成本的方法比较简单，但缺点在于没有考虑货币的时间价值。若考虑货币的时间价值，其计算公式为

$$L(1-F_l) = \sum_{t=1}^{n} \frac{I_l}{(1+K)^t} + \frac{P}{(1+K)^n}$$

$$K_l = K(1-T)$$

其中，P 为第 n 年末应偿还的本金；K 为所得税前的长期借款资本成本；K_l 为所得税后的长期借款资本成本。

第一个公式中的等号左边是借款的实际现金流入；等号右边为借款引起的未来现金流出的现值总额，由各年利息支出的年金现值之和加上到期本金的复利现值而得。

按照这种办法，实际上是将长期借款的资本成本看作使这一借款的现金流入等于其现金流出现值的贴现率。运用时，先通过第一个公式，采用内插法求解借款的税前资本，再通过第二个公式将借款的税前资本成本调整为税后资本成本。

例 5-2　沿用例 5-1 的资料，根据考虑货币时间价值的方法，该项借款的资本成本计算如下：

第一步，计算税前借款资本成本：

$$400 \times (1-0.5\%) = \sum_{t=1}^{5} \frac{400 \times 12\%}{(1+K)^t} + \frac{400}{(1+K)^5}$$

查表，年利率 12%、5 年期的年金现值系数为 3.605；年利率 12%、5 年期的复利现值系数为 0.567。代人上式有

$$400 \times 12\% \times 3.605 + 400 \times 0.567 - 398 = 1.84\text{（万元）}$$

1.84 万元大于零，应提高贴现率再试。

查附表中的年金现值系数表，年利率 14%、5 年期的年金现值系数为 3.433；查附表中的复利现值系数表，年利率 14%、5 年期的复利现值系数为 0.519。代人上式有

$$400 \times 12\% \times 3.433 + 400 \times 0.519 - 398 = -25.616\text{（万元）}$$

−25.616 万元小于零，运用内插法求税前借款资本成本：

$$12\% + \frac{1.84}{1.84 + 25.616} \times (14\% - 12\%) = 12.13\%$$

第二步，计算税后借款资本成本：

$$K_l = K(1-T) = 12.13\% \times (1-25\%) = 9.10\%$$

2. 债券成本

1）到期收益率法

如果公司目前有上市的长期债券，则可以使用到期收益率法计算税前债务成本。根据债券估价的公式，到期收益率是使下式成立的 r_d：

$$P_0 = \sum_{t=1}^{n} \frac{\text{利息}}{(1+r_d)^t} + \frac{\text{本金}}{(1+r_d)^n}$$

其中，P_0 为债券的市价；r_d 为到期收益率即税前债务成本；t 为债务的剩余期限，通常以年表示。

例 5-3　假设 5 年前 A 公司公开发行了 100 000 份 10 年期债券。债券的面值为 1 000 元，债券的票面利率为 8%，债券的当前市价为 1 050 元，债券的市场到期收益率即 A 公司的税前债务成本的估计值。计算结果如下：

$$1\,050=\sum_{t=1}^{5}\frac{1\,000\times 8\%}{\left(1+r_d\right)^t}+\frac{1\,000}{\left(1+r_d\right)^5}$$

$$1\,050=1\,000\times 8\%\times(P/A,\ r_d,\ 5)+1\,000\times(P/F,\ r_d,\ 5)$$

内插法求解得 $r_d=6.79\%$ 。

总之，如果我们知道了债券价格、债券期限、票面利息和面值，就可以使用估值公式求出投资者持有证券要求的收益率。这个收益率就是发行者税前债券成本的估计值。为什么债券的市场收益率（债券的预计收益率）6.8%是债券的相关成本，而 8%的票面利率或 7.6%的当期收益率（债券的当期收益率是用利息 80 元除以价格 1 050 元计算出来的）不是呢？原因很简单：A 公司的债券成本是如果公司决定今天向投资者发行新债券所必须支付的利息率，而这个利息率即市场收益率 6.8%。票面利率和当期收益率都是基于5年前最初发行债券时设定的利率。如果A公司今天发行期限为5年的新债券，它必须支付给投资者 6.8%的市场收益率，而不是 8%或 7.6%。

2）可比公司法

如果需要计算债券成本的公司，没有上市债券，就需要找一个拥有可交易债券的可比公司作为参照物。计算可比公司长期债券的到期收益率，作为本公司的债券成本。

可比公司应当与目标公司处于同一行业，具有类似的商业模式，最好两者的规模、负债比率和财务状况也比较类似。

3）风险调整法

如果公司没有流通在外的债券，而且找不到合适的可比公司，可以通过在具有相同期限的政府债券的当前市场收益率的基础上，加上公司信用风险价差的估值估算出给定期限的债券成本：

税前债券成本=政府债券的市场收益率+预计信用风险价差

风险调整法的基本步骤如下：

（1）选择若干信用级别与本公司相同的上市的公司债券，并计算这些上市公司债券的到期收益率。

（2）选择这些上市公司债券同期的长期政府债券，并计算其到期收益率（无风险报酬率）。

（3）计算上述两个到期收益率的差额，即信用风险补偿率。

（4）计算各个公司债券信用风险补偿率的平均值，并作为本公司的信用风险补偿率。

（5）在期限与本公司债券相同的政府债券到期收益率基础上，加上信用风险补偿率，得到税前债务资本成本。

例 5-4 甲公司信用级别为 A 级，目前没有上市债券，公司拟通过发行面值 1 000 元的5年期债券进行筹资，采用风险调整法估计拟发行债券的税前债务资本成本。当时上市交易的 3 种 A 级公司债券及与这些上市债券到期日接近的政府债券的相关信息如表 5-2 所示。

表 5-2 A 级公司债券到期日接近的债券相关信息

发债公司	A 级公司债券		政府债券	
	到期日	到期收益率	到期日	到期收益率
X 公司	2016-5-1	7.5%	2016-6-8	4.5%
Y 公司	2017-1-5	7.9%	2017-1-10	5%
Z 公司	2018-1-3	8.3%	2018-2-20	5.2%

计算 2012 年 1 月 1 日 5 年期 A 级公司债券的平均信用风险补偿率，并确定甲公司拟发行债券的税前债务资本成本。各债券的信用风险补偿如表 5-3 所示。

表 5-3 各债券的信用风险补偿

发债公司	A 级公司债券		政府债券		信用风险补偿率
	到期日	到期收益率	到期日	到期收益率	
X 公司	2016-5-1	7.5%	2016-6-8	4.5%	3.0%
Y 公司	2017-1-5	7.9%	2017-1-10	5%	2.9%
Z 公司	2018-1-3	8.3%	2018-2-20	5.2%	3.1%

$$平均信用风险补偿率=(3.0\%+2.9\%+3.1\%)/3=3\%$$

$$税前债务资本成本=5\%+3\%=8\%$$

与估算长期借款成本一样，不管使用哪种方法估算公司债券成本，都需要调整公司税收的影响。利息费用可以在税前扣除，利息的抵税作用使得公司的税后债券成本要低于税前债券成本。例如，如果 A 公司的企业所得税为 25%，那么每 1 元的利息费用就可使公司应交税费减少 0.25 元，税后利息费用仅为 0.75 元（1 元−0.25 元税收节约）。如果 A 公司的税前债券成本为 6%，那么税后债券成本为 4.5%。

$$税后债券成本=6\%\times(1-25\%)=4.5\%$$

小结内容见表 5-4。

【小结】

表 5-4 计算债务资本成本方法的适用范围

情形	方法	
如果目标公司本身具有上市交易的长期债券	到期收益率法	退而求其次 ↓
如果目标公司没有上市长期债券，但是拥有上市债券的可比公司	可比公司法	
如果目标公司本身没有上市债券也没有可比公司，但是有信用评级	风险调整法	

（二）权益资本成本

1. 留存收益成本

公司的留存收益来源于净利润，是企业缴纳所得税后形成的，其所有权归属于股东。从表面上看，留存收益并不花费资本成本。实际上，股东将这一部分未分派的税后利润留存于企业，是对企业追加投资。股东愿意将留存收益留用于公司，其必要报酬率与普通股相同，要求与普通股等份的报酬。因此，留存收益也有资本成本，它的资本成本是股东失去向外投资的机会成本，因此与普通股成本的计算基本相同，只是不需要考虑筹资费用。

2. 普通股成本

普通股成本属于权益资本成本。权益资本的资金占用费是向股东分派的股利，而股利是以所得税后净利支付的，不能抵减所得税，所以权益资本成本与前述两种债务资本成本的显著不同，在于计算时不扣除所得税的影响。

1）股利折现模型

我们用 $D_1, D_2, D_3, \cdots, D_t, \cdots$ 表示投资公司 1 股股票预计可以获得的未来年现金股利，用 r_s 表示每股的期望收益率。我们知道期望收益率 r_s 是股票发行公司的权益成本。根据股利折现模型，股票的价格应该等于股东预计可以收到的现金股利的现值（或折现价值）：

$$P_0 = \frac{D_1}{1+r_s} + \frac{D_2}{1+r_s} + \cdots + \frac{D_t}{1+r_s} + \cdots$$

如果我们知道公司股票价格和预计支付的股利，就可以使用上式估算公司的权益成本。这个过程与债务成本估值相似。尽管我们知道债券的预计利息（契约规定好的），却无法知道股票的预计股利。如果我们对未来股利增长率做出些简化的假设，就可以避免这个问题。下面部分将考察预计股利永远按照固定比例增长的特殊情形。

2）股利增长折现模型

假设公司下一年支付的股利 D_1 将永远按照固定的年增长率递增，则股权资本成本的计算公式为

$$r_s = \frac{D_1}{P_0} + g$$

其中，r_s 为普通股成本；D_1 为预期下年现金股利额；P_0 为普通股当前市价；g 为未来股利年增长率。

该式表明，公司预计权益成本是两部分之和：第一部分是公司预计股利收益率，即公司预计每股股利除以当前股价；第二部分是未来股利预计年增长率。

新发行普通股的资本成本，也被称为外部股权成本。新发行普通股会产生发行费用，所以它比留存收益进行再投资的内部股权成本要高一些。把发行费用考虑在内，新发行普通股资本成本的计算公式则为

$$r_s = \frac{D_1}{P_0 \times (1-F)} + g$$

其中，F 为发行费率。

例 5-5　某公司普通股目前市价为 50 元，预计年增长率为 10%，本年发放股利为 2 元，筹资费用率为 3%，则该普通股的成本为

$$r_s = \frac{2 \times (1+10\%)}{50 \times (1-3\%)} + 10\%$$

$$= 14.54\%$$

3）资本资产定价模型

股利折现模型的缺陷在于它需要预测无限期股利值。在现实生活中，股利既不是永远保持不变，也不会在很长时间内按固定比例增长，甚至有些公司至少在一定时期内不发放股利。简化形式的股利折现模型仅适用于小部分公司，如公共事业公司，这类公司定期支付股利且股利增长十分稳定。而对于大多数公司而言，该模型基础过于简单且不现实的假设是不可接受的。

因此，下面给出了另外一种更常用的普通股资本成本的估值方法——运用资本资产定价模型估算权益成本。将资本资产定价模型应用于普通股时，可以提供对公司权益资本的最佳估计。它不依赖于对未来股利模式的预测，并直接把证券的预计收益率与证券的风险联系起来。

我们知道，投资者要求的投资收益率取决于投资须承担的风险：项目的风险越高，投资者预期收益率就越高。在第二章第二节中我们提到过，持有单一股票的风险由两部分构成：一部分称为非系统性风险或可分散风险，可以通过低成本的投资组合多元化加以降低或消除；另一部分称为系统性风险或不可分散风险，不会因多元化的风险降低特性而发生变化。将风险区分为系统性风险和非系统性风险对于确定股东要求的收益率而言具有重要意义。因为非系统性风险可以通过投资组合多元化消除，实际上不需要付出很大成本，所以金融市场不会给予它补偿。金融市场只会对投资者无法避免的风险，即系统性风险或不可分散风险给予补偿。因此，在确定金融资产的收益率时，唯一相关的风险是该资产的系统性风险。那我们该如何衡量系统性风险呢?

（1）β 系数。衡量单只股票相对于市场组合的系统性风险可以简化为衡量股票收益率对于全面股票市场指数收益率变动的敏感性，对敏感性的衡量被称为股票的 β 系数。

每只股票都有自身的β值，可以把它看作一个识别代码，用来衡量经济事件给股票带来的系统性风险。一般而言，如果股票的β值等于1，那么它的波动性与衡量其变动所依据的市场指数相同；如果股票的β值大于1，那么它对经济事件比市场指数更加敏感；如果股票的β值小于1，那么它对经济事件没有市场指数敏感。

（2）负债对 β 值的影响。大多数公司同时使用债务和权益资本为业务活动融资。债权人和股东都对公司资产创造的现金流量有要求权，而且都要受到这些现金流量波动或风险的影响。这种产生于公司资产的风险被称为经营风险。然而，债权人在股东收到股利之前获得利息支付，对公司现金流量的要求权要优于股东，因此股东承担的风险要高于债权人。这种产生于借款决策的额外风险被称为财务风险。当公司提高债务与权益资本的比率时，财务风险就会提高。公司的β系数将会同时受到经营风险和财务风险的影响，而且这些风险越高，公司的β系数就越大。

当公司为完全股权融资时，我们用资产 β 或无杠杆 β（下式用$\beta_{资产}$代表）来表示股票的 β。在这种情况下，公司所有者仅面临经营风险，因为没有负债，所以不存在财务风险。因此，公司的资产β或无杠杆β反映公司的经营风险。当企业存在负债时，我们用权益杠杆 β 或市场 β（下式用 $\beta_{权益}$ 代表）来表示股票的 β。在这种情况下，公司所有者同时面临经营风险和财务风险，公司的权益β或杠杆β反映这两种风险。公司的无杠

杆β或资产β与杠杆β或权益β之间的关系可以表示为

$$\beta_{资产}\times\left[权益+负债\times\left(1-税率\right)\right]=\beta_{权益}\times权益$$

其中，负债和权益用市场价值而非账面价值或会计价值衡量。当借款额相对权益融资增加时，公司的债务与权益比率上升，公司财务风险加大，公司的权益β或杠杆β提高。

重新整理上式各项，把权益β表示为资产β的函数，可以推导出“加杠杆”的简易公式为

$$\beta_{权益}=\beta_{资产}\left[1+\left(1-税率\right)\frac{负债}{权益}\right]$$

同理，“卸杠杆”的简易公式为

$$\beta_{资产}=\frac{\beta_{权益}}{\left[1+\left(1-税率\right)\frac{负债}{权益}\right]}$$

小结内容见表 5-5。

【小结】

表 5-5 资产β与权益β

$\beta_{资产}$（无杠杆β）	$\beta_{权益}$（含杠杆β）
包含经营风险 受到业务类型影响 不包括财务风险 不受资本结构影响（完全股权融资）	包含经营风险 受到业务类型影响 包括财务风险 受到资本结构影响
未经过财务杠杆放大	经过财务杠杆放大
$\beta_{资产}\leqslant\beta_{权益}$	

例 5-6 已知 ABC 公司的资本结构中，负债与权益比率为 4∶5，所得税税率为 25%。根据 ABC 股票的收益率情况，估算其权益β为 2，则 ABC 公司的资产β为

$$\beta_{资产}=2\times500/\left[500+400\times\left(1-25\%\right)\right]=1.25<2$$

我们注意到，ABC 公司的β值中有 62.5%（1.25/2）产生于经营风险，剩余 37.5%产生于财务风险。

资本资产定价模型估算股权成本

按照资本资产定价模型，股票的期望收益率等于无风险利率加上股票的风险溢价。无风险利率由长期政府债券的名义收益率来衡量，同时我们知道，股票的β值可以衡量该股票相对于整个市场投资组合的风险，因此股票的风险溢价等于市场风险溢价乘以股票自身的β系数，进一步，用符号表示，我们可以得到

$$r_s=r_{\mathrm{RF}}+\beta\times\left(r_m-r_{\mathrm{RF}}\right)$$

其中，r_{RF}为无风险利率；β为股票的β系数；r_m为平均风险股票报酬率；r_m-r_{RF}为市场的风险溢价；$\beta\times\left(r_m-r_{\mathrm{RF}}\right)$为股票的风险溢价。资本资产定价模型将股票的期望收益

率与它的系统性风险β联系起来，并指出股票的期望收益率由两个部分组成：①无风险利率，衡量无风险投资的补偿；②承担系统性风险的期望回报，等于市场风险溢价乘以股票的β系数。

例 5-7 市场无风险利率为 10%，平均风险股票报酬率为 14%，某公司普通股β为 1.2。则该普通股的资本成本为

$$r_s = 10\% + 1.2 \times (14\% - 10\%) = 14.8\%$$

（三）混合筹资资本成本

混合筹资兼具债权和股权筹资双重属性，主要包括优先股筹资、永续债筹资、可转换债券筹资和认股权证筹资等。此处主要以优先股为例讲述混合筹资资本成本的估计。优先股资本成本包括股息和发行费用。优先股股息通常是固定的，公司税后利润在派发普通股股利之前，优先派发优先股股息。

优先股资本成本的估计如下：

$$r_p = \frac{D_p}{P_p \times (1 - F)}$$

其中，R_p为优先股资本成本；D_p为优先股每股年股息；P_p为优先股每股发行价格；F为优先股发行费用率。

例 5-8 某公司拟发行一批优先股，每股发行价格 105 元，每股发行费用 5 元，预计每股年股息为 10 元，其资本成本为

$$r_p = \frac{10}{105 - 5} = 10\%$$

四、加权平均资本成本的计算

由于受多种因素的制约，企业不可能只使用某种单一的筹资方式，往往需要通过多种方式筹集所需资金。为进行筹资决策，就要计算确定企业全部长期资金的总成本，即综合资本成本。综合资本成本一般是以各种资金占全部资金的比重为权数，对个别资本成本进行加权平均确定的，故又称加权平均资本成本，其计算公式为

$$K_w = \sum_{j}^{n} k_j w_j$$

其中，K_w表示加权平均资本成本；k_j表示第j种个别资本成本；w_j表示第j种个别资金占全部资金的比重（权数）。

加权平均资本成本的计算，存在着权数价值的选择问题，即各项个别资本按什么权数来确定资本比重。通常，可供选择的价值形式有账面价值、市场价值、目标价值等。

（一）账面价值权重

账面价值权重，即以各项个别资本的会计报表账面价值为基础计算资本权数，确定各类资本占总资本的比重。其优点是资料容易取得，可以直接从资产负债表中得到，而且计算结果比较稳定。其缺点是账面结构反映的是历史的结构，不一定符合未来的状态，当债

券和股票的市价与账面价值差距较大时，导致按账面价值计算出来的资本成本不能反映目前从资本市场上筹集资本的现时机会成本，不适合评价现时的资本结构。

（二）市场价值权重

市场价值权重，即以各项个别资本的现行市价为基础计算资本权数，确定各类资本占总资本的比重。其优点是能够反映现时的资本成本水平，有利于进行资本结构决策。其缺点是由于市场价值处于经常变动之中，负债和权益的比例也随之变动，计算出的加权平均资本成本数额也是经常变化的，而且现行市价反映的只是现时的资本结构，不适用未来的筹资决策。

（三）目标资本结构权重

目标资本结构权重，即以各项个别资本预计的未来价值为基础确定资本权数，确定各类资本占总资本的比重。公司的目标资本结构，代表未来将如何筹资的最佳估计。如果公司向目标资本结构发展，目标资本结构权重更为适合。这种权重可以选用平均市场价格，回避证券市场价格变动频繁的不便；可以适用于公司评价未来的资本结构，而账面价值权重和市场价值权重仅反映过去和现在的资本结构。

例 5-9 ABC 公司按市场价值计量的目标资本结构如下：40%的长期债务、10%的优先股、50%的普通股。长期债务的税后成本是 3.90%，优先股的成本是 8.16%，普通股的成本是 11.80%。该公司的加权平均资本成本（WACC）为

$$\text{WACC}=40\%\times3.9\%+10\%\times8.16\%+50\%\times11.80\%=8.276\%$$

五、边际资本成本的计算

边际资本成本是企业追加筹资的成本。企业的个别资本成本和平均资本成本，是企业过去筹集的单项资本的成本或目前使用全部资本的成本。然而，企业在追加筹资时，不能仅仅考虑目前所使用资本的成本，还要考虑新筹集资金的成本，即边际资本成本。边际资本成本，是企业进行追加筹资的决策依据。筹资方案组合时，边际资本成本的权重采用目标价值权重。

例 5-10 某公司设定的目标资本结构如下：银行借款 20%、公司债券 15%、股东权益 65%。现拟追加筹资 300 万元，按此资本结构来筹资。个别资本成本率预计分别为银行借款 7%、公司债券 12%、股东权益 15%。追加筹资 300 万元的边际资本成本如表 5-6 所示。

表 5-6 边际资本成本计算表

资本种类	目标资本结构	追加筹资额/万元	个别资本成本	边际资本成本
银行借款	20%	60	7%	1.4%
公司债券	15%	45	12%	1.8%
股东权益	65%	195	15%	9.75%
合计	100%	300	—	12.95%

六、杠杆原理

自然科学的杠杆原理是指，通过杠杆的使用，只用一个较小的力量便可以产生较大的效果。财务管理中的杠杆原理则是指，由于固定费用（包括生产经营方面的固定费用和财务方面的固定费用）的存在，当业务量发生较小的变化时，利润会产生较大的变化。杠杆利益是企业资本结构决策的一个重要因素。筹资风险是指，筹资活动中由于筹资的规划而引起的收入变动的风险。资本结构决策需要在杠杆利益与其相关的风险之间进行合理的权衡，因此公司需要考虑是否和如何利用经营杠杆和财务杠杆效应。公司经营杠杆是产品生产或提供劳务有关的固定性经营成本所引起的，而财务杠杆则是债务利息等固定性融资成本所引起的。两种杠杆具有放大盈利波动性的作用，从而影响公司的风险与收益。

由于成本按习性的分类及相关指标的计算是研究杠杆问题的基础，有必要先介绍成本习性问题，再分别说明经营杠杆、财务杠杆和复合杠杆。

（一）成本习性分类与保本分析

成本习性，是指成本与业务量之间的依存关系。按照成本习性不同，可以把成本划分为固定成本、变动成本和混合成本 3 类。

1. 固定成本

固定成本是指成本总额在一定时期和一定业务量范围内不受业务量增减变动影响而固定不变的成本。属于固定成本的主要有折旧费、保险费、管理人员工资及办公费等。这些费用每年支出水平基本相同，产销量在一定范围内变动，它们保持固定不变。正是由于这些成本是固定不变的，因而，随着产销量的增加，意味着它将分配给更多数量的产品，也就是说，单位产品负担的固定成本将随产销量的增加而逐渐变小。

当然，固定成本总额只是在一定时期和业务量的给定范围内保持不变。这里所说的一定范围，通常为相关范围。超过了相关范围，固定成本也会发生变动。因此，固定成本必须和一定时期、一定业务量联系起来进行分析。从较长的时间来看，所有的成本都在变化，没有绝对不变的固定成本。

2. 变动成本

变动成本是指成本总额随着业务量增减变动成正比例增减变动的成本。直接材料、直接人工、按销量支付的推销员佣金、包装费等都属于变动成本。其基本特征是，其成本总额随着业务量的变动而成正比例变动。

与固定成本相同，变动成本也需要研究相关范围问题。也就是说，只有在一定范围之内，产量和成本才能完全呈现同比例变化，即完全的线性关系，超过了一定范围，这种关系就不存在了。例如，当一种新产品还是小批量生产时，由于生产还处于不熟练阶段，直接材料和直接人工耗费可能较多。随着产量的增加，工人对生产过程逐渐熟练，可使单位产品的材料和人工费用降低。在该阶段，变动成本不一定与产量完全成同比例变化，而是表现为小于产量增减幅度。在这以后生产过程比较稳定，变动成本与产量成同比例变动，这一阶段的产量便是变动成本的相关范围。然而，当产量达到一定程度以后再大幅度增产可能会出现一些新的不利因素，如工人要求增加工资津贴等，使成本的增长幅度大于产量的增长幅度。

3. 混合成本

混合成本，顾名思义是指“混合”了不同性质的固定成本和变动成本的成本。这类成本的特征是，其总额随着业务量的变动而变动，但不是成正比例变动。其实，企业总成本就是典型的混合成本。混合成本按其与业务量的关系可分为以下两种。

一种是半变动成本。此类成本通常有一个基数部分，该部分不随业务量的变化而变化，体现着固定成本性态；但在基数部分以上，则随业务量的变化成正比例变化，呈现着变动成本性态。企业的公共事业费，如电费、水费、电话费等均属半变动成本。如图 5-2 所示。

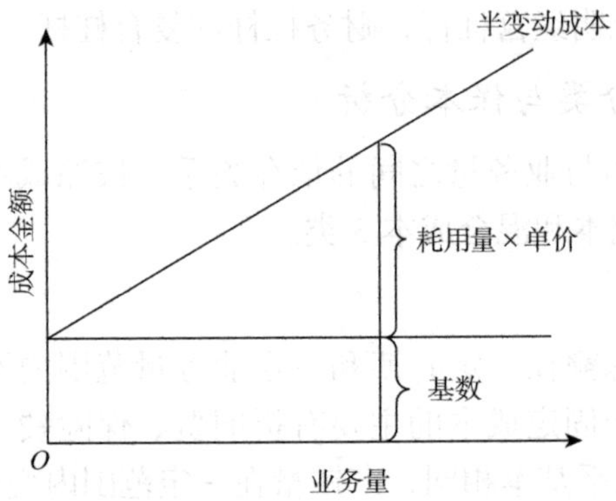

图 5-2　半变动成本习性模型

另一种是半固定成本。此类成本的特征是在一定业务量范围内其发生额的数量是不变的，体现着固定成本性态；但当业务量的增长达到一定限额时，其发生额会突然跃升到一个新的水平；然后在业务量增长的一定限度内（一个新的相关范围内）其发生额的数量又保持不变，直到另一个新的跃升为止。如图 5-3 所示。

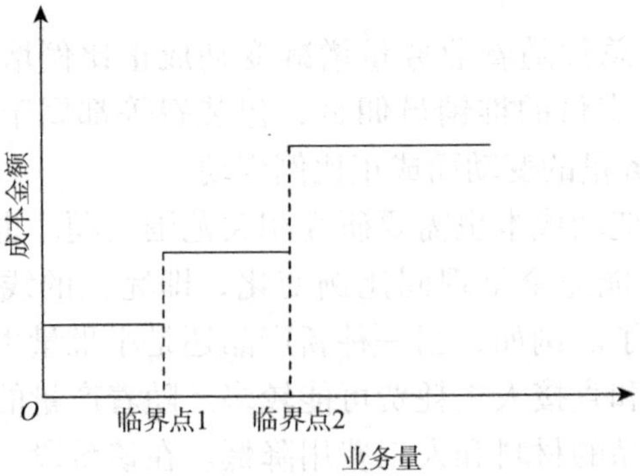

图 5-3　半固定成本习性模型

4. 总成本习性模型

从以上分析我们知道，成本按习性可分成变动成本、固定成本和混合成本3类，但混合成本又可以按一定方法分解成变动成本和固定成本，这样，总成本习性模型可用下式表示：

$$y = a + bx$$

其中，y 表示总成本；a 表示固定成本；b 表示单位变动成本；x 表示产量。

显然，若能求出公式中 a 和 b 的值，就可以利用这个直线方程来进行成本预测、成本决策和其他短期决策。所以，总成本习性模型（图 5-4）是一个非常重要的模型。

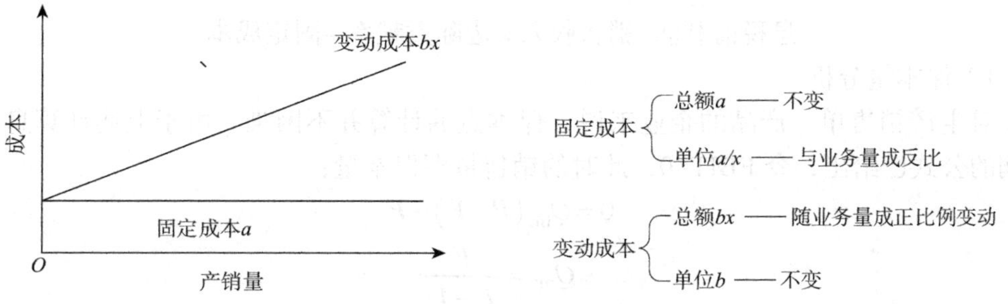

图 5-4 总成本习性模型

5. 保本分析

保本分析是基于本量利基本关系原理进行的损益平衡分析或盈亏临界分析。它主要研究如何确定保本点，以及有关因素变动的影响，为决策提供超过哪个业务量企业会有盈利，或者低于哪个业务量企业会亏损等信息。

保本点，亦称盈亏平衡点，是指企业收入和成本相等的经营状态，即边际贡献等于固定成本时企业所处的既不盈利又不亏损的状态。通常用一定的业务量（保本量或保本额）来表示。在计算保本点时，必须先理解边际贡献息税前利润等相关概念。

边际贡献是指销售收入减去变动成本以后的差额，即产品扣除自身变动成本后给企业所做的贡献。它首先用于补偿企业的固定成本，如果还有剩余才形成利润，如果不足以补偿固定成本则产生亏损。其计算公式为

$$M = S - \mathrm{VC} = (P - V) \cdot Q$$

其中，M 表示边际贡献总额；S 表示销售收入总额；VC 表示变动成本总额；P 表示产品单位销售价格；V 表示产品单位变动成本；Q 表示产销量。

边际贡献率，是指边际贡献在销售收入中所占的百分比，可以理解为每1元销售收入中边际贡献所占的比重，它反映产品给企业做出贡献的能力。其计算公式为

$$\begin{aligned}边际贡献率 &= \frac{边际贡献}{销售收入} \times 100\% \\ &= \frac{单位边际贡献 \times 销量}{单价 \times 销量} \times 100\% \\ &= \frac{单位边际贡献}{单价} \times 100\%\end{aligned}$$

息税前利润，是指支付利息和缴纳所得税之前的利润。成本按其习性分类后，息税前利润可用以下公式计算：

$$\mathrm{EBIT}=S-\mathrm{VC}-F=(P-V)\cdot Q-F=M-F$$

其中，EBIT 表示息税前利润；F 表示生产经营性固定成本总额。

由于创造了“边际贡献”这个新概念，前列的基本的损益方程式可以改写成以下形式：

$$\mathrm{EBIT}=S\cdot\frac{M}{S}-F$$

即

$$息税前利润=销售收入\times边际贡献率-固定成本$$

1）保本量分析

对生产销售单一产品的企业来说，保本点的计算并不困难。由于上述计算息税前利润的公式已给出，令 EBIT=0，此时的销售量即保本量：

$$0=Q_{\mathrm{BE}}(P-V)-F$$

$$Q_{\mathrm{BE}}=\frac{F}{P-V}$$

其中，Q_{BE} 表示保本量。

2）保本额分析

在现代经济中，产销单一产品的企业已为数不多，大多数企业同时产销多种产品。在多品种情况下，由于不同品种产品销售量加总没有意义，因此，多品种情况下总体或综合盈亏平衡状态下销售额更有意义。同样，令 EBIT=0，此时的销售收入即保本额：

$$0=销售收入\times边际贡献率-固定成本$$

$$保本额=\frac{固定成本}{边际贡献率}$$

（二）经营风险与经营杠杆

1. 经营风险

经营风险，是指企业未使用债务时经营的内在风险。经营风险不仅因行业而异，同行业差别也很大。影响企业经营风险的因素很多，主要有以下几个方面。

（1）产品需求。市场对企业产品的需求稳定，则经营风险小；反之，经营风险大。

（2）产品售价。产品售价稳定，则经营风险小；反之，经营风险大。

（3）产品成本。产品成本是收入的抵减，成本不稳定会导致利润不稳定，因此，产品成本变动大，则经营风险大；反之，经营风险小。

（4）调整价格的能力。当产品成本变动时，若企业具有较强的调整价格的能力，则经营风险小；反之，经营风险大。

（5）固定成本的比重。在企业全部成本中，固定成本所占比重较大时，单位产品分摊的固定成本额较多，若产品数量发生变动，则单位产品分摊的固定成本会随之变动，会最后导致利润更大地变动，经营风险大；反之，经营风险小。

2. 经营杠杆系数

在影响经营风险的诸多因素中，固定性经营成本是一个基本因素。在一定的销售量范围内，固定成本总额是不变的，随着销售量的增加，单位固定成本会降低，从而单位产品的利润提高，息税前利润的增长率将大于销售量的增长率；相反，销售量的下降会提高产品单位固定成本，从而单位产品的利润减少，息税前利润的下降率将大于销售量的下降率。如果企业不存在固定成本，则息税前利润的变动率将与销售量的变动率保持一致。这种在某一固定成本比重的作用下，由于销售量一定程度的变动引起息税前利润产生更大程度变动的现象被称为经营杠杆效应。固定成本是引发经营杠杆效应的根源，但企业销售量水平与盈亏平衡点的相对位置决定了经营杠杆的大小，即经营杠杆的大小是由固定性经营成本和息税前利润共同决定的。

经营杠杆放大了企业营业收入变化对息税前利润变动的影响程度，这种影响程度是经营风险的一种测度。经营杠杆的大小一般用经营杠杆系数表示，它是企业计算利息和所得税之前的盈余（息税前利润）变动率与销售额变动率之间的比率。计算公式为

$$\mathrm{DOL}=\frac{\Delta \mathrm{EBIT}/\mathrm{EBIT}}{\Delta S/S}$$

其中，DOL 为经营杠杆系数；ΔEBIT 为息税前利润变动额；EBIT 为变动前息税前利润；ΔS为营业收入（销售量）变动量；S 为变动前营业收入（销售量）。

假定企业的成本–销售量–利润保持线性关系，那么可变成本在销售收入中所占的比例不变，固定成本也将保持稳定，经营杠杆系数便可通过销售量或销售额来求得。利用上述定义表达式可以推导出如下经营杠杆系数的计算公式：

$$\mathrm{DOL}_Q=\frac{Q(P-V)}{Q(P-V)-F}=\frac{Q}{Q-Q_{\mathrm{BE}}}$$

其中，DOL_Q 为销售量为 Q 时的经营杠杆系数；P 为单位销售价格；V 为单位变动成本；F 为总固定成本；Q_{BE} 为保本销售量。

$$\mathrm{DOL}_S=\frac{S-\mathrm{VC}}{S-\mathrm{VC}-F}=\frac{\mathrm{EBIT}+F}{\mathrm{EBIT}}$$

其中，DOL_S 为营业收入为S时的经营杠杆系数；S为营业收入；VC 为变动成本总额。

在实际工作中，DOL_Q 可用于计算单一产品的经营杠杆系数；DOL_S 除了用于单一产品外，还可用于计算多种产品的经营杠杆系数。从上述公式可以看出，如果固定成本等于 0，则经营杠杆系数为 1，即不存在经营杠杆效应。当固定成本为不为 0 时，通常经营杠杆系数都是大于 1 的，即存在经营杠杆效应。

例 5-11 某企业生产 A 产品，固定成本为 60 万元，变动成本率为 40%。当企业的营业收入分别为 400 万元、200 万元、100 万元时，经营杠杆系数分别为

$$\mathrm{DOL}_{(1)}=\frac{400-400\times 40\%}{400-400\times 40\%-60}=1.33$$

$$DOL_{(2)}=\frac{200-200\times40\%}{200-200\times40\%-60}=2$$

$$DOL_{(3)}=\frac{100-100\times40\%}{100-100\times40\%-60}\to\infty$$

以上计算结果表明了这样一些问题：

（1）在固定成本不变的情况下，经营杠杆系数说明了销售额增长（或减少）所引起息税前利润增长（或减少）的幅度。例如，$DOL_{(1)}$说明在销售额为 400 万元时，销售额的增长（或减少）会引起息税前利润 1.33 倍的增长（或减少）；$DOL_{(2)}$说明在销售额为 200 万元时，销售额的增长（或减少）将引起息税前利润两倍的增长（或减少）。

（2）在固定成本不变的情况下，销售额越大，经营杠杆系数越小，经营风险也就越小；反之，销售额越小，经营杠杆系数越大，经营风险也就越大。例如，当销售额为400万元时，$DOL_{(1)}$为1.33；当销售额为200万元时，$DOL_{(2)}$为2。显然，后者利润的不稳定性大于前者，故后者的经营风险大于前者。

（3）当销售额达到盈亏临界点时，经营杠杆系数趋近于无穷大，如$DOL_{(3)}$的情况，此时企业经营只能保本。若销售额稍有增加，便可出现盈利；若销售额稍有减少，便会发生亏损。

（三）财务风险与财务杠杆

1. 财务风险

财务风险，是指由于企业运用了债务筹资方式而产生的丧失偿付能力的风险，而这种风险最终是由普通股股东承担的。企业在经营中经常会产生借入资本导致负债经营，不论经营利润多少，债务利息都是不变的。当企业在资本结构中增加了债务这类具有固定性筹资成本的比例时，固定的现金流量就会增加，特别是在利息费用的增加速度超过息税前利润增加速度的情况下，企业会负担较多的债务成本，引发对净收益减少的冲击作用，发生丧失偿债能力的概率也会增加，导致财务风险增加；反之，当债务资本比率较低时，财务风险就小。

2. 财务杠杆系数

在影响财务风险的因素中，债务利息或优先股股息这类固定性融资成本是基本因素。在一定的息税前利润范围内，债务融资的利息成本是不变的，随着息税前利润的增加，单位利润所负担的固定性利息费用就会相对减少，从而单位利润可供股东分配的部分会相应增加，普通股股东每股收益的增长率将大于息税前利润的增长率。反之，当息税前利润减少时，单位利润所负担的固定利息费用就会相对增加，从而单位利润可供股东分配的部分相应减少，普通股股东每股收益的下降率将大于息税前利润的下降率。如果不存在固定性融资费用，则普通股股东每股收益的变动率将与息税前利润的变动率保持一致。这种在某一固定的债务与权益融资结构下由于息税前利润的变动每股收益产生更大变动程度的现象被称为财务杠杆效应。固定性融资成本是引发财务杠杆效应的根源，但息税前利润与固定性融资成本之间的相对水平决定了财务杠杆的大小，即财务杠杆的大小是由固定性融资成本和息税前利润共同决定的。

与经营杠杆作用的表示方式类似，财务杠杆的大小一般用财务杠杆系数表示，它是企业计算每股收益的变动率与息税前利润的变动率之间的比率。财务杠杆系数越大，表明财务杠杆作用越大，财务风险也就越大；财务杠杆系数越小，表明财务杠杆作用越小，财务风险也就越小。财务杠杆系数的定义表达式为

$$\mathrm{DFL}=\frac{\Delta\mathrm{EPS}/\mathrm{EPS}}{\Delta\mathrm{EBIT}/\mathrm{EBIT}}$$

其中，DFL 为财务杠杆系数；ΔEPS 为普通股每股收益变动额；EPS 为变动前的普通股每股收益；ΔEBIT 为息税前利润变动额；EBIT 为变动前的息税前利润。

依据上述定义表达式，可以推导出如下计算公式：

$$\mathrm{DFL}=\frac{\mathrm{EBIT}}{\mathrm{EBIT}-I-\mathrm{PD}/(1-T)}$$

其中，I 为债务利息；PD 为优先股股利；T 为所得税税率。

从上述公式可以看出，如果固定性融资成本债务利息和优先股股利等于 0，则财务杠杆系数为 1，即不存在财务杠杆效应。当债务利息成本和优先股股利不为 0 时，通常财务杠杆系数都是大于 1 的，即存在财务杠杆效应。此外，该公式除了用于单一产品外，还可用于计算多种产品的财务杠杆系数。

例 5-12 假设目前 A 公司有两种融资手段可以考虑：一种是使用 100%的权益资金，另一种是使用 50%的负债资金和 50%的权益资金，并用借债的资金以 20 元/股的价格回购股票，因此发行在外的股票变为原来的一半，基本资料如表 5-7 所示，负债经营效果见表 5-8 和表 5-9。

表 5-7 基本资料

债务比例	0	50%
总资产/万元	200 000	200 000
债务/万元	0	100 000
权益/万元	200 000	100 000
普通股数量/股	10 000	5 000
税率	25%	25%

表 5-8 负债经营效果：A 公司在零负债的情况下

产品需求	概率	EBIT	利息	税前收益	税收	净利润	资本回报率	每股盈余
很差	0.05	(60 000)	0	(60 000)	(15 000)	(45 000)	−22.50%	(4.50)
差	0.20	(20 000)	0	(20 000)	(5 000)	(15 000)	−7.50%	(1.50)
一般	0.50	40 000	0	40 000	10 000	30 000	15.00%	3.00
较好	0.20	90 000	0	90 000	22 500	67 500	33.75%	6.75
很好	0.05	130 000	0	130 000	32 500	97 500	48.75%	9.75
期望价值 标准差 变异系数		37 500	0	37 500	9 375	28 175	14.06%	2.81 3.45 1.23

表 5-9　负债经营效果：A 公司在 50%负债的情况下

产品需求	概率	EBIT	利息	税前收益	税收	净利润	资本回报率	每股盈余
很差	0.05	（60 000）	12 000	（72 000）	（18 000）	（54 000）	−54.00%	（10.80）
差	0.20	（20 000）	12 000	（32 000）	（8 000）	（24 000）	−24.00%	（4.80）
一般	0.50	40 000	12 000	28 000	7 000	21 000	21.00%	4.20
较好	0.20	90 000	12 000	78 000	19 500	58 500	58.50%	11.70
很好	0.05	130 000	12 000	118 000	29 500	88 500	88.50%	17.70
期望价值 标准差 变异系数		37 500	12 000	25 500	6 375	19 125	19.13%	3.83 6.90 1.80

注：50%负债，利率为 12%，利息为 12 000 万元

从表 5-8 和表 5-9 中，我们可以看出，当负债比从 0 上升到 50%时，其资本回报率的期望值从 14.06%增加到 19.13%，每股盈余的期望价值从 2.81 增加到 3.83，说明负债的增多一定程度上能够增加股东收益，但同时每股盈余的标准差从 3.45 增加到 6.90，说明股东承担的风险也不断增大。

可见，在其他条件不变的情况下，财务杠杆的运用（适当地举债）会使企业每股收益超过未运用财务杠杆时。这种财务杠杆的运用对企业每股收益会产生有利的影响，通常称为“正财务杠杆”。运用财务杠杆可能产生有利影响的原因在于：①运用财务杠杆尽管企业增加了利息负担，并导致税后利润下降，但税后利润下降的幅度小于普通股发行数下降的幅度，使得每股收益上升；②总资本营业利润率高于举债成本，每股收益必定上升，正财务杠杆必然出现。与上述相反，在其他条件不变的情况下，财务杠杆对企业每股收益也可能产生不利的影响，这种现象通常称为“负财务杠杆”，即财务杠杆的运用将导致企业每股收益低于未运用财务杠杆时。

企业可以通过合理安排资本结构，适度负债，使财务杠杆利益抵消风险增大所带来的不利影响。同时，企业管理层在控制财务风险时，不应仅考虑负债融资的绝对量，更应关注负债利息成本与盈利水平的相对关系。

（四）联合杠杆作用与联合杠杆系数

经营杠杆系数衡量营业收入变化对息税前利润的影响程度，而财务杠杆系数则衡量息税前利润变化对每股收益的影响程度。联系起来考察营业收入的变化对每股收益的影响程度，即把这两种杠杆作用的叠加，称为联合杠杆（又称总杠杆）作用。

联合杠杆是指固定性经营成本和固定性融资成本的存在而导致的每股收益变动率大于营业收入变动率的杠杆效应。联合杠杆直接考察了营业收入的变化对每股收益的影响程度：联合杠杆作用的大小可以用联合杠杆系数（degree of total leverage，DTL）表示，其定义表达式为

$$\mathrm{DTL} = \frac{\Delta \mathrm{EPS} / \mathrm{EPS}}{\Delta S / S}$$

依据经营杠杆系数与财务杠杆系数的定义表达式，联合杠杆系数可以进一步表示为经营杠杆系数和财务杠杆系数的乘积，反映了企业经营风险与财务风险的组合

效果。

$$\mathrm{DTL}=\mathrm{DOL}\times\mathrm{DFL}$$

联合杠杆系数也有两个具体计算公式：

$$\mathrm{DTL}=\frac{Q(P-V)}{Q(P-V)-F-I-\mathrm{PD}/(1-T)}$$

$$\mathrm{DTL}=\frac{\mathrm{EBIT}+F}{\mathrm{EBIT}-I-\mathrm{PD}/(1-T)}$$

例 5-13 甲公司的经营杠杆系数为 2，财务杠杆系数为 1.5，联合杠杆系数即

$$2\times1.5=3$$

联合杠杆作用是经营杠杆和财务杠杆的连锁作用。营业收入的任何变动都会放大每股收益。联合杠杆系数对公司管理层具有一定的意义：①使公司管理层在一定的成本结构与融资结构下，当营业收入变化时，能够对每股收益的影响程度做出判断，即能够估计出营业收入变动对每股收益造成的影响。②通过经营杠杆与财务杠杆之间的相互关系，有利于管理层对经营风险与财务风险进行管理，即为了控制某一联合杠杆系数，经营杠杆和财务杠杆可以有很多不同的组合。例如，经营杠杆系数较高的公司可以在较低的程度上使用财务杠杆；经营杠杆系数较低的公司可以在较高的程度上使用财务杠杆等。这有待公司在考虑各相关具体因素之后做出选择。

第三节 资本结构

一、资本结构的相关理论

资本结构是指企业各种长期资金筹集来源的构成和比例关系。短期资金的需要量和筹集随着企业经营状况的变化而发生变化，在整个资金总量中所占的比重不稳定，因此不列入资本结构管理范围，而作为营运资金管理。

资本结构可以通过以下两种方法表示：一是杠杆比率，表示长期负债与股东权益之间的比例关系。一般情况下，长期债务资本与权益资本构成企业的长期资本，因此资本结构问题可以被认为讨论长期债务资本占企业全部资本的比例问题；二是负债比率，表示长期负债资本与企业价值之间的比例关系。企业应将各方面的影响因素都纳入考虑，采取适当的方法确定适合企业的最佳资本结构，并保持相对稳定不变。即使企业目前未达到合理的资本结构，也可以通过调整融资方式组合，使其趋于合理化。

（一）净收益理论

净收益理论认为，利用债务可以降低企业的综合资本成本，负债程度越高，企业的综合资本成本越低，企业价值越大。该理论主要基于以下两个基本假设：一是债务资本成本和权益资本成本均不受财务杠杆的影响，无论负债程度多高，企业的债务资本成本和权益资本成本都不会变化；二是在企业的筹资方式中，长期债务成本总是低

于权益资本成本。这样，当负债比率达到100%时，企业价值将达到最大。

如果用 K_b 表示债务资本成本，K_s 表示权益资本成本，K_w 表示综合资本成本，V 表示企业的总价值，则净收益理论可用图5-5来描述。

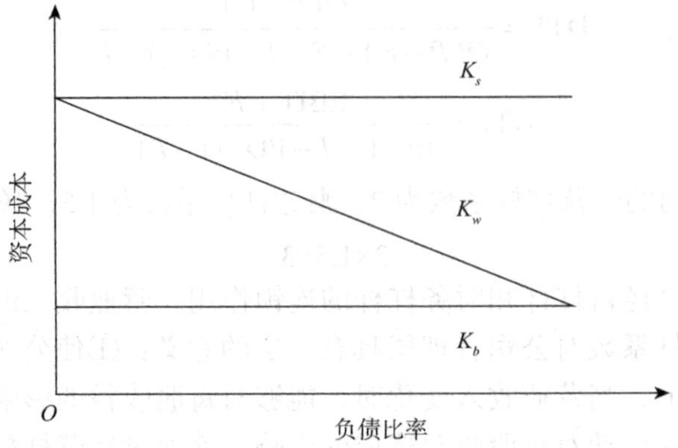

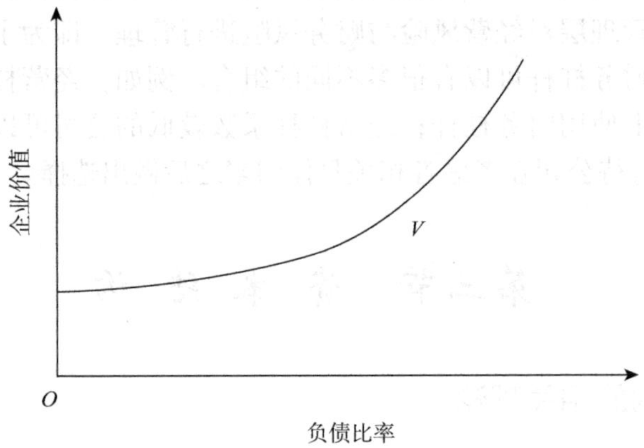

图5-5 净收益理论下资本结构与资本成本、企业价值的关系

净收益理论是一种极端的资本结构理论观点。该理论虽然考虑到负债的财务杠杆收益，但忽略了负债的财务风险因素，认为负债对企业总是有利的，负债为100%时企业价值最大。这种结论与现实是不相符的。事实上，如果企业的负债比率过高，企业的综合平均资本成本就会上升，企业的价值反而下降。

（二）净营业收益理论

净营业收益理论认为，不论负债比率如何变化，企业的综合资本成本总是保持不变的，资本结构与企业的价值无关，决定企业价值高低的关键要素是企业的净营业收益。如果企业增加成本较低的债务资金，即使债务成本不变，但加大了股东承担的风险，权益资本要求的报酬率也会随之上升；又因为负债的成本总是低于权益资本的成本，负债比重上升对降低综合资本成本的好处恰好被上升的权益资本成本所抵消。因此，资本结构的变化不会影响企业的综合资本成本，也不会影响公司的总价值，企业总价值的大小总是取决于企业的净营业收益。净营业收益理论可用图5-6来描述。

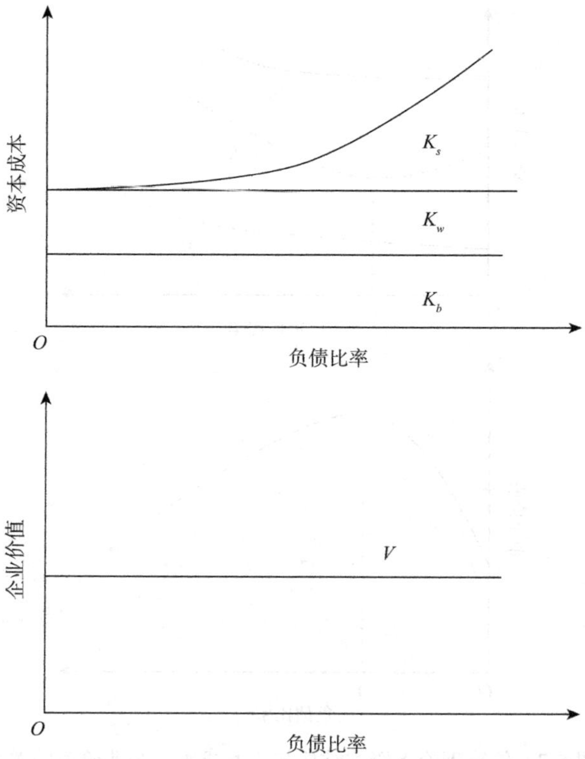

图 5-6 净营业收益理论下资本结构与资本成本、企业价值的关系

净营业收益理论是另一种极端的资本结构理论观点。该理论虽然认识到负债有可能产生财务风险，也可能影响企业权益资本的成本，但实际上企业的综合资本成本不可能是一个常数。企业净营业收益的确会影响企业价值，但企业价值不仅仅取决于净营业收益的多少。对净营业收益理论的讨论纯粹是定义性的，缺乏行为方面的现实意义。

（三）传统理论

传统理论也称折中理论，是对上述净收益理论和净营业收益理论的一种折中理论。该理论认为，企业利用财务杠杆尽管会导致权益资本成本的上升，但在一定程度内不会完全抵消因利用成本相对较低的债务所带来的好处，从而使综合资本成本下降，企业总价值上升。但是，超过一定程度地利用财务杠杆，权益资本成本的上升就会完全抵消并超过使用债务带来的好处，企业的综合资本成本开始上升。一旦债务成本也开始上升，并和权益资本成本的上升共同作用，综合资本成本就会加快上升，从而使企业价值降低。综合资本成本从下降变为上升的转折点，是综合资本成本的最低点，这时的负债比率就是企业的最优资本结构。因此，企业可以通过选择适当的负债比率来提高企业的总价值。传统理论可用图 5-7 来描述。

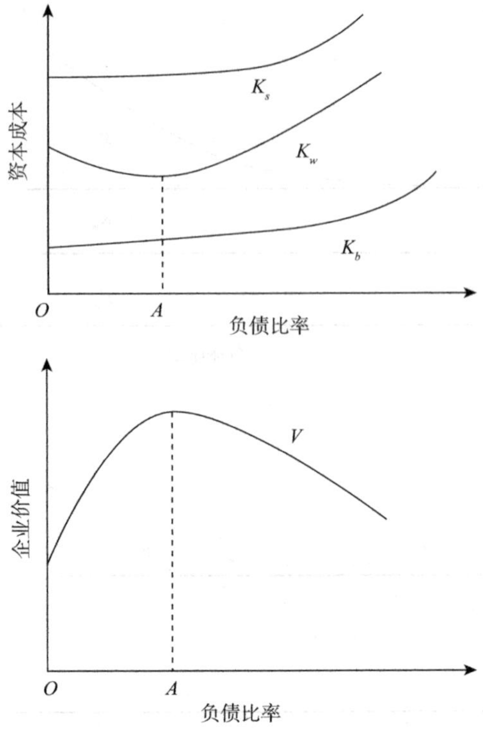

图 5-7　传统理论下资本结构与资本成本、企业价值的关系

（四）MM 理论

现代资本结构研究的起点是 MM 理论。1958 年，美国著名财务学家莫迪利亚尼和米勒联合发表了《资本成本、公司价值和投资理论》一文，探讨了企业价值与资本结构的关系，确立了 MM 资本结构理论的基本体系。MM 理论的提出奠定了西方现代资本结构理论的基础，使资本结构理论逐渐成为一种科学的理论。

在资本市场完善、利率一致、资本可以自由流通、预期报酬率相同的证券价格相同、不存在公司和个人所得税等一系列假定之下，MM 理论提出了两个重要命题：

命题Ⅰ：企业的总价值由预期的息税前利润按其适用的风险等级的折现率折现后决定，不论有无负债资本，只要预期的息税前盈余相等，处于同一风险等级的企业其总价值相等。也就是说，综合资本成本的高低由企业的经营风险决定，有负债的企业的综合资本成本与具有相同风险等级的未使用负债的企业的权益资本成本相等，企业的总价值不受资本结构的影响。

命题Ⅱ：有负债的企业的权益资本成本等于无负债的企业的权益资本成本加上风险报酬，而风险报酬的大小由负债融资程度与无负债的企业的权益资本成本和债务资本成本之差决定。有负债的企业的权益资本成本会随负债融资程度的上升而增加，但企业的总价值并不会随着负债的增加而上升，因为负债给企业带来的财务杠杆利益会被上升的权益资本成本所抵消。其结果是有负债的公司的综合资本等于无负债的公司的权益成本，企业的总价值不受资本结构的影响。

（五）权衡理论

MM 理论的根本缺陷在于假定资本市场是完善的，在考虑税收因素后，又过度地突出了负债的减税利益对提升企业价值的作用，忽视了由负债引起的财务风险可能给企业带来的成本或损失，这些成本或损失主要包括财务拮据成本和代理成本。

财务拮据成本是指负债引起的财务风险，使企业存在破产的可能性而产生的损失费用，包括直接破产费用和财务拮据的间接成本（如企业不得通过高利率借款清偿到期债务）。

与财务拮据成本一样，代理成本也会随着债务的增大而增大，并相应地降低企业价值。然而，财务拮据成本和代理成本与债务对权益的比率并不是一种线性关系，而是到了一定阶段之后就以递增的比率上升。其结果是，财务拮据成本和代理成本按加速的方式上升，由此抵消了一部分负债所产生的企业价值。负债对企业价值正反两方面的作用就形成了权衡理论的基本模型（图 5-8），这一模型揭示了负债的减税利益、财务拮据成本和代理成本对有负债企业价值的影响。

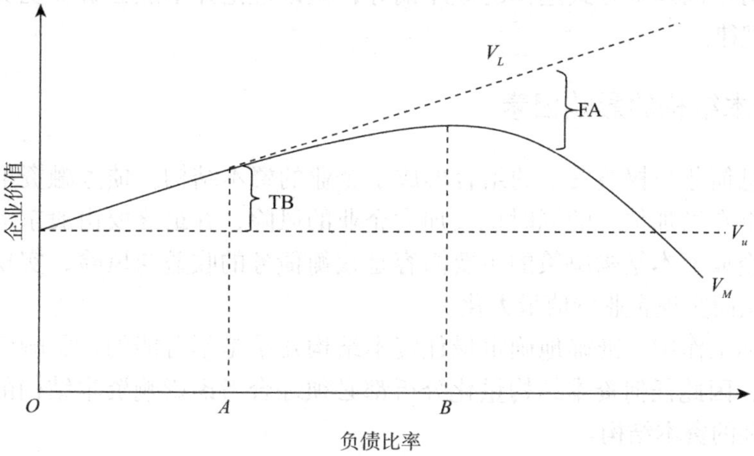

图 5-8 权衡理论下的企业价值模型及其与资本结构的关系

（六）优序融资理论

优序融资理论是当企业存在融资需求时，首先选择内源融资，其次选择债务融资，最后选择股权融资。优序融资理论解释了当企业内部现金流不足以满足净经营性长期资产总投资的资金需求时，更倾向于债务融资而不是股权融资。优序融资理论揭示了企业筹资时对不同筹资方式选择的顺序偏好。

优序融资理论是在信息不对称框架下研究资本结构的一个分析。这里的信息不对称，是指企业内部管理层通常要比外部投资者拥有更多更准确的关于企业的信息。在这种情况下，企业管理层的许多决策，如筹资方式选择、股利分配等，不仅具有财务上的意义，而且向市场和外部投资者传递着信息。外部投资者只能通过管理层的这些决策所传递出的信息了解企业未来收益预期和投资风险，间接地评价企业价值。企业债务比例或资本结构就是一种把内部信息传递给市场的工具。

在信息不对称的情况下，如果外部投资者掌握的关于企业资产价值的信息比企业管理层掌握的少，那么，企业权益的市场价值就可能被错误地定价。当企业股票价值被低估时，管理层将避免增发新股，而采取其他融资方式筹集资金，如内源融资或发行债券；而在企业股票价值被高估时，管理层将尽量通过增发新股为新项目融资，让新的股东分担投资风险。

既然投资者担心企业在发行股票或债券时价值被高估，经理人员在筹资时为摆脱利用价值高估进行外部融资的嫌疑，尽量以内源融资方式从留存收益中筹措项目资金。如果留存收益的资金不能满足项目资金需求，有必要进行外部融资时，在外部债务融资和股权融资之间总是优先考虑债务融资，这是因为投资者认为企业股票被高估的可能性超过了债券。因此，企业在筹集资本的过程中，遵循着先内源融资后外源融资的基本顺序。在需要外源融资时，按照风险程度的差异，优先考虑债务融资，不足时再考虑权益融资。

优序融资理论只是考虑了信息不对称与逆向选择行为对融资顺序的影响，解释了企业筹资时对不同筹资方式选择的顺序偏好，但该理论并不能够解释现实生活中所有的资本结构规律。

二、资本结构的影响因素

长期有息债务与权益资本的组合形成了企业的资本结构。债务融资虽然可以实现抵税收益，但在增加债务的同时也会加大企业的风险，并最终要由股东承担风险的成本。因此，企业资本结构决策的主要内容是权衡债务的收益与风险，实现合理的目标资本结构，从而实现企业价值最大化。

而在实际工作中，准确地确定最佳资本结构几乎是不可能的，影响资本结构的因素较为复杂，因此任何资本结构量化分析都必须综合考虑影响资本结构的各种因素来确定一个合理的资本结构。

影响企业资本结构的基本因素主要包括以下几个方面。

（1）企业销售的增长情况。预计销售的增长率，决定财务杠杆在多大程度上扩大每股收益。如果销售以较快的速度增长，使用具有固定利息费用的债务筹资，就会增加普通股的每股收益。销售的稳定性对资本结构也有重要影响。如果企业的销售比较稳定，则可较多地负担固定的利息费用；如果销售和盈利有周期性，则负担固定的利息费用将冒较大的财务风险。

（2）企业所有者和管理人员的态度。企业资本结构的决策最终是由股东和管理当局做出的，一个企业的股票如果被众多股东所持有，谁也没有绝对的控制权，这个企业可能会更多地采用发行股票的方式来筹集资金，因为企业股东并不担心控制权的旁落；反之，有的企业被少数股东所控制，股东们很重视控制权问题，企业为了保证少数股东的绝对控制权，一般尽量避免普通股筹资，而是采用优先股或负债方式筹资。管理当局对待风险的态度，也是影响资本结构的重要因素。如果管理当局喜欢冒险，可能会安排比较高的负债比例；反之，一些持稳健态度的管理人员则会使用较少的债务。

（3）贷款人和信用评级机构的影响。一般而言，企业管理当局往往会与贷款人和信用评级机构商讨企业的财务结构，并充分尊重他们的意见。大部分贷款人不希望企业的负债比例太大。如果企业坚持使用过多的债务，则贷款人可能拒绝贷款。同样，如果企业债务太多，信用评级机构可能会降低企业的信用等级，这样会影响企业的筹资能力，提高企业的资本成本。

（4）企业的财务状况。获利能力越强、财务状况越好、变现能力越强的企业，就越有能力负担财务上的风险。因而，随着企业变现能力、财务状况和营利能力的增进，举债筹资就越有吸引力。当然，有些企业因为财务状况不好，无法顺利发行股票，只好以高利率发行债券来筹集资金或根本就筹集不到资金。

（5）资产结构。资产结构会以多种方式影响企业的资本结构：①拥有大量固定资产的企业主要通过长期负债和发行股票筹集资金；②拥有较多流动资产的企业，更多地依赖流动负债来筹集资金；③资产适用于抵押贷款的企业举债金额较多，如房地产企业的抵押贷款就相当多；④以技术研究开发为主的企业则负债很少。

（6）所得税税率的高低。企业利用负债可以获得减税利益，因此所得税税率越高，负债的好处越多；反之，如果税率很低，则采用举债方式的减税利益就不十分明显。

（7）利率水平的变动趋势。如果企业管理当局认为利息率暂时较低，但不久的将来有可能上升，便会大量发行长期债券，从而在以后的若干年内把利率固定在较低水平上。

另外，企业所在的行业不同和企业规模的大小，也会影响企业的资本结构。企业管理当局，特别是财务管理人员应在认真分析以上各种因素对企业资本结构影响的基础上，根据经验来确定企业的资本结构。

三、资本结构决策的分析方法

适当利用负债可以降低公司资本成本，但当债务比率过高时，杠杆利益会被债务成本抵消，公司面临较大财务风险。因此，企业应该确定其最佳的债务比率（资本结构），使加权平均资本成本最低，企业价值最大。每个公司都处于不断变化的经营条件和外部经济环境中，使得确定最佳资本结构十分困难。资本结构决策分析有不同的方法，常用的方法有资本成本比较法与每股收益无差别点法。

（一）资本成本比较法

企业选择最优的资本结构，就是比较不同资本结构方案的综合资本成本。一般情况下，综合资本成本最低的资本结构就是企业最优的资本结构。采用资本成本比较法确定企业最优资本结构，可分为企业初始筹资和追加筹资两种情况进行说明。

1. 初始筹资时最优资本结构的确定

企业在初始筹资时，一般根据需要筹集的资本总额，选择采用多种筹资方式。不同筹资方式，其资本成本不同，通过确定不同的资本构成比例，可比较计算不同资本结构下的综合资本成本，综合资本成本最低的资本结构即最优的资本结构。

2. 追加筹资时最优资本结构的确定

追加筹资不仅引起企业资本总量的变化，还可能引起各种筹资方式资本成本的变化，尤其是在增加负债筹资时，由于财务风险的增大，投资者要求的投资报酬率也随之提高，这必然引起各种筹资方式资本成本的上升。

例 5-14 H 企业现有的经营规模需要长期资本 1 000 万元，该企业拟采用普通股、优先股和长期债券 3 种方式筹资。现有 3 种资本结构方案可供选择：

方案一：普通股占 40%，优先股占 30%，长期债券占 30%。

方案二：普通股占 50%，优先股占 10%，长期债券占 40%。

方案三：普通股占 60%，优先股占 20%，长期债券占 20%。

假定在上述3种筹资方案所涉及的负债范围内，普通股、优先股和长期债券的资本成本分别为 15%、13%和 8%。

为确定最优的资本结构，可分别计算 3 种筹资方案的综合资本成本如下：

方案一：$r_{\text{WACC}}^{A}=40\%\times15\%+30\%\times13\%+30\%\times8\%=12.3\%$。

方案二：$r_{\text{WACC}}^{B}=50\%\times15\%+10\%\times13\%+40\%\times8\%=12\%$。

方案三：$r_{\text{WACC}}^{C}=60\%\times15\%+20\%\times13\%+20\%\times8\%=13.2\%$。

通过比较不难发现，方案二的综合资本成本最低。因此，在适度的财务风险条件下，企业应按照方案二的各种资本比例筹集资金，由此形成的资本结构为相对最优的资本结构。

资本成本比较法仅以资本成本最低为选择标准，因测算过程简单，是一种比较便捷的方法。但这种方法只是比较了各种融资组合方案的资本成本，难以区别不同融资方案之间的财务风险因素差异，在实际计算中有时也难以确定各种融资方式的资本成本。

（二）每股收益无差别点法

当企业因扩大经营规模需要筹措长期资本时，一般可供选择的筹资方式有普通股融资、优先股融资与长期债务融资。前面财务杠杆原理解释了当企业选择具有固定性融资成本的融资方式时会存在杠杆效应，且财务杠杆系数越大，财务风险也越大。由于财务杠杆更多是关注息税前利润的变化程度引起每股收益变动的程度，主要应用于具有不同债务融资规模或比率方案的财务风险比较，显然相对于单纯比较资产负债率或产权比率等债务比率来判断财务风险具有更好的说服力。但如果想解决在某一特定预期盈利水平下的融资方式选择问题，特别是在长期债务融资与普通股融资之间进行选择时，因全部融资为普通股时不存在财务杠杆效应，可以运用每股收益无差别点法。每股收益无差别点为企业管理层解决在某一特定预期盈利水平下是否应该选择债务融资方式问题提供了一个简单的分析方法。

每股收益无差别点法是在计算不同融资方案下企业的每股收益相等时所对应的盈

利水平基础上，通过出较在企业预期盈利水平下的不同融资方案的每股收益，进而选择每股收益较大的融资方案。显然，基于每股收益无差别点法的判断原则是比较不同融资方式能否给股东带来更大的净收益。

无差别点的计算公式如下：

$$\text{EPS}=\frac{(\text{EBIT}-I_1)(1-T)-\text{PD}_1}{N_1}=\frac{(\text{EBIT}-I_2)(1-T)-\text{PD}_2}{N_2}$$

其中，EBIT 为每股收益无差别时的息税前利润；I_i为第 i 年年利息支出；T 为企业所得税税率；PD_i为第 i 年支付的优先股股利；N 为筹资后流通在外的普通股股数。

例 5-15　某公司目前的资本来源包括每股面值 1 元的普通股 800 万股和平均利率为 10%的 3 000 万元债务。该公司现在拟投产一个新产品，该项目需要投资 4 000 万元，预期投产后每年可增加息税前利润 400 万元。该项目备选的筹资方案有 3 个：

方案Ⅰ：按 11%的利率发行债券；

方案Ⅱ：按面值发行股利率为 12%的优先股；

方案Ⅲ：按 20 元/股的价格增发普通股。

该公司目前的息税前利润为 1 600 万元；公司适用的所得税率为 25%；证券发行费可忽略不计。要求如下：

（1）计算增发普通股和债券筹资的每股收益无差别点（用息税前利润表示，下同），以及增发普通股和优先股筹资的每股收益无差别点，并判断用哪种融资方式。

（2）如果新产品可提供 1 000 万元或 4 000 万元的新增息税前利润，在不考虑财务风险的情况下，公司应选择哪一种筹资方式？

假设增发普通股和债券筹资的每股收益无差别点为 EBIT，则：

$$\frac{(\text{EBIT}-3\,000\times10\%)\times(1-25\%)}{800+(4\,000/20)}=\frac{(\text{EBIT}-3\,000\times10\%-4\,000\times11\%)\times(1-25\%)}{800}$$

求得 EBIT=2 500（万元）

假设增发普通股和优先股筹资的每股收益无差别点为 EBIT，则：

$$\frac{(\text{EBIT}-3\,000\times10\%)\times(1-25\%)}{800+(4\,000/20)}=\frac{(\text{EBIT}-3\,000\times10\%)\times(1-25\%)-4\,000\times12\%}{800}$$

求得 EBIT=3 500（万元）

由于融资后预计的息税前利润为 2 000 万元（1 600+400），小于无差别的息税前利润 2 500 万元，应该选择长期债务融资。但如果新增息税前利润为 1 000 万元，则融资后预计的息税前利润 2 600 万元（1 600+1 000）大于无差别的息税前利润 2 500 万元，应该选择普通股融资；如果新增息税前利润为 4 000 万元，则融资后预计的息税前利润 5 600 万元（1 600+4 000）大于无差别的息税前利润 3 500 万元，应该选择普通股融资。

每股收益无差别点为企业管理层解决在某一特定预期盈利水平下是否应该选择债务融资方式问题提供了一个简单的分析方法。显然，这种方法侧重于对不同融资方式下的每股收益进行比较，但预期盈利水平与每股收益无差别点所对应的盈利水平之间的距离不同，反映的状态稳定性也不同。

（三）企业价值比较法

以上我们以每股收益的高低作为衡量标准对筹资方式进行了选择。这种方法的缺陷在于没有考虑风险因素。从根本上讲，财务管理的目标在于追求企业价值的最大化或股价最大化。然而，只有在风险不变的情况下，每股收益的增长才会直接导致股价上升。实际上，经常是随着每股收益的增长，风险也加大。如果每股收益的增长不足以补偿风险增加所需的报酬，尽管每股收益增加了，股价仍然会下降。所以说到底，企业的最佳资本结构应当是可使企业的总价值最高，而不一定是每股收益最大的资本结构。同时，在企业总价值最大的资本结构下，企业的资本成本也是最低的。

衡量企业价值的一种合理的方法如下：企业的市场价值 V 等于其股票的市场价值 S 加上长期债务的价值 B 加上优先股的价值 P，即

$$V=S+B+P$$

为简化起见，设长期债券和优先股的市场价值等于它的面值。股票的市场价值可通过下式计算：

$$S=\frac{(\mathrm{EBIT}-I)(1-T)-\mathrm{PD}}{r_s}$$

其中，EBIT 为息税前利润；I 为年利息额；T 为公司所得税税率；r_s 为权益资本成本；PD 为优先股股息。

r_s 采用资本资产定价模型计算：

$$r_s=r_{\mathrm{RF}}+\beta(r_m-r_{\mathrm{RF}})$$

企业的资本成本则应采用加权平均资本成本 r_{WACC} 来表示，在不考虑优先股的情况下，公式为

$$r_{\mathrm{WACC}}=r_d(1-T)\times\frac{B}{V}+r_s\times\frac{S}{V}$$

其中，r_d 为税前债务资本成本。

例 5-16 某公司年息税前利润为 500 万元，资金全部由普通股资金构成，股票账面价值 2 000 万元，假设所得税税率为 40%。该公司认为目前的资本结构不够合理，准备用发行债券购回部分股票的办法予以调整。经咨询调查，目前的债务利率和权益资本的成本情况如表 5-10 所示。

表 5-10 不同债务水平对企业债务成本和权益资本成本的影响

债券的市场价值 B/ $\times10^6$ 元	税前债务资本 r_d	股票 β 值	无风险报酬率 r_{RF}	平均风险股票必要报酬率 r_m	权益资本成本 r_s
0	—	1.20	10%	14%	14.8%
2	10%	1.20	10%	14%	15%
4	10%	1.30	10%	14%	15.2%
6	12%	1.40	10%	14%	15.6%
8	14%	1.55	10%	14%	16.2%
10	16%	2.10	10%	14%	18.4%

根据表 5-10 中的资料，运用公式即可算出筹借不同金额的债务时公司的价值和资本成本，如表 5-11 所示。

表 5-11 公司市场价值和资本成本

债券的市场价值 B/ $\times10^6$元	股票的市场价值 S/ $\times10^6$元	公司的市场价值 V/ $\times10^6$元	税前债务资本 r_d	权益资本成本 r_s	综合资本成本 r_{WACC}
0	20.27	20.27	—	14.8%	14.80%
2	19.20	21.20	10%	15%	14.15%
4	18.16	22.16	10%	15.2%	13.54%
6	16.46	22.46	12%	15.6%	13.36%
8	14.37	22.37	14%	16.2%	13.41%
10	11.09	21.09	16%	18.4%	14.23%

从表 5-11 中可以看到，在没有债务的情况下，公司的总价值就是其原有股票的市场价值。当公司用债务资金部分地替换权益资金时，刚开始公司总价值上升综合资本成本下降。在债务达到 600 万元时，公司总价值最高，综合资本成本最低。债务超过 600 万元后，公司总价值下降，综合资本成本上升。因此，债务为 600 万元时的资本结构是该公司的最佳资本结构。

第四节 融资方式与融资渠道

一、债务融资

长期负债是指偿还期在 1 年或一个营业周期以上的债务，主要有长期借款、应付债券、长期应付款等。长期负债与流动负债相比，具有数额较大、偿还期限较长的特点。目前，在我国，长期债务融资主要有长期借款、长期债券、融资租赁等方式。

（一）长期借款

长期借款是指企业向银行或其他金融机构借入的期限在 1 年以上（不含 1 年）的各项借款。

长期借款筹资的优缺点：

1. 长期借款的优点

长期借款是企业经常采用的一种筹资方式。它有以下优点。

（1）筹资速度快。发行各种证券筹集资金所需时间一般较长。做好证券发行的准备，如印制证券、申请批准、证券发行等都需要一定时间。而银行借款与发行证券相比，一般所需时间较短，可以迅速地获取资金。

（2）筹资成本低。利用银行借款所支付的利息比发行债券所支付的利息要低，比发行普通股的资本成本低，另外，无须支付大量的发行费用。

（3）借款弹性好。企业与银行可以直接接触，可通过当面商谈确定借款的时间、数额和利率。在借款期间，如果企业情况发生变化可与银行进行协商，修改借款的数量和条件。借款到期后，如有正当理由还可延期归还。

2. 长期借款的缺点

（1）财务风险较大。企业向银行借款，必须定期还本付息，在经营状况不佳时，可能产生不能偿付的风险，甚至导致破产。

（2）限制条件较多。企业与银行签订的借款合同中，一般都有一些限制条款，如不准改变借款用途、限制企业借入其他长期资金等，这些条款可能会妨碍企业的筹资、投资活动。

（3）筹资数额有限。银行一般不愿借出巨额的长期借款，因此银行借款不像发行股票、债券那样可以一次筹集到大笔资金。

（二）长期债券

企业债券又称公司债券，是企业依照法定程序发行的、约定在一定期限内还本付息的有价证券，是持券人拥有公司债权的证书。它代表持券人同公司之间的债权债务关系。本节所讲的债券指的是企业发行的期限超过1年的公司债券，主要用于一些期限较长的建设项目的建设资金。

1. 债券发行

企业发行债券的方式按发售过程分为直接募集和间接募集。直接募集是指由债券发行者直接在市场上经办一切发行业务，承办债券发行的具体手续。而间接募集则是指以银行和其他证券经营机构为媒介发行债券，由它们包销或助销全部债券。银行和其他证券经营机构具有发行债券的丰富经验，发行债券影响大，筹集资金速度快，效果较好。按募集对象可将企业发行债券的方式分为私募发行和公募发行。私募发行是企业以特定的少数投资者为对象发行债券，而公募发行则是在证券市场上以非特定的广大投资者为对象公开发行债券。

2. 决定债券发行价格的基本因素

债券发行价格的高低取决于以下四项因素。

（1）债券面值。债券售价的高低从根本上取决于面值大小，面值是企业将来归还的数额，而售价是企业现在收到的数额。如果不考虑利息因素，从资金时间价值考虑，企业应按低于面值的售价出售，即按面值进行贴现收取债券价款。

（2）票面利率。债券利息是企业在债券发行期内付给债券购买者的，票面利率越高，则售价也越高。

（3）市场利率。市场利率是衡量票面利率高低的参照指标，市场利率越高，债券售价越低。

（4）债券期限。债券发行的起止日期越长，则风险越大、售价越低。

3. 债券发行价格的确定

企业债券通常是按债券的面值出售的，称为平价发行，但是在实践中往往要按低于或高于债券面值的价格出售，即折价发行或溢价发行。这是因为票面利率是参照市场利率制定的，市场利率经常变动，而票面利率一经确定就不能变更。在从决定债券发行、开印到债券发售的期间，如果市场利率较前有变化，就要依靠调整发行价格（折价或溢价）调节债券购销双方的利益。

从资金时间价值来考虑，债券的发行价格由两部分组成：①债券到期还本面额的现值；②债券各期利息的年金现值。计算公式如下：

$$\text{债券售价}=\frac{\text{债券面值}}{(1+\text{市场利率})^n}+\sum_{t=1}^{n}\frac{\text{债券面值}\times\text{票面利率}}{(1+\text{市场利率})^t}$$

其中，n 为债券期限；t 为付息期数；市场利率为债券发售时的市场利率。

例 5-17　某企业发行面值为 1 000 元的债券，债券票面利率为 10%，每年末付息一次，5 年到期。债券发售时市场利率有以下 3 种情况。

1）市场利率与票面利率一致（平价发行）

该企业决定发行债券时是根据市场利率 10%确定票面利率的，到债券出售时，如市场利率没有变化，即与票面利率一致，则可按面值出售债券。债券发行价格可计算如下：

$$\frac{1\,000}{(1+10\%)^5}+\sum_{t=1}^{5}\frac{1\,000\times10\%}{(1+10\%)^t}=1\,000\times0.621+100\times3.791=1\,000(\text{元})$$

这就是说，该企业到期还本的现值和每年支付利息的现值合计为 1 000 元，所以债券出售应得 1 000 元。

2）市场利率高于票面利率（折价发行）

如债券出售时市场利率上升到 12%，而此种上升又是合理的，若按票面利率 10%付给债权人利息，债权人就要受到损失，因此要使债券出售价格低于面值，给债权人以补偿。这时，债券发行价格可计算如下：

$$\frac{1\,000}{(1+10\%)^5}+\sum_{t=1}^{5}\frac{1\,000\times10\%}{(1+12\%)^t}=1\,000\times0.567+100\times3.605=927.50(\text{元})$$

这就是说，按市场现行利率 12%计算，该企业到期还本的现值和每年支付利息的现值合计为 927.50 元，所以债券发行价格应降为 927.50 元。

3）市场利率低于票面利率（溢价发行）

如债券出售时市场利率下降到 8%，而此种下降又是合理的，若按票面利率 10%付给债权人利息，企业就要受到损失，因此要使债券出售价格高于面值，给企业以补偿，这时，债券发行价格可计算如下：

$$\frac{1000}{(1+8\%)^5}+\sum_{t=1}^{5}\frac{1\,000\times10\%}{(1+8\%)^t}=1\,000\times0.681+100\times3.993=1\,080(\text{元})$$

这就是说，按市场现行利率 8%计算，该企业到期还本的现值和每年支付利息的现值合计为 1 080 元，所以债券发行价格应升为 1 080 元。

4. 发行债券筹资的优缺点

1）债券筹资的优点

发行企业债券是企业筹集借入资金的重要方式。其优点主要包括以下几个方面。

（1）资本成本较低。债券的利息通常比股票的股利要低，而且债券的利息按规定是在税前支付，发行公司可享受减税利益，故企业实际负担的债券成本明显低于股票成本。

（2）具有财务杠杆效应。债券成本固定，不论企业盈利多少，债券持有人只收取固定的利息，而更多的利润可分配给股东，增加其财富，或留归企业用以扩大经营。

（3）可保障控制权。债券持有人无权参与公司的管理决策，企业发行债券不会像增发新股票那样可能分散股东对公司的控制权。

2）债券筹资的缺点

（1）财务风险高。债券有固定的到期日并需定期支付利息。利用债券筹资要承担还本付息的义务。在企业经营不景气时，向债券持有人还本付息无异于釜底抽薪，会给企业带来更大困难，甚至导致企业破产。

（2）限制条件多。发行债券的契约书中往往规定一些限制条款。这种限制比优先股及长期借款要严得多，这可能会影响企业的正常发展和以后的筹资能力。

（3）筹资额有限。利用债券筹资在数额上有一定限度，当公司的负债超过一定程度后，债券筹资的成本会迅速上升，有时甚至难以发行出去。

（三）融资租赁

1. 融资租赁和经营租赁

企业资产的租赁按其性质有经营租赁和融资租赁两种。

（1）经营租赁是由租赁公司在短期内向承租人提供设备并提供维修、保养、人员培训等的一种服务性业务，又称服务性租赁。承租单位支付的租赁费除租金外还包括维修、保养、人员培训等费用，经营租赁所付的租赁费可在成本中列支。经营租赁的主要目的是解决企业短期、临时的资产需求问题，但从企业不必先付款购买设备即可享有设备使用权来看，也有短期筹资的作用。

经营租赁的特点主要有：①租赁期较短，一般短于资产有效使用期的一半；②设备的维修、保养由租赁公司负责；③租赁期满或合同终止后，出租资产由租赁公司收回。经营租赁比较适用于租用技术过时较快的生产设备。

（2）融资租赁是由租赁公司按承租单位要求出资购买设备，在较长的契约或合同期内提供给承租单位使用的信用业务。一般借贷的对象是资金，而融资租赁的对象是实物，融资租赁是融资与融物相结合、带有商品销售性质的借贷活动，是企业筹集资金的一种方式。

按照我国的会计准则，满足以下一项或数项标准的租赁属于融资租赁：在租赁期届满时，租赁资产的所有权转移给承租人；承租人有购买租赁资产的选择权，所订立的购买价格预计将远低于行使选择权时租赁资产的公允价值，因而在租赁开始日就可以合理确定承租人将会行使这种选择权；租赁期占租赁资产可使用年限的大部分（通常解释为等于或大于 75%）；租赁开始日最低租赁付款额的现值几乎相当于（通常解释为等于或大于 90%）租赁开始日租赁资产的公允价值；租赁资产性质特殊，如果不做重新改制，只有承租人才能使用。除融资租赁以外的租赁，全部都归入经营租赁。

2. 融资租赁租金的计算

1）租金的支付方式

租金的支付方式也影响每期租金的多少，一般而言，租金支付次数越多，每次的支付额越小。支付租金的方式通常有如下几种。

（1）按支付间隔期长短分为年付、半年付、季付和月付。

（2）按在期初和期末支付分为先付和后付。

（3）按每次是否等额支付分为等额支付和不等额支付。

实务中，承租人与租赁公司商定的租金支付方式大多为后付等额年金。

2）确定租金的方法

租金的计算方法很多，我国融资租赁实务中大多采用平均分摊法和等额年金法。

（1）平均分摊法。平均分摊法是先以商定的利息率和手续费率计算出租赁期间的利息和手续费，然后连同设备成本按支付次数平均计算。这种方法没有充分考虑资金时间价值因素。每次应付租金的计算公式可列示如下：

$$R=\frac{(C-S)+I+F}{N}$$

其中，R 为每次支付的租金；C 为租赁设备购置成本；S 为租赁设备预计残值：I 为租赁期间利息：F 为租赁期间手续费；N 为租期。

例 5-18 某企业于 2000 年 1 月 1 日从租赁公司租入一套设备，价值 100 000 元，租期为 5 年，预计租赁期满时的残值为 6 000 元，归租赁公司，年利率按 9%计算，租赁手续费率为设备价值的 2%。租金每年年末支付一次。租赁该套设备每次支付的租金可计算如下：

$$\frac{100\,000-6\,000+\left[100\,000\times(1+9\%)^{5}-100\,000\right]+100\,000\times 2\%}{5}=29\,972\text{（元）}$$

（2）等额年金法。等额年金法是运用年金现值的计算原理计算每期应付租金的方法。在这种方法下，通常要根据利率和手续费率确定一个租费率，作为贴现率。

后付租金的计算。后付年金的计算公式如下：

$$\text{PVA}_0=A\times\text{PVIFA}_{i,n}$$

经推导，可求得后付租金方式下每年年末支付租金数额的计算公式如下：

$$A=\text{PVA}_0\div\text{PVIFA}_{i,n}$$

其中，A 为年金，即每年支付的租金；PVA_0 为年金现值，即等额租金现值；PVIFA 为年金现值系数；n 为支付租金期数；i 为租费率。

例 5-19 根据前例资料，假定设备残值归属承租企业，租费率为 11%。则承租企业每年年末支付的租金计算如下：

$$100\,000\div\text{PVIFA}_{11\%,5}=100\,000\div 3.696=27\,056\text{（元）}$$

先付租金的计算。根据先付年金现值的公式：

$$\mathrm{PVA}_0 = A \times \mathrm{PVIFA}_{i,n-1} + A = A \times \left(\mathrm{PVIFA}_{i,n-1} + 1\right)$$

得出先付等额租金的计算公式为

$$A = \mathrm{PVA}_0 \div \left(\mathrm{PVIFA}_{i,n-1} + 1\right)$$

例 5-20　若例 5-18 采用先付等额租金方式，则每年年初支付的租金可计算如下：

$$A = 100\,000 \div \left(\mathrm{PVIFA}_{11\%,4} + 1\right) = 100\,000 \div (3.102 + 1) = 24\,378\text{（元）}$$

融资租赁不同于经营租赁，其租赁费不能计入成本，通常要先列为长期应付款，然后分期支付。企业融资租入的固定资产应同企业自有资产一样计提折旧。

3. 租赁的决策分析

财务管理主要从融资角度研究租赁，把租赁视为一种融资方式，无论经营租赁还是融资租赁都是“租赁融资”。如果租赁融资比其他融资方式更有利，则应优先考虑租赁融资。

财务管理主要研究承租人的决策分析（出租人的租赁分析是投资学的研究内容）。

1）租赁分析的主要程序

租赁分析的主要程序如下：

（1）分析是否应该取得一项资产。这是租赁分析的前置程序。承租人在决定是否租赁一项资产之前，先要判断该项资产是否值得投资。这一决策通过常规的资本预算程序完成。通常，确信投资于该资产有正的净现值之后才会考虑如何筹资问题。

（2）分析公司是否有足够的现金用于该项资产投资。通常，运行良好的公司没有足够的多余现金用于固定资产投资，需要为新的项目筹资。

（3）分析可供选择的筹资途径。筹资的途径包括借款和发行新股等。租赁是可供选择的筹资途径之一。租赁和借款对于资本结构的影响类似，1 元的租赁等于 1 元的借款。如果公司拟通过借款筹资，就应分析借款和租赁哪个更有利。

（4）利用租赁分析模型计算租赁净现值。根据财务的基本原理，为获得同一资产的两个方案，现金流出的现值较小的方案是好方案。如果租赁方式取得资产的现金流出的总现值小于借款筹资，则租赁有利于增加股东财富。因此，租赁分析的基本模型如下：

租赁净现值 = 租赁的现金流量总现值 − 借款购买的现金流量总现值

应用该模型的主要问题是预计现金流量和估计折现率。预计现金流量包括：①预计借款筹资购置资产的现金流；②与可供选择的出租人讨论租赁方案；③判断租赁的税务性质；④预计租赁方案的现金流。估计折现率是个有争议的复杂问题，实务中大多采用简单的解决办法，即采用有担保债券的税后利率作为折现率，它比无风险利率稍微高一些。

（5）根据租赁净现值及其他非计量因素，决定是否选择租赁。

2）租赁分析的折现率

估计折现率是个有争议的复杂问题。从原则上说，折现率应当体现现金流量的风险，租赁涉及的各种现金流风险并不同，应当使用不同的折现率。

（1）租赁费的折现率。租费定期支付，类似债券的还本付息，折现率应采用类似债务的利率。租赁资产的法定所有权属于出租人，如果承租人不能按时支付租赁费，出租人可以收回租赁资产，所以承租人必然尽力按时支付租赁费。租赁费现金流的不确定性很低。租赁资产就是租赁融资的担保物，租赁费现金流和有担保借款在经济上是等价的。因此，租赁费现金流的折现率应采用有担保债券的利率，它比无风险利率稍微高一些。

（2）折旧抵税额的折现率。使用折旧额乘以所得税税率计算折旧抵税额，隐含了一个假设，就是全部折旧抵税额均有足够的应税所得用于抵税，并且公司适用的税率将来不会变化。实际上经营总有不确定性，有些公司的盈利水平很低，没有足够的应税所得用于折旧抵税，适用税率也可能有变化。因此，折旧抵税额的风险比租金大一些，折现率也应高一些。

（3）期末资产余值的折现率。通常认为，持有资产的经营风险大于借款的风险，因此期末资产余值的折现率要比借款利率高。多数人认为，资产余值应使用项目的必要报酬率，即加权平均资本成本作为折现率。

对每一种现金流使用不同的折现率，会提高分析的合理性，也会增加其复杂性。除非租赁涉及的金额巨大，在实务中的惯例是采用简单的办法，就是统一使用有担保债券的利率作为折现率。与此同时，对于折旧抵税额和期末资产余值进行比较谨慎的估计，即根据风险大小适当调整预计现金流量。

3）租赁决策对投资决策的影响

在前面的租赁分析中，我们把资产的投资决策和筹资决策分开考虑，并假设该项投资本身有正的净现值。这种做法通常是可行的，但并不全面。有时一个投资项目按常规筹资有负的净现值，如果租赁的价值较大，抵补常规分析负的净现值后还有剩余，则采用租赁筹资可能使该项目更具有投资价值。经过租赁净现值调整的项目净现值，称为“调整净现值”。

项目的调整净现值＝项目的常规净现值+租赁净现值

例 5-21　甲公司是一家制造业企业，产品市场需求处于上升阶段，为增加产能，公司拟于 2018 年年初添置一台设备。有两种方案可供选择：

方案一：自行购置。预计设备购置成本 1 600 万元，按《中华人民共和国税法》规定，该设备按直线法计提折旧，折旧年限 5 年，净残值率 5%，预计该设备使用 4 年，每年年末支付维护费用 16 万元，4 年后变现价值 400 万元。

方案二：租赁。甲公司租用设备进行生产，租赁期4年，设备的维护费用由提供租赁服务的公司承担，租赁期内不得撤租，租赁期届满时设备所有权不转让，租赁费总计1 480万元，分4年偿付，每年年初支付30万元。甲公司的企业所得税税率为25%，税前有担保的借款利率为 8%。

要求：

（1）计算方案一的初始投资额、每年折旧抵税额、每年维护费用税后净额、4 年后设备变现税后净额，并计算考虑货币时间价值的平均年成本。

初始投资额＝1 600（万元）

每年折旧＝（1 600−1 600×5%）/5=304（万元）

每年折旧抵税额＝304×25%＝76（万元）

每年维护费用税后净额＝16×（1−25%）＝12（万元）

4 年后账面价值＝1 600−304×4＝384（万元）

4 年后设备变现税后净额＝400−（400−384）×25%＝396（万元）

税后有担保的借款利率＝8%×（1−25%）=6%

现金流出总现值＝1 600+（−76+12）×（P/A，6%，4）=307.22（万元）

（2）判断租赁性质，计算方案二的考虑货币时间价值的平均年成本。

租赁期占租赁资产可使用年限=4/5=80%，大于 75%，因此属于融资租赁。

每年折旧＝（1 480−1 480×5%）/5＝281.2 （万元）

每年折旧抵税额＝281.2×25%＝70.3（万元）

4 年后账面价值＝1 480−281.2×4＝355.2（万元）

4 年后设备变现税后净额＝355.2×25%＝88.8（万元）

现金流出总现值＝370×（P/A，6%，4）×（1+6%）−70.3×（P/A，6%，4）−88.8×（P/F，6%，4）

=1 045.08（万元）

平均年成本＝1 045.08/（P/A，6%，4）＝301.60（万元）

（3）比较方案一和方案二的平均年成本，判断甲公司应选择方案一还是方案二。

方案一的平均年成本大于方案二的平均年成本，因此甲公司应选择方案二。

4. 租赁筹资的优缺点

1）租赁筹资的优点

（1）能迅速获得所需资产。融资租赁集融物与融资于一身，一般要比先筹措现金再购置设备来得更快，可使企业尽快形成生产经营能力。

（2）租赁筹资限制较少。企业运用股票、债券、长期借款等筹资方式都会受到相当多的资格条件限制，相比之下，租赁筹资的限制条件很少。

（3）免遭设备陈旧过时的风险。随着科学技术的不断进步，设备陈旧过时的风险很高，而多数租赁协议规定由出租人承担，承租企业可免遭这种风险。

（4）到期还本负担轻。全部租金在整个租期内分期支付，可降低不能偿付的危险。许多借款在到期日一次偿还本金，往往给财务基础薄弱的公司造成相当大的困难，有时会形成不能偿付的风险。

（5）税收负担轻。租金可在所得税前扣除，具有抵免所得税的效用。

（6）租赁可提供一种新的资金来源。采用租赁方式可使企业在资金不足而又急需设备时，不付出大量资金就能得到所需的设备。这种“借鸡生蛋，卖蛋还钱”的办法有较高的经济效益。

2）租赁筹资的缺点

租赁筹资的主要缺点是资本成本高。其租金通常比向银行借款或发行债券所负担的利息高得多，而且租金总额通常要高于设备价值的 30%，承租企业在财务困难时期支付固定的租金也将构成一项沉重的负担，另外，采用租赁筹资方式如不能享有设备残值，也将视为承租企业的一种机会损失。

二、股权融资

股权融资是指企业的股东愿意让出部分企业所有权，通过企业增资的方式引进新的股东的融资方式，总股本同时增加。其出资人是企业的所有者，拥有对企业的所有权，企业可以独立支配其所占有的财产，拥有出资者投资形式的全部法人财产权。股权融资主要有吸收直接投资、发行股票、企业内部积累等。

（一）吸收直接投资

吸收直接投资是指企业按照“共同投资、共同经营、共担风险、共享利润”的原则吸收国家、企业单位、个人、外商投入资金的一种筹资方式。吸收直接投资和发行股票都是向企业外部筹集资金的方式，发行股票有股票这种有价证券作为中介，而吸收直接投资则不以证券为中介。吸收直接投资是非股份制企业筹集自有资金的基本方式。

1. 吸收直接投资的种类

企业通过吸收直接投资方式筹集的资金主要有以下 4 种。

（1）吸收国家投资，主要是国家财政拨款，由此形成国家资本金。

（2）吸收企业、事业等法人单位的投资，由此形成法人资本金。

（3）吸收城乡居民和企业内部职工的投资，由此形成个人资本金。

（4）吸收外国投资者和我国港、澳、台地区投资者的投资，由此形成外商资本金。

2. 吸收直接投资中的出资形式

吸收直接投资中投资者主要采用以下形式向企业投资。

（1）现金投资。用货币资金对企业投资是直接投资中重要的出资形式。企业有了货币资金，可以购买各种生产资料，支付各种费用，有很大的灵活性，因此，企业要争取投资者尽可能采用现金方式投资。外国公司法或投资法对现金投资在资本总额中的份额一般有规定，我国《有限责任公司规范意见》的有关规定，货币出资额不得少于公司法定注册资本最低限额的 50%，但目前尚无普遍性的规定，其他各种组织形式的企业则需在投资过程中由出资各方协商确定。

（2）实物投资。实物投资是指以房屋、建筑物、设备等固定资产和材料、燃料、商品等流动资产所进行的投资。实物投资应符合以下条件：①符合企业生产、经营、科研开发等的需要。②技术性能良好。③作价公平合理。投资实物的价格可以由出资各方协商确定，也可以聘请专业资产评估机构评估确定。

（3）工业产权和非专利技术投资。工业产权通常是指商标权、专利权和商誉，工业产权、非专利技术加上土地使用权构成我国企业主要的无形资产。各种先进的技术经过一定时期总是要陈旧老化的，其价值则不断降低以至丧失。因此在吸收此项投资时要进行周密的可行性研究，分析其先进性、效益性和技术更新的速度并合理作价，以免吸收以后在短期内就发生明显的贬值。根据《企业财务通则》的有关规定，企业吸收的无形资产（不包括土地使用权）的出资额一般不得超过注册资本的20%。

（4）土地使用权投资。土地使用权是指土地经营者对依法取得的土地在一定期限内有进行建筑、生产或其他活动的权利。土地使用权具有相对的独立性，在土地使用权存续期间，包括土地所有者在内的其他任何人和单位，都不能任意收回土地和非法干预使用权人的经营活动。使用权人依法可用土地使用权进行投资。

3. 吸收直接投资的优缺点

吸收直接投资是我国企业筹资中最早采用的一种方式，也曾是我国国有企业、集体企业、合资或联营企业普遍采用的筹资方式。

吸收直接投资的优点主要包括以下几个方面。

（1）吸收直接投资所筹的资金属于企业的自有资金，与借入资金相比较，它能提高企业的资信和借款能力。

（2）吸收直接投资不仅可以筹取现金，而且能够直接获得所需的先进设备和技术，与仅筹取现金的筹资方式相比较，它能尽快地形成生产经营能力。

（3）吸收直接投资的财务风险较低。

吸收直接投资的缺点主要包括以下几个方面。

（1）吸收直接投资通常资本成本较高。

（2）吸收直接投资由于没有证券作为媒介，产权关系有时不够明晰，也不便于产权的交易。

（二）发行股票

股票是股份公司为筹集自有资金而发行的有价证券，是持股人拥有公司股份的入股凭证。它证明持股人在股份公司中拥有的所有权。股票持有者为公司的股东。股东按照企业组织章程参加或监督企业的经营管理，分享红利，并依法承担以购股额为限的企业经营亏损的责任。

1. 股票的种类

公司发行的股票种类很多，可按不同标准进行分类。

1）股票按股东权利和义务的不同分为普通股和优先股

普通股是公司发行的具有管理权而股利不固定的股票。普通股符合一般股权的基本标准，是公司资本结构中基本的部分。普通股的最大特点是股利不固定，随着公司盈利的多少而起伏。普通股在权利义务方面的特点如下：①普通股股东对公司有经营管理权。在股东大会上有表决权，可以选举董事会，从而实现对公司的经营管理。②普通股股利分配在优先股分红之后进行，股利多少取决于公司的经营情况。③公司解散、破产时，普通股股东的剩余财产求偿权位于公司各种债权人和优先股股东之后。④在公司增发新股时有认股优先权，可以优先购买新发行的股票。

优先股是较普通股有某些优先权利同时也有一定限制的股票。其优先权利表现在：①优先获得股利。优先股股利的分发通常在普通股之前，其股利率是固定的。②优先分配剩余财产。当公司解散、破产时，优先股的剩余财产求偿权虽位于债权人之后，但位于普通股之前。优先股股东在股东大会上无表决权，在参与公司经营管理上受到一定限制，仅对涉及优先股权利的问题有表决权。优先股属于主权资金，优先股股东的权利与普通股股东有相似之处，两者股利都是在税后利润中支付，而不能像债券利息那样在税前列支，同时优先股又具有债券的某些特征。

2）股票按票面有无记名分为记名股票和无记名股票

记名股票在票面上载有股东姓名并将股东姓名记入公司股东名册。对记名股票要附发股权手册，股东只有同时具备股票和股权手册才能领取股利。记名股票的转让、继承要办理过户手续。

无记名股票在票面上不记载股东姓名，公司也要设置股东名册，记载股票的数量、编号和发行日期。持有无记名股票的人就成为公司的股东。无记名股票的转让、继承无须办理过户手续，只要买卖双方办理交割手续，就可完成股权的转移。

根据《中华人民共和国公司法》的有关规定，公司向发起人、国家授权投资的机构、法人发行的股票应当为记名股票。对社会公众发行的股票可以为记名股票，也可以为无记名股票。

3）股票按票面是否标明金额分为面值股票和无面值股票

面值股票是指一种带有指定的票面价值的股票，每股的面值都是由公司章程规定的。持有这种股票的股东，对公司享有的权利和承担的义务大小，依其所持有的股票票面金额占公司发行在外股票总面值的比例而定。在我国上海和深圳证券交易所流通的股票的面值一般为每股 1 元。（例外有紫金矿业集团股份有限公司的股票面值为 0.1 元和洛阳栾川钼业集团股份有限公司股票面值为 0.2 元）。

无面值股票不标明每张股票的面值，而仅将企业资金分为若干股份，在股票上载明股数。在企业经营过程中，股份的实际价值与股票发行时的价值往往不一致，只要根据股票股数即可确定股份的实际价值（但每股的发行价值仍需固定）。

4）股票按投资主体的不同分为国家股、法人股、个人股和外资股

国家股为有权代表国家投资的部门或机构以国有资产向公司投资形成的股份。国家股由国务院授权的部门或机构及根据国务院的决定由地方人民政府授权的部门或机构持有，并委派股权代表。

法人股为企业法人以其依法可支配的资产向公司投资形成的股份，或具有法人资格的事业单位和社会团体以国家允许用于经营的资产向公司投资形成的股份。

个人股为社会个人或本公司职工以个人合法财产投入公司形成的股份。

外资股为外国投资者和我国香港、澳门、台湾地区投资者以购买人民币特种股票形式向公司投资形成的股份。

5）股票按发行对象和上市地点分为 A 股、B 股、H 股、N 股和 S 股

A 种股票即人民币普通股票。它由我国境内的公司发行，供境内机构、组织和个人以人民币认购和交易，不向外国和我国港、澳、台地区的投资者出售。

B 种股票即人民币特种股票。它以人民币标明面值，以外币认购并进行交易，在境

内（上海、深圳）证券交易所上市交易。它的投资人限于外国和我国港、澳、台地区的机构、组织和个人，定居在国外的中国公民，中国证券监督管理委员会规定的其他投资人。

H 股是注册地在内地、上市地在中国香港地区以人民币标明面值、供境外投资者用外币认购的股票。取中国香港地区英文名称 Hong Kong 字首，在中国香港地区上市外资股就标为 H 股。以此类推，在美国纽约和新加坡上市的外资股股票就分别称为 N 股和 S 股。

2. 股票的发行方式及推销方式

1）股票发行方式

（1）公开间接发行。公开间接发行股票，是指股份公司通过中介机构向社会公众公开发行股票。采用募集设立方式成立的股份有限公司，向社会公开发行股票时，必须由有资格的证券经营中介机构，如证券公司、信托投资公司等承销。这种发行方式的发行范围广、发行对象多，易于足额筹集资本。公开发行股票，同时还有利于提高公司的知名度，扩大其影响力，但公开发行方式审批手续复杂严格，发行成本高。

（2）非公开直接发行。非公开直接发行股票，是指股份公司只向少数特定对象直接发行股票，不需要中介机构承销。用发起设立方式成立和向特定对象募集方式发行新股的股份有限公司，向发起人和特定对象发行股票，采用直接将股票销售给认购者的自销方式。这种发行方式弹性较大，企业能控制股票的发行过程，节省发行费用，但发行范围小，不易及时足额筹集资本，发行后股票的变现性差。

2）股票的推销方式

股票的发行是否成功最终取决于能否将股票全部都推销出去。股份公司公开向社会发行股票，其推销方式不外乎有两种选择，即自销或委托承销。

（1）自销方式。股票发行的自销方式是指股份公司直接将股票出售给投资者，而不经过证券经营机构承销。自销方式可节约股票发行成本，但发行风险完全由发行公司自行承担。这种推销方式并不普遍采用，一般仅适用于发行风险较小、手续较为简单、数额不多的股票发行。在国外主要在知名度高、有实力的公司向现有股东推销股票时采用。

（2）承销方式。股票发行的承销方式是指发行公司将股票销售业务委托给证券承销机构代理。《中华人民共和国公司法》规定，公司向社会公开发行股票，不论是公司设立发行原始股还是公司增资发行新股，均应当由依法设立的证券经营机构承销。

承销方式包括包销和代销两种具体办法。

股票发行的包销是由发行公司与证券经营机构签订承销协议，全权委托证券承销机构代理股票的发售业务。采用这种办法，一般由证券承销机构买进股份公司公开发行的全部股票，然后将所购股票转销给社会上的投资者。在规定的募股期限内，若实际招募股份数达不到预定发行股份数，剩余部分由证券承销机构全部承购。

发行公司选择包销办法可促进股票顺利出售，及时筹足资本，还可免于承担发行风险；不利之处是要将股票以略低的价格售给承销商，且实际付出的发行费用较高。

股票发行的代销是由证券经营机构代理股票发售业务，若募股期满，实际募股份数达不到预定发行股份数，承销机构不负承购剩余股份的责任，而是将未售出的股份归还给发行公司，发行风险由发行公司自行承担。

根据我国有关股票发行法规的规定，公司拟公开发行股票的面值总额超过 3 000 万元或者预期销售总金额超过 5 000 万元的应当由承销团承销。承销团由两个以上承销机构组成，一般包括主承销商、副主承销商、分销商。主承销商由发行人按照公开竞争的原则通过竞标或协商办法确定。

3. 股票发行价格的影响因素

1）本体因素

本体因素就是发行人内部经营管理对发行价格制定的影响因素。主要包括：①发行人主营业务发展前景。这是能否给投资者提供长期稳定报酬的基础，也是未来利润增长的直接决定因素。②产品价格有无上升的潜在空间。这决定了发行人未来的利润水平，因为利润水平与价格直接相关。在成本条件不变时，价格的上升空间将直接决定利润的增长速度。③管理费用与经济规模性。这是利润的内涵性增长因素。对此要有切实客观的分析。④投资项目的投产预期和盈利预期。投资项目是新的利润增长点。在很多情况下，未来利润的大幅度增加取决于投资项目的营利能力。

2）环境因素

股票流通市场的状况及变化趋势，发行人所处行业的发展状况、经济区位状况，之所以对股票发行价格有着直接影响，其原因在于发行人所处的行业和经济区位条件在很大程度上决定了发行人的未来发展，影响到发行人的未来营利能力，进而影响到股票发行价格的高低。

4. 股票发行价格的确定

股票的发行价格是股份公司将股票出售给投资者所采用的价格，也就是投资者认购股票时所支付的价格。股票发行价格通常由发行公司根据股票面额、股市行情和其他有关因素决定。公司设立首次发行股票时由发起人决定；公司增资发行新股时由股东大会或董事会决定。

股票价值的种类

股票的价值通常有面值、账面价值、市场价值和清算价值。

面值是股票票面上标明的金额，以股为单位，用每股的资本数额来表示。它在公司经营过程中只表明股东投入资本在公司资本总额中所占的比例，作为确定股东所有权、表决权、收益分配权的依据，与企业资产并无直接联系。

账面价值（净资产价值）是指股票所包含的实际资产价值。它是根据公司财务报表资料计算出来的结果，数字准确，可信度高，所以它是证券经营者分析股票价格、股票投资者进行投资评估分析的依据之一。公司的账面价值高，股东可能享受的收益就多，这时，如股票售价较低，则对投资者有利。

市场价值（又称市价）是股票在股票市场上进行交易时的价值。它通常与企业的营利能力直接有关并受许多因素的影响，股票的市场价值是一种经常变动的数值。它直接反映着股票市场行情，成为投资者的直接参考依据。

清算价值实质是公司清算时每一股份所代表的实际价值。理论上，股票的清算价值应与账面价值一致，但实际上并非如此。只有当清算时的资产实际出售额与财务报表上反映的账面价值一致时，每一股的清算价值才会和账面价值一致。但在公司清算时，其资产往往只能压低价格出售，再加上必要的清算费用，故大多数公司股票的清算价值低于其账面价值。

5. 股权再融资

上市公司利用证券市场进行再融资是国际证券市场的通行做法，是其能够持续发展的重要动力源泉之一，也是发挥证券市场资源配置功能的基本方式。再融资包含股权再融资（seasoned equity offering）、债权再融资和混合证券再融资等几种形式，其中股权再融资的方式包括向现有股东配股和增发新股融资。

配股是指向原普通股股东按其持股比例，以低于市价的某一特定价格配售一定数量新发行股票的融资行为。增发新股指上市公司为了筹集权益资本而再次发行股票的融资行为，包括面向不特定对象的公开增发和面向特定对象的非公开增发，也称定向增发。其中，配股和公开增发属于公开发行，非公开增发属于非公开发行。

1）配股

按照惯例，公司配股时新股的认购权按照原有股权比例在原股东之间分配。配股赋予企业现有股东配股权，使得现有股东拥有合法的优先购买新发股票的权利。

配股权

配股权是指当股份公司为增加公司股本而决定发行新的股票时，原普通股股东享有的按其持股数量，以低于市价的某一特定价格优先认购一定数量新发行股票的权利。配股权是普通股股东的优惠权，实际上是一种短期的看涨期权。配股权在某一股权登记日前颁发，在此之前购买的股东享有配股权，即此时股票的市场价格中含有配股权的价值。

在我国，配股权是指当股份公司需再筹集资金而向现有股东发行新股时，股东可以按原有的持股比例以较低的价格购买一定数量的新发行股票。这样做的目的有：①不改变原控股股东对公司的控制权和享有的各种权利；②发行新股将导致短期内每股收益稀释，通过折价配售的方式可以给老股东一定的补偿；③鼓励老股东认购新股，以增加发行量。配股权与公司公开发行的、期限很长的认股权证不同，后者是混合筹资的一种形式，我们将在后面混合融资中讨论认股权证等问题。

配股价格

配股一般采取网上定价发行的方式。配股价格由主承销商和发行人协商确定。

配股条件

上市公司向原股东配股的，除了要符合公开发行股票的一般规定外，还应当符合下列规定：①拟配售股份数量不超过本次配售股份前股份总数的 30%；②控股股东应当在股东大会召开前公开承诺认配股份的数量；③采用《中华人民共和国证券法》规定的代销方式发行。

配股除权价格

通常配股股权登记日后要对股票进行除权处理。除权后股票的理论除权基准价格为

$$\text{配股除权价格}=\frac{\text{配股前股票市值}+\text{配股价格}\times\text{配股数量}}{\text{配股前股数}+\text{配股数量}}$$
$$=\frac{\text{配股前每股价格}+\text{配股价格}\times\text{股份变动比例}}{1+\text{股份变动比例}}$$

例 5-22 甲公司有普通股 20 000 股，拟采用配股的方式进行融资。每 10 股配 3 股，配股价为 16 元/股，股权登记日收盘市价 20 元/股。假设共有 1 000 股普通股的原股东放弃配股权，其他股东全部参与配股，求配股后除权参考价。

配股后除权参考价 =（20 000×20+16×19 000/10×3）/（20 000+19 000/10×3）
= 19.11（元）

当所有股东都参与配股时，股份变动比例（实际配售比例）等于拟配售比例。除权价只是作为计算除权日股价涨跌幅度的基准，提供的只是一个基准参考价。如果除权后股票交易市价高于该除权基准价格，这种情形使得参与配股的股东财富较配股前有所增加，一般称为“填权”；股价低于除权基准价格则会减少参与配股股东的财富，一般称为“贴权”。

配股权价值

一般来说，老股东可以以低于配股前股票市价的价格购买所配发的股票，即配股权的执行价格低于当前股票价格，此时配股权是实值期权，因此配股权具有价值。利用配股除权参考价，可以估计配股权价值。配股权的价值为

$$\text{每股股票配股权价值}=\frac{\text{配股权除权参考价}-\text{配股价格}}{\text{购买一股新股所需的股数}}$$

例 5-23 A 公司采用配股的方式进行融资。2010 年 3 月 21 日为配股除权登记日，以公司 2009 年 12 月 31 日总股数 100 000 股为基数，拟每 10 股配 2 股。配股价格为配股说明书公布前 20 个交易日公司股票收盘价平均值的 5 元/股的 80%，即配股价格为 4 元/股。

假定在分析中不考虑新募集资金投资产生净现值引起的企业价值变化，计算并分析：①在所有股东均参与配股的情况下，配股后每股价格；②每一份优先配股权的价值；③是否参与配股对股东财富的影响。

（1）以 4 元/股的价格发行了 20 000 股新股，筹集 80 000 元，不考虑新投资的净现值引起的企业价值的变化，普通股总市场价值增加了本次配股融资的金额，配股后股票的价格应等于配股除权价格。

$$\text{配股后每股价格}=\frac{500\,000+20\,000\times 4}{100\,000+20\,000}=4.833\text{（元/股）}$$

在股票的市场价值增加正好反映新增资本的假设下，新的每股市价为 4.833 元。

（2）由于原有股东每拥有 10 股股票将得到两股股票，故为得到一股新股需要 5 股

股票，因此每股股票的配股权价值为 0.167 元[（4.833−4）/5]。

（3）假设某股东拥有 10 000 股 A 公司股票，配股前价值 50 000 元。如果所有股东都行使了配股权参与配股，该股东配股后拥有股票总价值为 57 996 元（4.833×12 000）。也就是说，该股东花费 8 000 元（4×2 000）参与配股，持有的股票价值增加了 8 000 元，股东的财富没有变化。但如果该股东没有参与配股，配股后股票的价格为 4.847 元/股[（500 000+18 000×4）/（100 000+18 000）]。该股东配股后仍持有 10 000 股 A 公司股票，则股票价值为 48 470 元（4.847×10 000），股东财富损失了 1 530 元（50 000−48 470）。

2）增发新股

增发新股主要包括公开增发和非公开增发。公开增发是指没有特定的发行对象，股票市场上的投资者均可以认购。非公开增发（也称定向增发）的对象主要针对机构投资者（财务投资者、战略投资者）与大股东及关联方。

增发新股的特别规定

公开增发。公开增发除满足上市公司公开发行的一般规定外，还应当符合以下规定：①最近 3 个会计年度加权平均净资产报酬率平均不低于 6%；②除金融企业外，最近一期期末不存在持有金额较大的交易性金融资产和可供出售的金融资产、借予他人款项、委托理财等财务性投资的情形。

非公开增发。相对于公开增发新股、配股而言，上市公司非公开增发新股的要求要低得多。非公开增发没有过多发行条件上的限制，除发行对象为境外机构投资者需经国务院相关部门事先批准外，只要特定发行对象符合股东大会规定的条件，在数量上不超过 10 名，并且不存在一些严重损害投资者合法权益和社会公共利益的情形，均可申请非公开发行股票。对于一些以往盈利记录未能满足公开融资条件，但又面临重大发展机遇的公司而言，非公开增发提供了一个关键性的融资渠道。

增发新股的定价

公开增发。上市公司公开增发新股通常按照“发行价格应不低于公告招股意向书前 20 个交易日公司股票均价或前 1 个交易日的均价”的原则确定价格。相对于非公开增发，公开增发新股的发行价没有折价，定价基准日也固定。

非公开增发。非公开发行股票的发行价格应不低于定价基准日前 20 个交易日公司股票均价的 90%。定价基准日则可以是董事会决议公告日，也可以是股东大会决议公告日或发行期的首日。另外，必须注意，定价基准日前 20 个交易日股票交易均价的计算公式如下：

定价基准日前 20 个交易日股票交易均价 = 定价基准日前 20 个交易日股票交易总额÷定价基准日前 20 个交易日股票交易总量

并不是把每天的收盘价加起来除以 20。对于以通过非公开发行进行重大资产重组或者引进长期战略投资为目的的，可以在董事会、股东大会阶段事先确定发行价格；对于以筹集现金为目的的发行，应当在取得发行核准批文后采取竞价方式定价。

6. 发行股票筹资的优缺点

1）发行股票筹资的优点

发行普通股票是公司筹集资金的一种基本方式，其优点主要包括以下几个方面。

（1）能提高公司的信誉。发行股票筹集的是主权资金。普通股本和留存收益构成公司借入一切债务的基础。有了较多的主权资金，就可为债权人提供较大的损失保障。因而，发行股票筹资既可以提高公司的信用程度，又可为使用更多的债务资金提供有力的支持。

（2）没有固定的到期日，不用偿还。发行股票筹集的资金是永久性资金，在公司持续经营期间可长期使用，能充分保证公司生产经营的资金需求。

（3）没有固定的利息负担。公司有盈余并且认为适合分配股利，就可以分给股东；公司盈余少，或虽有盈余但资金短缺，或者有有利的投资机会，就可以少支付或不支付股利。

（4）筹资风险小。由于普通股票没有固定的到期日，不用支付固定的利息，不存在不能还本付息的风险。

2）发行股票筹资的缺点

发行股票筹资的缺点主要包括以下几个方面。

（1）资本成本较高。一般来说，股票筹资的成本要大于债务资金，股票投资者要求有较高的报酬，而且股利要从税后利润中支付，而债务资金的利息可在税前扣除。另外，普通股的发行费用较高。

（2）容易分散控制权。企业增发新股时，出售新股票、引进新股东会导致公司控制权的分散。另外，新股东分享公司未增发新股前积累的盈余会降低普通股的净收益，从而可能引起股价的下跌。

（三）企业内部积累

企业内部积累主要是指企业税后利润进行分配所形成的公积金。企业的税后利润并不全部分配给投资者，而应按规定的比例提取法定盈余公积金，有条件的还可提取任意盈余公积金。此项公积金可用以购建固定资产、进行固定资产更新改造、增加流动资产储备、采取新的生产技术措施和试制新产品、进行科学研究和产品开发等。因此，税后利润的合理分配也关系到企业筹资问题。

企业利润的分配一般是在年终或会计期末进行结算的，因此，在利润未被分配以前，可作为公司资金的一项补充来源。企业年末未分配的利润也具有此种功能。企业平时和年末未分配的利润，使用期最长不超过半年，使用时应加以注意。

此外，企业因计提折旧从销售收入中转化来的新增货币资金并不增加企业的资金总量，但能增加企业可以周转使用的营运资金，因而也可视为一种资金来源和筹资方式。

应当指出，企业内部积累是补充企业生产经营资金的一项重要来源。利用这种筹资方式不必向外部单位办理各种手续，简便易行，而且不必支付筹资、用资的费用，经济合理。

三、混合融资

企业在筹资过程中发行的证券，有的基本性质是股票但又具有债券的某些特点，有的基本性质是债券但又可能转化为股票。对于这种具有双重性质的筹资活动，人们称为混合融资。主要有发行优先股、发行认股权证和发行可转换债券。

（一）发行优先股

优先股是一种特别股票，它具有普通股的基本特征，但与债券又有许多相似之处，从法律地位上看，优先股属于企业自有资金。

1. 优先股的种类

优先股按不同的标准可进行不同的分类，几种主要的分类如下。

1）累积优先股和非累积优先股

累积优先股是指将某个营业年度内由于经营成果较差而未支付的股利累积起来，由以后的营业年度补发其股利的优先股股票。通常发行这种股票的公司只有把积欠的优先股股利全部都支付以后才能支付普通股股利。

非累积优先股是仅按当年净利润分配股利，而不予以累积留待以后补付的优先股股票。如果年度净利润不足以支付全部优先股股利，公司对所积欠的股利不再在以后年度补发。

对投资者来说，累积优先股更具吸引力，因而发行比较广泛，而非累积优先股则因认购者少而发行量不多。

2）可转换优先股和不可转换优先股

可转换优先股是股东可在一定时期内按一定比例把股票转换为普通股的优先股股票。转换比例是事先确定的，其比值取决于当时优先股与普通股的现行价格。例如，发行股票时，可转换优先股价格为100元/股，普通股价格为25元/股，可规定在今后一定时期内（如两年内），1股优先股转换为4股普通股。在规定时期内，如普通股价格超过25元/股，优先股价格不超过100元，则对优先股股东有利。

不可转换优先股是不能转换成普通股的优先股股票。持有这种股票只能获得固定的股利，而不能获得转换收益。

3）参加优先股和不参加优先股

参加优先股是指不仅能取得固定股利，而且有权与普通股一起参加净利润分配的优先股股票。按照参与利润分配的方式不同，又可分为全部参加分配的优先股和部分参加分配的优先股。全部参加分配是指优先股股东有权与普通股股东共同等额分享本期全部净利润；部分参加分配是指优先股股东仅按规定额度参与本期净利润分配，超过规定额度的利润归普通股股东所得。

不参加优先股是指对公司的净利润只分得固定股利，对分配固定股利后的剩余利润不能参加分配的优先股股票。

4）可赎回优先股和不可赎回优先股

可赎回优先股又称可收回优先股，是指股份公司可按一定价格收回的优先股股票。在发行这种股票时，一般附有赎回条款，规定赎回该股票的价格，赎回价格一般略高于股票面值。至于是否收回、何时收回，则由发行股票的公司决定。

不可赎回优先股是指不能收回的优先股股票。优先股都有固定股利，不可赎回优先股一经发行便会成为永久性的财务负担，因此，在实际中不可赎回优先股很少发行。

累积优先股、可转换优先股、参加优先股均对股东有利，而可赎回优先股则对公司有利。

2. 优先股的权利

优先股的优先权是相对于普通股而言的，这种优先权主要有以下几项。

1）优先分配股利的权利

优先分配股利的权利是优先股的主要特征。优先股有固定股利，通常按面值的一定比例计算，而且优先股股利必须在支付普通股股利之前支付。至于累积优先股、参与优先股的优先权就更为突出了。

2）对剩余资产的求偿权

在企业破产清算时，出售资产所得的收入，优先股持有人的求偿位于债权人之后，但先于普通股。其金额为优先股的面值加上累积未支付的股利。

为了保护优先股的这种优先权，发行优先股的协议有时也会有一些限制性条款，如禁止发行对剩余资产拥有更优先或同等求偿权的证券。

3）管理权

优先股股东的管理权是有严格限制的。通常在公司的股东大会上，优先股股东没有表决权。但是当公司研究与优先股有关的问题时，如讨论把一般优先股改为可转换优先股、推迟优先股股利的支付时，优先股股东有权参与股东大会并有权表决。

3. 优先股的性质

优先股的性质比较复杂，既属于自有资金又具有债务资金的特性。

从法律地位上看，优先股是企业自有资金的一部分。优先股持有人是公司的股东，优先股股东拥有的权利同普通股股东近似；优先股的股利不能像债券利息那样从税前利润扣除，而必须从税后利润中支付。但优先股又具有债券的特征，优先股有固定的股利，类似债券的利息；优先股对利润的分配和对剩余财产的求偿具有优先权，这也类似于债券。

另外，公司的不同利益集团对优先股往往有不同的认识，侧重点有所不同。因它必须在普通股之前分得收益、分享剩余资产，普通股股东一般会把优先股看成一种特殊债券。投资人在购买普通股票时也往往把优先股看作债券。又因为它对债券起保护作用，可以减少债券投资的风险，债券持有人则认为优先股属于股票，属于股权资金。从公司管理当局和财务人员的角度看，优先股具有双重性质，因为优先股虽没有固定的到期日，不用偿还本金，但需要支付固定的股利，成为财务上的一项负担。所以，当公司利用优先股筹资时，一定要考虑它这两方面的特性。

4. 优先股筹资的优缺点

1）利用优先股筹资的优点

（1）优先股没有固定的到期日，多数又可根据需要收回。优先股本身无偿还本金的义务，也无须进行再筹资计划，等于使用一笔无限期的贷款。但大多数优先股又附有赎回条款，这就使得这种资金来源更有弹性。当财务状况较紧时发行，而财务状况较松时收回，有利于适应公司资金的需求，也能主动控制公司的资本结构。

（2）股利的支付既固定，又有一定弹性。优先股一般采用固定股利，但固定股利的支付并不构成公司的法定义务。如果财务状况不佳，则可暂时不支付优先股股利，优先股股东不至于像债权人那样迫使公司破产。

（3）有利于增强公司信誉。从法律上讲，优先股属于自有资金，因而，优先股扩大了权益基础，可适当增加公司的信誉，加强公司的借款能力。

（4）能保持普通股股东的控制权。当公司既想向外界筹集主权资金，又不想丧失原有股东控制权时，利用优先股筹资是一个恰当的方式。

2）利用优先股筹资的缺点

（1）筹资成本高。优先股所支付的股利要从税后净利润中支付，不像债券利息那样可在税前列支，因而优先股成本很高。

（2）财务负担重。优先股需要支付固定股利，但又不能在税前列支，因而当盈余下降时，优先股股利会成为一项较重的财务负担，有时不得不延期支付。

（3）限制条件多。发行优先股通常有许多限制条款，如对普通股股利支付上的限制、对公司借债的限制等，不利于公司的自主经营。

（二）发行认股权证

1. 认股权证的含义

认股权证是一种以特定的认购价格购买规定数量的普通股股份的选择权。它规定一个可以购买普通股的认购价格及每一认购权证可以购买普通股股份的数额。认股权证类似于购买选择权。认股权证与它所伴随的证券（如债券）既可分开，也可不分开，这样便于它们分别交易，认股权证是一种购买普通股的选择权，在行使选择权之前，它并不拥有普通股股东的权利。

认股权证是一种有价证券。其持有人可行使认股权，也可不行使认股权，还可将认股权证转让出去。

2. 附认股权证债券的筹资成本

附认股权证债券，是指公司债券附认股权证，持有人依法享有在一定期间内按约定价格（执行价格）认购公司股票的权利，是债券与认股权证的产品组合。通常，附认股权证债券可分为“分离型”与“非分离型”和“现金汇入型”与“抵缴型”。其中“分离型”指认股权证与公司债券可以分开，单独在流通市场上自由买卖；“非分离型”指认股权证无法与公司债券分开，两者存续期限一致，同时流通转让，自发行至交易合二为一，不得分开转让。非分离型附认股权证公司债券近似可转债。“现金汇入型”指当持有人行使认股权利时，必须再拿出现金来认购股票；“抵缴型”则指公司债券票面金额本身可按一定比例直接转股，如现行可转换公司债的方式。把“分离型”与“非分离型”和“现金汇入型”与“抵缴型”进行组合，可以得到不同的产品类型。

下面以分离型附认股权证债券为例说明如何计算筹资成本。

例 5-24 甲公司为扩大产能，拟平价发行分离型附认股权证债券进行筹资。方案如下：债券每份面值 1 000 元，期限 5 年，票面利率 5%，每年付息一次；同时附送 20 张认股权证，认股权证在债券发行 3 年后到期，到期时每张认股权证可按 11 元/股的价格购买甲公司普通股票。

甲公司目前有发行在外的普通债券，5 年后到期，每份面值 1 000 元，票面利率 6%，每年付息一次，每份市价 1 020 元（刚刚支付过最近一期利息）。

公司目前处于生产经营的稳定增长期，可持续增长率 5%。普通股市价 10 元/股。公司的企业所得税税率 25%。

要求：

（1）计算公司普通债券的税前资本成本。

假设公司普通债券的税前资本成本为 r_d，则：

$$1\,000\times6\%\times(P/A,\ r_d,\ 5)+1\,000\times(P/F,\ r_d,\ 5)=1\,020\ (\text{元})$$

当 r_d=5%时，

$$\begin{aligned}1\,000\times6\%\times(P/A,\ 5\%,\ 5)+1\,000\times(P/F,\ 5\%,\ 5)&=60\times4.325\,9+1\,000\times0.783\,5\\&=1\,043.27\ (\text{元})\end{aligned}$$

当 r_d=6%时，

$$1\,000\times6\%\times(P/A,\ 6\%,\ 5)+1\,000\times(P/F,\ 6\%,\ 5)=1\,000\ (\text{元})$$

$$\frac{r_d-5\%}{6\%-5\%}=\frac{1\,020-1\,043.27}{1\,000-1\,043.27}$$

解得 r_d=5.54%

（2）计算该分离型附认股权证债券的税前资本成本。

3 年后公司普通股每股市价 $=10\times(1+5\%)^3=11.58$（元）

假设该分离型附认股权证债券的税前资本成本为 i，则：

$$1\,000=1\,000\times5\%\times(P/A,\ i,\ 5)+(11.58-11)\times20\times(P/F,\ i,\ 5)+1\,000\times(P/F,\ i,\ 5)$$

当 i=5%时，

$$\begin{aligned}&1\,000\times5\%\times(P/A,5\%,5)+(11.58-11)\times20\times(P/F,5\%,5)+1\,000\times(P/F,5\%,5)\\&=50\times4.329\,5+0.58\times20\times0.863\,8+1\,000\times0.783\,5\\&=1\,010(\text{元})\end{aligned}$$

当 i=6%时，

$$\begin{aligned}&1\,000\times5\%\times(P/A,\ 6\%,\ 5)+(11.58-11)\times20\times(P/F,\ 6\%,\ 5)+1\,000\\&\times(P/F,\ 6\%,\ 5)=50\times4.212\,4+0.58\times20\times0.839\,6+1\,000\times0.747\,3\\&=967.66\ (\text{元})\end{aligned}$$

$$\frac{i-5\%}{6\%-5\%}=\frac{1000-1010}{967.66-1010}$$

解得 $i=5.24\%$

（3）判断筹资方案是否合理，并说明理由；如果不合理，给出调整建议。

因为该分离型附认股权证债券的税前资本成本5.24%小于公司普通债券的税前资本成本5.54%，所以该筹资方案不合理。

认股权证常被企业用来改善筹资条件，例如，一些大公司可销售附有认股权证的债券，目的是能够以较低的利率出售债券。新建和处于发展阶段的公司具有不确定的前景，所以投资者不愿购买这些公司发行的低利率公司债券，但公司发行附在债券上的认股权证，则会改善低利率债券的发行状况。如果公司发展迅速并很快取得成功，它们的普通股价值会提高，那么认股权证就给了购买者获得较高收益率的机会。另外，认股权证对处在高所得税税率档次的投资者特别有吸引力，因为他们可以通过行使认股权证购买权取得资本利得，从而负担一部分资本利得税。如果直接从高利率债券中取得债息，则要负担个人所得税。一般来说，他们的个人所得税税率要高于资本利得税税率。

认股权证被认购时公司会收到增加的资本金。

例5-24 某公司认股权证在筹资中的运用情况如表5-12所示。

表5-12 认股权证在筹资中的运用 单位：万元

筹资来源（1）	筹资前（2）	债券的销售（3）	认购认股权证（4）
债券		7 500	7 500
普通股（每股1元）	1 200	1 200	1 500
资本公积金	4 800	4 800	6 000
留存收益	24 000	24 000	24 000
净值	30 000	30 000	31 500
总资本	30 000	37 500	39 000

在筹资前的状况如表5-12第（2）栏所示，它有1 200万股在外普通股，面值1元/股，资本公积金为4 800万元，留存收益为2.4亿元，净值是3亿元，总资本也是3亿元。第（3）栏描述出售附有认股权证的 7 500 万元的债券。第（3）栏类似于第（2）栏，但增加了7 500万元债券，总资本增加到3.75亿元。这些债券具有10%的息票率，每份10 000元面值的债券附有400份认股权证，允许以5元/股购买普通股。因为7 500份债券已发行在外，每份附有400份认股权证，如果认股权证被认购，公司将出售300万新股。由于面值为1元/股，普通股将增加300万元，资本公积将增加1 200万元。净值将从3亿元增加到3.15亿元，总资本将上升到3.9亿元。

3. 发行认股权证筹资的优缺点

1）发行认股权证的优点

（1）可降低筹资成本。发行附有认股权证的债券时，由于认股权证的吸引作用，债券利率可以降低，因而降低了债券发行成本。

（2）有利于吸引投资者向公司投资。只要认股权证的约定价格低于股票价格，认股权就会被行使，从而增加公司的资本金。

（3）有助于调整资本结构，扩大股权。认股权被行使后，公司发行在外的股票数会增加；同时，公司的资本金增加使得所有者权益在资产中的比重上升，从而调整了资本结构。

2）发行认股权证的缺点

（1）当认股权被行使后，公司的股东数增加会分散股东对公司的控制权。

（2）在认股权被行使时，若普通股股价高于认股权证约定价格较多，会使公司筹资成本较高，出现实际的筹资损失。

（三）发行可转换债券

1. 可转换债券的含义和基本原理

1）可转换债券的含义

发行公司债券的信托合同中，有时规定债券持有人可依照规定条件把债券换成公司的普通股票，这种债券称为可转换债券。它有规定的转换比率和转换价格，转换比率指每张公司债券可以转换成普通股的股数；转换价格则是债券面值除以转换比率。转换比率和转换价格通常是固定不变的。例如，公司债券信托合同规定，每张面值为1 000元的公司债券，如可由持券人转换债券发行公司的普通股票80股，则转换比率为80，转换价格为12.50元（1 000÷80）。

股票转换价格的计算公式如下：

$$股票转换价格 = 债券面值 \div 转换比率$$

2）可转换债券的基本原理

可转换债券可看作一般债券加上一个相关的选择权。直接债务价值与一个选择权的价值随风险变动的方向是相反的，直接债务成本与一个选择权的成本随风险变动的方向也是相反的。因此，直接债务证券与一个选择权的结合会降低这种组合证券的价值和成本对风险的敏感度，可转换债券正是这样的一种组合证券。

3）可转换债券的特征

可转换债券的特征包括以下几个方面。

（1）固定利息。在换股之前，可转换债券与普通债券一样产生固定年息。然而，其利息通常低于普通债券。

（2）期满赎回。如果转换没有实现，可转换债券与普通债券一样在期满时将被赎回，投资者本金的安全由此得到保证（前提是公司仍有清偿能力）。如果发行公司的股价上升，投资者可将其债券转换为股票以获取股价长期上升之利。

（3）换股溢价。可转换债券的换股溢价一般在 5%～20%，具体多少则视债券期限、利息及发行地而定。换股溢价越低，投资者尽快将债券转换为股票的可能性越大。

（4）发行人期前回赎权。发行人多保留在债券最终期满之前赎回债券的权利。由于发行人支付低于普通债券的利息，因此它通常只会在股价大幅高于转换价情况下行使回赎权以迫使投资者将债券转换为股本。

（5）投资者的期前回售权。此权利使投资者有机会在债券到期之前在某一指定日期将债券回售给发行人，通常是以一定溢价售出，投资者一般是在发行人股票表现欠佳时行使回售权。

2. 可转换债券的价格

可转换债券的价格有两种：一是转换股票前的价格；二是转换股票时的价格。

转换股票前的价格用一般债券价格计算公式计算。

例 5-25　某可转换债券的面值为 2 000 元，期限为 20 年，年利率为 4%，收益贴现率为 4.5%。此债券转换成股票前的价格应为

$$\begin{aligned}PV &= \sum_{t=1}^{20}\frac{2\,000\times 0.04}{(1+0.045)^t}+\frac{2\,000}{(1+0.045)^{20}}\\ &=80\times 13.007\,9+2\,000\times 0.414\,6\\ &=1\,869.83\text{（元）}\end{aligned}$$

如果可转换债券已发行数年但尚未到期，转换前的价格也用一般债券价格计算公式计算。

转换股票时的价格计算公式如下：

$$PV_t = PV_0\times(1+g)^t\times q$$

其中，PV_t 为转换股票时的价格；PV_0 为股票的现行市场价格；g 为股票价格增长率；q 为转换率；t 为转换时间。

例 5-26　如果股票的市价为 44.02 元，股票价格增长率为 6%，转换比率为 18.52。5 年后的转换价格应为

$$PV_5 = 44.02\times(1+0.06)^5\times 18.52 = 44.02\times 1.338\,2\times 18.52 = 1\,090.97\text{（元）}$$

利用转换时的债券价格计算可转换债券的贴现率，计算公式如下：

$$PV=\sum_{i=1}^{n}\frac{C_t}{(1+k)^t}+\frac{PV_t}{(1+k)^{20}}$$

其中，PV 为可转换债券的价格；C 为可转换债券的利息：PV 为可转换债券转换为股票时的价格：k 为贴现率；t 为时间。

例 5-27　如果可转换债券的市价为 1 500 元，利率为 4%，期限为 8 年，与股票的转换率为 1∶30，被转换股票的市价为 45 元/股，价格增长率为 4%。利用计算可转换债券的贴现率公式可计算如下：

$$1\,500=\sum_{t=1}^{8}\frac{1\,500\times 0.04}{(1+k)^t}+\frac{45\times 1.04^8\times 30}{(1+k)^8}$$

计算后求得可转换债券的贴现率为 k=6.3%。

3. 可转换债券的筹资成本

可转换债券的持有者，同时拥有一份债券和一份股票的看涨期权。它与拥有普通债券和认股权证的投资组合基本相同，不同的只是为了执行看涨期权必须放弃债券。因此，可以先把可转换债券作为普通债券分析，然后再当作看涨期权处理，就可以完成其估值。纯债券价值是不含看涨期权的普通债券的价值，转换价值是债券转换成的股票价值。这两者决定了可转换债券的价格。下面举例说明其估计方法。

例 5-28　公司拟平价发行可转换债券筹资 5 000 万元，有关资料如表 5-13 所示。

表 5-13　A 公司筹资情况表

每张可转换债券售价	1 000
期限/年	20
票面利率	10%
转换比率	20
转换价格（可转换债券价值/转换比率=1 000/20）	50
年增长率	6%
当期期望股利/（元/股）	2.8
当期股票市场价格/（元/股）	35
等风险普通债券的市场利率（折现率）	12%
公司的股权成本（期望股利/股价+增长率=2.8/35+6%）	14.00%
不可赎回期/年	10
赎回价格（10 年后 1 050 元，此后每年递减 5 元）	1 050

为确定可转换债券的成本，我们分析该债券的税前收益。

1）分析纯债券部分的价值

$$\text{发行日纯债券价值} = \sum_{t=1}^{20}\frac{\text{每年利息}}{(1+i)^t}+\frac{\text{到期值}}{(1+i)^{20}}$$

$$=\sum_{t=1}^{20}\frac{100}{1.12^t}+\frac{1\,000}{1.12^{20}}$$

$$=850.61(\text{元})$$

此后，纯债券价值逐年递增，至到期时其面值为 1 000 元。如图 5-9 中的 *GBF* 曲线所示。具体数字列在表 5-14 的“纯债券价值”的一栏中。

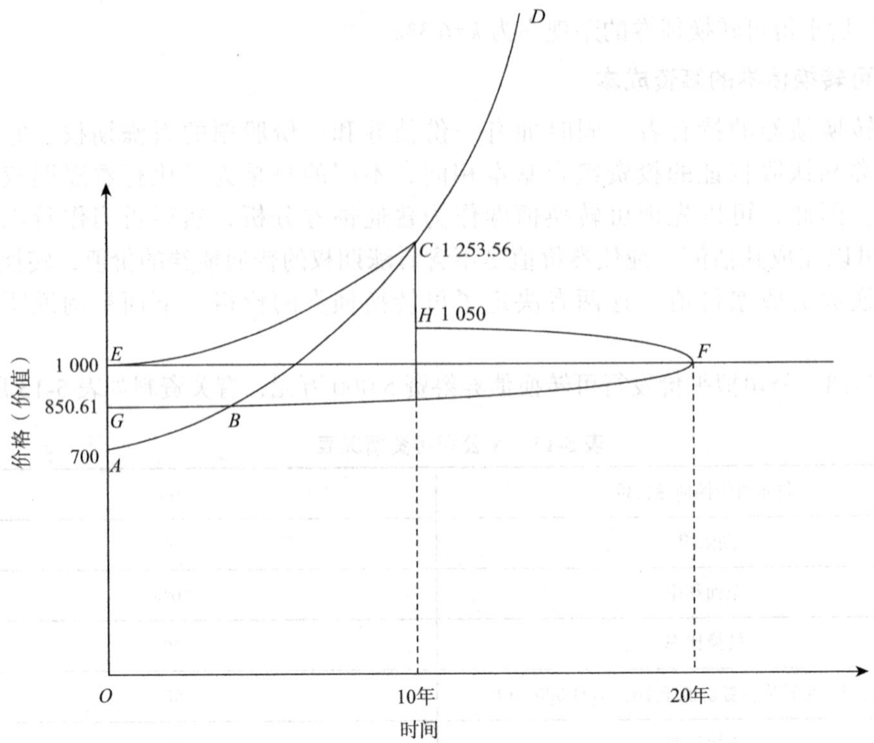

ABCD：转换价值；ECD：市场价值；EF：到期价值（面值）；
GBF：纯债券价值；HF：赎回价值；GBCD：底线价值

图 5-9　可转换债券价值

表 5-14　可转换债券价值计算表　　单位：元

时间	每年利息	纯债券价值	股价	转换价值	到期价值	市场价值	底线价值
0		850.61	35.00	700.00	1 000	1 000	850.61
1	100	852.68	37.10	742.00	1 000		852.68
2	100	855.01	39.33	786.52	1 000		855.01
3	100	857.61	41.69	833.71	1 000		857.61
4	100	860.52	44.19	883.73	1 000		883.73
5	100	863.78	46.84	936.76	1 000		936.76
6	100	867.44	49.65	992.96	1 000		992.96
7	100	871.53	52.63	1 052.54	1 000		1 052.54
8	100	876.11	55.78	1 115.69	1 000		1 115.69
9	100	881.25	59.13	1 182.64	1 000		1 182.64
10	100	887.00	62.68	1 253.56	1 000	1 253.56	1 253.56
11	100	893.44	66.44	1 328.81	1 000	1 328.81	1 328.81
20	100	1 000.00	112.25	2 244.99	1 000	2 244.99	2 244.99

2）分析期权部分的转换价值

如果在零时点转换，其价值为

$$转换价值 = 股价 \times 转换比率 = 35 \times 20 = 700（元）$$

投资人不会为取得 700 元转换价值而放弃债券部分价值 850.61 元，他会继续等待，寄希望于股价的增长。转换价值每年以 6%的速度增加，第 5 年 936.76 元，第 10 年 1 253.56 元。如图 5-9 中的 *ABCD* 曲线所示。具体数字列在表 5-14 的“转换价值”一栏中。

3）分析底线价值

可转换债券的最低价值，应当是纯债券价值和转换价值两者中较高者，这是市场套利的结果。如果可转换债券的价值低于纯债券价值，人们就会购入被低估的债券，使之价格升高；如果可转换债券的市价低于转换价值，人们就会购入债券并立即转换为股票后出售套利。

因此，纯债券价值和转换价值中较高者，形成了底线价值，如图 5-9 中的 *GBCD* 曲线所示。具体数字列在表 5-14“底线价值”一栏中。

4）分析市场价值

我们不知道具体的可转换债的市场价值变化情况。但是，我们知道它不会低于底线价值。持有可转换债券相当于持有看涨期权，在可提前赎回期前它的价值高于转换价值，也高于票面利率相同的纯债券价值。它以 1 000 元的价值出售，市场价值以此为出发点，随着时间推移纯债券部分会升值，期权部分会随股价上升而逐步升高，因此可转换债券的市场价值会逐步上升。到达赎回期时，市场价值被转换价值曲线替代，如图 5-9 中的 *ECD* 曲线所示。

5）赎回价值

可转换债券设置有赎回保护期，在此以前发行者不可以赎回。本债券的保护期为 10 年。在 10 年后，赎回价格是 1 050 元。如果 10 年后的债券价值同预期值一样为 887 元，转换价值为 1 253.56 元，可转换债券的底线价值为两者较高者即 1 253.56 元。公司要用 1 050 元将其赎回，这时的正确选择是转换为普通股。

6）分析筹资成本

假设可转换债券的持有人在 10 年后转换，他的现金流量分布如下。

零时点购买可转换债券支出 1 000 元；第 1~10 年持有债券并每年取得利息 100 元；第 10 年年底进行转换，取得转换价值 1 253.56 元。

$$\text{转换价值}=\text{股价}\times\text{转换比率}=35\times(1+6\%)^{10}\times 20=35\times 1.790\,8\times 20=1\,253.56\text{（元）}$$

根据上述现金流量计算内含报酬率为 11.48%。

$$1\,000=\sum_{(1+i)^t}^{10}\frac{110}{(1+i)^t}+\frac{1\,253.56}{(1+i)^{10}}$$

$$i=11.48\%$$

这个投资人的报酬率，就是筹资人的税前成本。如果它的税后成本高于股权成本（14%），则不如直接增发普通股；如果它的税前成本低于普通债券的利率（12%），则对投资人没有吸引力。目前的方案，对于投资人缺乏吸引力，需要修改。

7）筹资方案的修改

修改的途径包括：提高每年支付的利息、提高转换比率或延长赎回保护期间。如果企业的所得税税率为 25%，股权的税前成本是 14%/（1−25%）= 18.67%，修改的目标是使得筹资成本处于 12%~18.67%。

如果将票面利率提高到11%，其他因素不变，则内含报酬率可以达到12.42%。

$$1\,000=\sum_{t=1}^{10}\frac{110}{(1+i)^t}+\frac{1253.56}{(1+i)^{10}}$$

$$i=12.42\%$$

如果转换比率提高到25，其他因素不变，则内含报酬率为13.07%。

转换价值＝股价×转换比率=35×（1+6%）^{10}×25=35×1.790 8×25＝1 566.95（元）

$$1\,000=\sum_{t=1}^{10}\frac{100}{(1+i)^t}+\frac{1\,566.95}{(1+i)^{10}}$$

$$i=13.07\%$$

也可同时修改票面利率、转换比率和赎回保护期，使内含报酬率达到双方可以接受的预想水平。

4. 发行可转换债券的优缺点

1）发行可转换债券的优点

（1）债券成本低。发行可转换债券可使公司在换股之前能够以低廉费用筹集额外资金。可转换债券使得公司能获得相对于普通债券而言利率较低且限制条款较不苛刻的负债。

（2）公司可获得股票溢价利益。可转换债券所设定的每股普通股的转换价格通常高于每股普通股当期价格，因此若债券能换股，公司便可以高于当期价格的溢价发行股票，即当公司发行股票或配股时机不好时可以先发行可转换债券，延续股权融资。

2）发行可转换债券的缺点

（1）实际筹资成本较高。虽然可转换债券可使公司以较高股价出售普通股，但换股时普通股股价随之上涨，其实际筹资成本会高于发行普通债券成本。

（2）业绩不佳时债券难以转换。若公司经营业绩较差，可转换债券大部分不会转换为普通股，公司因此将会处于债券困境，轻则资信和形象受损，导致今后股权或债务筹资成本增加，重则会被迫出售资产偿还债务。

（3）债券低利率的期限不长。可转换债券拥有的低票面利率会随着债券转换而消失；而利用认股权证筹资可使公司的低票面利率长期存在下去，直到债券到期。

第五节　融资的智能决策

一、大数据在融资领域的应用

企业内部资本不足以满足生产需求或产品研发时，企业进行融资活动，筹集所需要的资金可能来自企业内部和外部融资，包括股权融资和债权融资，企业在做出筹资决策方案之前，要对市场、行业的发展前景进行分析，确定合适的资本结构，降低经营风险，企业自身要有良好的信用数据，才能吸引投资方。大数据在融资活动方面的应用如图5-10所示。

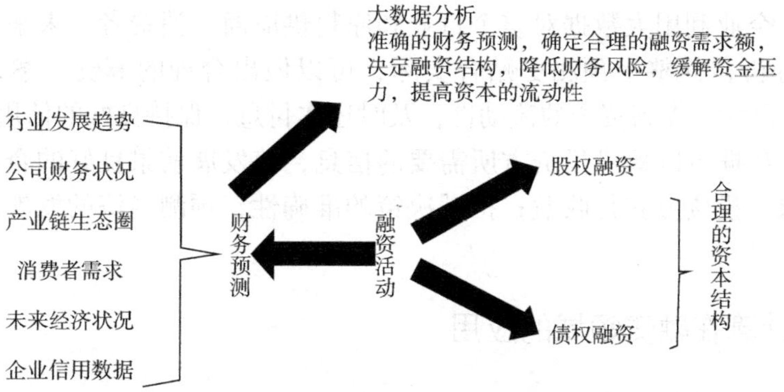

图 5-10 大数据在融资活动方面的应用

（一）大数据与股权融资

企业在发展过程中，为了研发新产品或扩大规模，需要大量的资金流入，单纯的债权融资难以满足企业的资金需求，企业对未来各种可能的前景进行思考，做出合理的财务预测才能得到正确的融资需求额。

利用大数据对同行业的企业进行分析，计算行业的平均成本，比较相同规模企业的盈利状况和资本结构，通过比较可以发现本企业的不足和优点，从而制定恰当的财务政策，达到企业合理的生产规模。详细的预测方案，降低了经营风险，也给投资方带来收益；企业可以通过大数据分析行业所处的发展阶段，行业的销售、市场份额，并与企业在行业中的占有率进行比较，分析企业在行业中的竞争地位、技术进步、管理水平、外部竞争环境、资本构成等，分析出企业的潜力和内在价值，不仅可以为企业发展确定方向，而且可以吸引投资方，企业更容易融资，进一步利用资源提高公司的收益，创造财富。

企业经营环境和行业发展前景综合分析，可以初步预测融资金额。企业良好的经营状况和信用数据可以给企业带来融资机会，利用大量的数据减小企业与融资机构的信息不对等的差距，通过数据筛选合适的投资方，提高融资成功的可能性。

（二）大数据与债权融资

企业进行债权融资，一般用于短期经营活动或固定资产的建设，常见的融资对象是一些融资机构和银行。但是小微企业一般难以获得银行贷款，一是很难对缺乏低质押物的小微企业做出信用评级，二是很难监测企业把贷款用在何处；缺乏信用数据也加大了企业融资的难度。

企业对行业的预测，以及上下游企业的稳定程度和经营状况，一方面，做出合理的销售预测。销售预测是财务预测的基础，如果销售预测的实际状况超出预测很多，公司没有准备足够的资金添置设备或储存存货，则无法满足顾客需要，不仅会失去盈利机会，并且会丧失原有的市场份额。相反，销售预测过高，筹集大量的资金购买设备并储备存货，则会造成设备闲置和存货积压，可能会造成资金周转困难。任何企业都不愿遇到类似情况，因此，销售预测要尽可能地与未来实际情况相符合。另一方面，可以为融资机构或银行提供相应的数据，把资金使用状况实时反馈给债权人，提高信用程度。企业利用大数据对整个行业和原料供应商、消费者、未来经济状况等因素进行综合分析，使整个预测更贴合实际，可以做出合理的筹资方案，确定融资结构，降低财务风险。提高资金的流动性，及时还本付息，保持良好的信用信息。

此外，大数据可以提供投资方所需要的信息，使发展前景良好的企业获得投资，满足市场需求，投资方获得收益；推动决策的准确性，预测经济的发展趋势，有效配置资源。

二、云计算在融资领域的应用

（一）云计算与股权融资

以股权的方式进行融资，企业无须还本付息，也没有固定的股利负担，股利的支付与否和支付多少视公司的经营需要而定。但是在股权融资的过程中，存在着一定程度上的道德风险，即公司管理者可能会采取有利于自己而不利于股东的投资政策，导致经营者和股东的利益冲突，同时也有悖于股东利益最大化的经营目标。而这很大程度上是管理者和股东之间信息不对称导致的。云计算可以帮助股东更全面地掌握企业动态，得知管理者的融资选择，保证自己的利益得到最大程度实现。

另外，云计算可以帮助企业扩大股权融资市场。在云环境下，不同地域之间的信息隔阂将逐渐被消除，企业将可以向海外市场，甚至是更广大的市场发行股票，招募股权资产。目前许多实力雄厚的大型企业已通过海外发行股票的方式进行融资。

（二）云计算与债权融资

以债权的方式融资速度快、弹性好，可以实现抵税收益，但增加债务的同时，债权融资还本付息的要求会增加企业的财务风险，并且有很多的限制条款，其用途主要是解决企业营运资金短缺的问题。因此可以利用云计算分析企业的收益与现金流量波动情况，财务的灵活性及企业未来的发展空间，从而权衡债务的收益与风险，达到最优资本结构。

企业债权融资的来源往往是政府或商业性的银行贷款、信托投资贷款及从财务公司取得贷款等。无论哪种方式，融资方都必须得到投资方的信任，让投资方相信可以取得必要报酬，才有可能顺利融资。而这个过程对于大多数企业来说是困难的。云计算可以让企业自身的信息有效整合，披露给投资方，从而增加自身的可信力，也可以向投资方实时传送企业当下的经营情况，向投资方保证自身还款能力。以这种方式更加顺利地获取债权融资。

企业决策者也可以利用云计算技术，根据当前或未来的货币价值及对企业销售增长比例的预计或要求，计算出企业所需的融资额。

实际上，企业的动态经营和发展决定了企业在不同时期会有不同的融资需求，云计算就是帮助企业适应不同情况下的资金需求，充分利用其虚拟化、大存储、快计算的能力，为企业业务的快速平稳发展提供助力。云计算在企业融资方面的应用见图 5-11。

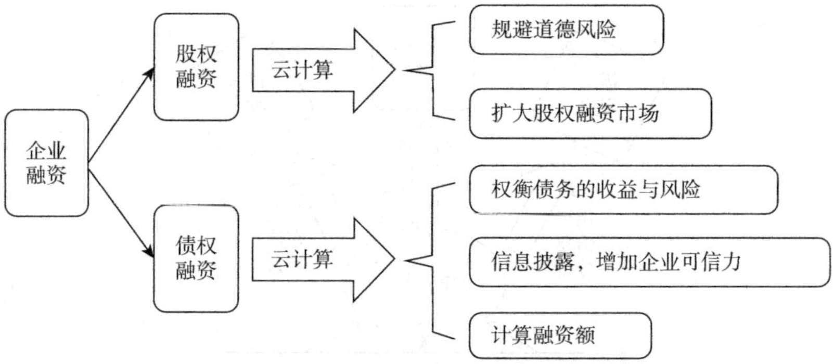

图 5-11 云计算在企业融资方面的应用

（三）云计算与 P2P 借贷

P2P（peer to peer，个人对个人）借贷是一种个人对个人的信贷平台，点对点的模式完成了“去中心化”，使得业务系统完成从集中向分布的演化，降低了成本，提高了网络的利用率。贷款人和借款人通过这个平台，可以在网络上完成借贷约定和相关交易流程，实现借款人的资金需求和贷款人的资金管理需要。但要实现这样的一个交易过程，必须要有足够并且可靠的数据来源，并将这些数据进行审核、整理、分析。

利用云计算的安全保障技术，可以很好地完成对用户的身份认证、权限控制管理，并与用户建立信任关系，对数据进行安全保护，还能向用户对安全事件进行通报，提醒用户及时止损。

在云计算模式下，基本不存在信息孤岛的情况，平台可以从各大途径，如 App 平台、手机运营商或者是早期的借贷平台（如拍拍贷、人人贷）中获取用户信息，甚至可以是政府信息等。积累一定用户信息之后，对用户的信息进行分析归类，判别是有空闲资金的贷款者还是有融资需求的借款者，他们拥有的或需要的资金数额是多少，期限如何，信用状况如何，所处地域在何地，是否有其他要求或限制等。再根据这些相关信息为用户推荐信息，帮助用户最快最优达成交易目的。另外，在用户使用过程中，可以利用云计算记录用户的使用习惯，分析更符合用户需求和喜好的设计，以此为根据对平台进行升级优化。

P2P 借贷属于一种规模报酬递增的模式，其在前期需要投入大量的成本来保障平台运行，而在后期，其边际成本呈递减趋势。这也就意味着一定范围内，越多的用户使用量可以为平台创造越多的收益，帮助平台更好地运行。当然 P2P 借贷的推广也有利于满足一些初创者、大学生和一些小型工商户对资金的需求。因此 P2P 借贷可以通过各种渠道获取客户信息，进行年龄结构、性别，甚至是所处行业、职务结构等客户数据分析，找出潜在客户，判断客户的融资投资需要，再借助各大媒体、手机平台，在推广营销的基础上结合精准推广，扩大平台的用户群体。P2P 借贷平台示意图如图 5-12 所示。

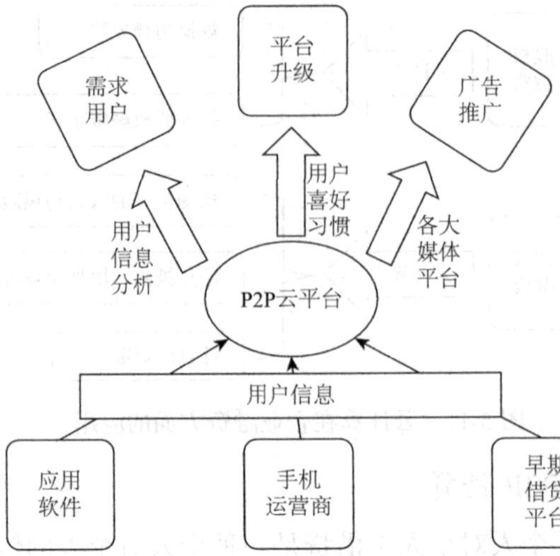

图 5-12 P2P 借贷平台示意图

三、人工智能在融资领域的应用

我国智能融资的发展产生于转型升级过程中创造的智能化需求。新一代人工智能在融资领域的应用不再是简单用计算机模拟人的智能，而是基于网络空间发展的数据智能，即智能机器、人和网络相互融合的智能系统。互联网，尤其是移动互联网发展中创造出的数据生态优势是我国人工智能融资产业发展的前提和基础。在拥有数据生态优势的条件下，强烈的需求、创新系统的高度开放性和核心产业部门与融合产业部门的融合发展，共同构成了我国智能经济发展的关键机制。人工智能在融资领域主要应用在融资金额预测和融资供应链智能平台的建造两个方面。

（一）人工智能与融资金额预测

许多企业，尤其是中小型企业，在面临短期资金困难、接到大订单急需资金支持、为扩大企业规模需资金购买或翻新设备等情况时，往往需要外部融资来支持企业的行为继续进行。而企业融资并不是指简单地引进资金，融资金额不够会导致企业的生产经营无法正常周转，而金额过多则可能导致资金或资金购买的设备、原材料等积压，造成成本浪费，同样不利于企业盈利。因此，企业的融资行为需要以企业的自身运营现状和资金运用情况为基础，根据企业具体发展策略和最终目的的需要，通过分析企业现有的资产、权益和预期收益确定融资的金额。

随着人工智能技术的不断发展，融资领域也逐渐开始运用这一高新技术。利用人工智能中的机器学习等技术，不仅可以对现有数据进行分析，还可以对不同融资金额下的企业未来发展状况进行预测，模拟整个融资过程，评估风险，从而判断最为合理的融资金额，实现资源最小化和利润最大化。

（二）融资供应链智能平台

在金融活动过程中，融资方和被融资方等各方交流不便利，易造成信息透明度低，增加了交易风险。

人工智能等信息技术作为融资领域的帮扶者，通过技术打造供应链网络，将融资过程所涉及的各方紧密连接起来，使信息更加透明、交流更加便利、联系更加密切。金融供应链智能平台示意图如图 5-13 所示。

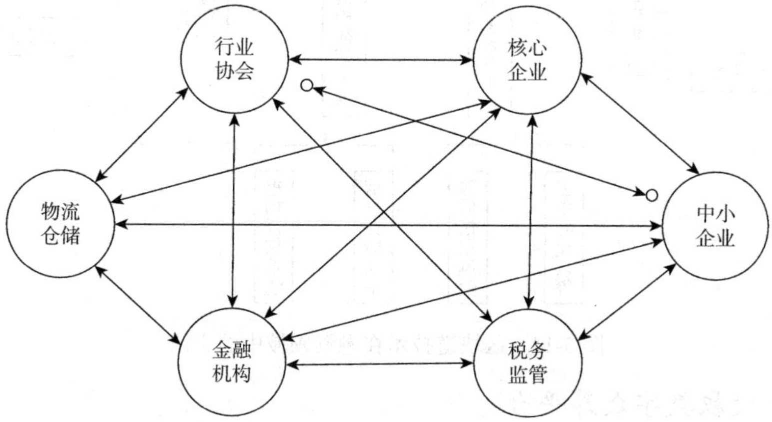

图 5-13 金融供应链智能平台示意图

打造金融供应链智能平台，加强各方之间的信息交流，使信息多方可见，将交易过程进行记录，后期可追溯、可留痕，从而使每个企业的信用情况都有所考究，降低风险。

各行各业的企业都存在着一个普遍的问题，就是资金来源单一，它们往往无渠道、无机会去获得多条资金链。但是，通过这样一个智能平台，极大地解决了这个问题，加大了多方融资的可能性，同样也解决了中小企业融资难的问题，提升供应链的整体竞争力。

四、区块链在融资领域的应用

（一）数字融资平台

资金是企业运营与发展的最重要的资源之一。企业在长期的生产与经营过程中，需要不断地投入资金，用以扩大企业的生产规模，获取更多的利润。而在企业扩大生产规模时，往往会遇到资金不足的困境，要想实现企业的生产循环，便需要向外部筹集资金。

区块链技术以其公开透明、去中心化、安全可靠的特质与企业融资过程天然契合。用区块链存储的企业、个人用户数据可以做到无法篡改、公开透明，从而有效解决融资双方的信息不对称问题。利用区块链技术制定的智能合约，能有效地降低融资过程中制定合约的成本，提高融资的效率。区块链技术在融资领域中的应用见图 5-14。

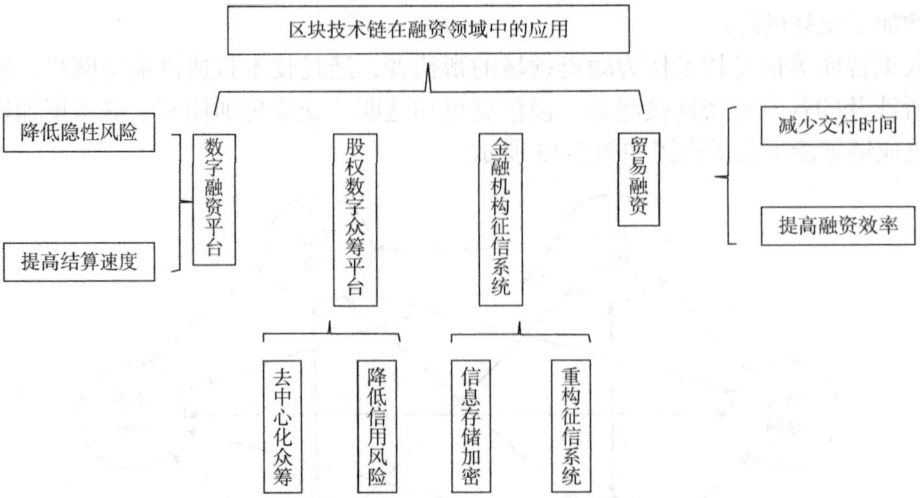

图 5-14 区块链技术在融资领域中的应用

（二）股权数字众筹平台

基于区块链技术去中心化、安全可靠的特点，可以应用于搭建股权数字众筹平台，对借款人的个人信息、财务状况、商业行为、投资记录等进行智能识别；同时还能利用区块链技术对投资项目进行全过程跟踪，使投资人及时掌握项目的进展情况，降低信用风险。依据区块链所采用的协商一致的智能合约，无须第三方信用机构的介入。在智能合约约定的时间和范围内，合约双方无法相互欺骗，确保了系统数据的安全可靠性。

（三）金融机构征信系统

间接融资是指企业向银行等金融中介机构申请贷款、发行债券等方式筹集资金。区块链技术可以应用在金融机构征信中心的构建中。针对传统的央行征信，需要借贷人提前授权，再调用信息记录的不完整、效率低下的征信方式。区块链系统依靠算法自动记录信用信息，同时做到信息的储存与加密，从而使信息完整度高，不可篡改，使用效率高。借贷人申请贷款时，金融机构不必再到央行申请征信查询，直接通过区块链的数据存储系统，就可以全面完整高效地掌握借贷人的借贷记录和信用信息，从而更准确地做出信贷审批决策。

（四）贸易融资

贸易融资，是指在商品交易中，银行运用结构性短期融资工具，基于商品交易中的存货、预付款、应收账款等资产的融资。一般而言，贸易融资用于企业解决短期资金占用的问题。目前的贸易融资仍然是一种基于纸张的业务，依赖于长时间的书面记录，因而需要一个长期的文件交换过程，并需要手动验证。不仅如此，各个国家的政党都在不同的平台上运作，沟通不畅是很普遍的，而且欺诈的倾向很高。对于融资方而言，这个过程无疑是漫长而低效的。企业急需短期资金投入新的生产经营活动中去，而等待实物文件交付，以及其结果验证是一个相对耗时的过程，涉及许多的人力和物力，这无疑给企业贸易融资带来了一定的困难。区块链技术的运用可以有效地解决这个难题，区块链可以取代纸质文件的使用，确保供应链的可信度、安全性和整体透明度，从而大大减少文件交付时间，给融资方带来便捷高效的贸易融资方案。

思考与练习

1. 资本结构的“融资优序理论”认为，最佳的融资顺序首先是内部融资，其次是无风险或低风险的举债融资，最后才是股票融资。从融资成本来分析，企业内部融资的成本最低，发行公司债券的成本次之，进行股权融资的成本最高。因而，进行股权融资并不是公司在资本市场上的最优决策。那么，为什么中国的上市公司不追求通常认为的资金成本较低的债券融资而偏好股权融资方式呢?

2. 甲公司正在考虑改变它的资本结构，有关资料如下。

（1）公司目前债务的账面价值 1 000 万元，利息率为 5%，债务的市场价值与账面价值相同；普通股 4 000 万股，价格为 1 元/股，所有者权益账面金额 4 000 万元（与市价相同）；每年的息税前利润为 500 万元。该公司的所得税率为 15%。

（2）公司将保持现有的资产规模和资产息税前利润率，每年将全部税后净利分派给股东，因此预计未来增长率为零。

（3）为了提高企业价值，降低资本成本，该公司拟改变资本结构，举借新的债务，替换旧的债务并回购部分普通股。可供选择的资本结构调整方案有两个：

方案一：举借新债务的总额为 2 000 万元，预计利息率为 6%。

方案二：举借新债务的总额为 3 000 万元，预计利息率为 7%。

（4）假设当前资本市场上无风险利率为 4%，市场风险溢价为 5%。

要求：

计算该公司目前的权益资本成本、β 系数和加权平均资本成本（其中前两项计算结果均保留小数点后 4 位，加权平均资本成本保留小数点后两位）。

计算该公司无负债的 β 系数和无负债的股权资本成本（提示：根据账面价值的权重调整 β 系数，下同）。

计算两种资本结构调整方案的权益 β 系数、权益资本成本、企业市场价值和加权平均资本成本（企业市场价值计算结果保留整数，以万元为单位）。

判断企业应否调整资本结构并说明依据，如果需要调整应选择哪一个方案?

3. A 公司是一个生产和销售通信器材的股份公司。假设该公司适用的所得税税率为 25%。对于明年的预算出现以下 3 种方案。

方案 1：维持目前的生产和财务政策。预计销售 45 000 件，售价为 240 元/件，单位变动成本为 200 元，固定成本为 120 万元。公司的资本结构为 400 万元负债（利息率 5%），20 万股普通股。

方案 2：更新设备并用负债筹资。预计更新设备需投资 600 万元，生产和销售量不会发生变化，但单位变动成本将降低至 180 元/件，固定成本将增加至 150 万元。借款筹资600万元，预计新增借款的利率为6.25%。

方案3：更新设备并用股权筹资。更新设备后的情况与方案2相同，不同的只是用发行新的普通股筹资。预计新股发行价为30元/股，需要发行20万股，以筹集600万元资金。

要求：

（1）计算3个方案下的每股收益、经营杠杆、财务杠杆和联合杠杆[请将结果填写在给定的“3个方案下的每股收益、经营杠杆、财务杠杆和联合杠杆”表格（表5-15）中，不必列示计算过程]。

表5-15　3个方案下的每股收益、经营杠杆、财务杠杆和联合杠杆

方案	1	2	3
营业收入			
变动成本			
边际贡献			
固定成本			
息税前利润			
利息			
税前利润			
所得税			
税后净利润			
股数			
每股收益			
经营杠杆			
财务杠杆			
联合杠杆			

（2）计算3个方案下，每股收益为零的销售量。

（3）根据上述结果分析：哪个方案的总风险最大？哪个方案的报酬最高？如果公司销售量下降至3万件，方案2和方案3哪一个更好些？请分别说明理由。

4. 甲公司拟进行证券投资，备选方案的资料如下。

（1）购买A公司债券。A公司债券的面值为100元，期限为两年，票面利率为8%，每年付息一次，到期还本，当前的市场利率为10%，甲公司按照A公司发行价格购买。

（2）购买B公司股票。B公司股票现行市价为14元/股，基年股利为0.9元/股，预计以后每年以6%的固定增长率增长。

（3）购买C公司股票。C公司股票现行市价为13元/股，基年股利为1.5元/股，股利分配将一直实行固定股利政策。

假设甲公司股票投资的期望报酬率为12%，（P/F，10%，2）=0.826 4；（P/A，10%，2）=1.735 5。

要求：

（1）计算 A 公司债券的发行价格。

（2）计算 A 公司债券的最终实际收益率。

（3）计算 B 公司股票的内在价值。

（4）计算 C 公司股票的内在价值。

（5）根据上述计算结果，分析甲公司是否应投资上述证券。

（注：计算结果保留小数点后两位）

5. 甲公司是一家快速成长的上市公司，目前因项目扩建急需筹资 1 亿元。由于当前公司股票价格较低，公司拟通过发行可转换债券的方式筹集资金，并初步拟定了筹资方案。有关资料如下。

（1）可转换债券按面值发行，期限5年。每份可转换债券的面值为1 000元，票面利率为 5%，每年年末付息一次，到期还本。可转换债券发行 1 年后可以转换为普通股，转换价格为 25 元。

（2）可转换债券设置有条件赎回条款，当股票价格连续20个交易日不低于转换价格的 120%时，甲公司有权以 1 050 元的价格赎回全部尚未转股的可转换债券。

（3）甲公司股票的当前价格为 22 元，预期股利为 0.715 元/股，股利年增长率预计为 8%。

（4）当前市场上等风险普通债券的市场利率为 10%。

（5）甲公司适用的企业所得税税率为 25%。

（6）为方便计算，假定转股必须在年末进行，赎回在达到赎回条件后可立即执行。

要求：

（1）计算发行日每份纯债券的价值。

（2）计算第 4 年年末每份可转换债券的底线价值。

（3）计算可转换债券的税前资本成本，判断拟定的筹资方案是否可行并说明原因。

（4）如果筹资方案不可行，甲公司拟采取修改票面利率的方式修改筹资方案。假定修改后的票面利率需为整数，计算使筹资方案可行的票面利率区间。

第六章

营运资本管理

营运资本管理是对企业流动资产及流动负债的管理。企业维持正常运行需要拥有适量的营运资金，因此营运资本管理也是财务管理的核心内容之一。本章主要从流动资产管理和流动负债管理两方面介绍了营运资本管理的相关概念、特点及相关政策。其中流动资产管理介绍了现金、应收账款及存货的管理，流动负债管理介绍了短期借款、商业信用及短期融资券，最后一节介绍营运资本量化决策下的几种主要分析模型，为营运资本管理提供决策的基础。

学习目标

- 了解营运资本管理的概念、特点和管理原则
- 了解流动资产的持有政策
- 熟悉营运资本的融资政策
- 掌握企业中流动资产管理和流动负债管理
- 重点学习营运资本的量化决策内容

第一节　营运资本管理概述

一、营运资本概述

营运资本，又称营运资金，其概念有广义和狭义之分。广义的营运资本，即总营运资本，是指企业投放在流动资产上的资金总额，包括现金、有价证券、应收账款、存货等占用的资金。狭义的营运资本，即净营运资金，是指企业流动资产与流动负债的差额，体现企业的短期财务活动。通过营运资本分析，可以了解企业的资产流动性、流动资产的变现能力和短期偿债能力。

营运资本=流动资产−流动负债

（一）流动资产

流动资产是指在1年或超过1年的1个营业周期以内变现或运用的资产，主要包括

现金（及现金等价物）、短期投资、应收账款、预付账款、存货等，是企业全部资产中流动性最强的部分，但也是企业资产中收益性最弱的部分。

企业流动资产一般会呈现频繁波动的特征。例如，一家企业采取均衡生产策略，每月生产量相同，但其产品销售呈现季节性，当产量大于销量时企业存货增加，而当销量大于产量时企业存货减少，企业存货会出现波动。同时，企业的其他流动资产也会发生波动，如当新增销售大于客户现金支付时，应收账款增加，反之，应收账款减少；企业销售产品获得现金流入时，企业现金增多，企业购买材料等引起现金流出时，企业现金减少。尽管企业流动资产波动频繁，但企业流动资产不可能趋于零，企业总是要持有一定数量的现金、应收账款和存货等。企业的流动资产可分解为两部分：稳定性流动资产和波动性流动资产。其中，稳定性流动资产代表企业持有流动资产（包括现金、应收账款、存货等）的最低水平，波动性流动资产代表企业流动资产（包括现金、应收账款、存货等）中随季节性波动的部分。

流动资产=总资产−非流动资产

（二）流动负债

流动负债是指在1年或超过1年的1个营业周期内需偿还的债务，具体包括短期借款、应付票据、应付账款、应付工资、应付税金等项目，具有成本低、偿还期限短、风险大的特点。

根据流动负债的形成情况，流动负债可分为自发性流动负债和临时性流动负债。自发性流动负债是指产生于企业正常的持续经营活动中，不需要正式安排，由于结算程序自然形成的流动负债。通常，在企业生产经营过程中，由于法定的结算程序，有一部分应付款项的支付时间晚于其形成时间，这部分已经形成但尚未支付的款项便成为企业的自发性流动负债，如应付账款、应付工资、应付税金等。临时性流动负债是指企业因临时的资金需求而人为安排的流动负债，由企业财务人员根据企业短期资金的需求状况确定，如短期银行借款等。

流动负债=总资产−所有者权益−长期负债

（三）营运资金管理的原则

营运资金在企业全部资金中占有一定比重，营运资金管理是企业财务管理工作的一项重要内容。企业营运资金管理应遵循以下原则。

1. 满足合理的资金需求

企业营运资金的数量与生产经营活动直接相关，企业应该认真分析生产经营状况，确定合理的营运资金的需求数量。当企业产销量增加时，流动资产和流动负债会相应增加；而当企业产销量减少时，流动资产会减少，流动负债也会随之减少。因此，企业财务人员应当认真分析企业的生产经营状况，做好营运资金的需求数量预测工作。满足正常合理的资金需求是营运资本管理的首要任务。

2. 保持足够的短期偿债能力

流动资产、流动负债及二者之间的关系能较好地反映企业的短期偿债能力。如果一个企业流动资产较多，流动负债较少，说明企业短期偿债能力较强；反之，则说明短期偿债能力较弱。流动资产过多、流动负债过少也并非好现象，可能会因流动资产闲置或流动负债利用不足导致企业收益下降。

合理安排流动资产和流动负债的比例，保持流动资产结构与流动负债结构的适配性，保证企业拥有足够的短期偿债能力是营运资金管理的重要原则之一。

3. 提高资金使用效率

营运资金的周转是指企业的营运资金从投入生产经营开始到最终转化为现金的过程。企业要加速存货、应收账款等流动资产的周转速度，以便使有限的资金服务于更大的经营规模，创造更佳的经济效益。缩短营业周期、加快资金周转是提高资金使用效率的主要方式之一。

4. 节约资金使用成本

在营运资金管理中，必须正确处理保证生产经营需要和节约资金使用成本两者之间的关系。一方面，要挖掘资金潜力，加速资金周转，节约使用资金；另一方面，要积极拓展融资渠道，筹措低成本资金，服务于生产经营。

二、营运资本的特点

为降低企业营运资本管理成本、提高营运效率，研究营运资本的特点是十分必要的。营运资本一般具有如下特点。

（一）营运资本周转周期短

企业投放于流动资产上的资金，通常会在1年或1个营业周期内收回，企业的流动负债也需在1年或1个营业周期内偿还，流动资产和流动负债周转一次所需时间较短。企业营运资金周转不灵会严重地影响企业的持续经营。

（二）营运资本具有易变现性

企业流动资产中的现金、银行存款本身就可随时用于支付、偿债等，不存在变现问题，而非现金形态的流动资产如存货、短期有价证券投资、应收账款等往往也能很快变现。流动资产的易变现性对于企业应对临时性、突发性的资金需求有重要意义。

（三）营运资本的需求数量具有易波动性

企业流动资产和流动负债容易受企业内外部因素的影响，在数量上往往会发生很大波动，企业需要有效地预测和控制流动资产和流动负债的波动幅度，防止其对企业生产经营产生不利影响。

（四）营运资本的筹资来源具有多样性

营运资本的筹资渠道多种多样，营运资本的需求问题既可通过长期筹资方式解决，也可通过短期筹资方式解决，而长期筹资方式和短期筹资方式又都存在多种可供选择的具体筹资方式。

（五）营运资本的财务风险较小

由于流动资产周转快、变现快、流动性强，企业拥有更多的流动资产会增强企业的短期偿债能力，在一定程度上可降低企业财务风险。但流动资产的收益性较弱，如果企业持有流动资产过多，企业资产的流动性强，就会增加企业的财务负担，减少企业盈利；如果企业持有的流动资产过少，企业资产的盈利性强，流动性就弱，企业很容易出现资金周转危机，会影响企业的持续经营。因此，企业流动资产需维持在一个合理的水平，营运资金管理的主要内容就在于确定流动资产的最佳持有水平，既要确保企业流动资产能满足企业正常生产经营的需要，又要保证企业能按时偿还各种到期债务。

三、流动资产的持有政策

营运资金的持有政策，即流动资产的持有政策，主要分析流动资产持有量的问题。相对于长期投资、固定资产、无形资产等非流动资产，流动资产具有流动性强、收益性弱的特点。

（一）流动资产的持有政策分类

企业流动资产的持有量往往与销售规模相关，根据流动资产与销售额之间的数量关系，流动资产的持有政策可分为3种：宽松的持有政策、适中的持有政策和紧缩的持有政策，如图 6-1 所示。

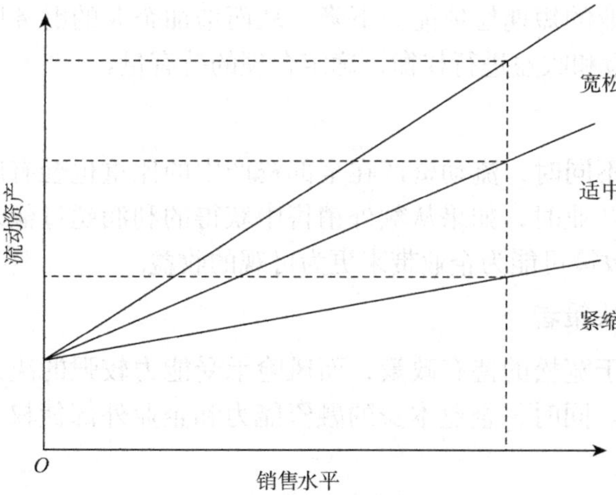

图 6-1 流动资产持有政策对比图

1. 宽松的持有政策

流动资产的宽松持有政策，又称保守的持有政策，该政策意味着在一定的销售水平下企业持有较多的流动资产，即企业拥有较多的现金、短期有价证券、存货等。此时，企业不能按时偿还到期债务的风险小，也为可能的不确定性预留了大量资金，企业经营风险大大减小。但是，流动资产的收益率低、流动资产占用的资金多容易导致企业收益能力低下。因此，流动资产的宽松持有政策的特点是低风险、低收益。

2. 适中的持有政策

流动资产的适中持有政策要求企业在一定的销售水平下保持适中的流动资产水平，即企业拥有的现金、短期有价证券、存货等流动资产既不会过多也不会过少，恰好能满足企业到期支付债务和日常生产经营的需要，将风险和收益维持在适中的水平。

3. 紧缩的持有政策

流动资产的紧缩持有政策，又称激进的持有政策，该政策意味着企业在一定的销售水平下保持较低的流动资产水平，即企业的现金、短期有价证券、存货等流动资产的拥有量较低，企业收益能力增强。但是，企业面临资金不足而无法偿还到期债务或者存货不足而导致生产或销售中断等问题的可能性增大，企业风险较大。因此，流动资产的紧缩持有政策的特点是高风险、高收益。

企业在实际的生产经营中，可根据自身生产经营的特点和情况，选择适合自己的流动资产的持有政策。

（二）流动资产持有政策的影响因素

1. 企业对流动资产风险性和收益性的权衡

增加流动资产投资会增加流动资产的持有成本，降低资产的整体收益性，但会提高资产的流动性，增强企业的短期偿债能力，从而降低企业的财务风险；反之，减少流动资产投资会降低流动资产的持有成本，增加资产整体的收益性，但资产的流动性会降低，可能会导致企业的短期偿债能力下降，从而增加企业的财务风险。故企业应当对持有流动资产的风险和收益进行权衡，确定合理的持有量。

2. 产业环境因素

当企业所处的产业不同时，流动资产在全部资产中的比重也会有所不同。例如，在销售边际毛利较高的产业时，如果从额外销售中获得的利润超过额外应收账款所增加的成本，宽松的持有政策可能为企业带来更为可观的收益。

3. 影响企业政策的决策者

保守的决策者倾向于宽松的持有政策，而风险承受能力较强的决策者则倾向于紧缩的流动资产持有政策。同时，企业本身的融资能力和企业外部债权人也是企业决策的重要影响因素。

四、营运资本的融资政策

营运资本的融资政策，是指总体上企业为营运资本融资的策略。一般来说，企业资金分为流动资金和非流动资金，流动资金按其稳定性可以分为稳定性流动资金和波动性流动资金，其中稳定性流动资金和非流动性资金是企业的长期性资金应用，波动性流动资金属于易变的短期性资金应用。企业的资金来源于负债和权益，负债包括流动负债和长期负债，而流动负债分为自发性流动负债和临时性流动负债，其中权益资本、长期负债和自发性流动负债属于企业长期的资本来源，临时性流动负债是企业短期的资本来源。

营运资本融资策略的核心问题如下：对企业的稳定性流动资金、波动性流动资金和非流动资金的筹集进行管理。根据企业资金来源匹配状况，营运资金的融资策略分为激进型融资策略、适中型融资策略和保守型融资策略。

（一）激进型融资策略

激进型融资策略意味着除了波动性流动资产全部由临时性流动负债筹集，部分稳定性流动资产甚至非流动资产也由临时性流动负债筹集，只有部分稳定性流动资产和（或）非流动资产由经营性流动负债、长期债务和股东权益筹集，如图 6-2 所示。

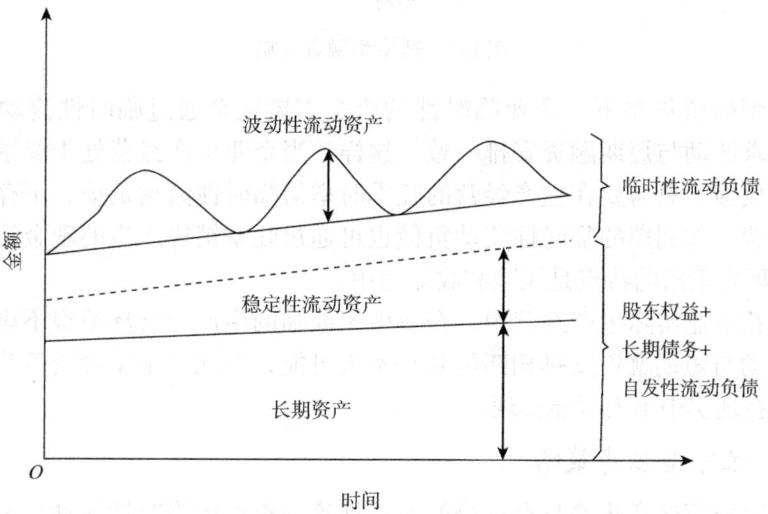

图 6-2　激进型融资策略

在激进型融资策略下，临时性流动负债较多，由于临时性流动负债的资本成本常常低于长期债务和股东权益，企业资本成本相对较低，企业收益提高。但是，临时性流动负债的期限较短，当负债到期时如果企业要满足长期的资金需要，则需要举借新债或申请债务展期，企业融资和还债的风险增大。因此，激进型融资策略的特点是高风险、高收益。

（二）适中型融资策略

适中型融资策略意味着企业资金的应用和资金的来源在期限结构上匹配，即波动性流动资产全部都由临时性流动负债支持，而稳定性流动资产、非流动资产由自发性流动负债、长期债务和股东权益支持。该策略可以用以下公式表示：

长期资产+稳定性流动资产=股东权益+长期债务+自发性流动负债

波动性流动资产=临时性流动负债

适中型融资策略如图 6-3 所示。

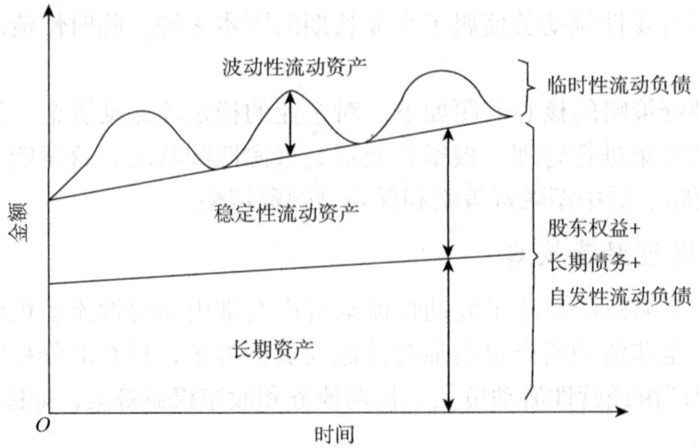

图 6-3　适中型融资策略

在适中型融资策略下，企业临时性的资金需要完全通过临时性流动负债融资解决，资金需求波动与短期融资安排一致。这样，当企业生产经营处于淡季时，不存在临时性流动负债，只需要在生产经营的旺季时举借临时性流动负债，不存在长期性资本的闲置浪费，而到期的临时性流动负债也可通过旺季销售产生的现金流来偿还。因此，适中型融资策略的特点是风险和收益适中。

但是，在企业实际生产经营中，企业由于面临的生产经营环境很不确定，要实现资金需求波动与短期融资安排相匹配几乎不太可能，因此适中型融资策略只是一种理想的状态，在现实中不太可能实现。

（三）保守型融资策略

保守型融资策略意味着只有部分的波动性流动资产由临时性流动负债筹集，剩余波动性流动资产、稳定性流动资产和非流动资产均由自发性流动负债、长期债务、股东权益筹集，如图 6-4 所示。

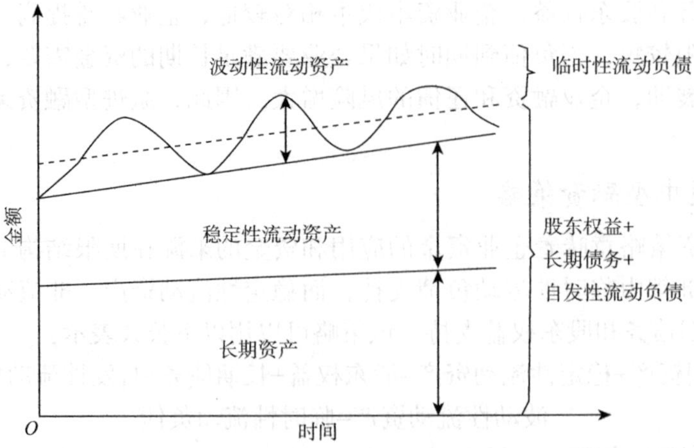

图 6-4　保守型融资策略

在保守型融资策略下，企业临时性流动负债较少，企业不能偿还到期债务的风险较低，但长期性资本较多，其资本成本往往高于临时性流动负债的短期资本，即使企业处于生产淡季，使长期性资本闲置，仍需承担较高的长期性资本成本，这样会降低企业收益。因此，保守型融资策略的特点是低风险、低收益。

现实中，企业需要将营运资金的持有政策与营运资金的融资策略相互配合，实现风险和收益的平衡。一般来说，低风险、低收益的宽松流动资产的持有政策与高风险、高收益的激进型融资策略相配合，或者高风险、高收益的紧缩流动资产的持有政策与低风险、低收益的保守型融资策略配合，可使企业的风险和收益基本均衡。

第二节 流动资产管理

一、现金管理

现金是指在生产经营过程中暂时停留货币形态的资金，包括库存现金、银行存款、其他货币资金。现金是流动性最强的资产，可以用来满足生产经营开支的各种需要，也是还本付息和履行纳税义务的保证。拥有足够的现金对于降低企业的风险，增强企业资产的流动性和债务的可清偿性有积极作用。同时现金又是收益性最差的资产，现金持有量过多，会使企业的收益水平下降。

有价证券是“现金”的一部分。有价证券变现能力强，可以随时兑换成现金。企业有多余现金时，常将现金兑换成有价证券；现金流出量大于流入量需要补充时，再出让有价证券换回现金。在这种情况下，有价证券就成了现金的替代品。

（一）企业持有现金的动机

企业持有现金的动机，主要有交易性动机、预防性动机、投机性动机和补偿性余额。

交易性动机是指持有现金以满足日常支付的需要，如用于购买原材料、支付工资、缴纳税款、支付股利等。企业每天的现金收入和现金支出等额的情况很少，保留一定的现金余额可使企业在现金支出大于现金收入时不至于中断交易。现金收入的数量取决于企业的销售水平。企业必须维持适当的现金余额，才能使业务活动正常地进行下去。

预防性动机是指持有现金以应付意外事件对现金的需求。企业预计的现金需要量一般是指正常情况下的需要量，但有许多意外事件会影响企业现金的收入与支出。例如，地震、水灾、火灾等自然灾害，生产事故及主要客户未能及时付款等，都会打破企业的现金收支计划，使现金收支出现不平衡。持有较多的现金，便可使企业更好地应对这些意外事件的发生。预防动机所需要现金的多少取决于以下3个因素：现金收支预测的可靠程度、企业临时借款能力及企业愿意承担的风险程度。

投机性动机是指企业持有现金以备某种投机行为的现金需要，如在适当时机购入低价有价证券，大量购买廉价原料或其他资产的机会等。企业存续期间有时会遇到各种转瞬即逝的获利机会，如果企业没有足够的现金，则只能坐视这些良机流逝。因此企业在满足交易性动机和预防性动机的基础上，通常还需要保留一定的现金。投机动机只是企业确定现金余额时所需考虑的次要因素之一，其持有量的大小往往与企业在投资市场的投资机会及企业对待风险的态度有关。

当企业向银行借款时，银行可能会要求企业预留一定比例的现金存在该企业的银行账户上，或是为补偿银行对企业所提供的服务和提高企业信用，银行要求该企业在其银行账户上维持某一平均水平的存款余额，称为补偿性余额。

（二）持有现金的成本

持有现金的成本是指企业为了持有一定数量的现金而产生的费用，或者现金短缺所付出的代价。它主要由以下 3 个部分构成。

1. 机会成本

现金的机会成本是指企业因持有现金而丧失的潜在投资收益。企业持有现金就会丧失其他方面的投资收益，如不能进行有价证券投资，所丧失的投资收益就是现金的机会成本，这种机会成本与现金的持有量成正比，持有量越大，机会成本越高。企业经营业务需要拥有一定的现金，付出相应的机会成本代价是必然的，但现金拥有量过多，机会成本大幅度上升，就不合适了。因此，企业要在保持一定现金存量和可能获取的投资收益之间进行合理的抉择，确定最合理的现金持有量。

2. 短缺成本

现金的短缺成本是指缺乏必要的现金，不能应付业务开支所需，而使企业遭受的损失或为此付出的代价。例如，企业不能按时缴纳税金而支付的滞纳金、不能按时还贷而支付的罚息等都属于现金的短缺成本。现金的短缺成本随现金持有量的增加而下降，随现金持有量的减少而上升。

3. 管理成本

现金的管理成本是指对企业持有一定量的现金进行管理而支付的代价。例如，要建立完整的企业现金管理内部控制制度、制定各种现金收支规定和现金预算执行的具体办法、支付给具体现金管理人员的工资费用和各种为保护现金安全而建立的安全防范措施及购入相应设备装置等。这种现金管理成本的高低与现金持有量之间无明显的比例关系，故大多数情况下被视为一种相对固定的成本，在现金最佳持有量决策模型中不需要考虑。

（三）现金管理的目标和内容

1. 现金管理的目标

现金持有量过多或过少对企业经营都不利。若现金持有量过少，则不能应付业务开支，由此造成的损失称为现金短缺成本，具体包括丧失购买机会、造成信用损失和得不到折扣好处等。若现金持有量过多，也会产生成本，如利息损失和机会成本，但也会有“收益”，即现金所提供的流动性和清偿性。现金管理的目标就是保持现金流动性与收益性的均衡，即保证企业生产经营所需现金的同时，节约使用资金，并从暂时闲置的现金中获得更多的投资收益。企业为了实现现金管理的目标，需要编制现金预算，以衡量企业在某段时间内的现金流入量与流出量。此外，企业需要建立一套管理现金的方法，持有合理数额的现金，以便在保证企业经营活动所需现金的同时，尽量减少持有现金的数量，提高资金收益率。

2. 现金管理的内容

现金管理的具体内容包括 3 个方面：①编制现金预算，以便合理地估计未来的现金需求。②建立理想（目标）现金持有量，用特定的方法确定理想（目标）现金持有量，即最佳的现金持有量。当企业实际的现金持有量与最佳的现金量不一致时，采用短期筹资或采用归还借款和投资有价证券等策略来达到理想状况。③企业在确定了最佳现金持有量后，还应采取各种措施，加强对现金的日常管理，提高现金使用效率。

为达到这一目的，需要注意做好以下几方面工作：①力争现金流量同步。如果企业能尽量使它的现金流入与现金流出发生的时间趋于一致，就可以使其所持有的交易性现金余额降到最低水平。②使用现金浮游量。从企业开出支票，收票人收到支票并存入银行，至银行将款项划出企业账户，中间需要一段时间。现金在这段时间的占用称为现金浮游量。③加速收款。这主要指缩短应收账款的时间，在利用应收账款吸引顾客和缩短收款时间之间权衡，实施妥善的收账策略。④推迟应付账款的支付。企业在不影响自己信誉的前提下，尽可能地推迟应付账款的支付期，充分运用供货方所提供的信用优惠。

二、应收账款管理

应收账款是企业因对外赊销产品、材料，提供劳务等应向购货方或接受劳务的单位收取的款项，包括应收销售款、应收票据、其他应收款等。

（一）应收账款的作用与目标

应收账款在企业生产经营过程中的作用主要体现在以下两个方面。首先，在激烈竞争的市场经济中，采用赊销方式，为客户提供商业信用，可以扩大产品销售，提高产品的市场占有率。通常为客户提供的商业信用是不收取利息的，所以，对于接受商业信用的企业来说，实际上等于得到一笔无息贷款，这对客户具有极大的吸引力。与现销方式相比客户更愿意采用赊销方式购买企业的产品。因此，应收账款具有促销的作用。其次，采用赊销时企业库存的商品数量自然会有所减少，加快了企业存货的周转速度。一般来讲，企业的应收账款所发生的相关费用与存货的仓储、保管费用相比较少。因此，企业通过赊销的方式，将产品销售出去，资产由存货形态转化为应收账款形态，这样可节约企业的费用支出。

应收账款管理的目标是制定科学合理的应收账款信用政策，并在这种信用政策所增加的销售盈利和采用这种政策预计要担负的成本之间做出权衡。只有当所增加的销售盈利超过运用此政策所增加的成本时才能实施和推行这种信用政策。同时，应收账款管理还包括企业未来销售前景和市场情况的预测和判断及对应收账款安全性的调查。如企业销售前景良好、应收账款安全性高则可进一步放宽其信用政策，扩大赊销量，获取更大利润；反之，则应严格其信用政策或对不同客户的信用程度进行适当调整，确保企业获取最大收入的情况下，又使可能的损失降到最低点。

（二）应收账款成本

1. 机会成本

应收账款的机会成本是指企业资金因占用在应收账款上而丧失的其他投资收益。机会成本的大小与企业应收账款占用资金的数量密切相关，占用的资金数量越大，机会成本就越高。这种机会成本一般按照企业的资本成本（或者投资者的最低报酬率）来计算，其计算公式为

应收账款平均余额=日销售额×平均收账期

应收账款占用资金=应收账款平均余额变动成本率

应收账款的机会成本=应收账款占用资金×资本成本率

=（全年销售额×变动成本率）/360×平均收账期×资本成本

2. 坏账成本

应收账款的坏账成本是指应收账款无法收回而给企业造成的经济损失。应收账款是商业信用产生的结果，由于客户财务状况恶化等，无法收回应收账款而产生的坏账给企业带来经济上的损失。这种成本一般与企业的信用政策有关，并且与应收账款的数量成正比。一般来说，严格的信用政策产生比较少的坏账，过于宽松的信用政策比较容易产生较多的坏账。

3. 管理成本

应收账款的管理成本是指企业对应收账款进行管理而发生的支出费用，具有固定成本的特征。主要包括对客户的资信调查费用、收集各种信息的费用、应收账款账簿记录费用、催收账款发生的费用及其他用于应收账款的管理费用。

（三）应收账款的管理政策

应收账款管理的政策又称信用政策，是指企业在采用信用销售方式时，为对应收账款进行科学规划和有效控制而确定的基本原则和规范，它是企业财务政策的一个重要组成部分，主要包括信用标准、信用条件和收账政策。

1. 信用标准

信用标准是指顾客获得企业的交易信用所应具备的最低条件，通常以预期的坏账损失率来表示。它表明企业可接受的信用风险水平。企业在设定某一顾客的信用标准时，往往先要评估其赖账的可能性。这可以通过“5C”系统来进行。“5C”系统是评估顾客信用品质的 5 个方面，即品质（character）、能力（capacity）、资本（capital）、抵押（collateral）和条件（conditions）。

（1）品质。品质指顾客的信誉，即履行偿债义务的可能性。企业必须设法了解顾

客过去的付款记录，看其是否有按期如数付款的一贯做法，以及与其他供货企业的关系是否良好。这一点经常被视为评价顾客信用的首要因素。

（2）能力。能力指顾客的偿债能力，即其流动资产的数量和质量及与流动负债的比例。顾客的流动资产越多，其转换为现金以支付款项的能力越强。同时，还应注意顾客流动资产的质量，看是否有存货过多、过时或质量下降，影响其变现能力和支付能力的情况。

（3）资本。资本指顾客的财务实力和财务状况。

（4）抵押。抵押指顾客拒付款项或无力支付款项时能被用作抵押的资产。这对于不知底细或信用状况有争议的顾客尤为重要。一旦收不到这些顾客的款项，便以抵押品抵补。如果这些顾客提供足够的抵押，就可以考虑向他们提供相应的信用。

（5）条件。条件指可能影响顾客付款能力的经济环境。例如，万一出现经济不景气，会对顾客的付款产生什么影响，顾客会如何做等，这需要了解顾客在过去困难时期的付款记录。

例 6-1　某企业原来的信用标准是只对预计坏账 5%以下的客户提供商业信用，企业的销售利润率为 20%，变动成本率为 80%，应收账款的资金成本率为 10%。该企业为了扩大销售，拟修改原来的信用标准，降低信用标准，有关资料如表 6-1 所示。

表 6-1　两种不同的信用标准下的有关资料

项目	原方案	新方案
信用标准（预计坏账损失率）	5%	8%
销售收入／元	90 000	120 000
应收账款的平均收账期／天	30	42
平均坏账损失率	4%	6%

计算两种信用标准对利润的影响，结果如表 6-2 所示。

表 6-2　信用标准方案的比较　　单位：元

项目	新方案	原方案	差异
销售利润	120 000×20%=24 000	90 000×20%=18 000	6 000
应收账款的机会成本	120 000×42×80%×10%/360=1 120	90 000×30×80%×10%/360=600	520
坏账成本	120 000×6%=7 200	90 000×4%=3 600	3 600
应收账款成本总额	8 320	4 200	4 120
净收益	15 680	13 800	1 880

从表 6-2 可知，选择新方案可增加收益 1 880 元，显然应该采用新方案。

2. 信用条件

信用条件是指企业要求顾客支付赊销款项的条件，包括信用期限、折扣期限和现金折扣。信用期限是企业为顾客规定的最长付款时间；折扣期限是为顾客规定的可享受现金折扣的付款时间；现金折扣是在顾客提前付款时给予的优惠。例如，账单中的“2/10，n/30”就是一项信用条件，它规定如果在发票开出后10天内付款，可享受2%的现金折扣；如果不想取得折扣，这笔货款也须在30天内付清。在这里，30天为信用期限；10天为折扣期限；2%为现金折扣。提供比较优惠的信用条件能增加销售量，但也会带来额外的负担，如会增加应收账款机会成本、坏账成本、现金折扣成本等。

3. 收账政策

收账政策是指信用条件被违反时，企业采取的收账策略。企业如果采用较积极的收账政策，可能会减少应收账款机会成本，减少坏账损失，但会增加收账成本。如果采用较消极的收账政策，则可能会增加应收账款机会成本，增加坏账损失，但会减少收账费用。

一般来说，企业在客户超过允许的拖欠期限后，应有理、有利、有节地开展催收行动。在组织账款催收时，企业也必须权衡收账费用与预期催账收益的关系。一般情况下，收账费用越高，减少的坏账损失越大，但两者之间的关系并非线性的。通常情况如下：开始花费一些收账费用，应收账款和坏账有小部分降低；收账费用继续增加，应收账款和坏账损失明显减少；收账费用达到某一限度以后，应收账款和坏账损失的减少就不明显了，这个限度称为饱和点，如图6-5中的P点。在制定信用政策时，应权衡增加收账费用与减少应收账款机会成本和坏账损失之间的得失。

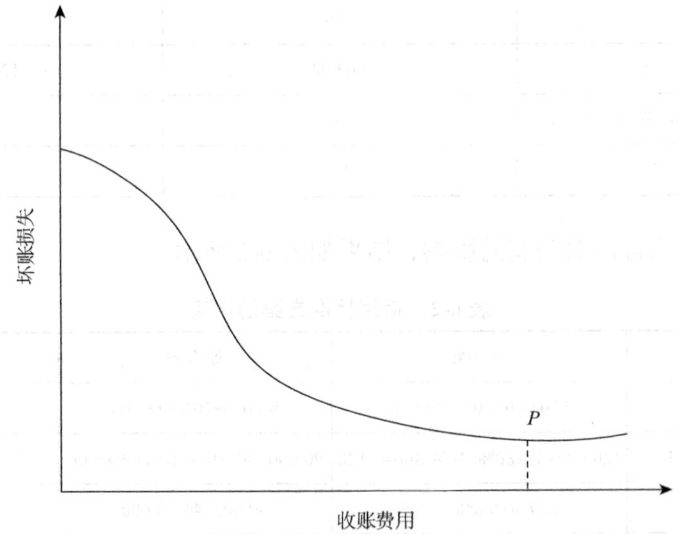

图6-5 收账费用与坏账损失的关系

（四）应收账款的回收

应收账款的回收是应收账款日常管理中最关键的一环。因为若赊销后不能如期收回账款，则无法实现增加销售的收益，无法将信用成本控制在预期的范围内。那么，既定的信用政策则无法落实，严重的坏账损失将使企业财务陷入困境，并遭遇偿债能力不足的危机。

1. 确定合理的收账程序

催收账款的程序一般如下：信函通知、电话催收、派人员面谈、法律行动。当顾客拖欠账款时，要先给顾客一封有礼貌的通知信件；接着，可寄出一封措辞较直率的信件；进一步则可通过电话催收；如再无效，企业的收账人员可直接与顾客面谈，协商解决；如果谈判不成，就只好交给企业的律师采取法律行动。

2. 确定合适的催收方法

顾客拖欠货款的原因很多，但概括起来分为两类：无力偿还和故意拖欠。

无力偿还是指顾客因经营管理不善，财务困难，没有资金偿付到期债务。对这种情况要进行具体分析，如果顾客确实遇到暂时的困难，经过努力可以东山再起，企业应当帮助顾客渡过难关，以便收回较多的账款；如果顾客遇到严重困难，已经达到破产境地，无法恢复活力，则企业应及时向法院提出诉讼，要求在破产清算时得到债权的部分清偿。

故意拖欠是指顾客虽然有能力付款，但是为了自身利益，想方设法不履行偿债义务。遇到这种情况，则需要确定合理的讨债方法，以达到收回账款的目的。

三、存货管理

存货是指企业在生产经营过程中为销售或耗用储备的物资，包括原材料、燃料、低值易耗品、在产品、半成品、产成品周转材料、外购商品等。存货和应收账款一样，在企业的流动资产中占据很大比重，同时，存货又是变现能力较差的流动资产。存货管理水平的高低，与流动资金的周转和企业财务状况密切相关。

（一）存货的作用与管理目标

1. 存货的作用

在企业的购买-生产-销售流程中，存货起到重要的缓冲作用。如果不持有一定量的存货，则企业会在原材料的进货、产品的生产和销售安排上丧失很多灵活性。存货保证生产和销售的正常进行。一般来说，企业的供、产、销在数量上和时间上往往难以保持绝对的平衡。因此，如果没有一定的存货，一旦生产或销售所需物资短缺，就会影响企业生产和销售的正常进行，严重时会导致生产和销售的中断，如停工待料、停业待货等，造成惨重损失。存货可以获取规模收益。例如，批量采购原材料，可以获得价格上的优惠，也可以减少管理及采购费用；批量组织生产，可以使生产均衡，降低生产成本；批量组织销售，可以及时满足客户对产品的需求，有利于销售规模的迅速提高。

2. 存货管理的目标

企业持有充足的存货，不仅有利于生产过程的顺利进行，节约采购费用与生产时间，而且能够迅速地满足客户各种订货的需要，为企业的生产与销售提供较大的机动性，避免因存货不足带来的短缺损失。然而，存货的增加必然要占用更多的资金，将使企业付出更大的持有成本，而且存货的储存与管理费用会增加，影响企业获利能力的提高。存货管理的目标就是要在各种存货成本与存货效益之间做出权衡，达到两者的最佳结合。

（二）存货的相关成本

1. 购置成本

购置成本是指为订购材料、商品而产生的成本，如差旅费、邮资费、电话电报费等。订货成本有一部分与订货次数有关，如差旅费、邮资、电话电报费等费用与进货次数呈正相关变动，这类变动性订货成本 P 属于决策的相关成本；另一部分与订货次数无关，如专设采购机构的基本开支等，这类固定性订货 F_1 成本则属于决策的无关成本。设 D 为存货全年需求量，订货成本的计算公式为

$$\mathrm{TC}_1 = F_1 + \frac{D}{Q}P$$

2. 采购成本

采购成本是指存货本身的价值，一般与采购数量成正比例变化。在一定时期进货总量既定、物价水平不变、不存在数量折扣的情况下，采购成本不随采购次数等变动而变动，属于存货决策的无关成本。设单价为 U，则采购成本 $\mathrm{TC}_2 = DU$。

3. 储存成本

储存成本是指在存货储存过程中发生的仓储费、搬运费、保险费、占用资金支付的利息费等。与订货成本一样，储存成本也可以按照与存储数额的关系分为变动性储存成本 C 和固定性储存成本 F_2 两类。其中，固定性储存成本与存货储存数额的多少没有直接的联系，如仓库折旧费、仓库职工的固定的月工资等，这类成本属于决策的无关成本；而变动性储存成本则随着存货储存数额的增减呈正比例变动关系，如存货资金的机会成本和占用费、存货残损和变质损失、存货的保险费用等，这类成本属于决策的相关成本。储存成本的计算公式为

$$\mathrm{TC}_3 = F_2 + \frac{Q}{2}C$$

4. 缺货成本

缺货成本是指因存货中断或不足而给企业生产、销售造成的损失，包括由于材料供应中断造成的停工损失、产成品库存不足延误发货而造成的信誉损失，以及丧失销售机会的损失、紧急采购而发生的紧急外购成本等。缺货成本能否作为决策的相关成本，应视企业是否允许出现存货短缺的不同情形而定。若企业允许缺货，则缺货成本便与存货数量反向相关，即属于决策相关成本；反之，若企业不允许发生缺货，此时缺货成本为零，也就无须加以考虑。

综上所述，存货的相关成本如图 6-6 所示。

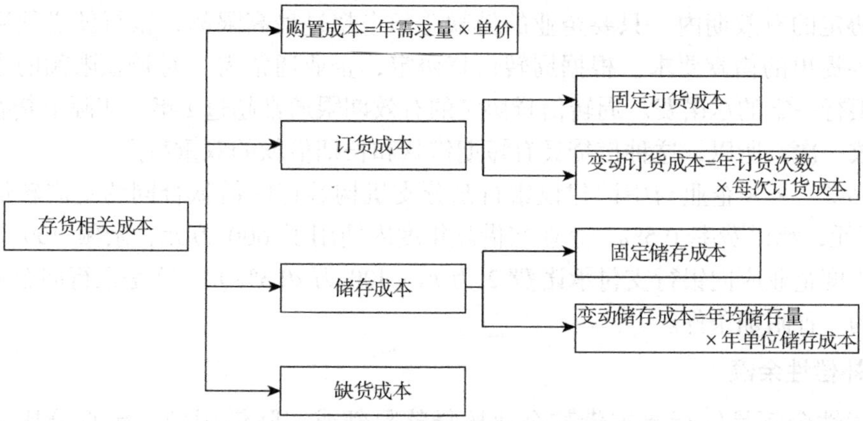

图 6-6　存货的相关成本

第三节　流动负债管理

一、短期借款

流动负债是指需要在 1 年或者超过 1 年的 1 个营业周期内偿还的债务，包括短期借款、应付账款等项目。流动负债是企业短期融资的重要来源，具有资金成本低、偿还期短的特点，必须有效地进行管理。

短期借款是一种基于银行信用而进行的筹资活动，是企业向银行或其他非银行金融机构借入的期限在1年以内的借款，这些借款一般用于解决企业流动资金的不足，是筹集短期资金的重要方式。短期借款决策包括借款信用条件、利息支付方式及借款银行的选择等内容。在我国，短期借款按照目的和用途分为生产周转借款、临时借款、结算借款等；根据国际通行的做法，短期借款按照偿还方式分为一次性偿还借款和分期偿还借款；按照利息支付方式分为收款法借款、贴现法借款及加息法借款；按照是否有担保分为抵押借款和信用借款等。企业在申请借款时，应根据实际情况对借款的种类进行选择。

（一）短期借款的信用条件

1. 信贷限额

信贷限额是指银行对借款人规定的无担保贷款的最高限额。信贷限额的有效期限通常为1年，根据情况也可以延期1年。一般而言，企业在批准的信贷限额内，可以随时使用借款，但银行并不承担必须提供全部信贷限额的义务。如果企业信誉恶化，即使银行曾经同意按信贷限额提供资金，企业也可能得不到借款，此时银行并不需要承担法律责任。

2. 周转信贷协定

周转信贷协定是银行具有法律义务地承诺提供不超过某一个最高限额的贷款协

定。在协定的有效期内，只要企业的借款总额未超过最高限额，银行就必须满足企业任何时候提出的借款要求。根据周转信贷协定，企业通常需要对贷款限额的未使用部分付给银行一定的承诺费。周转信贷协定的有效期限通常超过1年，实际上贷款是每几个月发放一次，所以，这种信贷具有短期借款和长期借款的双重特点。

例 6-2　××企业与中国建设银行某分支机构签订的借款合同约定周转信贷额为1 000 万元，承诺费率 0.5%，企业在借款年度内使用了 600 万元，余额 400 万元。因此，该年度企业应向银行支付承诺费 2 万元（400 万×0.5%），这是银行向企业提供此项贷款的一种附加条件。

3. 补偿性余额

补偿性余额是银行要求借款企业按贷款限额或实际借用额一定百分比（一般为10%~20%）保持的最低存款余额。从银行的角度看，补偿性余额可以降低贷款风险，补偿可能遭受的贷款损失；对于借款企业而言，补偿性余额的存在提高了借款的资金成本，变相地提高了借款利率。

4. 借款抵押

银行向财务风险较大或信誉不高的企业发放贷款时，为最大限度地降低自身的风险，通常需要借款人提供抵押担保。短期借款的抵押品包括应收账款、存货、股票、债券等。借款人提供抵押担保后，银行根据抵押品的价值决定贷款数额，一般为抵押品面值的 30%~90%，比例的高低主要取决于抵押品的变现能力和银行的风险偏好。抵押借款的资金成本高于非抵押贷款，同时，企业提供的抵押品会限制该类财产的使用和将来的借款能力。

5. 还款方式

贷款的偿还方式一般包括到期一次偿还和定期等额偿还两种。一般而言，企业比较喜欢到期一次偿还，因为采用定期等额偿还，企业的支付压力较大，更为重要的是会提高企业资金筹集成本。对银行而言，比较喜欢定期等额偿还，主要原因是到期一次偿还可能金额太大，企业财务负担较重，从而拒付的可能性也会增加，另外，实际的贷款利率会降低。

6. 其他承诺事项

为确保债权的安全，银行往往会要求企业做出其他与贷款相关的承诺事项，包括及时提供企业的财务报表、保持适当的财务水平，如流动比率等。如果企业违背承诺，银行可以要求企业立即偿还全部借款。

（二）借款利率及利息支付方式

1. 借款利率

借款利率分为优惠利率、浮动优惠利率和非优惠利率3种。优惠利率是银行向财力雄厚、经营状况良好的企业贷款时收取的名义利率，为贷款利率的最低线。浮动优惠利率是一种随其他短期利率的变动而浮动的优惠利率，即随市场条件的变化而随时调整的优惠利率。非优惠利率通常是在优惠利率的基础上加一定的百分点。所加百分点的大小，主要取决于企业的信誉、与银行的往来关系及当时的信贷状况等。

2. 利息支付方式

借款利息构成企业短期借款资金成本的主要内容，不同支付方式下，企业的资金成本存在差异。一般情况下，利息支付方式有以下 3 种。

1）收款法

收款法是借款到期企业向银行支付利息的一种方式，银行向企业发放的贷款大多采用这种收息方式。在这种利息支付方式下，企业支付的利息和按照借款本金和约定利率计算的结果相等。

2）贴现法

贴现法是银行向企业发放贷款时，先从本金中扣除利息部分，在借款到期时借款企业只偿还贷款全部本金的一种利息支付方式。采用这种方式，企业可利用的贷款额是本金扣除利息后的差额，因此，贷款的实际利率大于名义利率。

例 6-3　××企业向银行借款 100 万元，期限 1 年，年利率（名义利率）8%，利息额 8 万元（100×8%）；按照贴现法，企业实际可用的贷款余额只有 92 万元（100−8），该贷款的实际利率为

$$\text{实际借款利率}=\frac{8}{100-8}\times 100\%=8.7\%$$

3）加息法

加息法是银行发放分期等额偿还贷款时采用的利息收取方式。在分期等额偿还贷款情况下，银行要将根据名义利率计算的利息加到贷款本金上，计算出贷款的本息和，要求贷款企业在贷款期内分期偿还本息之和的金额。由于贷款分期等额偿还，借款企业实际上只是平均使用了贷款本金的半数，却支付全额利息。这样，企业所负担的实际利率高于名义利率大约 1 倍。

例 6-4　××企业借入年利率（名义利率）12%的贷款 200 万元，分 12 个月等额偿还本息。该项借款的实际利率为

$$\text{实际借款利率}=\frac{200\times 12\%}{200\div 2}\times 100\%=24\%$$

由此得出实际利率是名义利率 12%的两倍。

（三）借款银行选择

随着金融信贷业的发展，提供借款的银行等金融机构数量在不断增加，企业在短期借款筹资决策中应选择对自己有利的金融机构作为贷款银行。在选择时，应关注以下因素。

1. 贷款银行的风险政策

有的银行在贷款过程中，愿意承担较大的风险，因此，对债务人的约束性条款较低，筹资成本也较低；反之，则较高。

2. 银行对企业的态度

不同银行对企业态度不一样。企业应选择那些能够积极为企业提供建议、帮助分析企业潜在财务问题、有着良好的服务、乐于为有发展潜力的企业提供贷款支持、在企业遇到困难时帮助企业渡过难关的银行作为短期贷款的筹资对象。

3. 贷款的专业化程度

一些大的银行设有不同的专业部门，分别处理不同类型、行业的贷款，企业与这些有丰富经验的银行合作，从中也可获益。

4. 银行的稳定性

稳定的银行可以确保企业的借款不会在中途发生变故。银行稳定性取决于资本规模、存款水平波动程度及存款结构等。一般而言，企业选择资本实力雄厚、存款比重大的银行作为借款的筹集对象为宜。

（四）短期借款的基本程序

1. 企业提出申请

向银行借入短期借款时，必须在批准的资金计划占用额的范围内，按生产经营的需要，逐笔向银行提出申请。企业在申请书上应写明借款种类、借款数额、借款用途、借款原因、还款日期。

2. 银行对企业申请的审查

银行接到企业提出的借款申请书后，要对申请书进行认真审查，主要包括以下几个方面：审查借款的用途和原因，作为是否贷款的决策；审查企业的产品销售和物资保证情况，决定贷款的数额；审查企业资金周转和物资耗用状况，确定借款的期限。

3. 签订借款合同

为了维护借贷双方的合法权益，保证资金的合理使用，企业向银行借入流动资金时，双方应签订借款合同。借款合同的主要内容包括以下4个方面：基本条款是借款合同的基本内容，主要强调双方的权利和义务，具体包括借款数额、借款方式、贷款发放时间、还款期限、还款方式、利息支付方式、利息率等；保证条款是保证款项能顺利归还的一系列条款，包括借款按规定的用途使用、有关的物资保证、抵押财产、保证人及其责任等内容；违约条款是对双方若有违约现象时应如何处理的条款，主要载明对企业逾期不还或挪用贷款等如何处理和银行不按期发放贷款的处理等内容；其他附属条款是与借贷双方有关的其他一系列条款，如双方经办人、合同生效日期等条款。

4. 企业取得借款

签订借款合同后，若无特殊原因，银行应按合同约定向企业提供贷款，企业便可取得借款。如果银行不按合同约定发放贷款，或企业不按合同约定使用借款，均应承担相应的违约责任。

5. 借款的归还

借款企业应按借款合同的规定按时足额支付贷款本息。贷款银行在短期贷款到期一个星期之前，应当向借款企业发送还本付息通知单，借款企业应当及时筹备资金，按期还本付息，不能按期归还借款的，借款企业应当在借款到期日之前，向银行提出贷款展期申请，是否同意展期由银行视情况决定。申请保证借款、抵押借款、质押借款展期的，还应当由保证人、抵押人、出质人出具同意的书面证明。

（五）短期借款的优缺点

银行资金充足、实力雄厚，能随时为企业提供比较多的短期贷款。对于季节性和临时性的资金需求，采用银行短期借款尤为方便。而那些规模大、信誉好的企业，则可以比较低的利率借入资金。银行短期借款具有较好的弹性，可在需要资金时借入，在资金需要减少时还款。

短期借款的资金成本比较高，不仅不能与商业信用相比，与短期债券融资相比也高出许多，而抵押借款因需要支付管理和服务费用，成本会更高。短期借款的限制较多，向银行申请贷款时，银行通常要对企业的经营和财务状况进行调查后，才决定是否贷款。有些银行还要求对企业享有一定的控制权，如要求企业的流动比率、负债比率维持在一定的范围之内，这些都会对企业构成限制。

二、商业信用

商业信用是指在商品交易活动中由于延期付款或预先收款所形成的企业间的借贷关系。商业信用产生于商品交换之中，是“自发性筹资”，它运用广泛，在短期负债筹资中占有较大比重。商业信用的具体形式包括应付账款、应付票据和预收账款等。

（一）应付账款筹资

应付账款是企业购买货物而暂未付款所形成的借入款项。销售方利用这种方式可以促进销售，而对购买方而言，延期付款相当于向卖方借入资金购入商品，可以满足短期融资的需求。

与应收账款相对应，应付账款也有信用期限、现金折扣等信用条件。应付账款筹资决策主要是围绕不同信用条件下筹资成本的权衡而进行的。

1. 应付账款资金成本

在买方企业按规定的折扣期限享受现金折扣并获得信用的情况下，企业没有因为享受信用而付出代价，称为免费信用。因此，应付账款资金成本实际上是企业放弃应付账款应享有的现金折扣而导致的隐性成本。其计算公式为

$$放弃现金折扣的机会成本=\frac{折扣百分比}{1-折扣百分比}\times\frac{360}{信用期限-折扣期限}$$

该式表明，放弃现金折扣的机会成本与折扣百分比大小、折扣期限的长短同方向变化，与信用期限的长短呈反方向变化。可见，如果买方企业放弃折扣而获得信用，其代价是较高的。

2. 利用现金折扣的决策

在附有信用条件的情况下，因为获得不同信用要负担不同的代价，买方企业便要在利用哪种信用之间做出选择。通常情况下，会有如下 3 种选择。

（1）如果能以低于放弃折扣的隐含利息成本的利率借入资金，就应在现金折扣期内用借入资金支付货款，享受现金折扣。

（2）如果在折扣期内将归还应付账款的资金用于短期投资，所得的投资收益高于放弃折扣所承担的机会成本，则购买方企业应放弃享有的现金折扣，而将资金用于短期投资以获取更高的收益。当然，这种情况下，企业的付款期限应尽可能推到信用期限的最后一天。

（3）如果企业因缺乏资金而欲延展付款期（如前述的将信用期从 30 天延长到 50 天），则需要在机会成本降低和展期付款所带来的损失之间进行权衡。展期带来的损失包括企业延期付款导致的商业信用恶化而可能带来的更加苛刻的信用条件。

如果面对两家或两家以上提供不同信用条件的卖方，应通过衡量放弃折扣机会成本的大小，选择信用成本最小（或获益最大）的一家。

（二）应付票据筹资

应付票据是企业进行延期付款商品交易时开具的反映债权债务关系的票据。根据票据承兑人的不同，应付票据分为商业承兑汇票和银行承兑汇票，支付期最长不超过 6 个月。应付票据可以带息，也可以不带息。应付票据的利率一般比银行借款利率要低，企业不用保持相应的补偿余额和支付协议费用，所以，应付票据的筹资成本低于银行借款成本。但是，应付票据需要在规定的时间内归还，否则便要支付罚金，因而风险较大。

（三）预收账款筹资

预收账款是卖方企业在交付货物前，按照合同约定预先向买方收取的款项。对于卖方而言，预收账款相当于向买方借入资金然后再用货物抵偿。这种筹资方式主要适用于生产周期长、资金需要量大的货物销售。

（四）其他商业信用筹资

除应付账款、应付票据和预收账款外，企业通过商业信用进行“自发性筹资”项目还包括应付职工薪酬、应缴税费、其他应付款等。这些项目支付具有一定的强制性，企业一般自行调剂的余地较小，但在规定的范围内仍有一定的利用空间，并且不需要支付任何代价。所以这类商业信用筹资的关键是要注意按照规定的时间支付，否则，可能承担额外成本，如税款的延期缴纳需要缴纳滞纳金等。

（五）商业信用的优缺点

商业信用使用方便。因为商业信用与商品买卖同时进行，属于一种自然性融资，不用进行非常正规的安排。如果没有现金折扣或企业不放弃现金折扣，则利用商业信用集资没有实际成本。商业信用限制少。如果企业利用银行借款集资，银行往往对贷款的使用规定一些限制条件，而商业信用的限制较少。

商业信用筹资的主要缺点是时间一般较短，尤其是应付账款，不利于企业对资本的统筹运用，如果拖欠，则有可能导致企业信用地位和信用等级下降。另外，如果企业取得现金折扣则付款时间会更短，而要放弃现金折扣，则要付出较高的资金成本。而且，在法制不健全的情况下，若企业缺乏信誉，容易造成企业之间相互拖欠款项的现象，影响资金运转。

（六）商业信用的控制

1. 信息系统监督

商业信用的一般表现形式是应付账款，对应付账款进行有效管理需要一个健全、完整的信息系统。例如，在企业收到账单时，必须确认该活动是否已经发生，企业是否收到了货物及收到的货物是否完好等情况；然后将该账单与企业的订单核对，同时还要查看运输和收货部门的记录，当这些都确认后，该账单进入支付程序，并确定支付时间等。这时需要考虑是否获取现金折扣、能否按期付款等问题。这一系列的信息反映必须迅速有效，特别是当企业希望获得现金折扣时，必须在短时间内做出决策。如果系统运转缓慢，则企业就很可能错过获得现金折扣的机会。信息系统还可以与其他活动产生联系，为其他活动提供数据资料。例如，当做出贷款支付决定之后，这一信息可以传递给企业的现金预测系统，自动更新企业对未来的现金预测。

2. 应付账款余额控制

当企业的支付政策确定之后，对日常政策执行的监督就成为非常重要的环节。这里介绍两种控制支付状态的方法：考察应付账款周转率和分析应付账款余额百分比。

1）应付账款周转率

控制企业商业信用的传统做法是考察其应付账款周转率。应付账款周转率等于采购成本除以同一期间的应付账款平均余额。用公式表示为

$$应付账款周转率=采购成本\div同期应付账款平均余额$$

例 6-5 ××企业 2007 年发生采购成本 500 000 元，年度应付账款平均余额为 250 000 元，则该企业的应付账款周转率为

$$应付账款周转率=采购成本\div同期应付账款平均余额=500\,000\div250\,000=2（次）$$

实务中，仅仅进行年度分析是远远不够的，企业的财务人员需要掌握更短期间内应付账款的变化情况，这样才能够保证企业享受到适当的现金折扣，并能够在对企业有利的时间内偿付款项。

2）应付账款余额百分比

应付账款余额百分比是指采购当月发生的应付账款在当月月末及随后的每一个月尚未支付的数额占采购当月应付账款总额的比例。通过应付账款余额百分比的分析，可以观察到企业支付应付账款的速度和程度，较为直观地反映企业的应付账款管理情况。

3. 道德控制

一般来讲，企业不应该拖欠应付账款，但当拖欠账款需要支付的代价小于企业的

机会投资收益时，从理论上讲，按照成本收益原则，企业可以选择推迟支付应付账款。但在实际经济生活中，不仅仅是这么简单，而且现实中的成本和收益不是完全靠公式就可以计算清楚的，有很多隐性的成本和收益。因此，很重要的一个方面就是企业之间的商业道德（或信誉）评价。

当企业赊购货物时，应付账款的支付条件、时间等都会写在合同中，代表了企业的承诺。如果违反了合同，毫无疑问会破坏企业的商业道德形象，可能会给企业的未来经济活动造成不良影响，这是用成本收益不可以衡量的。企业对商业道德的重视程度会影响其应付账款支付政策和实际操作，同时，市场对商业道德的看法也会对企业的行为产生约束作用。

道德控制有 3 个层次：基础层衡量企业行为是否合法、是否符合企业内部规章制度；中间层是企业的经营原则，企业各项经营活动需要充足的理由；最高层考虑伙伴企业利益，达到“双赢”，甚至花费一定的成本来维护客户的利益。

三、短期融资券

（一）短期融资券的概念及分类

短期融资券是由企业依法发行的无担保短期本票。在我国，短期融资券是指企业依照《银行间债券市场非金融企业债务融资工具管理办法》的条件和程序，在银行间债券市场发行和交易并约定在一定期限内还本付息的有价证券，是企业筹措短期（1 年以内）资金的直接融资方式。

1. 根据发行方式的不同，短期融资券可分为直接销售融资券和间接销售融资券

直接销售融资券是指发行人直接销售给最终投资者的融资券。直接发行融资券的企业通常是经营金融业务的企业或自己有附属金融机构的企业，它们有自己的分支网点，有专门的金融人才，有能力自己组织推销工作，从而节省了间接发行时应付给证券企业的手续费用。直接销售融资券目前已占有相当大的比重。间接销售融资券又称经纪人代销的融资券，它是指先由发行人卖给经纪人，然后由经纪人再卖给投资者的融资券。经纪人主要有银行、投资信托企业、证券企业等。企业委托经纪人发行融资券，要支付一定数额的手续费。

2. 根据发行人的不同，短期融资券可分为金融企业的融资券和非金融企业的融资券

金融企业的融资券主要是指由各大企业所属的财务企业、各种投资信托企业、银行控股企业等发行的融资券，这类融资券一般采用直接发行方式。非金融企业的融资券是指那些没有设立财务企业的工商企业所发行的融资券，这类企业一般规模不大，多数采用间接方式来发行融资券。

3. 按融资券的发行和流通范围的不同，短期融资券可分为国内融资券和国际融资券

国内融资券是一国发行者在其国内金融市场上发行的融资券，发行这种融资券一般只要遵循本国法规和金融市场惯例即可。国际融资券是一国发行者在其本国以外的金融市场上发行的融资券，发行这种融资券，必须遵循有关国家的法律和国际金融市场上的惯例。在美国货币市场和欧洲货币市场上，这种国际的短期融资券很多。

（二）短期融资券的发行程序

1. 企业决策

企业财务人员对金融市场状况和企业筹资条件进行认真分析后，认为采用短期融资券筹资比较适合，于是提出申请，由决策层确定最后决策。

2. 信用评级

信用评级是由专家、学者组成专门的机构，运用科学方法，对企业的财务状况和信用情况进行评定和估价。自美国 1909 年穆迪公司开始评估业务以来，信用评估机构对帮助主发行者顺利发行证券，对帮助投资者科学选择证券，对规范金融市场都起了十分重要的作用。

3. 向审批机关提出发行短期融资券的申请

中国人民银行总行与各省、市、自治区分行是我国企业发行短期融资券的审批管理机关。企业发行短期融资券，必须向各级人民银行提出申请，并提供如下资料：营业执照；发行融资券的申请报告；发行融资券的章程或办法；融资的收益预测、偿还计划和其他相关资料；主管部门和开户银行对发行融资券的意见；经注册会计师签字的上两年度和上一季度的财务会计报表；信用评估企业对企业发行融资券的信用评估报告；审批机关要求提供的其他材料。

4. 审批机关对企业的申请进行审查和批准

中国人民银行的金融管理部门接到企业申请后，对如下内容进行审查。

对发行资格进行审查，其内容主要包括审查发行单位是否在工商行政管理局登记，并领取营业执照；审查发行单位是否有足够的自有资产；审查发行单位是否有可靠的还款来源；审查信用担保人的资格和担保契约书的内容。

对资金用途进行审查，企业发行短期融资券所筹集的资金只能用于解决企业临时性、季节性流动资金不足，不能用于企业资金的长期投资和固定资产投资。

对财务会计报表进行审查，其主要内容包括审查财务会计报表是否经注册会计师签字；审查财务会计报表中的资金来源和资金占用是否合理；审查企业盈利情况如何；审查企业的主要财务比率是否健全。

对票据内容进行审查，短期融资券的票面一般要载明企业名称、地址、融资券票面金额、票面利率、还本期限和方式、利息支付方式、融资券的发行日期和编号等内容。短期融资券的票面应由发行企业和企业法人代表签章。

5. 发行融资券并取得资金

融资券经审查机关审查后，便可正式发行。如果企业自己直接发行，则需公告发行的数量、价格、时间等，以便让投资者了解一些基本情况。此后投资人还要与发行人洽谈买卖条件，如果双方认为条件可以，则投资人买入融资券，发行者取得资金。如果采用间接发行，发行融资券的企业与经纪人协商融资券的有关事项，并签订委托发行协议；经纪人按协议中的有关条件和承销方式，发布公告并进行其他宣传活动；投资者购买融资券，资金存入经纪人账户；经纪人将资金划转至发行融资券企业的账户，并按协议约定处理未售完的融资券。

（三）短期融资券筹资的优缺点

1. 短期融资券筹资的优点

短期融资券筹资的成本低，在西方国家，短期融资券的利率加上发行成本，通常要低于银行同期贷款利率。这是因为在采用短期融资券筹资时，筹资者与投资者直接来往，绕开了银行等中介，节省了一笔原应付给银行的筹资费用。

筹资数额较大，银行一般不会向企业贷放巨额的流动资金借款，如在西方国家，商业银行贷给个别企业的最大金额不能超过该企业资本的 10%。对于需要巨额资金的企业，短期融资券这一方式尤为适用。

能在货币市场上发行短期融资券的企业都是大企业，因而，一个企业如果能在货币市场上发行自己的短期融资券，就说明该企业的信誉很好，有助于提高企业的信誉。

2. 短期融资券筹资的缺点

短期融资券筹资风险比较大，到期必须归还，一般不会有延期的可能。到期不归还，会产生严重后果。

弹性比较小，只有当企业的资金需求达到一定数量时才能使用短期融资券融资，如果数量小，则不宜采用短期融资券方式。

发行条件比较严格，并不是任何企业都能发行短期融资券，必须是信誉好、实力强、收益高的企业才能使用，而一些小企业或信誉不好的企业则不能利用短期融资券来筹集资金。

第四节 营运资本的量化决策

在企业资本管理中，流动资金被视为经营活动的血液，重视流动资产对整个企业的运营有十分重要的作用。管理好流动资产就是要达到现金管理的目标，尽可能让持有现金的成本最低而收益最大化。目标现金余额又称为最佳现金持有量，其确定的方法主要有成本分析模式、随机模式、存货模式等。

一、成本分析模式

成本分析模式是根据现金相关成本，分析预测其总成本最低时现金持有量的一种方法。其计算公式为

最佳现金持有量下的现金相关成本=min（管理成本+机会成本+短缺成本）

其中，管理成本为固定成本；机会成本为正相关成本；短缺成本为负相关成本。

成本分析模式是要找到机会成本、管理成本和短缺成本所组成的总成本曲线中最低点所对应的现金持有量，把它作为最佳现金持有量，可用图 6-7 表示。

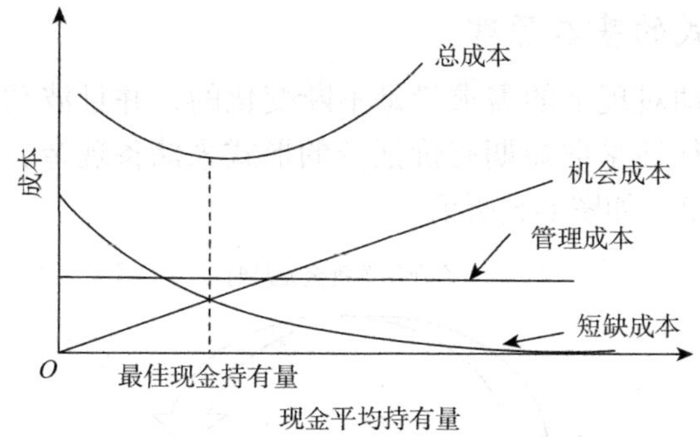

图 6-7 成本分析模式的现金成本

在实际工作中运用成本分析模式确定最佳现金持有量的具体步骤如下：①根据不同现金持有量测算并确定有关成本数值；②按照不同现金持有量及其相关成本资料编制最佳现金持有量测算表；③在测算表中找出总成本最低时的现金持有量，即最佳现金持有量。

例 6-6 ××企业有 4 种现金持有方案，它们各自的机会成本、管理成本、短缺成本如表 6-3、表 6-4 所示。

表 6-3 现金持有方案 单位：元

方案项目	甲	乙	丙	丁
现金平均持有量	10 000	15 000	20 000	25 000
机会成本	4 000	6 000	8 000	10 000
管理成本	30 000	30 000	30 000	30 000
短缺成本	7 500	5 500	3 000	2 000

表 6-4 现金持有总成本 单位：元

方案项目	甲	乙	丙	丁
机会成本	4 000	6 000	8 000	10 000
管理成本	30 000	30 000	30 000	30 000
短缺成本	7 500	5 500	3 000	2 000
总成本	41 500	41 500	41 000	42 000

对以上方案的总成本加以比较可知，丙方案的总成本最低，也就是当企业平均持有 20 000 元现金时，对企业来说最合算。

二、随机模式

随机模式又称米勒–奥尔模型，最初是由美国经济学家默顿·米勒（MertonMiller）和丹尼尔·奥尔（Deniel Orr）提出，是一种建立在未来现金流量稳定均衡且易于测算的基础上，通过现金波动的最高限额与最低限额及现金回归线进行现金控制的方法。

（一）随机模式的基本原理

企业生产经营活动对现金的需求量是不断变化的，并且波动性很大，难以准确预知。为此，许多企业往往采取短期有价证券的形式来储备现金，也就是闲置现金与有价证券之间的来回转换，如图 6-8 所示。

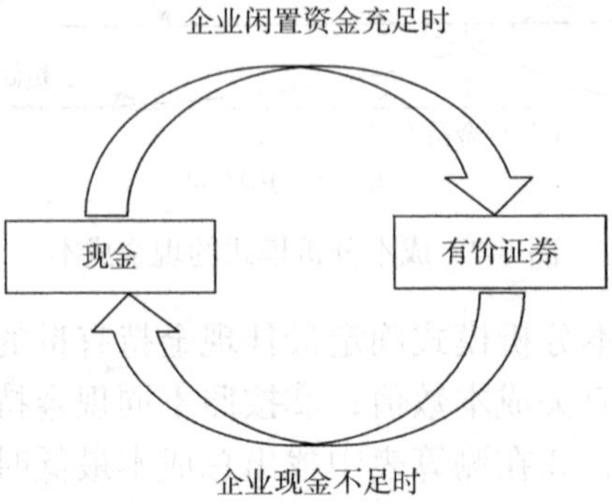

图 6-8 闲置现金与有价证券之间的转换

随机模式根据企业历史经验与现实需要，测算出现金持有量的控制范围，也就是制定出现金持有量的上限与下限，将现金余额控制在上下限之间。当现金余额达到上限时，企业就把现金转换成有价证券；当现金降到下限时，企业就抛售有价证券，换回现金；如果现金余额在上下限之间，企业则没有必要行动。随机模式下现金持有量控制如图 6-9 所示。

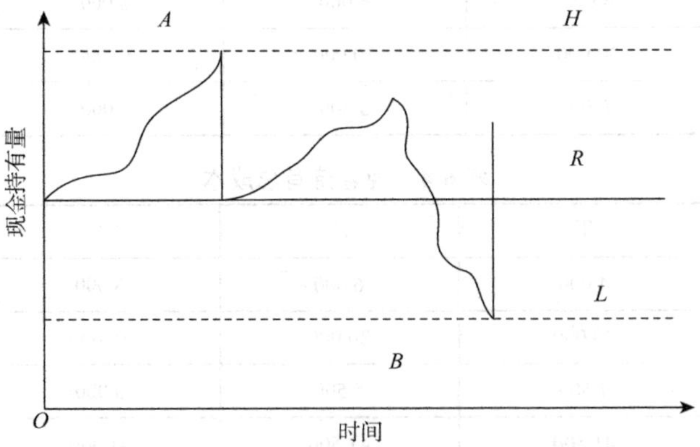

图 6-9 随机模式的现金持有量控制

（二）随机模式的注意要点

企业在使用随机模式时，应注意以下几点。

（1）目标现金余额并不是现金流量中上限和下限的中间值。现金余额达到下限的次数一般要多于到达上限的次数。当现金流量低于上下限中间值时，会减少现金流量的交易成本。当下限为零时，目标现金余额是上限的 1/3，因而会减少现金流量的总成本。

（2）目标现金余额随着固定转换成本和每日现金流量方差的变化而变动。当固定转换成本增加时，现金余额达到上下限的成本会很高，同时每日现金流量方差越大，现金余额达到上下限的次数越频繁。

（3）随着有价证券利息率（机会成本）增大，目标现金余额则减小。因为机会成本越大，企业持有现金的成本也越大。同时，现金流量下限应大于零，因为企业需要一定的补偿性存款额，同时也需要持有一定的“安全存货量”。

经过许多企业的实践证明，运用随机模式进行现金管理的效果较好。

（三）随机模式确定最佳现金持有量

假设 R 为现金返回线，H 为现金存量的上限，L 为现金存量的下限，b 为每次有价证券的固定转换成本，i 为有价证券的利息率，δ为预期每日现金余额变化的标准差，则现金返回线的计算式为

$$R=\sqrt[3]{\frac{3b\delta^2}{4i}}+L$$

现金存量上限的计算式为

$$H=3R-2L$$

例 6-7　××企业有价证券的年利率为 9%，每次固定转换成本为 50 元，该企业要求最低现金余额为 1 000 元，根据往年的经验，现金余额波动的标准差为 800 元。试计算最优现金返回线和现金控制上限。

解：由题意可知有价证券日利率为

$$i=\frac{9\%}{360}=0.025\%$$

$$R=\sqrt[3]{\frac{3b\delta^2}{4i}}+L=\sqrt[3]{\frac{3\times50\times800^2}{4\times0.025\%}}+1\,000=5\,579(\text{元})$$

$$H=3R-2L=3\times5\,579-2\times1\,000=14\,737\ (\text{元})$$

根据上述计算结果及图 6-9，可以画出该企业的目标现金余额示意图，如图 6-10 所示。

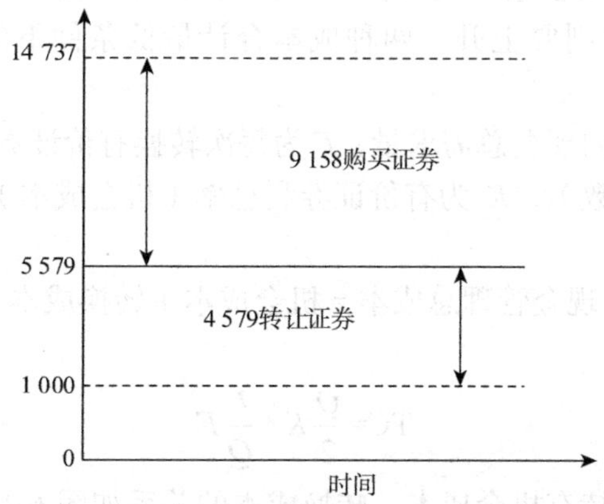

图 6-10　企业目标现金余额示意图

三、存货模式

（一）存货模式的基本概念

存货模式最先由美国经济学家 William-J-Baumol（威廉·J. 鲍莫）提出，是一种确定企业目标现金余额的方法。

在存货模式中，企业可以忽略固定费用和短缺成本，只需要考虑机会成本和转换成本，主要原因：固定费用相对稳定，与现金持有量的多少关系不大，因此被视为决策无关成本而不予考虑；现金中短缺成本的产生，包括现金是否短缺、短缺多少、概率多大及各种短缺情形造成的损失程度，存在较大的不确定性和无法计量性，因此忽略不计；存货模式中，机会成本与转换成本随现金持有量的变化而呈现相反的变动趋向，这要求企业对现金与有价证券进行合理的比例安排，使机会成本与转换成本保持最佳组合。

企业运用存货模型确定目标现金余额时，要注意以下前提假设。

（1）企业未来年度所需要的现金总量具有可预测性。

（2）企业按照稳定、可预见的比率使用现金，整个现金支付过程比较平稳，波动较小。

（3）企业经营活动的现金流按照固定比例发生，具有稳定性与可预见性。

当这些前提条件基本得到满足时，企业便可以采用存货模式来计算目标现金余额。

（二）存货模式确定最佳现金持有量

存货模式的目的是计算出现金管理总成本达到的最小数值。现金管理总成本包括现金持有成本和现金转换成本两方面。现金持有成本，即持有现金的机会成本，该项成本通常为有价证券的利息率，与现金余额成同方向变化。现金转换成本，即现金与有价证券转移的固定成本，如委托买卖佣金、委托手续费和证券过户费等，该项成本只与交易次数有关，与现金持有额无关。

在存货模式中，若现金余额较大，则持有现金的机会成本也较高，但转换成本可减少；反之，转换成本则要上升。两种成本合计最低条件下的现金余额即目标现金余额。

假设 T 为一个周期内现金总需求量，F 为每次转换有价证券的固定成本，Q 为目标现金余额（证券变现次数），K 为有价证券利息率（机会成本），TC 为现金管理总成本。则有

$$现金管理总成本 = 机会成本 + 转换成本$$

即

$$\mathrm{TC}=\frac{Q}{2}K+\frac{T}{Q}F$$

现金管理总成本与持有机会成本、转换成本的关系如图 6-11 所示。

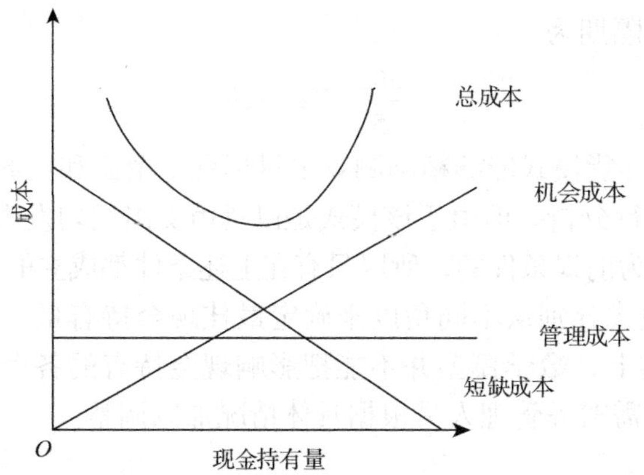

图 6-11　现金持有量与相关持有成本之间的关系

从图 6-11 可以看出，现金管理的总成本与现金持有量之间呈凹形曲线关系。当持有现金的机会成本与证券变现的交易成本相等时，现金管理的总成本最低，此时的现金持有量为目标现金余额，即

$$Q=\sqrt{2T\frac{F}{K}}$$

最佳现金管理总成本为

$$\mathrm{TC}=\sqrt{2TFK}$$

例 6-8　××企业是一家现金收支状况比较稳定的企业，预计全年（按照 360 天计算）现金需要量为50 000元，现金与有价证券的转换成本为每次100元，有价证券的年利率为 10%。试计算：

（1）目标现金余额。

（2）目标现金余额下的全年现金管理总成本、全年现金转换成本和全年现金持有机会成本。

（3）目标现金余额下的全年有价证券交易次数和有价证券交易间隔期。

解：

（1）目标现金余额为

$$Q=\sqrt{\frac{2TF}{K}}=\sqrt{\frac{2\times 50\,000\times 100}{10\%}}=10\,000\text{（元）}$$

（2）最低现金管理总成本为

$$\mathrm{TC}=\sqrt{2\times 50\,000\times 100\times 10\%}=1\,000\text{（元）}$$

$$\text{转换成本}=\frac{50\,000}{10\,000}\times 100=500\text{（元）}$$

$$\text{机会成本}=\frac{10\,000}{2}\times 10\%=500\text{（元）}$$

（3）有价证券交易次数为

$$\frac{T}{Q}=\frac{50\,000}{10\,000}=5\text{（次）}$$

有价证券交易间隔期为

$$\frac{360}{5}=72（天）$$

由例6-8可知，存货模式能够精确测算出目标现金余额和证券变现次数，有利于企业对现金成本管理进行分析。但由于该模式是以货币支出均匀发生，现金持有机会成本和转换成本能够预测为前提条件的，所以只有在上述条件都成立的情况下才能使用。

以上各种计算模式分别从不同角度来确定最佳现金持有量、各有优缺点，可结合起来加以运用。事实上，数学模型并不能把影响现金持有的各个因素都考虑进去，所以在实际工作中，还需财务管理人员根据具体情况加以调整。

四、账龄分析法

（一）账龄分析法的概念

账龄分析法又称应收账款账龄分析法，是根据应收账款账龄的长短来估算坏账损失的一种分析方法。

企业应收账款发生的时间有长有短，对于已超过信用期限的应收账款要特别注意。一般而言，逾期拖欠时间越长，款项催收越困难，形成坏账的可能性也就越大。因此，企业应定期对应收账款账龄进行分析，密切关注应收账款的回收情况，以加强应收账款的监督和控制。

1. 账龄分析法的操作步骤

采用账龄分析法时，其操作步骤可分为以下几步。

（1）先将应收账款按照账龄长短进行分组，计列出各组应收账款的金额。

（2）根据前期坏账实际发生的相关资料，确定各账龄组的估计坏账损失百分比。

（3）用各账龄组的应收账款金额乘以对应的估计坏账损失百分比数，计算各组的坏账损失。

（4）对各组的坏账损失估计数进行求和，即坏账损失的估计总额。按照上述操作步骤，能够正确使用账龄分析法对应收账款进行分析。

2. 账龄分析法的优缺点

运用账龄分析法对应收账款进行管理的优点是操作起来简单、方便，同时能估算出应收账款不能变现的数额，但也存在不完全符合配比原则的缺点，所以会影响到各期净收益数额的正确性。

（二）账龄分析法的运用

账龄分析法一般是对应收账款而言的，经过对应收账款的分析，能够提高应收账款的回收率。

企业应收账款账龄分析工作，主要是通过定期编制年收账款账龄分析表来进行。利用账龄分析表可以了解以下问题。

（1）企业这段时间有过多少欠款未到期，到期后能否收回，是否需要待期而定？

（2）企业目前有多少欠款超过了信用期，超过时间长短的款项各占多少，有多少欠款会因拖欠时间太久可能成为坏账？

对不同拖欠时间的欠款，应采取不同的收账方法，制定出经济、可行的收账政策。对可能发生的坏账损失，则应提前进行准备，充分估计这一因素对收益的影响。

账龄分析法是根据应收账款的账龄长短来估计坏账的方法。采用该方法，企业可利用账龄分析表所提供的信息，确定坏账准备金额。

例 6-9　X 企业 2010 年末的应收账款账龄、计提坏账准备的比例及数额见表 6-5。

表 6-5　X 企业应收账款账龄分析表

应收账款账龄	应收账款余额/元	坏账估计率	坏账准备/元
未到期	25 000	1%	250
过期 1~30 天	10 000	3%	300
过期 31~60 天	8 000	5%	400
过期 61~90 天	20 000	8%	1 600
过期 90 天以上	6 000	10%	600
合计	69 000	—	3 150

解：根据题意可知企业应计提坏账准备如下：

借：信用减值损失 3 150 元

贷：坏账准备 3 150 元

例 6-10　Y 企业 2009 年末和 2010 年末应收账款账龄分析数据如表 6-6 所示。该企业 2009 年初“坏账准备”项目贷方余额 100 万元。2009 年该企业发生坏账损失 50 万元，2010 年收回已核销的坏账 40 万元。

表 6-6　账龄分析表

应收账款账龄	2009 年应收账款余额/元	2010 年应收账款余额/元	坏账估计率
未到期	4 500	5 000	1%
过期 1 个月	2 500	3 000	2%
过期 3 个月	500	1 000	4%
过期 4 个月	1 500	500	10%
过期 6 个月以上	400	200	25%
合计	9 400	9 700	—

解：

（1）2009 年估计坏账损失为

$$4\,500\times1\%+2\,500\times2\%+500\times4\%+1\,500\times10\%+400\times25\%=365\text{（万元）}$$

提取坏账准备为

$$365-100+50=315\text{（万元）}$$

借：信用减值损失 315 万元

贷：坏账准备 315 万元。

（2）2010 年估计坏账损失为

$$5\,000\times1\%+3\,000\times2\%+1\,000\times4\%+500\times10\%+200\times25\%=250\text{（万元）}$$

提取坏账准备为

$$250-(365+40)=-155\text{（万元）}$$

借：坏账准备 155 万元

贷：信用减值损失 155 万元。

五、ABC 控制法

（一）ABC 控制法的基本概念

存货 ABC 控制法是指按照企业一定的标准，对原材料、产成品和完工产品等存货进行 A、B、C 三等级的划分，实行分品种重点管理、分类别一般控制和按总额灵活掌握的存货管理方法。

为保证生产经营活动的正常运行，企业必须保持适当的存货量。一般来说，存货在流动资产中所占的比例较大，为 40%~60%，有的企业甚至达到 70%。作为流动性较差的资产，过量的存货必然会占用企业较多的资金，增加存货成本，从而影响企业的获利能力，故应当对存货数量进行科学管理。

1. ABC 存货管理的目标

企业实行 ABC 存货管理主要是为了使企业分清主次、突出重点，从而提高存货资金管理的整体效果。具体有以下几方面的目标。

（1）企业持有的存货量适当，能够有效控制存货资金，保持生产的持续性，从而保证企业的正常经营。

（2）企业存货管理恰当、抓住重点、消除浪费、节约成本与费用并提高企业财务使用效率。

（3）企业存储一定数量的产成品，及时满足客户的各种需要，增加企业的销售机会，提高企业的获利能力。

（4）企业储备一定量的保险存货，用以防止意外事故造成的损失。

因此，企业在存货管理上，要采用 ABC 控制法，对存货进行合理控制，促使生产经营的持续发展。

2. 存货 ABC 分类的标准

使用 ABC 控制法对存货进行管理，最关键的一步就是对各种存货进行标准化分类。

存货 ABC 分类的标准主要有价值标准和品种数量标准。其中，价值标准最为基本，而品种数量标准可作为参考。

3. ABC 控制法的操作步骤

企业在确定了分类标准之后，就可以对存货实行 ABC 控制法，具体操作步骤如下。

（1）对一定时间内（通常为1年）的存货进行资金占用额、品种数量的统计。

（2）对每一种存货分别按金额标准、品种数量标准的大小顺序进行排列，并编制成表格，一目了然。

（3）根据企业规定的分类标准，对存货进行A、B、C 3种不同类别的具体划分。

（4）对存货进行ABC类别划分后，企业应对A类存货进行分品种重点管理，对B类存货进行分类别一般控制和按总额灵活掌握C类存货。

企业对存货进行A、B、C 3种不同类别的管理见表6-7。

表6-7　ABC存货分类管理

存货类别	存货金额	品种数量	管理方式
A	巨大	较少	重点管理
B	一般	较多	一般控制
C	很小	繁多	灵活掌握

由表6-7可知，A类存货的特点是金额巨大，但品种数量较少；B类存货金额一般，但品种数量比较多；C类存货品种数量繁多，但金额十分小。

（二）ABC控制法的运用

ABC控制法是一种操作简单、应用十分广泛的存货管理方法，尤其是对一些大型的企业。大型企业常常有多种存货项目，有的价格高但数量少，有的价格低但数量多。如果不分主次，对每种存货都进行周密规划、严格控制，就无法有效控制存货资金。ABC控制法正是针对这一问题而提出的管理方法，被企业广泛运用于实际工作。

以下以×企业的存货管理为例，实际应用ABC控制法。一般来说，ABC控制法中3类存货的金额比重约为A：B：C=0.7：0.2：0.1，而品种数量比重约为A：B：C=0.1：0.2：0.7。其中，A类存货为重点管理，B类存货为一般控制，C类存货则为灵活掌握。具体的操作步骤如下。

（1）列出该年度×企业全部存货的明细资料，包含存货名称、数量和单价等，并计算出每种存货的总金额数。

（2）计算出每一种存货资金占用额占全部资金占用额的百分比，按大小顺序进行排列，并累加金额百分比。

（3）金额百分比累加至70%左右时，以上存货划为A类；百分比介于70%~90%之间的存货为B类存货；其余则为C类存货。

根据步骤（1），可编制出××企业的存货资料表，见表6-8。

表6-8　××企业存货资料表

序号	存货名称	金额/万元	占总量的百分比	分类
1	甲种配件	200	19.65%	A
2	乙种配件	180	17.68%	A
3	…	150	14.73%	A

续表

序号	存货名称	金额/万元	占总量的百分比	分类
4	…	250	24.56%	A
5	…	80	7.86%	B
6	…	50	4.91%	B
7	…	45	4.42%	B
8	…	30	2.95%	B
9	…	10	0.98%	B
10	…	8	0.79%	B
其余 30 种	…	15	1.47%	C
合计	—	1 018	100%	—

根据步骤（2），可编制出××企业的存货 ABC 分类表，如表 6-9 所示。

表 6-9　××企业存货 ABC 分类表

不同类别	品种数量	品种构成	金额/万元	金额比重
A	4	10%	780	76.62%
B	6	15%	223	21.91%
C	30	75%	15	1.47%
合计	40	100%	1 018	100%

根据步骤（3），可绘制出××企业的 ABC 存货分类图，如图 6-12 所示。

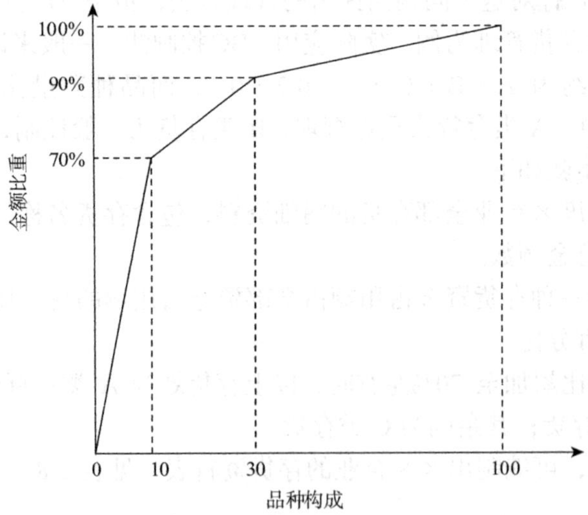

图 6-12　×企业的 ABC 存货分类图

从上述示例可知，对存货进行 ABC 分类控制，能够较形象、直观地了解企业的存货结存情况，有利于掌握重点，有的放矢地分配优先的管理资源。

六、经济批量模型

（一）经济批量模型的基本概念及应用

企业存货管理的总成本是采购成本、订货成本、储存成本与缺货成本的总和。经济批量又称为经济订货量，是既能满足生产经营对存货的正常需要，又能使存货总成本达到最低时的订货批量。企业要确定合适的存货采购经济批量，这是一项十分重要的存货管理工作。

经济批量模型是指一定时期内能够使存货总成本达到最低时的进货数量，一般与存货经济批量决策有关的成本因素包括变动性订货成本、变动性储存成本及允许缺货时的缺货成本。

按照是否具有抽象性限制假设，经济批量模型主要分为基本经济批量模型和扩展经济批量模型两种，以下主要介绍基本经济批量模型。

基本经济批量模型是在各种假设前提下得以成立的，因为与存货总成本相关的变量很多，需要设立一些假设，简化或舍弃一些变量。基本经济批量模型的前提假设有以下几点。

（1）企业一定时期的存货总量可进行较为准确的预测。企业能够及时补充存货，需要时可立即取得。

（2）集中到货而非陆续入库，存货的使用与销售较为均衡。

（3）不允许出现缺货，即无缺货成本的存在。

（4）存货的需求量较为稳定，并能够进行预测。

（5）存货的价格比较稳定，现金折扣可不考虑。

（6）企业持有的现金充裕，不存在因现金短缺而影响进货的情况。

（7）进货时间一般由企业自行决定，当存货量接近零时，下一批存货能马上一次到位。

（8）存货市场的供应较为充足，不存在后顾之忧。

存货总成本主要是求企业存货管理总成本最低时的进货批量，其计算公式为

$$\text{存货总成本}=\text{采购成本}+\text{订货成本}+\text{储存成本}+\text{缺货成本}$$

上式中，由于采购成本、缺货成本、订货成本和储存成本中的固定成本与进货批量决策无关，因而忽略不计。所以，该式可改写为

$$\text{存货总成本}=\text{变动性订货成本}+\text{变动性储存成本}=\frac{D}{Q}P+\frac{Q}{2}C$$

其中，Q 为经济进货批量；D 为存货全年需求量；P 为每次订货变动成本；C 为单位存货年度储存成本。

企业存货经济批量的确定主要依据存货总成本中的订货成本、储存成本与订货批量之间的关系来确定，如图 6-13 所示。

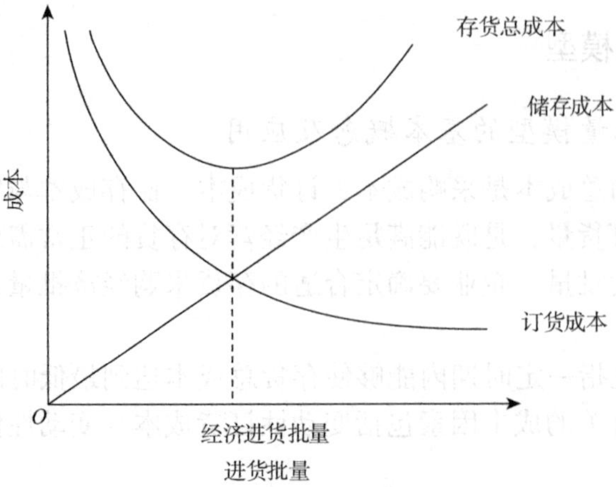

图 6-13 经济批量模型

如图 6-13 所示为经济批量模型成立的基本前提条件：随着订货批量的不断增加，储存成本持续上升，而订货成本不断下降。因此，存在一个订货批量，能够使得存货总成本达到最低，即储存成本与订货成本相交处所对应的点。由此可得到经济批量模型的计算式为

$$经济进货批量=\sqrt{\frac{2\times 存货全年需求量\times 每次订货变动成本}{单位存货年度储存成本}}$$

即

$$Q^*=\sqrt{\frac{2DP}{C}}$$

使用该式求出的每次进货批量，能够使存货总成本达到最小值。该基本模型还可以演变为其他形式，具体如下。

经济批量存货总成本计算式为

$$\mathrm{TC}=\sqrt{2DPC}$$

每年最佳进货次数计算式为

$$N=\frac{D}{Q^*}$$

最佳进货周期计算式为

$$T=\frac{1}{N}$$

经济进货量占用资金计算式为

$$I=\frac{Q^*}{2}P$$

例 6-11 ××企业全年消耗某材料 6 400 千克，该材料一次订购成本 25 元，单位存储成本 2 元。

解：

（1）经济进货批量$=\sqrt{\frac{2DP}{C}}=\sqrt{\frac{2\times 6\,400\times 25}{2}}$=400（千克）；

（2）经济批量存货总成本$=\sqrt{2DPC}=\sqrt{2\times 6\,400\times 25\times 2}$=800（元）；

（3）每年最佳进货次数$=\frac{D}{Q^{*}}=\frac{6\,400}{400}$=16（次）；

（4）最佳进货周期$=\frac{1}{N}=\frac{12}{16}=\frac{3}{4}$（月）；

（5）经济进货量占用资金$=\frac{Q^{*}}{2}P=\frac{400}{2}\times 25$=5 000（元）。

（二）经济批量模型的拓展

在实际工作中，由于存在着商业折扣和允许一定程度的缺货等情形，基本经济批量模型并不完全适用。为使模型更符合实际情况、更具可用性，逐一放宽了假设条件，于是就有了扩展的经济批量模型。

1. 订货提前期

企业需要在存货尚未用完之前提前订货，而不能等到存货用完再去订货。订货提前期，是指提前订货与剩余存货消耗为零加新货入库的时间。提前订货的情况下，当企业再次发出订货单时，如果还有存货的库存量，则这一库存数量称为再订货点，其计算式为

$$再订货点 = 订货提前期\times 日平均需用量$$

即

$$R=LA$$

其中，R 为再订货点；L 为订货提前期；A 为日平均需用量。

例 6-12　根据例 6-11 的资料，如果这家企业的订货提前期为 10 天，原材料的每日消耗量为 10 千克。则再订货点

$$R=10\times 10=100（千克）$$

即当××企业还有 100 千克原材料时，就应该进行再次订货。等到该批订货到达时，剩余的存货刚好用完。订货提前期及再订货点的情况如图 6-14 所示。

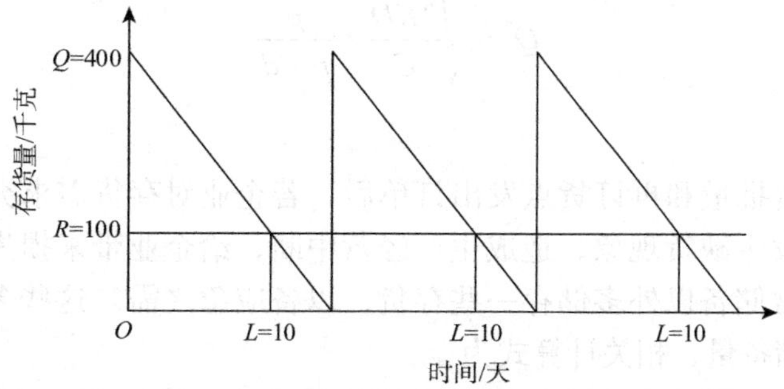

图 6-14　订货提前期及再订货点

从图 6-14 可以看出，在提前订货期的情况下，每次原材料的经济进货批量、进货

次数和进货间隔时间并没有发生变化，区别只是在再订货点（库存为 100 千克）发出订单。

2. 存货陆续供应和使用模型

经济订货基本模型是建立在存货一次全部都入库的假设之上的。事实上，各批存货一般是陆续入库，库存量陆续增加，特别是产成品入库和在产品转移，几乎总是陆续供应和陆续耗用的。在这种情况下，需要对经济订货的基本模型做一些修正。

假设每批订货数为 Q，每日送货量为 p，则该批货全部送达所需日数即送货期为

$$\frac{Q}{p}$$

假设每日耗用量为 d，则送货期内的全部耗用量为

$$\frac{Q}{p}\times d$$

由于零件边送边用，所以每批送完时，送货期内平均库存量为

$$\frac{1}{2}\left(Q-\frac{Q}{p}\times d\right)$$

假设存货年需用量为 D，每次订货费用为 P，单位变动储存成本为 C。则与批量有关的总成本为

$$\begin{aligned}\mathrm{TC}(Q)&=\frac{D}{Q}P+\frac{1}{2}\left(Q-\frac{Q}{p}\times d\right)\times C\\&=\frac{D}{Q}P+\frac{Q}{2}\left(1-\frac{d}{p}\right)\times C\end{aligned}$$

在订货变动成本与储存变动成本相等时，TC 有最小值，故存货陆续供应和使用的经济订货量公式为

$$\frac{D}{Q}P=\frac{Q}{2}\left(1-\frac{d}{p}\right)\times C$$

将这一公式代人上述 TC 公式，可得出存货陆续供应和使用的经济订货量相关总成本公式为

$$Q^{*}=\sqrt{\frac{2KD}{C}\times\frac{p}{p-d}}$$

3. 保险储备

根据某一进货批量和再订货点发出订单后，若企业对存货需求突然增大或供应商推迟交货，则会发生缺货现象，造成生产经营中断，给企业带来损失。为防止这类损失，企业需在正常储备以外多储存一些存货，以备应急之需。这些多存的存货被称为保险储备或安全储备量，相关计算式为

保险储备=(预计每日最大需求量-平均每日最大需求量)×订货提前期

即

$$S=(M-A)\times L$$

若有保险储备，再订货点将提高为保险储备加无保险储备时的再订货点，计算式为

再订货点=订货提前期×平均每日存货需求量+保险储备

$$R_s=L\times A+S$$

例 6-13　根据例 6-12 的资料，该企业预计每日存货最大需求量为 20 千克。

则保险储备为

$$(20-10)\times 10=100（千克）$$

再订货点为

$$10\times 10+100=200（千克）$$

该企业保险储备情况如图 6-15 所示。

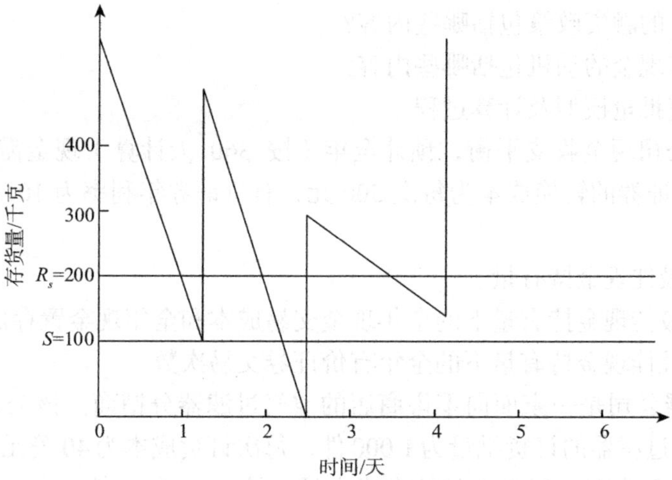

图 6-15　保险储备情况

从图 6-15 可以看出，在第一个进货周期内，平均每日存货需求量为 10 千克，属于正常消耗，不需动用保险储备；在第二个进货周期内，平均每日存货需求量大于 10 千克，总需用量大于总供应量，需要动用保险储备；在第三个进货周期内，平均每日存货需求量小于 10 千克，总需求量小于供应量，这时不但不需动用保险储备，正常储备也未用完，下次存货即已送到。

建立保险储备，固然可以使企业避免缺货或供应中断造成的损失，但存货平均储备量加大会使储备成本升高。研究保险储备的目的，就是要找出合理的保险储备量，使缺货或供应中断损失和储备成本之和最小。方法上可先计算出各不同保险储备量的总成本，然后再对总成本进行比较，选定其中最低的。

如果设与此有关的总成本为 $\mathrm{TC}(S,B)$，缺货成本为 C_s，保险储备成本为 C_B，则：

$$\mathrm{TC}(S,B)=C_s+C_B$$

设单位缺货成本为 K_U，一次订货缺货量为 S，年订货次数为 N，保险储备量为 B，

单位储存变动成本为 C，则：

$$C_s = K_U \times S \times N$$

$$C_B = C \times B$$

$$\mathrm{TC}(S,B) = K_U \times S \times N + B \times C$$

现实中，一次缺货量 S 具有概率性，其概率可根据历史经验估计得出；保险储备量 B 可选择而定。

思考与练习

1. 营运资本的特点有哪些?

2. 简述流动资产的持有政策。

3. 营运资本的融资政策包括哪些内容?

4. 企业持有现金的动机包括哪些内容?

5. 简述经济批量模型及计算过程。

6. 已知甲公司现金收支平衡，预计全年（按 360 天计算）现金需要量为 250 000 元，现金与有价证券的转换成本为每次 500 元，有价证券年利率为 10%。

要求：

（1）计算最佳现金持有量。

（2）计算最佳现金持有量下的全年现金交易成本和全年现金置存成本。

（3）计算最佳现金持有量下的全年有价证券交易次数。

7. 甲过滤器公司是一家面向零售商店的空气过滤器分销商。该公司从几家制造企业购买过滤器。过滤器的订货批量为 1 000 件，每次订货成本为 40 美元。零售商店对过滤器的需求是 2 万件/月，过滤器的持有成本是每月 0.10 美元/件。

（1）经济订货批量为多少（每次订货应是 1 000 件的多少倍）?

（2）如果每件过滤器的持有成本下降为 0.05 美元/月，则最佳订货批量为多少?

（3）如果订货成本下降为每次 10 美元，则最佳订货量应为多少?

8. 甲公司需要某种原材料 50 000 千克/年，其单位成本为 2 元，这些原材料的单位储存成本为 0.4 元。固定订货成本是每次 100 元。

要求：

（1）计算经济订货量与库存总成本（不考虑采购成本）。

（2）如果一次定购 10 000 千克，供应商将提供 1.5%的折扣，那么该公司是否取得这一折扣?

（3）假设该公司计划采用折扣，且其保险储备量为 1 000 千克，计算其平均库存量与年度总库存成本?

9. 甲公司是一个汽车挡风玻璃批发商，为 5 家汽车制造商提供挡风玻璃。挡风玻璃的单位进货成本为 1 300 元，全年需求预计为 9 900 块，每次订货发出与处理订单的成本为 38.2 元，每次订货需要支付运费 68 元，每次收到挡风玻璃后都需要验货，验货时外聘一名工程师，验货需要 6 个小时，支付工资 12 元/时。为存储挡风玻璃需要租用公共仓库，仓库租金 2 800 元/年。另外，按平均存量加收每块挡风玻璃 12 元。挡风玻璃为易碎品，损坏成本为年平均存货价值的 1%，公司的年资金成本为 5%。从订货至挡风玻璃到货，需要 6 个工作日，在进行有关计算时，按 300 个工作日/年计算。

要求：

（1）计算每次订货的变动成本。

（2）计算每块挡风玻璃的变动储存成本。

（3）计算经济订货量。

（4）计算与经济订货量有关的存货总成本。

（5）计算再订货点。

10. 甲公司赊销期为 30 天，赊销量为 20 万件/年，售价 1 元/件。现有两种现金折扣方案，第一种为“2.5/10，*N*/30”；第二种为“1.5/20，*N*/30”。假定两种方案都有一半的客户享受现金折扣，企业的坏账损失为未享受现金折扣赊销额的 2%，资金成本率 20%。

要求：

（1）计算选择何种折扣政策对企业有利?

（2）如第二种折扣方案只有 1/4 的顾客享受，第一、第二种折扣方案相比，应该选择哪一种?

第七章

利润分配管理

利润是企业一定会计期间的营运成果，是投资者（股东）投资资本的运动成果。利润分配管理决定了企业收益的大小，对提高企业经济效益具有重要的意义。本章第一节利润分配管理概述，主要介绍利润分配的概念、内容、原则、程序及依据和意义；第二节股利理论与政策，主要介绍相关的股利分配理论和政策；第三节利润的量化决策，主要介绍利润的预测和决策等内容。

学习目标

- 了解利润分配的概念，熟悉利润分配的原则
- 了解并掌握相关股利理论
- 掌握股利政策的类型及各自优缺点
- 掌握股利支付的程序与方式
- 掌握量本利分析法与比例预测法，熟悉因素分析法的步骤

第一节　利润分配管理概述

一、利润及其构成

（一）利润概述

利润是指企业在一定会计期间的经营成果，是企业生产经营活动的效率和收益的最终体现。利润不仅是反映企业经营状况的一个基本指标，也是考核、衡量企业经营成果与经济效益最重要的标准。企业生产经营活动的主要目的就是不断提高企业的盈利水平，增强获利能力。企业只有最大限度地获取利润，才能在市场经济中求得生存和发展。

企业的利润，从来源上看，既有通过生产经营活动获得的，也包括那些与生产经

营活动无直接关系的事项带来的盈亏，即由经营利润和营业外收支净额两部分构成。

（二）利润的构成

利润通常有营业利润、利润总额、净利润和综合收益几个种类。营业利润反映企业在日常活动中取得的营业成果，利润总额反映企业在日常活动与非日常活动中形成的营业成果，净利润反映企业以利润总额为基础计算扣除所得税费用后形成的经营成果。它们分别反映了不同的信息内容。

1. 营业利润

营业利润是企业在一定的会计期间从事经营业务活动所取得的净收益，它是企业利润的主要来源。其计算公式为

营业利润=营业收入−营业成本−营业税金及附加−管理费用−销售费用−财务费用−资产减值损失±公允价值变动损益±投资收益

其中，营业收入表示企业经营业务所确认的收入总额，包括主营业务收入和其他业务收入；营业成本表示企业在日常活动中确认的经营业务成本，包括主营业务成本和其他业务成本；营业税金及附加表示企业一定期间在销售产品、提供劳务或让渡资产使用权等日常活动中应负担的营业税、消费税、城市维护建设税、资源税和教育费附加等税费；销售费用表示企业一定期间内在销售产品、提供劳务等日常活动中产生的各项销售费用，包括运输费，装卸费、包装费、保险费、广告费等，以及为销售本企业产品而专设的销售机构的职工工资、业务费等经营费用；管理费用表示企业行政管理部门为组织和管理经营活动而产生的各项费用，包括公司经费、工会经费、职工教育经费、劳动保险费、待业保险费、董事会费、咨询费、审计费、诉讼费、排污费、绿化费、税金、土地使用费、土地损失补偿费、技术转让费、技术开发费、无形资产摊销、业务招待费、坏账损失、存货盘亏、损毁及其他管理费用；财务费用表示企业为筹集和使用资金而发生的各项费用，包括企业生产经营期间发生的利息支出（减利息收入）、汇兑净损失、金融机构的手续费及筹资发生的其他财务费用；公允价值变动损益表示企业交易性金融资产、交易性金融负债及采用公允价值模式计量的投资性房地产、衍生工具、套期保值业务等公允价值变动形成的因计入当期损益的利得或损失和指定以公允价值模式计量且其变动计入当期损益的金融资产或负债，其公允价值变动应计入当期损益的利得或损失；投资收益表示企业在从事各项对外投资活动中取得的收益，包括对外投资分得的利润、股利和债券利息；资产减值损失表示企业计提各项资产减值准备时，所形成的损失。例如，计提的坏账准备、存货跌价准备和固定资产减值准备等形成的损失。

2. 利润总额

利润总额=营业利润+营业外收入−营业外支出

其中，营业外收入（或支出）表示企业产生的与日常活动无直接关系的各项利得或损失。

3. 净利润

净利润又称税后利润，是指企业在缴纳所得税后形成的利润，它是企业所有者权

益的组成部分，也是企业进行利润分配的依据。其计算公式为

净利润=利润总额−所得税费用

其中，所得税费用表示企业确认的应从当期利润总额中扣除的所得税税金。

二、利润分配的内容

利润分配是指企业按照国家规定的政策和比例，对已实现的净利润在企业和投资者之间进行分配。企业实际生产经营的最终目的就是获得最大化的利益，利益分配就成了社会各方面普遍关注的焦点，它在一定程度上，影响了企业的良性发展。

企业经营发展离不开资金的运动，企业的经营成果更是投资者（股东）投资资本的运动成果，因此如何对待经营成果、利润分配无疑成为企业财务管理中的重点核心位置。通过公平合理的利润分配，能给各个股东都带来企业良好的信誉影响，还能调动广大社会关注者、投资者的兴趣，因此利润分配涉及利益很广，是企业取得可持续发展的管理保障。

根据《中华人民共和国经济法》有关规定，企业的利润分配项目是由盈余公积、股利、未分配利润组成。

（1）企业提取的盈余公积，是从一定会计期间企业的净利润中留存提取，用于特定用途的收益累积。它的提取为企业长期发展提供了有力的资金后台。

（2）股利，是股东投资企业后，取得的相应的回报，是企业按照投资比例分配给投资者（股东）的净利润。

（3）未分配利润，年末企业净利润扣掉各项提取公积金、分配股利分红后，剩余的企业留存收益。它的留存形成了企业今后的风险预备金，相对于企业来说有很大的使用自主权。

三、利润分配的原则

（一）依法分配原则

为规范企业的利润分配行为，国家制定和颁布了若干法规，这些法规规定了企业利润分配的基本要求、一般程序和重大比例。企业的利润分配必须依法进行，这是正确处理企业各项财务关系的关键。

（二）分配与积累并重原则

企业的利润分配，要正确处理长期利益和短期利益两者的关系，坚持分配与积累并重。企业除按规定提取法定盈余公积金以外，可适当留存一部分利润作为积累，这部分未分配利润仍归企业所有者所有。这部分积累的利润不仅可以为企业扩大生产筹措资金，增强企业发展能力和抵抗风险的能力，同时，还可以供未来年度进行分配，起到以丰补歉、平抑利润分配数额波动、稳定投资报酬率的作用。

（三）兼顾各方利益的原则

在利润分配中，必须兼顾国家、企业和投资者等各方面的利益。国家作为社会管

理者，为行使其自身职能，必须有充足的资金保证，这就要求企业以纳税的方式，无偿上交一部分利润，这是每个企业都应尽的义务；企业作为生产经营活动的主体，为进一步完善生产，需要从利润中留下一部分，用于建立公积金；投资者作为企业的所有者，有权按规定分享企业的利润。可见，企业在进行利润分配时，应当统筹兼顾、合理安排。

（四）投资与收益对等的原则

企业在向投资者分配利润时应当体现“谁投资谁受益”，“收益大小和投资比例相适应”的原则，这是正确处理投资者利益管理的关键。它要求企业在向投资者分配利润时，应遵循“平等一致”的原则，按照各方出资的比例进行，保护投资者的利益。

四、利润分配的程序

利润分配的一般程序是指企业实现企业经营所得后，应先用于哪些方面，后用于哪些方面的先后顺序问题。目前，我国很多法律条文对于分配利润的顺序，有一定的规定和解释。除特殊规定外，一般会先弥补企业的以前年度亏损，然后再提取各项公积金，最后进行企业利润分红，剩下的形成企业的未分配利润。

我国企业利润分配程序如下：企业的利润总额按照国家规定进行相应调整后，首先要缴纳所得税；税后剩余部分的利润为可供分配的利润。可供分配利润再按如下顺序进行分配。

（1）支付被没收的财物损失，违反税收规定支付的滞纳金和罚款。企业被没收的财务及因违反国家有关规定而缴纳的滞纳金和罚款，应全部都由企业承担，必须用税后利润支付。

（2）弥补以前年度亏损。《企业财务通则》规定企业发生的年度亏损，可以用下一年度的利润弥补；下一年度利润不足弥补的，可以用五年内所得税前利润延续弥补。延续五年未弥补的亏损，用缴纳所得税后的利润弥补。

（3）提取盈余公积金。根据《中华人民共和国公司法》规定盈余公积金是指企业按照规定从税后利润中提取的积累资金。盈余公积按其用途分为法定盈余公积和公益金。法定盈余公积累计提取额未达到注册资本 50%时，均按税后利润 10%提取，公益金按 5%~10%提取。

（4）向投资者分配利润。企业以前年度未分配的利润，可以并入本年度向投资者分配，本年度的利润也可以留一部分用于次年分配。股份制企业提取公积金后，按照下列顺序分配。

支付优先股股利。

提取任意公积金，任意公积金按公司章程或股东大会决议提取和使用。

支付普通股股利。企业当年无利润时，不得分配股利，当用盈余公积金弥补亏损后，经股东大会特别决议，可以按照股票面值 6%的比率用盈余公积金分配股利。在分配股利后，企业法定盈余公积金不得低于注册资金的 25%。

公司的股东大会或董事会如果违反上述利润分配程序，在抵补亏损和计提法定盈余公积金之前向股东支付股利，必须将违反规定发放的股利退还公司。

需要说明两点：一是股份有限公司回购后暂未转让或者注销的股份，不得参与利润分配；以回购股份对经营者或其他职工实施股权激励的，在拟定利润分配方案时，应当预留回购股份所需利润；二是企业经营者和其他职工以管理、技术等要素参与企业利润分配的，应当按照国家有关规定在企业章程或者有关合同中对分配办法做出规定，并区别以下情况处理：①取得企业股权的，与其他投资者一同进行利润分配；②没有取得企业股权的，在相关业务实现的利润限额和分配标准内，从当期费用中列支。

第二节　股利理论与政策

一、股利理论

公司的财务目标是使股东财富最大化，股利政策作为财务管理的一部分，同时要考虑其对公司价值的影响。股利理论主要研究两个问题：一是股利分配是否会影响公司价值；二是如果股利分配会影响企业价值，是否存在使企业价值最大化的股利支付率。多年来学术界和实务界关于股利政策的争论较多，主要有两大学派：股利无关论和股利相关论。

（一）股利无关论

1958 年美国学者莫顿·米勒（Merton Miller）和弗朗哥·莫迪格利安尼（Franco Modigliani）发表了具有影响力的财务论文，创立了著名的股利无关论——MM 理论。该理论认为任何特定股利政策的效果都能被其他融资形式，如销售新股等完全抵消。然而，这一论断取决于下面的一些重要假设。

（1）没有税收。在这一假设下，投资者收到股利收入或资本利得是没有差别的。

（2）没有交易成本。这一假设暗示那些很少分红公司股票的投资者，能够零成本地销售任意数量的股票，以将资本利得转换为当期收入。

（3）没有发行费用。如果公司不用为发行新股支付发行费用，那么不管公司将利润作为留存收益还是股利支付，公司都能以相同成本获得所需的权益资本。

（4）存在固定投资策略。根据 MM 理论，公司的投资决策不受股利分配政策的影响，此外，MM 理论认为真正决定公司价值的是投资决策，而不是股利政策。

股利无关理论认为：

（1）投资者并不关心公司股利的分配。若公司留存较多的利润用于再投资，会导致公司股票价格上升；此时尽管股利较低，但需要现金的投资者能够出售股票换取现金。若公司发放较多的股利，投资者又可以用现金再买入股票以扩大投资。也就是说，投资者对股利和资本利得并无偏好。

（2）股利的支付比率不影响公司的价值。既然投资者不关心股利的分配，公司的价值就完全由其投资的获利能力所决定，公司的盈利在股利和保留盈余之间的分配并不影响公司的价值（公司有理想的投资机会而又支付了高额股利，也可以募集新股，新投资者会认可该公司的投资机会）。

为了更好地说明股利无关理论，我们以下面这个例子进行说明。

例 7-1 A公司是一家开业10年的公司，其全部资金来源都为权益资金，财务经理知道公司将在1年后解散。现在（时间0）公司收到一笔10 000元的现金流量，在下一年度末（时间1）还会收到10 000元的现金流量，公司没有净现值为正的项目可实现。公司股票的必要报酬率为10%，公司对外发行的股票为1 000股。假设公司现在有以下两个股利政策方案可供采用。

（1）将现在发行的10 000元现金流量全部都用于发放现金股利。

（2）发放总额为11 000元的现金股利，其中，短缺的1 000元利用发行股票的方式募集。

要求：计算两种方案下公司的股票价格各是多少？第一种方案：股东在时间0、时间1收到的现金流量均为10（10 000/1 000）元/股。因此，股票价格为

$$P=10+10\div(1+10\%)=19.09\text{（元/股）}$$

第二种方案：股东在时间0收到的现金流量为11（11 000/1 000）元/股，但在时间1收到的现金流量会下降，这是因为公司股票的投资报酬率为10%，因此，新股东在时间1可得到1 100（1 000×（1+10%））元的现金流量，这样留给股东的现金流量只有8 900元，每股股票获得的现金流量为8.9（8 900/1 000）元/股。此时，股票的价格为

$$P=11+8.9\div(1+10\%)=19.09\text{（元/股）}$$

该例说明，股利政策的变化不会影响公司股票的价值。

股利无关论是以多种假设为前提的，在现实生活中，这些假设并不存在，因此，股利无关论在现实条件下并不一定有效。但股利无关论对股利政策的研究建立在严谨的数学方法上，后人的研究正是在逐步放松该理论的一系列假设下完成的。

（二）股利相关论

现代股利政策理论认为，在严格的假设前提条件下，MM 理论是正确的，但在现实中，MM 理论的假设条件并不成立，现代股利政策理论通过放松假设条件来解释股利政策在现实中的重要性，形成了股利相关论。

1. “在手之鸟”理论

“在手之鸟”理论的代表人物是戈登（Gordon）和林特纳（Lintner）。他们认为，由于大部分股东是风险厌恶型的，他们宁愿要相对可靠的股利收益而不愿意要未来不确定的资本利得。

在该理论中，股票投资收益包括股利收益和资本利得两部分。在一般情况下，股利收益属于相对稳定的收益，而资本利得具有较大的不确定性。由于大部分股东厌恶风险，他们会选择相对可靠的股利收益，而不选择不确定的资本利得，即“双鸟在林，不如一鸟在手”。因此，如果公司发放较多的现金股利，会使公司的股票价格上升。所以，公司在制定股利政策时，应维持较高的股利支付率。

2. 税收差别理论

税收差别理论由莱森伯格（Litzenberger）和拉姆斯韦（Ramaswamy）1979 年提出。他们认为，在通常情况下，股利收益的所得税税率高于资本利得所得税税率，因此，资本利得对于股东更为有利。

该理论认为投资者获取现金股利和资本利得需缴纳相应的税收。当现金股利与资本利得之间存在显著的税负差异时，税负差异效应会成为影响股利形式的相当重要的因素。如果现金股利税高于资本利得税，则这一效应对股利政策的影响就会使公司倾向于支付较低的股利，投资者也会喜欢公司少支付股利而使较多的盈余公积金保留下来以作为再投资使用。高股利支付率将导致股价下跌，低股利支付率则会使股价上涨。公司可以通过削减股利来提高股票价值，当股利为零时，股价价值最大。

《中华人民共和国税法》规定，股东获得公司派发的现金股利需要按照 20%的税率缴纳个人所得税，由公司在支付股利时代扣代缴。但是目前股东出售股票获得的资本利得收益，只需交付交易费用和印花税，不必缴纳个人所得税。所以从税收的角度来看，我国的公司向股东分配高额现金股利对股东是不利的。税收差别理论在我国具有较强的应用价值。

例 7-2　惠达公司目前股票价格为 50 元，未来 1 年的期望报酬率为 20%，那么 1 年后预期股票价格应该为 60 元。现行的股利所得税税率为 10%，资本利得免交所得税。分析以下两种不同的股利政策对股东的收益会产生什么不同的影响。

第一种股利政策：不支付现金股利，利润全部都作为留存收益。

第二种股利政策：1 年后支付 5 元/股的现金股利。

两种股利政策下股东投资报酬的比较如表 7-1 所示。

表 7-1　惠达公司两种股利政策下股东投资报酬的比较

股利政策、项目	第一种股利政策	第二种股利政策
目前股票价格	50	50
1 年后预测股票价格	60	60
每股股利	0	5
税后每股股利	0	4.5
除息后股票价格	60	55
资本利得	10	5
股东投资报酬	10	9.5
股东投资报酬率	20%	19%

由表 7-1 可知，第二种股利政策将导致股东投资报酬下降。假设股东去税后必要报酬率为 20%，那么公司采用第一种股利政策时，股票价格应为 50 元；而公司采用第二种股利政策时，股票价格为 P=（4.5+55）/（1+20%）=49.58（元）。在其他条件相同的情况下，公司采用第二种股利政策，由于税收的差异，公司股票价格会下跌。

3. 信号传递理论

信号传递理论指的是投资者将公司未来获利能力看作管理者对公司未来盈利状况的预期。

该理论认为，完全市场的信息对称假设是不成立的，在投资者看来，作为内部的管理者掌握着更多的、极为正式的关于公司当前和未来的各种信息。管理层的许多行为会作为信号反映出他们对内部信息的掌握并传递给投资者。通常情况下，公司只有在预测未来能获得较高收益时才可能改变股利支付率。如果一个公司发放较高的股利，投资者会认为管理层对公司当期净收益和未来净收益持有乐观的态度。公司管理层相信未来现金流量将多得足以保持较高的股利水平。因此每股较高的股利将被股东解释成好消息，在股票市场上，该公司股票价格将上升，股东财富将得到增加。反之，如果管理层预测到公司的发展前景不太好，将来盈利不理想时，他们往往会维持甚至降低现有的股利水平，这等于向现有股东和潜在股东发出了不利信号。因此，股利能够传递公司未来营利能力的信息，从而对股票价格产生影响。当公司支付股利水平上升时，公司的股价会上升；当公司支付的股利水平下降时，公司的股价会下降。因此，信号传递理论赞成高股利支付率的股利政策。

4. 顾客效应理论

顾客效应理论指的是公司根据希望吸引的投资者（公司的顾客）类型确定股利政策。

该理论认为，不同的股票持有人或当事人对股利政策有不同的偏好，他们个人社会地位、富裕程度和现金支出结构的不同会影响他们对股利的看法。例如，具有较高收入的投资者都有较为丰裕的现金流入，他们购买股票不是着眼于近期的股利，而是作为一种长期储备来看待。对这些投资者而言，过多的股利没有太大吸引力，相反还要缴纳较高个人所得税。而对退休的投资者而言，他们希望获得当期收入，加之这些投资者的税率很低，所以他们期望较高的股利支付率。因此，公司的任何股利政策都不能满足所有股东对股利的要求，公司股利政策的变化，只是吸引了喜爱这一股利政策变化的股东前来购买公司的股票，而另一些不喜爱该股利政策的股东则会卖出股票。因此，当市场上喜爱高股利的股东的比例大于发放高股利的公司的比例时，支付高股利公司的股票处于短缺状态，它们的股票会上涨，直到两者的比例相等时，市场会达到一个新的动态平衡。一旦市场处于均衡状态，则没有公司能够通过改变股利政策来影响股票价格。

5. 代理成本理论

代理成本理论指的是公司发放现金股利需要在资本市场上筹集资金，所以高股利支付率可以迫使公司接受资本市场的监督，从而在一定程度上降低代理成本。

现代企业中，所有者与经营者之间是一种委托代理关系，所有者的初衷是借助经营者的人力资本实现物质资本的增值。然而经营者却有其自身的利益最大化目标，这一目标与所有者的目标通常不会完全一致。因此，所有者与股东之间存在着代理冲突。股东为了保护自身利益，必须承担代理成本以减少这种冲突。但对于大型公司而言，如何有效地做到这一点存在许多困难。由于所有者与经营者之间存在严重的信息不对称，所以经营者的行为及其努力程度难以被低成本地观察，股东很难对管理者进行直接监控。发放现金股利可以有效降低代理成本。首先，股利的支付减少了管理人员对自有现金流量的支配，使其失去可用于谋取自身利益的资金来源。其次，大额股利的发放使得公司内部资本留存收益公积的可能性减少，为了满足新投资的资金需求，公司必须寻求外部负债或权益融资，当向外发行股票或债券时，企业必须接受证券市场的审查和分析，包括银行对企业信用的分析、证券评级机构的意见及众多分析专家的评价。侵害投资者利益的行为必将暴露在证券市场上，这也有效地解决了代理冲突问题。在投资规模一定的前提下，公司发放的现金股利越多，需要在资本市场上筹集的资金也越多，高股利支付率迫使公司接受资本市场的监督，从而在一定程度上降低代理成本。因此，代理成本理论赞成高股利支付率的股利政策。

从以上内容可以看出，股利相关论的各种观点都是从某一特定角度来解释股利政策和股价之间的关系，不足之处是没有同时考虑多种因素的影响。在现实环境中，公司的股利政策受多种因素的影响，如所得税负担、筹资成本、市场效率、公司财务状况等，因此，我们在分析问题时，要综合考虑多种因素。另外，股利政策的效应和特定的公司内外部环境密切相关，下面我们就来分析影响股利政策的因素。

二、影响股利政策的因素

公司股利的分配是在各种制约因素下进行的，影响公司股利政策的因素主要包括以下几个方面。

（一）法律法规因素

企业的利润分配必须依法进行，这是正确处理各方面利益关系的关键。为规范企业的收益分配行为，国家制定和颁布了若干法律法规，主要包括企业制度方面的法律法规、财务制度方面的法律法规，如《中华人民共和国证券法》《中华人民共和国公司法》等，这些法律法规规定了企业收益分配的基本要求和一般程序，企业必须严格执行。在这些法律法规中，为了保护企业债权人和股东的利益，通常对企业的股利分配做出以下限制。

1. 资本保全

资本保全即企业只能用当期利润或留存收益来分配股利，不能用资本（包括股本和资本公积金）发放股利。例如，我国法律规定：各种资本公积准备不能转增资本，已实现的资本公积只能转增股本，不能分配现金股利；盈余公积主要用于弥补亏损和转增股本，一般不得给投资者分配利润或现金股利。该规定的目的在于维持企业资本的完整性，保障债权人的利益，并维持正常的市场秩序。

2. 资本积累

公司必须按净利润的一定比例提取法定盈余公积金，同时还可以提取任意盈余公积金，只有当公司提取的公积金累积数额达到注册资本的 50%时才可以不再计提。这一规定是为了增强企业抵御风险的能力，维护投资者利益。

3. 净利润

公司实现的净利润在弥补以前年度的亏损，并提取法定盈余公积金后，再加上年初未分配利润和其他转入数（公积金弥补的亏损等），形成公司年度累积净利润必须为正数时才可以发放股利，以前年度亏损必须足额弥补。

4. 偿债能力

公司如果要发放股利，就必须有充足的偿债能力。如果公司已经无力偿还债务或因发放股利将极大地影响企业的偿债能力，则不能分配现金股利。

（二）股东因素

股东从自身的经济利益出发，对公司的股利分配会产生以下影响。

1. 稳定的收入

公司股东的收益包括两个部分：股利收入和资本利得。依靠股利维持生活的股东一般希望公司支付稳定的股利，而不是公司留存较多的利润，他们认为公司留有利润带来新收益或股票交易价格上升产生的资本收益有很大的不确定性。因此，他们往往希望企业能够支付稳定的股利。

2. 避税

尽管股票持有者获得的股利收入和资本利得都需要缴纳一定的个人所得税，但在许多国家，股利收入的所得税税率（累进税税率）高于资本利得的所得税税率。税收政策的不同，会导致不同的股东对股利的分配持有不同的态度。对高股利收入的股东来说，出于节税的考虑（股利收入的所得税高于股票交易的资本利得税），往往反对公司发放较多的股利。在我国由于目前对股息收入只采用 20%的比例征收个人所得税，还没有采用累进税率，而且对股票交易所得暂时不征收个人所得税。因此，低股利分配政策可以给股东带来更多的资本利得收入，达到避税目的。

3. 控制权的稀释

公司支付较高股利的结果是公司留存盈余减少，从而加大将来发行新股的可能性，而发行新股必然会使公司的控制权稀释，这对公司原有的持有控制权的股东来说是不利的。一般情况下，公司原有的持有控制权的股东宁肯不分配股利也要反对募集新股，因为这可能需要他们更多的资金投入。另外，发行新股会造成流通在外的普通股数量增加，会导致普通股的每股收益和每股市价下降，给现有的股东带来不利的影响。

4. 规避风险

一部分投资者认为，股利的风险小于资本利得的风险，当期股利的分配解除了投资者心中的不确定性。因此，他们往往会要求公司分配更多的股利，从而减少其投资风险。

（三）公司因素

公司资金的灵活周转是公司生产经营得以正常进行的必要条件，公司在制定股利政策时应考虑以下因素。

1. 资产的流动性和变现能力

公司现金股利的分配应以不危及公司经营的流动性为前提。如果企业持有大量的流动资产，而且变现能力强，则可支付较多的现金股利；反之，则不能支付较多的现金股利。

2. 举债能力

具有较强举债能力的公司因为能够及时地筹措到所需的现金，可能采取较宽松的股利政策；而举债能力弱的公司则不得不保留盈余，因而往往采取较紧的股利政策。

3. 盈利的稳定性

盈余相对稳定的公司把握自己的财务状况的能力较强，有可能采取高股利政策，给股东支付较高的股利；而盈余不稳定的公司往往采取低股利政策，减少盈余下降造成的股利无法支付、股价急剧下降的风险，还可以将更多的盈余用于再投资，提高公司权益资本的比重，以降低财务风险。

4. 投资机会

有良好投资机会的公司，需要强大的资金支持，因而往往采用低股利政策，将大部分盈余用于投资；缺乏良好投资机会的公司，保留大量现金可能会造成资金的闲置，于是往往倾向于采用高股利政策，支付较高的股利。

5. 资本成本

与发行新股或负债筹资相比，采用留存收益这一内部筹资方式，不需要花费筹资费用，是一种比较经济的筹资渠道。同时，以留存收益进行筹资，会增加公司股东权益资本的比重，提高公司的举债能力。因此，如果公司有扩大经营的需要，应采用较低的股利政策。

6. 公司所处的生命周期

公司应当采用最符合其当前所处生命周期阶段的股利政策。一般来说，处于快速成长期的公司具有较多的投资机会，它们需要大量的现金来扩大公司的规模，通常不会发放很多股利，而处于成熟期的公司，一般会发放很多的股利。

（四）其他因素

1. 债务合同约束

公司的债务合同，特别是长期债务合同，为了保障债权人债权的安全性，往往有限制公司现金支付程度的条款，这时公司只能采取低股利政策。这种限制条款主要有：限制运用以前的留存收益进行未来股息的支付；当企业的营运资本低于一定的标准时，不得向股东支付股利；当企业的股利保证倍数低于一定的标准时，不得向股东支付股利；等等。

2. 通货膨胀

在通货膨胀情况下，公司股东资产的价值增长，折旧基金的购买力水平会下降，将导致公司没有足够的资金来源重置固定资产。这时盈余会被当作弥补折旧基金购买力水平下降的资金来源，因此在通货膨胀时期公司股利政策往往偏紧。

另外，国家有关的宏观经济环境、金融环境，以及文化因素等都会对企业的股利政策产生较大的影响。

三、股利政策的类型

股利政策是指企业对股利分配的有关事项所采取的方针策略。股利政策所涉及的主要问题是企业对其收益进行分配或留存用于再投资的决策问题，即确定股利支付率的决策问题。

（一）剩余股利政策

剩余股利政策是指企业在保证其最佳资本结构的前提下，将可供分配股利的净利润首先用于增加投资所需的权益资本，若还有剩余的利润，可用于分配股利。意味着只要公司有收益率高于股东所要求的收益率的投资机会，公司就应保留其利润，不分配股利。例如，假设某公司股东可以将他们的股利投资到一个有相似风险的股票，该股票的期望收益率（股本与资本利得之和）是18%，18%将代表公司留存收益的要求收益率。根据剩余股利政策，只要公司这项投资能够取得的利润等于或高于要求收益率，公司就不会支付股利，因为支付股利会使公司放弃一些可接受的投资机会，或者在更高利率的外部资本市场筹集必要的权益资本。

采用该政策时，公司通常遵循以下步骤。

（1）设定目标资本结构，即确定权益资本与债务资本的比例。在该资本结构下，综合的资金成本将达到最低水平。

（2）根据目标资本结构比例，确定用权益资本筹集资金所需的资金总额。

（3）最大限度留存盈余来满足各个投资方案所需的权益资本。

（4）投资方案所需权益资本已经满足后，若有剩余，再将其作为股利发放给股东。

例 7-3　假设某公司 2018 年实现税后利润 1 000 万元，提取了公积金 160 万元。2019 年进行技术改造，该计划所需资金 1 500 万元，公司理想的资本结构为权益资本占 50%，债务资本占 50%，该公司当年流通在外的只有普通股 900 万股。

公司可用于股利分配的盈余为

$$1\,000-160=840（万元）$$

按照目前的资本结构，公司投资方案所需的权益资本数额为

$$1\,500\times 50\%=750（万元）$$

公司当年全部可用于分配股利的盈余在满足上述技术改造投资方案所需的权益资

本数额后还有剩余，剩余部分再作为股利发放。当年发放的股利额为

$$840-750=90（万元）$$

股利支付率为

$$90\div1\,000\times100\%=9\%$$

每股股利为

$$90\div900=0.1（元/股）$$

由上可知，在采用剩余股利政策时，假设公司设定的目标资本结构不变，公司每年的股利发放额会随着投资机会和盈余水平的变化而变化。在盈余水平不变的情况下，股利将与投资机会的多少成相反方向变化：投资机会越多，股利支付越少；投资机会越少，股利支付就越多。而在投资机会维持不变的情况下，股利发放额将与公司每年盈利的变化呈同方向变化。

剩余股利政策也说明，成长型公司比在相对成熟且成长率低的行业中公司的股息支付率要低。低成长率的公司更倾向于支付相当高的股利支付率，而高成长率的公司更倾向于使用低股利支付率。

（二）固定股利或稳定增长股利分配政策

大多数公司和股东更喜欢合理的固定股利分配政策。这种稳定性表现为对股利金额从一段时期到另一段时期下降的强烈抵制。同样，通常也不会发生股利金额的增长，直到公司管理层有信心确保未来收益充足，足以满足更大金额的股利支付时才会发生变化。因此，尽管股利支付率会随收益的增长而增长，但股利支付率的增长常在一定程度上落后于收益的增长。

固定股利分配政策就是指公司将每年发放的股利长期维持在一个固定的水平上，只有在确信公司未来的收益将显著地、确定性地增长时，才考虑年度的股利发放额。公司通过固定或稳定增长的股利政策向投资者传递公司财务状况稳定且营利能力逐步提高的信息，从而稳定公司的股票价格，吸引更多的投资者。这种政策的优点包括以下几个方面。

（1）稳定的股利政策向市场传递着公司经营前景将会更好的信息，有利于公司树立良好的形象，消除投资者内心的不确定性，增强投资者对公司投资的信心，从而使公司股票的价格保持相对稳定。

（2）稳定的股利政策有利于投资者有规律地安排股利收入和支出，特别是对股利有很高依赖性的股东很喜欢这种股利政策，忽高忽低的股利可能会降低他们对这种股票的需求，从而使股票价格下降。

（3）稳定的股利政策符合追求稳健型投资的机构投资者的需求。在西方国家，各国政府机构都跟银行、退休基金、信托基金和保险公司等机构投资者进行的证券投资做了法律上的规定。只有具有稳定的股利发放记录的公司，其股票才能成为这些机构投资者证券投资的对象。

该股利政策的不足之处在于股利的支付与盈余相脱节。当公司盈利较低时，稳定不变的股利可能会成为公司的一项财务负担，导致公司资金短缺、财务状况恶化，从

而影响公司发展。另外，该政策不能像剩余股利政策那样保持较低的资金成本。因此，这种股利政策适用于盈利稳定或处于成长期的企业。

公司在实施这种政策时首先要对公司未来的支付能力做出较好的判断。一般来说，公司实现确定的股利额不应太高，要留有一定余地，以免在未来使公司处于无力支付股利的困境。

（三）固定支付比率股利政策

固定支付比率股利政策是指公司每年从净利润中按照固定的支付比率发放股利。固定股利支付率能使股利与公司盈利紧密地结合，以体现“多盈多分，少盈少分，不盈不分”的原则。股利额随着盈余额的变化而变化，盈利状况好，则每股股利就增加；盈利状况不好，则每股股利就下降。但是根据股利信号理论，股利通常会被认为公司未来前途的信号，随着盈利波动而波动的股利会向市场传递公司经营不稳定的信息，给投资者带来投资风险大的印象。因此，采用这种股利政策不利于稳定股票价格和树立公司良好形象。

例 7-4　某公司计划采用固定股利支付率股利政策，经研究决定股利支付率为40%，该公司发行在外普通股股数为 1 000 万股。2016~2018 年该公司的税后净利润如表 7-2 所示。

表 7-2　2016~2018 年该公司的税后净利润　　单位：万元

年份	2016	2017	2018
税后净利润	2 000	4 000	1 000

则该公司 2016~2018 年的每股股利如表 7-3 所示。

表 7-3　2016~2018 年该公司的每股股利

年份	2016	2017	2018
税后净利润/万元	2 000	4 000	1 000
股利支付率	40%	40%	40%
派发股利金额/万元	800	1 600	400
每股股利/元	0.8	1.6	0.4

这种股利政策还会使公司面临较大的资金压力，因为税后净利润多并不意味着公司有足够的现金派发股利。若不顾现金流的实际情况，按照固定股利支付率发放现金股利，则公司有可能面临较大的资金压力。因此，它只适用于处于稳定发展，且现金流稳定、财务状况良好的公司。

（四）低正常股利加额外股利政策

低正常股利加额外股利是指公司每期都支付稳定但相对较低的股利额，当公司盈利较多时，再根据实际情况发放额外股利。采用这个股利政策，可使公司在股利发放上具有较大的回旋余地。当公司税后利润减少，或者虽然税后利润可观但用于再投资的资金比较多时，可发放数额的股利较少；而当公司税后利润显著增加时，则可适当增加股利，使投资者分享公司业绩增长的好处。

例 7-5　假定某公司流通在外的普通股为 1 000 万股，公司采用低正常股利加额外股利政策，正常股利为 0.5 元/股，若税后利润超过 1 500 万元，则按照超过部分的 40% 作为额外股利发放，假设公司当年实现的净利润为 2 000 万元，则：

每股正常股利：0.5 元

额外股利总额：（2 000−1 500）×40%=200（万元）

每股额外股利：200÷1 000=0.2（元）

每股股利总额：0.5+0.2=0.7（元）

低正常股利加额外股利政策的优点包括以下几个方面。

（1）可使公司在股利支付方面有充分的弹性。一方面，当公司盈利不佳或需要较多的资金追加投资时，可设定较低但正常的股利，这样能减少公司的财务负担，也不会产生股东对股利的跌落感。另一方面，当公司盈余有较大幅度增加时，则可适当增发额外股利，把经济繁荣的部分利益分配给股东，增强他们对公司的信心，使公司的股票市价维持在一个较高的水平。

（2）可使依靠股利度日的股东每年至少得到虽然较低但稳定的股利收入，从而吸引这部分股东，也可以使公司的股价不会出现大跌。

这种股利政策也存在不足之处，主要表现在以下几个方面。

（1）公司在盈利较少或无盈利时，仍需支付正常的股利。尽管所付的正常股利数额可能不大，但毕竟股利的支付会增加公司资金的流出，这对于本来资金就很紧张的公司来说好比“雪上加霜”，无疑会产生一些不利影响。

（2）如果公司经营状态良好、盈利较多，并持续地支付额外股利，这很容易提高股东对股利的期望值，从而将额外股利视为“正常”股利，一旦公司盈利下降而减少额外股利时，便会招致股东极大的不满。因此，这种股利政策一般适用于季节性经营公司或受经济周期影响较大的公司。不同股利政策适用的公司及其所处的发展阶段见表 7-4。

表 7-4　股利政策的适用性要求及适用公司发展阶段

股利政策	适用性要求	适用公司发展阶段
剩余股利政策	有良好的投资机会 对资金需求比较大 能准确预测出目标资本结构	初创阶段 衰退阶段
固定股利或稳定增长股利分配政策	成熟的 生产能力扩张的需求减少 盈利充足并且获利能力比较稳定	稳定增长阶段
固定支付比率股利政策	稳定发展并且公司财务比较稳定	成熟阶段
低正常股利加额外股利政策	需要大量资金迅速扩张规模 有分配股利的要求	快速发展阶段

四、股利支付的程序与形式

（一）股利支付的程序

股份有限公司向股东支付股利，需要依次经过以下时点，即股利宣告日、股利登记日、除息日和股利发放日。

1. 股利宣告日

股利宣告日，即公司董事会发布公告、宣告股利发放事宜的日期。在股利宣告日，所选购的股利已经成为公司的一项实际负债，应体现在公司的会计报表中，即公司应增加一项应付股利负债，同时减少留存收益。

2. 股权登记日

股权登记日是有权领取本期股利的股东进行登记的截止日期。由于股票是经常流动的，所以公司在股利分配时，为界定哪些公司可以参加股利分配，也需要确定股权登记日。只有在股权登记日这一天登记在册的股东才有资格领取本期股利，而在这一天之后登记在册的股东，即使在股利发放日之前买的股票，也无权领取本期分配的股利。

3. 除息日

除息日是领取股利的权利与股票分开的日期。只有在除息日之前购买的股票，才能领取本期股利。而在除息日当天或以后购买的股票，则不能领取本次股利。我国目前规定除息日为股权登记日后的第一个交易日。也就是说，除息日是在股权登记日收盘后、除息日开盘前进行的，而股权登记日、除息日是相连的两个交易日或日期相连，或中间为节假日休市，或中间交易停牌，中间不可能有交易发生。除息日对股利价格有非常明显的影响。由于在除息日之前的股票价格中包括本次股利，而在除息日后的股票价格中不再包含本次股利，所以股票价格在除息日一般会下跌，如果不考虑税收及交易成本等因素的影响，除息日的开盘价约等于前一天的收盘价减去每股股利。

4. 股利发放日

股利发放日是公司将股利正式发放给股东的日期。在这一天，证券交易所的计算机交易系统可以通过中央国债登记结算系统将公司发放给股东的股利直接打入股东的资金账户，由股东向其证券代理商领取股利。

例 7-6 某上市公司董事会会议于 2018 年 4 月 10 日举行，讨论上年度股利分配方案，并将方案与 4 月 20 日提交公司股东大会表决通过，同日发表公告如下：“公司于 2018 年 4 月 20 日召开股东大会，讨论通过 2017 年度分配方案，决定每 10 股分配现金 2 元，所有 2018 年 4 月 27 日持有本公司股票的股东都将获得这一部分股利并在 5 月 8 日发放。”

则 2018 年 4 月 20 日为股利宣告日，2018 年 4 月 27 日为股权登记日，4 月 30 日为除息日，5 月 8 日为股利发放日，如图 7-1 所示。

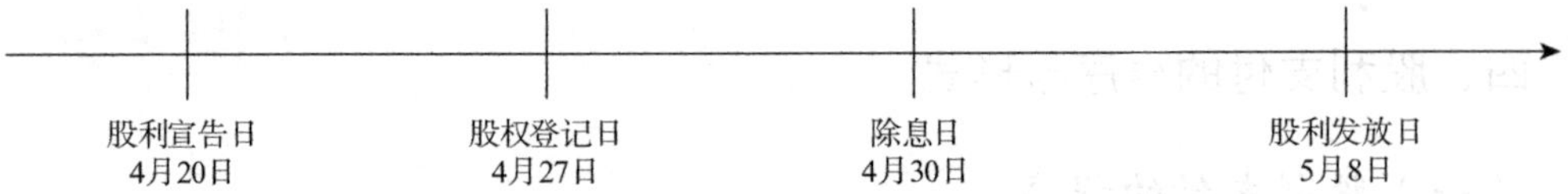

图 7-1 股利发放程序图

（二）股利支付的方式

股利按照其支付方式的不同可以分为现金股利、股票股利、财产股利和负债股利等形式。

1. 现金股利

现金股利是以现金形式发放给股东的股利。这种支付方式是公司在分配未来股利时常采用的方式，也是投资者最容易接受的方式。它能够满足大多数投资者希望获得一定数量的现金作为投资收益回报的愿望。但这种分配方式无疑也会大量增加公司的现金流出，给公司造成资金支付的压力。如果公司现金比较充足，则可以考虑采用此方式，如果公司在股利支付后会有大量现金流入，也可以采用暂时筹集短期资金来解决股利支付的现金问题。但若是公司目前现金不足，而外部筹资又受到限制时，就只能采用其他方式支付股利。

现金股利按照发放的稳定性和规律性，可以分为正常股利、额外股利、清算股利 3 种形式。

（1）正常股利是指公司根据自身经营状况和营利能力，有把握确定在未来一定时期能够按时、按量支付股利。由于正常股利的稳定性与债券的利息相似，所以这部分股利也叫股息。

（2）额外股利是指某些情况下，公司由于不愿意对某些股利做定期支付的保证，或者没有能力做出保证，但在公司业绩稳定向好的时期，公司会在正常的股利之外再发放的股利，也称为分红，它的稳定性与股息存在显著的不同。额外股利的发放与否、发放多少完全由公司当期的收益状况和投资状况决定，正常股利和额外股利都是对公司税后利润的分配。

（3）清算股利是指投资企业所获得的被投资单位累积分派的利润，或现金股利超过被投资企业在接受投资后产生的累积净损益由投资企业所享有的数额。简而言之，清算股利不是来源于公司的现金和留存收益，而是资本的返还。

2. 股票股利

股票股利是公司按照股东股份的一定比例发放股票作为股利的一种形式。与现金股利不同，股票股利不会导致公司现金的真正流出。从会计的角度看，股票股利只是资金在股东权益账户之间的转移，从未分配利润或盈余公积账户转移到普通股账户上，它并未改变股东权益总额。股票股利也不会改变股东的持股比例，每位股东在获得股票股利后，所拥有的股票数量都会增加，但由于发放股票股利后公司的股票价格下降，股东在股利分配前后持股的总价值不变。

股票股利的优点主要体现在以下几个方面。

（1）企业发放股票股利可避免支付现金，保留下来的现金，可用于追加投资，扩大企业经营规模，同时减少融资费用。

（2）股票变现能力强、易流通，股东乐于接受。

（3）股票股利可向投资者传递公司未来盈利挣钱的信号，增强投资者对公司的信心。

（4）股票股利降低股票价格，可以吸引更多的投资者对公司投资。

股票股利的缺陷在于：由于股票股利增加了公司的股本规模，因此股票股利的发放将为公司后续现金股利的发放带来较大的财务负担。

发放股票股利对每股收益和每股市价的影响，可以通过对每股收益、每股市价的调整直接算出：

$$\text{发放股票股利后的每股收益}=\frac{E_0}{1+D_S}$$

其中，E_0——发放股票股利后的每股收益；D_S——股票股利发放率。

$$\text{发放股票股利后的每股除权参考价}=\frac{M}{1+D_S}$$

其中，M——股票分配权转移日的每股市价；D_S——股票股利发放率。

转增股本则是将资本公积转为股本，对企业而言属于所有者权益内部项目之间的调整，对股东而言可以按照其所持有股份的比例获得相应的转增股份。从股东持有的股份数量上看，公司发放股票股利与从资本公积转增股本都会使股东具有相同的股份增持效果，但并未增加股东持有股份的价值。

3. 财产股利

财产股利是公司用现金以外的公司财产向股东支付的股利。财产股利主要包括证券股利和实物股利。证券股利是指公司利用所持有的其他公司发行的债券、股票等证券资产充作现金而发放股利的一种股利支付形式。实物股利是公司利用所拥有的实物发放股利的一种股利支付形式。西方的一些公司在处理财产股利时，一般是首先将财产的账面价值调整为市场价值，其次按照市价作为应付股利，即视为财产的出售价款支付股利。

公司采用财产股利支付股利时，主要是出于以下几方面原因。

（1）减轻公司现金支付压力。采用财产股利支付形式，不会增加公司的现金流出。

（2）保持公司股利政策的稳定性。当公司财务出现暂时困难，不支付股利会影响投资者对公司的信心，支付现金股利又缺少资金时，采用财产股利，可以保持公司股利政策的稳定性。

（3）保持公司对其他公司的控制权。当公司为达到对其他公司进行控制的目的，用大量现金购买其股票后，无多余现金发放股利，将所购股票作为股利发放给股东，有利于保持对其他公司的控制权。

财产股利也有两个很重要的缺陷：一是不易为广大股东所接受，因为股东持有股票是为了获取现金收入，而不是为了分得实物；二是以实物支付股利会严重影响公司的形象，投资者会普遍认为公司的财务状况不好、资产变现能力下降、资金流转不畅，从而对公司的发展缺乏信心，导致股票市价的大跌。因此这种支付在不得已的情况下才采用。

4. 负债股利

负债股利是指企业以应付票据或公司各种形式的债券等负债的形式支付的股利。由于应付票据和债券都是带息的，所以会使公司支付股利的压力增大，但是可以缓解公司现金流量暂时不足的问题。负债股利方式只是公司的一种权宜之计，投资者一般也不太欢迎这种股利支付的方式。

由于各种股利形式既有其各自的优点，同时又存在各自的局限性，所以公司在选择股利支付形式时，应该严格遵循法律制度的有关规定，充分考虑股东的意见和要求，尤其是要选择符合公司当前财务状况的股利支付方式。目前，我国上市公司主要采用现金股利和股票股利相结合的股利支付方式，财产股利和负债股利在我国实务中很少使用，但并非法律禁止。

我国上市公司在实施利润分配方案时，可以是单独实施发放现金股利或股票股利的分配方案，也可以组合实施现金股利与股票股利的分配方案，或者同时实行资本公积转增股本的方案。由于股票股利和转增都会增加股本数量，但每个股东持有股份的比例并不会改变，结果导致每股价格被稀释，从而使股票交易价格下降。

在除息日，上市公司发放现金股利、股票股利及资本公积转增股本后，股票的除权参考价为

$$\text{股票的除权参考价}=\frac{\text{股权登记日收盘价}-\text{每股现金股利}}{1+\text{送股率}+\text{转增率}}。$$

第三节　利润的量化决策

一、利润预测

（一）利润预测概念

利润预测是依据企业生产经营活动中有关因素变化情况，运用科学的方法进行研究和分析，对公司未来某一时期可实现的利润的预计和测算，并寻求实现预计利润的各种措施方案。它是按影响公司利润变动的各种因素，预测公司将来所能达到的利润水平，或按实现目标利润的要求，预测需要达到的销售量或销售额。

利润预测是确定目标利润、编制利润计划的基本依据。利润预测的重点是对企业利润总额的预测。企业的利润包括营业利润、投资净收益、营业外收支净额 3 部分，所以利润的预测也包括营业利润的预测、投资净收益的预测和营业外收支净额的预

测。在利润总额中，通常营业利润占的比重最大，所以营业利润又是利润总额预测的重点。

目标利润就是指公司计划期内要求达到的利润水平。它既是公司生产经营的一项重要目标，又是确定公司计划期销售收入和目标成本的主要依据。正确的目标利润预测，可促使公司为实现目标利润而有效地进行生产经营活动，并根据目标利润对公司经营效果进行考核。

（二）利润预测的方法

利润预测的方法主要有量本利分析法、比例预测法和因素分析法。

1. 量本利分析法

量本利分析预测是指在将成本划分为固定成本和变动成本的基础上，根据销售量、成本和利润之间相互依存、相互制约的内在联系，确定产品在既定销售水平条件下的成本和利润水平的方法。其中，固定成本是指在一定的业务量范围内，不受业务量影响的成本；变动成本是指随业务量增长而成正比例增长的成本；混合成本介于变动成本和固定成本之间，是指随业务量的增长而增长，但不成正比例增长的成本，可将其分解成变动成本和固定成本两部分。

生产单一产品的企业，可用下列公式预测其利润数额：

$$计划年度利润总额=计划销售量\times（单价-单位变动成本）-固定成本$$

假设存在企业所得税，税后利润为

$$计划年度税后利润总额=[计划销售量\times（单价-单位变动成本）-固定成本]\times（1-企业所得税税率）$$

其中，（单价-单位变动成本）为单位产品的创利额。当创利额等于固定成本时，企业经营就处于盈亏平衡状态；当创立总额大于固定成本时，企业经营就获得利润；当创利总额小于固定成本时，企业经营就产生亏损。所以存在一个保本量和保利量的问题。保本量的计算公式为

$$保本量=\frac{固定成本}{单价-单位变动成本}=\frac{固定成本}{单位边际贡献}$$

只要计划销售量大于保本量就说明企业制定的销售目标是能够盈利的。

在企业生产多种产品时，首先应编制好固定费用预算，并按销售额分摊到各种产品的成本中去；其次应依据平均现金的消耗定额计算出各种产品的变动成本；最后按产品的成熟程序排列，一次计算出各种产品的创利额和盈亏情况。

例 7-7 某企业计划年度生产 A、B、C、D 4 种产品，固定成本总额为 4 000 000 元，产品的销售额与变动成本见表 7-5，企业使用的所得税税率为 20%。

表 7-5 产品销售额和变动成本

产品名称	销售额	变动成本	产品名称	销售额	变动成本
A 产品	12 300 000	6 000 000	C 产品	3 600 000	2 000 000
B 产品	7 100 000	4 000 000	D 产品	1 000 000	590 000

根据上述资料计算企业4种产品的利润预测值，如表7-6所示。

表7-6 产品利润预测值 单位：元

产品名称	销售额	变动成本	创利额	固定成本	税前利润	税后利润
A产品	12 300 000	6 000 000	6 300 000	2 050 000	1 150 000	920 000
B产品	7 100 000	4 000 000	3 100 000	1 183 300	1 916 700	1 533 360
C产品	3 600 000	2 000 000	1 600 000	600 000	100 000	80 000
D产品	1 000 000	590 000	410 000	166 700	243 000	194 400
合计	24 000 000	12 590 000	11 410 000	4 000 000	3 409 700	2 727 760

2. 比例预测法

比例预测法是根据历史上企业利润与有关经济指标（如销售收入、权益资本等）的比例关系来预测未来一定时期利润数额的一种方法，其计算公式为

预测利润=销售收入预测值×上年（近年平均）的销售利润率

在采用权益资本利润率时，其计算公式为

预测利润值=权益资本预测值×上年（近年平均）的权益资本利润率

其中，利润值依据企业经营状况而定。如果未来企业的生产经营状况比较稳定，则可根据预期的销售收入或权益资本预测值、上年的销售利润率或上年的权益资本利润率计算未来的利润数额；如果企业生产经营状况不够稳定，导致各年利润率有高有低，则用前几期利润率的平均值作为预测的比率进行测算。利润率平均值可按照简单算术平均法或移动平均法求得。在用简单算术平均法计算利润率时按下列公式计算：

$$\text{预测的销售利润率}=\frac{\sum \text{以前各期的销售利润率}}{\text{期数}}\times 100\%$$

或

$$\text{预测的销售利润率}=\frac{\sum \text{以前各期的销售利润}}{\sum \text{以前各期的销售收入}}\times 100\%$$

还可以用移动平均法求得综合的平均利润率。

比例预测法不仅适用于可比产品利润预测，也可用于不可比产品的利润预测，但预测不可比产品利润时，利润率指标一般用成本利润率，不用销售利润率。而且，该指标不是根据历史形成的比例关系确定的，而是根据不同的情况加以确定的：凡是不可比产品的生产技术、劳动生产率、原材料消耗与可比产品近似的，可按可比产品的成本利润率进行计算；如果不可比产品是与用户协商定价的，则按照协商确定的成本利润率进行计算。

例7-8 某企业A、B、C 3种可比产品近6年的销售利润率如表7-7示。

表7-7 3种产品的销售利润率

年份	第一年	第二年	第三年	第四年	第五年	第六年
销售利润率	16.5%	19.85%	19.65%	21.96%	22.43%	23.5%

该企业是可比产品，计划生产量合计为160台，应销比例为95%，3种产品平均销

售单价为 21 000 元，则该企业计划年度的销售利润预测值的测算程序如下。

（1）综合平均利润率的测算。由于上述统计资料呈阶梯形，宜按较短的间隔期求移动平均值。例如，按 3 年分段，则最近一段的算术平均值为

$$\frac{21.96\%+22.43\%+23.5\%}{3}=22.63\%$$

根据阶梯形条件下移动平均值的计算公式，即

$$\text{综合平均利润率}=\text{最近一段算术平均销售利润率}+\frac{\text{期末销售利润率-期初销售利润率}}{\text{期数}}$$

则该企业计算年度综合平均销售利润率为

综合平均利润率=22.63%+（23.5−16.5）/6=23.8%。

（2）企业计划年度可比产品销售收入预计数为

可比产品销售收入预计数=1 600×95%×21 000=31 920 000（元）。

（3）计划年度可比产品销售利润预测值为

可比产品销售利润预测值=31 920 000×23.8%=7 596 960（元）。

企业生产 D 种产品为不可比产品，产品生产计划成本为 715 790 元，应销比例为95%，与客户协商定价时确定的成本利润率为 32.32%，则企业计划年度不可比产品预计利润为

不可比产品预计利润=715 790×95%×32.96%=224 128（元）。

3. 因素分析法

在企业产品品种较多或计划资料不齐全的条件下，就不可能用直接法计算企业计划期利润总额计划指标，而应根据影响利润的有关因素分析计算销售利润总额，再结合其他有关指标，最后计算企业利润总额。因素分析预测法的使用范围是可比产品和期初结存产品的销售利润的测算。

影响计划年度可比产品销售利润增减变动的因素主要有：产品销售数量的变化；产品销售结构的变化；可比产品成本的变化；可比产品销售价格的变化；产品销售税率的变化；产品质量等级的变化；等等。

根据这些因素的变化情况，可以预算出计划年度可比产品销售利润，其测算的公式为

$$\begin{aligned}\text{计划年度可比销售利润预测值}=&\text{基期可比产品销售利润}\pm\text{产量变动对利润的影响数额}\pm\text{成本变动对利润的影响数额}\\&\pm\text{销售产品结构变动对利润的影响数额}\pm\text{产品价格变动对利润的影响数额}\\&\pm\text{销售税率变动对利润的影响数额}\pm\text{产品质量等级变动对利润的影响数额}\end{aligned}$$

（1）预计基期企业可比产品销售利润和利润率。预计基期企业可比产品销售利润和利润率是运用因素分析预测法预测可比产品销售利润率的第一步，是预计计划年度可比产品销售利润和利润率的基础。在预计计划年度可比产品销售利润和利润率时，

必须注意计算范围和各项因素的可比性。折旧必须把计划年度不再生产的产品销售利润从基年企业全部利润中都剔除出去。同时，如果基期曾经调整产品的价格和税率，就应将该种产品的全部销售利润都调整后的价格和税率重新进行测算。基期销售利润的测算公式为

$$\begin{aligned}\frac{\text{基期可比产品销售}}{\text{利润预测数额}} &= \frac{\text{基期1~3季度}}{\text{实际销售利润}} + \frac{\text{基期第4季度}}{\text{预计销售利润}} \\ &\quad - \frac{\text{计划年度不在生产}}{\text{的产品销售利润}} \pm \frac{\text{价格税率变动对可比}}{\text{产品销售利润的调整数}}\text{。}\end{aligned}$$

（2）测算计划年度可比产品生产和销售变动对利润的影响额。在其他因素不变时，产品减少数量的变化必然引起企业利润的变化。销售量增加，利润就增加；反之，销售量减少，利润就下降。因此，产品产量和销售量变化对可比产品销售利润的影响可按下列公式测算：

$$\begin{aligned}\frac{\text{计划年度可比产品销售量}}{\text{变动对利润的影响额}} &= \left(\frac{\text{按基年成本计算计划年度}}{\text{应销可比产品成本额}} - \frac{\text{基年可比产品}}{\text{预计销售成本额}}\right) \\ &\quad \times \frac{\text{基年可比产品综合}}{\text{成本费用利润率}}\end{aligned}$$

$$\frac{\text{按基年成本计算的计划年}}{\text{度应销售可比产品成本额}} = \frac{\text{按基年成本计算计划年度}}{\text{生产的可比产品成本额}} \times \frac{\text{计划年度可比}}{\text{产品应销比例}}$$

$$\frac{\text{计划年度可比}}{\text{产品应销比例}} = \frac{\sum(\text{可比产品销售数量}\times\text{单位产品计划成本费用})}{\sum(\text{可比产品生产数量}\times\text{单位产品计划成本费用})}\text{。}$$

（3）预测计划年度可比产品销售品种结构变动对利润的影响额。可比产品销售品种结构，是指各种可比产品销售量在全部可比产品销售量中所占的百分比。上面在测算可比产品销售量增减变动对利润的影响数额时，以基期各种可比产品综合成本费用利润率为依据，并假定两个年度各种产品销售比重完全相同。如果计划年度可比产品结构发生变化，如利润率高的产品的销售比重增大，利润率低的产品销售比重降低，则势必引起可比产品综合成本费用利润率提高，利润增大；反之，利润率低的产品多销售，利润率高的产品少销售，则必然会引起可比产品综合成本费用利润率下降，企业利润相应下降。

测算由于可比产品销售结构变动而对利润的影响额时，首先，应计算计划年度销售产品结构变动后的可比产品综合平均成本费用利润率。其次，要计算出计划年度可比产品综合平均费用利润率与基期可比产品综合平均成本费用利润率之差。最后，结合计划年度应销售可比产品成本总额，计算出由于可比产品销售结构变动而增加或减少的利润数额，其计算公式为

$$\begin{aligned}\frac{\text{计划年度可比产品销售结构变动}}{\text{对利润的影响额}} &= \frac{\text{计划年度应销可比}}{\text{产品的成本总额}} \\ &\quad \times \left(\frac{\text{计划年度可比产品}}{\text{综合平均成本费用率}} - \frac{\text{基年可比产品综合}}{\text{平均成本费用率}}\right)\end{aligned}$$

其中，计划年度可比产品综合平均成本费用率，用各种可比产品成本费用率和各种产品在全部销售量所占的比重表示权数，求加权平均值来计算，其计算公式为

$$\text{计划年度可比产品综合平均成本费用率}=\sum\left(\text{各种可比产品上年的成本费用利润率}\times\text{各种产品计划年度销售比重}\right)。$$

（4）测算由于计划年度可比产品成本费用变动对利润的影响额。在产品价格和税率一定的情况下，产品成本费用和产品利润呈反比例变化，成本费用增高，利润降低；反之，成本费用下降，利润随之增高。成本费用的变化额就是利润的增减数额。因此，可比产品成本费用变化对利润的影响数额可按下列公式：

$$\text{可比产品成本费用变动对利润的影响额}=\text{按基年成本费用计算的计划年度应销可比产品成本费用额}\times\text{计划年度可比产品费用成本变动率}。$$

（5）测算由于产品销售价格变动对利润的影响额。在产品成本一定的条件下，产品销售价格变动直接影响销售收入变动，并引起利润的变动。因此，测算价格变动对利润的影响数额公式为

$$\text{产品销售价格变动对利润的影响额}=\text{产品销售数量}\times\text{产品上年销售单位价格}\times\text{产品价格的变动率}。$$

（6）测算由于销售税税率变动对企业利润的影响额。在其他因素不变时，销售税税率提高，利润降低；销售税率降低，利润增加。销售税率变动对利润影响额的测算公式为

$$\text{销售税税率变动对企业利润的影响额}=\text{计划年度销售税税率变动的产品按计划单价计算的销售收入额}\times\left(\text{基年销售税税率}-\text{计划年度销售税税率}\right)。$$

（7）测算可比产品质量等级变动对利润的影响额。企业生产经营的产品质量分为不同等级，不同等级的产品价格不同。一级品价格高于二级品，二级品价格又高于三级品。当产品值计量等级与上年相比发生变动时，则该种产品的平均销售单价也将发生变化。在其他条件既定的情况下，企业生产销售利润也必将随之而发生增减变动。

$$\text{可比产品质量等级变动对利润的影响额}=\sum\left[\left(\text{计划期某种等级产品按基期价计算的平均售价}-\text{该产品机器各等级品平均销售价格}\right)\times\text{计划期产品销售数量}\right]$$

其中，等级品平均价格用等级率表示权数进行加权平均计算，即

$$\text{计划期某等级产品按基期销售价格计算的平均销售价格}=\sum\left(\text{各等级基期销售价格}\times\text{计划期各等级的比重}\right)$$

$$\text{基期等级品各等级平均价格}=\sum\left(\text{基期等级品各等级的销售价格}\times\text{基期等级品各等级的比重}\right)。$$

由于企业一般连续生产经营，因而必然存在上期期末未销售的产品转到计划期，成为期初结存商品。对于期初结存商品的预测也应予以正确预测。

期初结存商品在计划期全部销售，因而不受销售品种结构的影响；期初结存商品的单位成本是既定的，产品质量也是既定的。因此，期初结存商品的销售利润不受成本、产品质量和产品品种结构的影响。期初库存商品的销售利润只受价格和税率的影响，所以预测期初结存商品销售利润比较简单。首先，根据库存商品的销售总成本与

上年综合成本利润率，计算期初结存商品的基础利润额；其次，计算价格和税率变动对利润的影响额；最后，计算期初结存商品销售利润额。这 3 个步骤可概括为

$$\text{期初结存商品销售利润}=\text{期初结存商品成本总额}\times\text{上年综合成本利润率}\pm\text{因价格变动而增减的利润}\pm\text{因税率变动而增减的利润}$$

在计算出各种产品销售利润的基础上，再加减其他有关指标，就可以算出计划期企业利润总额、编制预计利润表。

利用因素分析法计算企业利润总额、编制预计利润表的最大优点是比较灵活。如果收集的信息资料齐全和准确，则计算结果就与直接计算法的计算结果基本相近。

二、利润决策

（一）利润决策概念

利润决策是利润预测的延续，它以利润预测为依据。其目的是对预测的利润指标进行全面的审查和评价，以判定企业预测的利润指标是否先进、可靠，对预测的利润指标和实现利润的措施做必要调整和补充，最后制定出企业的目标利润和实现目标利润的措施方案，为编制企业预计的损益表提供可靠的依据。

（二）利润决策的程序

利润决策的程序：收集整理信息资料→审定决策目标和拟定可行性方案→目标利润的实施和反馈。

（1）收集整理信息资料。利润决策和其他经营决策一样，离不开对企业面临的形式和环境的分析；因此，在决策前应广泛地收集各种信息资料，为有效决策提供条件。利润决策所需的基本信息资料包括企业对外签订的经济合同、近期和远期的发展规划、近期的利润表和资产负债表、现金流量表、市场供需情况的趋势，以及财政、税收、信贷政策的变动等方面的信息。只有全面掌握这些信息资料，才能全面深入地分析、研究企业经营的有利因素和不利因素，正确进行决策。

（2）审定决策目标和拟定可行性方案。审定决策目标是利润决策的核心。在审定目标时，要解决为什么要确定这一利润水平、这一目标水平与远期目标有何联系及这一目标利润实现的可能性如何等问题。为此，必须反复研究利润预测过程中拟定的各种措施方案在技术上是否先进、可行，在经济上是否合理和有效，进一步探索和补充实现目标利润的措施方案。

（3）目标利润的实施和反馈。目标利润确定后，并不是决策过程的结束，还需把目标利润加以具体化，分解、落实到各部门、各单位，并不定期地对实施情况进行检查，分析研究决策的正确程度，如发现决策不够准确，应及时予以调整。

（三）目标利润的决策方法

1. 比较决策法

比较决策法，就是在初步预测利润总额的基础上，计算出几种主要的利润率指标，将这些利润率指标与同行业的中位水平或平均先进水平进行比较，判明企业利润

总额指标的先进程度，再按此做出目标利润决策。如果企业的生产技术水平在行业中处于中位水平，则企业的利润率指标应不低于行业平均利润率；如果企业的生产技术水平在同行业中处于先进水平，则应与同行业平均利润率或国外同类型企业的利润水平相比较确定目标利润；如果企业预测的利润率指标接近于同行业利润率的中位数时，可视为先进和可靠，不再对利润预测数进行调整；如果与同行业中位水平相距甚远，则必须做调整。

例 7-9 某企业利润总额为 6 800 000 元，其中销售利润为 6 225 493.11 元，营业利润为 6 085 494.11 元，投资净收益为 325 000 元，营业外收入大于支出的净额为 389 506.89 元，企业资本总额为 27 080 000 元。

根据上述资料计算，企业资本利润率为 25.11%（6 800 000/27 080 000×100%），即高于同行业平均资本利润率 24%，但与行业平均水平十分接近。因此，可以按预测指标做出决策目标。

2. 综合平衡决策法

综合平衡决策法，就是根据企业营业收入、营业成本和利润之间的相互关系进行决策的一种方法。在实行目标管理的条件下，企业的营业利润、营业收入和营业成本均有预计数额，财务部门应会同供、产、销各部门共同研究企业的营业收入和营业成本能否保证预计利润的实现。如果发现三者之间不平衡，就应采取新的措施，调整企业的生产经营活动，进一步挖掘增产增销、降低成本的潜力。预计的利润数是根据企业经营目标确定的，可作为目标利润数额，而预计的营业收入和营业成本作为保证目标利润实现的条件。预计的营业收入和营业成本一旦能保证实现目标利润，就成为企业的目标营业水平和目标营业成本，这时原预计的目标利润即可确定下来。若预计的营业收入与营业成本不能保证实现目标利润，则应寻求增加收入或降低成本的新途径。若无潜力可挖，则应适当调低原预计的目标利润，以求切实可行。

思考与练习

1. 股利支付程序有哪几个阶段？
2. 影响股利政策的因素有哪些？
3. 股利政策的类型有哪些？它们各有什么特点？
4. 在 MM 理论中，股利政策在决定股票价值时起到怎样的作用？
5. 什么是利润预测？常用的方法有哪些？
6. 某公司今年年底的所有者权益总额为 9 000 万元，普通股 6 000 万股。目前的资本结构为长期负债占 55%，所有者权益占 45%，没有需要付息的流动负债。该公司的所得税税率为 25%。预计继续增加长期债务不会改变目前 11%的平均利息率水平。董事会在讨论明年资本金安排时提出：

（1）计划年度分配现金股利 0.05 元/股。

（2）为新的投资项目筹集 4 000 万元的资金。

（3）计划年度维持目前的资本结构，并且不增发新股，不举借短期借款。

要求：测算实现董事会上述要求需要在计划年度实现的息税前利润。

7. 甲公司为在上海证券交易所上市的 A 股公司，以下为其在 2017 年 1 月发布的 2016 年度利润分配及资本公积转增股本实施公告中披露的分配方案主要信息。

每 10 股送 2 股（按面值发放），按未转股送股前股数每 10 股派发现金红利 0.5 元（含税），每 10 股转增 4 股。

股权登记日：2017 年 3 月 1 日（注：该日收盘价为 49 元）；除息日：2017 年 3 月 2 日（注：该日的开盘价为 32 元）；新增可流通股份上市流通日：2017 年 3 月 3 日；现金红利到账日：2017 年 3 月 15 日。

甲公司在实施利润分配前，所有者权益情况如表 7-8 所示。

表 7-8 所有者权益情况 单位：万元

项目	金额
股本（面额 1 月，已发行普通股 50 000 万股）	50 000
资本公积	50 000
盈余公积	20 000
未分配利润	100 000
所有者权益合计	220 000

要求：

（1）从甲公司的利润分配及资本公积转增股本实施公告披露的信息分析该公司的股利分配形式包括哪些？

（2）计算确定甲公司的利润分配及资本公积转增股本后的所有者权益各项目的数额。

（3）计算甲公司在 2017 年 3 月 2 日除息日的参考价。

（4）分析甲公司 2016 年利润分配及资本公积转增股本方案对股东的影响。

第八章

财务信息化管理

财务信息化管理以网络技术和信息技术为载体，实现企业内外部财务管理信息的共享和有效利用，以提高企业的经济效益和市场竞争力。随着全球化竞争的加剧及管理变革的深入和全面发展，企业对财务信息化的要求越来越迫切，企业财务信息化已成为现代企业发展的趋势。本章主要介绍了财务信息化管理、云计算、大数据、区块链、人工智能等新兴信息技术在财务管理工作中的应用。

学习目标

- 掌握财务信息化管理的概念及特点
- 掌握云计算环境下的财务管理变革
- 掌握大数据对财务管理工作的重要意义
- 掌握区块链技术在财务管理中的应用
- 掌握人工智能下财务管理的创新思想

第一节　财务信息化概述

一、财务信息化管理的概念

财务信息化管理，即信息化在财务管理中的应用和影响。具体来说，财务信息化管理是指利用现代信息和网络技术，以会计信息系统作为基础，在财务管理的各个环节，都通过先进的管理会计工具，整合复杂的企业管理流程，改进财务的管理方式，形成科学的财务决策和财务控制系统，实现财务的信息化预算、分析、核算、决策、监控等功能，帮助企业做出实现利润最大化的财务策划。

财务信息化是近年来的一个新提法，它比会计电算化和会计信息化范围更广阔，将会计和财务工作统一规划，强调与企业其他系统的整合，为实现企业信息化服务。财务信息化管理以业务流程重构为基础，在一定的基础上利用云计算、大数据、区块链及人工智能等新兴信息技术，整合现代财务管理与现代信息技术，建立开放的财务管理信息系统，实现企业内外部财务管理信息的共享和有效利用，提高企业的经济效益和市场竞争力。

二、财务信息化管理的特点

（一）实现数据资源的内外部共享

信息化管理可以实现同一体系下不同单位的资源共享，提高财务数据和财务资源的利用率，使财务人员之间共享信息，实现跨平台操作。财务共享为实现企业财务信息化管理带来许多好处，如有利于企业提高财会信息的准确率；有利于企业成本控制、费用控制和资金控制；有利于企业规范经营管理，加强内部控制；有利于企业信息共享，提高管理水平；有利于企业真正形成以财务管理为中心的经营管理模式。

（二）实现物流、资金流、信息流同步化

财务管理在信息技术的支持下，采取经济业务事件驱动会计模式，由生产经营活动直接产生财务数据，保证生产经营活动与财务数据相一致，财务部门从系统中及时获取资金信息，通过资金流动状况反映物料流动和企业生产经营情况，实时分析企业的成本和利润，提供决策所需要的信息，从而实现物流、资金流、信息流同步化。

（三）财务管理集成化

财务管理集成化是指在信息技术的基础上，对财务信息采取科学、及时的决策和最优控制，将财务信息作为战略资源加以开发和利用，并根据战略的需要，把诸多现代科学管理方法和手段有机集成，实现企业内财务人员、资金、信息等的综合优化管理。

第二节　云计算环境下的财务管理

一、云计算环境下的财务管理变革

（一）财务管理组织结构变革

企业财务管理组织结构的设计要综合考虑企业的经营性质与规模、行业特点、业务类型及企业总体组织形式等多方面因素，部门岗位设置要体现分工明确、职权到位、责任清晰的要求，以保证企业财务工作顺利进行。传统的企业财务管理组织机构通常采用职能部门化方式，一般设立财务部、会计部、资金部等部门。云计算环境下，企业财务管理组织结构发生重大变革，主要体现在3个方面：一是财务管理组织内部增设专门负责管理财务云计算开发平台的部门；二是财务人员中数据分析师的作用越来越重要，数据分析师是运用统计分析、智能学习、分布式处理等技术，从大量数据中提取出对业务有意义的信息，以易懂的形式传达给管理者，并创造出能运用新数据的综合型人才；三是财务数据的应用使得财务部门与其他业务部门的关系更密切，财务数据的来源更广泛，全员参与成为云计算环境下的企业财务管理的重要特点。云

计算为业财融合的实施提供了重要的技术支持。

（二）财务管理决策流程变革

决策是企业财务管理的重要职能，贯穿企业财务管理的各个环节和职能系统中，科学决策是财务管理的核心，而决策的关键是决策的程序和流程。传统的决策流程有4步：首先，发现财务管理中出现的问题；其次，对发现的问题进行详细的逻辑分析；再次，找出问题出现的因果关系，查出问题原因和关键因素；最后，制订解决问题的方案。基于云计算的财务决策流程也有4步：首先，收集大数据，通过构建财务大数据收集平台，实现各种类型的财务数据的收集、处理、提取，并且能够做到财务大数据的一致性、准确性、及时性和系统性；其次，量化分析大数据，构建财务大数据的云计算平台，通过云计算技术，实时处理分析数以千万计甚至亿计的财务大数据；再次，找相关性，通过数据挖掘功能找出财务大数据背后的问题相关性；最后，给出解决方案。云计算环境下企业财务管理决策最大的变革是放弃对因果关系的探寻，取而代之的是重视各种问题之间的相关关系。传统的财务管理决策中，管理者往往依赖个人经验直接做决策，在云计算环境下，财务管理者更多的决策是基于大数据分析。

（三）财务数据处理方式的变革

财务数据是企业财务管理的核心，它记录了企业经济活动和资金运转的详细情况，通过财务数据的处理和分析，能够发现企业运行中的问题和风险，进而实施有针对性的财务管理，扩大收入压缩成本，实现企业利润的增加。财务数据是企业实行财务管理的基础原料，云计算环境下，企业处理财务数据的思维发生重要变革，变革主要体现在两个方面，一是财务数据的容量增大，要处理与财务有关的所有数据，而不是抽取部分数据；二是在对财务数据进行分析时，要更加关注非财务方面的信息，因为对投资人决策有用的信息远远不止财务信息。同时，企业管理层可以通过可扩展商业报告语言、会计综合报告等工具的运用迅速地收集、分析各部门及相关公司的财务状况。财务数据系统将成为一个立体化的企业综合信息系统，它包括战略分析、商务模式分析、财务分析及前景分析等，为企业管理者提供全方位、相关度高、准确度高的决策信息。

二、云计算技术在财务管理中的应用

（一）以云计算为基础的财务管理

以云计算为基础的财务信息化管理建设模式是指云计算技术服务提供商将基础设施处理器的资源、存储的资源、网络的资源及其他基础的计算资源作为一项服务提供给企业用户，企业用户租赁该项服务并将自己的业务软件甚至操作系统运行其上，利用网络将专用服务器和数据存储中心进行有机连接，完全依托云平台来完成财务数据的核算储存。该模式下，企业主要采用两种方式获取服务：①按需租赁，企业在运营过程中对基础设施资源的需求并不均衡，在运营的高峰阶段需求量激增。采用云计算为基础的财务管理模式则可以利用云计算平台满足这种临时性的需求，用完之后返还平台，大大降低基础设施投资成本，集中资金于核心业务的发展。②基础设施外包服务，除满足临时性按需租赁基础设施外，企业信息化建设可以采用租用云计算平台的形式以替代自建数据中心，在租用的云计算平台上部署企业应用，降低企业的基础设施投入和维护成本。企业在财务信息化管理中可以选择按需租赁和基础设施外包相结合的模式，对于必要的基础设施可以直接采用外包的方法，而在业务需求量大的高峰阶段，可以临时性地按需进行服务租赁活动，从而将租赁来的服务进行最大限度地运用。该模式极大地颠覆了传统的财务信息化构建模式，企业用户不用在采购硬件和软件上投资高昂资金，只需租用所需的存储量和计算量，不仅精简了成本，还优化了资源配置。

（二）以云平台为基础的财务管理

以云平台为基础的财务信息化管理模式是指云计算技术服务提供商仅仅将云计算的服务器平台或者开发平台环境进行出租，其他的则由企业用户根据需求在云计算环境下自行制定相关业务软件。同时，企业用户将其发布到云基础构架上。该模式主要的核心在于构建相关平台，把有关的硬件设施、技术支持和专用服务器等提供给目标企业用户开展财务信息化工作，以此达到相关的财务信息系统得以在该平台上进行构建的目的，实现财务信息数据线上管理的目标。目前环境中应用最为普遍的为该模式。采用软件外包和软件内包相结合的方式对企业用户来说，以云平台为基础的财务管理模式是比较理想的构建创新模式。软件外包体现于云计算技术服务提供商将开发平台和运行环境租借给企业用户，而软件内包体现于企业运用云计算平台进行自主开发财务软件。系统开发的权利从技术人员转交给企业用户和业务专家，由精通本企业业务流程和财务流程的业务专家进行系统建模，根据企业财务特点为企业制定软件，满足了企业的个性需求。同时，有专门的工程师监控和调整系统，执行备份、升级、保存数据安全。因此，开发人员不需要很高的技术技能就可以在该平台上进行财务软件的开发，解决了中小企业缺乏专业技术人才、人力资源短缺的难题。

（三）以云软件为基础的财务管理

以云软件为基础的财务信息化管理模式是指云计算技术服务提供商将开发的软件发布到公开的服务器集群上，同时负责软件的运行和维护工作，而企业用户根据自身的实际需要在该种服务模式上自主选择所需的软件款式。该模式下云计算技术服务提供商根据企业用户所用软件的种类、需要租用的时间及使用数量来确定收费金额。以云软件为基础的云计算技术服务充分结合了企业的类型，不同类型企业对于云软件的使用具有一定的差别。大型企业的资金相对雄厚，通常有自己的信息数据中心和研发能力，这类企业通常会针对企业经营管理情况构建私有的云计算软件体系。企业财务管理软件被视为一种相对安全的内部服务，在一定程度上可以保证企业财务信息数据的安全性和完整性。中小型企业在资金、研发能力等方面会受到一定的限制，通常使用公有的云计算软件获取财务管理应用服务，即按需租赁软件的业务模式，这样不仅可以降低运行成本，还可以得到较为快速方便的专业服务。总之，以云软件为基础的财务管理信息化建设模式所覆盖的范围较为广泛，能够为企业的财务管理提供系统的解决方案，提高企业的财务管理效率。

三、云计算对财务管理工作的重要意义

（一）降低财务管理成本

在早期财务管理中，会计资料一般使用纸质媒介来储存，时间长了，企业积攒大量的纸张，在以后查找相关材料时，也非常的困难，既浪费人力也浪费财力，加大了企业的管理成本。之后，企业使用电算化进行财务管理，须长期投入大量的资金来购买财务软件与硬件，并定期找专业人员维护软硬件，还须配备专业财务人员进行记账，这在很大程度上也造成了企业资金浪费。而在云计算环境下，由于云计算提供的服务是以租用的形式被企业所用，云计算通过网络技术向企业提供软件服务，企业在有需要的时候自主选择对应的服务系统并按照云计算服务过程中的信息计算量和处理过程流量支付相应的服务费用即可。企业可以节约包括资源的购置、安装及管理费用，软件使用许可费用，购买数据库、平台软件费用等一系列规模庞大的资金，用较少的投入获得最新的硬件、稳定的软件平台及优质的财务管理服务，避免了大额的基础设施建设费用和运营费用，即避免了固定资产的采购及折旧。

（二）提高财务管理信息化专业程度

云计算技术通过互联网推送的形式，将最新的财经咨询、客户的具体信息以最快的速度传递给企业，大大提高了信息处理的效率。企业将大量财务数据存放在云端，缓解了公司内部存储空间不足的情况，可以避免因机器故障出现的数据丢失现象。企业应用云计算技术，可以实现企业内部到外部的财务数据的集合采集，缩短了时间成本，从而更有利于员工良好地开展财务工作。同时企业的管理者在第一时间得到充分的数据，对企业风险识别和把控更具时效性，实现对企业的财务状况的实时掌控。

（三）增加财务数据管理的可靠性

云计算运用现在优越的信息技术，将用户的财务数据集中存放在网络空间，并实行分布存储的方式。一方面，云计算将超大空间的网络服务器提供给企业使用，并配以专业团队对企业的财务管理做出分析控制，规避了员工业务技能不足造成的数据安全问题，使得企业在系统中存储的数据信息更具可靠保障。另一方面，云计算改变了原始整体存放数据的形式，转变为多个部分进行分布存储的新形式，避免了企业设备故障引起的数据的丢失，相比原始的数据存储方式更具可靠性。

四、基于云计算的财务管理建设的创新

（一）创新财务管理理念

信息技术的发展，改变了传统的时间和空间概念，企业的财务管理环境发生了重大的变化，财务管理出现了新的理念，即财务协同理念。传统财务管理模式下，由于缺乏计算机网络的支持，很难实现财务与业务协同处理，在线财务管理不仅使这种协

同成为可能，同时还扩展了企业财务协同范围。财务协同不仅包括企业内部协同、供应链协同，还包括企业与社会其他部门的协同。这要求财务人员及时将企业各部门、各分支机构及与用户、供应商之间每一节点上发生的供、产、销、控制、预测等业务信息活动都进行处理并反馈给业务处理系统，保证财务与业务的协同处理。

（二）建立财务数据安全机制

云计算环境下，数据的安全性并非得到绝对保障，核心财务数据遭黑客盗窃，或是被意外泄漏给同一云计算技术服务提供商的其他用户的风险依然存在。一旦财务数据被非法泄露或窃取，会给企业带来一次重创，因此，企业应建立健全的财务数据安全机制，以免当问题发生时束手无策。一方面，企业应选择知名服务提供商的正版产品，充分研究产品的隐私防范能力与数据存储及保护能力，与服务提供商签订安全协议，确保财务数据的安全性；另一方面，企业应在计算机设备上采取一些防范措施，如安装杀毒软件并定期进行查杀，对登录系统的人员进行身份认证并加密信息，明确规定各工作人员的信息使用权限等；另外，对于企业存放在云中的数据进行加密处理，由企业掌管密钥，防止云计算技术服务提供商及其他不相关的人看到数据，防止出现令企业遭受损失的情况。

（三）集中管理财务业务

云计算可以帮助企业实现对财务、经营活动和财务政策等信息的集中管理，具体包括财务信息集中管理、资金集中管理、进销存实时管理。通过构建财务业务一体化流程，利用信息流协调各部门各成员有序运作，合理配置企业资源。为了更好地实现集中管理，企业在选择软件资源搭建财务集中管理的应用平台时应考虑3方面的内容：①财务会计模块。由总账、应收账款、存货、固定资产等模块构成集中财务核算综合平台。②财务管理模块。由资金管理、全面预算管理、成本管理、绩效评价等模块构成财务管理综合平台。③综合管理模块。将财务核算平台和财务管理平台与采购、销售、生产、人力资源等平台有机地融合，实现物流、资金流和信息流的集成，构成一个综合的企业信息管理系统。

第三节　大数据环境下的财务管理

一、大数据环境下的财务管理变革

（一）财务管理理念、模式的变革

大数据是指无法在一定时间范围内用常规软件工具进行捕捉、管理和处理的数据集合，是需要新的处理模式才能具有更强的决策力、洞察发现力和流程优化能力的海量、高增长率和多样化的信息资产。大数据具有价值化、快速化、多样化、海量化等多重特征，是互联网技术背景下的社会产物，对企业的财务管理有着极为深刻的影响，不仅改变了企业传统的财务管理理念和思维模式，同时也为企业管理者的决策行为提供了更为可靠的依据，成为企业实施财务管理变革必不可少的战略资源之一。

随着大数据逐渐被认知，财务工作的理念发生转变，财务数据要分析的不仅包括与财务有关的所有数据，还更加关注非财务信息。大数据对财务管理的环境和财务管理理念的影响，无疑会改变企业的财务管理模式。在大数据环境背景下，计算机技术的飞速发展，企业经营管理过程如采购原材料过程、生产产品的过程、销售商品过程与银行业务往来过程等均可通过计算机网络完成，省去了人为的操作步骤，减少了人力、物力和财力资本。围绕网络化和全局化，财务管理完全融入预算、采购、制造、销售等各个环节，整理输入数据的同时，也对数据进行分析及处理，将企业未来发展计划需要的数据进行输出。随着经济的不断发展和大数据技术的逐渐完善，财务管理模式也不断地完善和进步。

（二）财务数据处理的变革

财务数据是企业财务管理的核心。大数据时代，企业在处理财务数据过程中转变了思维：一是财务数据的规模扩大，和财务相关的所有数据都在处理的范围内；二是财务数据更加关注非财务信息。管理财务数据的系统有望成为综合性强、覆盖面广的信息系统，为企业管理者做出决策提供全面、准确、相关度高的信息。大数据时代对财务大数据的处理提出了较高的要求，关键是高素质人员的配置、设备的采购等在内的平台建设，构建起财务大数据中心开发平台是进行高效财务数据处理的基础，使得财务数据的处理分析更加科学精确、智能化，挖掘出有价值的信息，为财务决策提供有力的支撑。

（三）会计核算方式的变革

大数据对传统财务管理的影响主要体现在会计核算方式上，会计核算实现了从半手工的工作方式到全自动化的工作方式的成功转型。在传统财务管理中，财务工作人员每天都需要进行烦琐重复的基础核算工作，浪费了很多的时间和精力。现在，通过建设业务同财务相融合的信息化系统，不断实现财务与业务的融合，在一个统一的制度、统一的流程、统一的数据收集方法下，以射频技术、扫描技术等为手段，实时业务数据信息录入，财务部门建立会计分录模板和财务报告模板，实现财务同业务的相互钩稽，从而实现标准化的会计凭证及财务报告在信息系统中实时的生成。会计核算方式的转变在很大程度上提升了核算的效率，改善了财务管理水平。

二、大数据在财务管理中的应用

大数据技术包括预测分析、统计分析、数据挖掘、并行计算、自然语言处理、人工智能、数据存储等技术。大数据环境下企业信息来源渠道得以拓宽，有助于减少信息不对称的问题，提高财务管理的管控风险能力。大数据环境下真正实现了信息的共享，企业可以充分利用财务管理信息化平台实现对财务风险的动态分析，从而不断地提升企业财务风险管控能力。大数据技术在企业财务管理中的应用分为以下几点。

（一）大数据在财务分析中的应用

传统的财务分析最常用的方法就是定量分析方法，局限于历史数据，主要依赖于企业的财务报表，指标计算要等到报表出来以后才能进行，具有一定的片面性和滞后性。而将大数据技术应用到财务指标的计算中，虽然没有改变其计算公式，但是它能够对会计数据库和其他业务数据库中海量的数据综合地处理，实现实时分析，也能够快速实现与行业内其他公司的业绩指标相比的功能。控制评价也是财务分析中重要的一环，传统财务分析的做法是在每一个期间结束后，都根据结果数据与原来设定的预算数据进行比较，找出其中的差距并分析原因。但是这样难免有滞后性。而大数据的挖掘技术能够实时快速地挖掘数据，将系统数据和预算数据进行比较，当发现偏差超过预设幅度时，就立即发出预警，引起管理者的注意。因此，大数据技术能够使事后评价转变为事中实时预警。

（二）大数据在财务决策中的应用

对于企业来说，财务决策中的投融资是一个非常复杂的过程，企业要综合考虑投融资项目的内外部环境，借助大量的统计工具和应用模型，大数据技术能够实时提供投资环境及行业状况的资料，以此建立起来的模型能够使企业挖掘更多有价值的信息，从而确保企业投资的效率和准确性。而对于融资而言，融资量、融资方式及渠道等都是不容忽视的环节，企业不仅需要了解所处的政治、法律、金融等环境，还要了解企业筹集资金的用途和性质。企业利用大数据挖掘技术，可以摆脱原来预设模型的约束，运用回归分析模型，预测未来需要筹资的数量，同时还可以运用关联模型分析企业最合适的筹资方式，以便管理者更好地进行决策。

三、大数据对财务管理工作的重要意义

大数据具有价值化、快速化、多样化、海量化等多重特征，是互联网技术背景下的社会产物，对企业的财务管理有着极为深刻的影响，不仅改变了企业传统的财务管理理念和思维模式，同时也为企业管理者的决策行为提供了更为可靠的依据，成为企业实施财务管理变革必不可少的战略资源之一。数据管理成为企业核心竞争力，直接影响企业财务表现。

为了在市场环境竞争中取得胜利，实行财务管理创新已经成为企业改革的趋势。传统的财务管理已经不能满足大数据时代下对企业的需求，相对于以往成本控制、销售单一的财务管理，大数据能最大化企业整体价值。

（一）提高财务数据处理的效率

传统的财务管理工作主要是通过手工记账的方式，存在单据复杂冗乱且耗时费力、精确度不高、数据处理错误概率大等缺陷，不仅管理成本较高，也在很大程度上影响了财务工作的有效性，导致其无法快速、高效、准确为企业提供决策和价值信息，发挥财务数据的辅助和指示性作用。加之，财务数据具有一定的传导性，在流程复杂、工作量大等状态下处理效率过低，很容易影响其他部门的正常运作，增加企业

经营成本。

在大数据环境下，通过其强大的数据资料整合能力和先进的数据处理、分析技术，能极大地提高财务数据的处理效率，使实时、有效的财务数据报告成为可能。利用云端的计算和存储功能，使财务数据和信息的分析更加结构化，处理更加标准和规范化，提高财务信息的准确性，大大降低人工成本，实现企业内部信息共享，为决策提供有效依据。

（二）高效实现全面预算管理

在企业实际经营中，财务预算管理具有重要作用。它是指通过整合企业的内部资金流和分析外部经营环境，编制下一阶段的财务使用和管理报表，估计企业当前的财务实力，为未来的融资规模预测等财务计划提供依据。近年来，我国的经济增速逐渐放缓，企业的资金流动性变弱，给其预算管理增加了难度。

在大数据环境下，通过技术处理，企业一方面获得了更具规模、更有价值的财务信息，另一方面通过大数据、云计算等技术建立财务预算管理系统，高效、快速地获得当期的真实数据，并在此基础上处理、分析和预测企业未来的资金流向，为下期预算编制提供可靠依据，提升预算管理的实际效果，改善财务部门的预测分析能力。

（三）加强财务风险管控能力

对于现代企业的经营来说，风险管理占据重要地位，加之市场环境的日益复杂，如何有效应对财务风险，加强内部控制，越来越引起企业的重视。当前，企业面临的风险日益多样，且内外部环境不确定，要保证企业有效应对资源竞争，实现内部控制的难度较大。内控机制建设是风险管理的前提，应将二者紧密结合，积极应对财务风险的挑战。

在大数据环境下，大数据技术的引入和信息共享平台的建设，不仅为企业提供高度整合、准确、真实的系统性财务数据，还通过智能化的处理系统帮助企业有效进行风险识别和判断，降低风险发生的概率。主要体现为两点：一是风险预警和防控。利用大数据的处理系统，可以实现对财务信息的动态观测和实时追踪，并通过智能分析明晰企业资金流向，起到风险预警和防控的作用。二是风险管理。通过大数据技术和信息处理系统，企业能够在财务风险发生后，及时、有效地进行科学管理，进一步缩小影响范围，降低成本损失，为企业今后决策提供经验依据。

四、基于大数据的财务管理建设的创新

（一）大数据模式下的资金集中管理

信息化建设对财务管理建设十分重要，信息一体化，可以使企业实现对资金的统一管理、集中调度，更好地做出预算安排，实施资金的动态跟踪，能及时发现存在的问题，预防财务人员的会计舞弊行为，更好地保障企业的资金安全。

通过对企业的业务流程和信息流的综合控制，财务人员可以在处理会计信息时为企业的决策提供有效的信息，直接参与企业的决策，并关注业务流程。

充分利用计算机在数据处理中的优势，应用于财务管理，建立系统各模块统一运作的基本流程。提高信息共享程度，有效改善企业特点和信息集成控制流程。会计信息处理的财务人才为企业的决策提供有用的信息，直接参与企业的决策和关键业务流程。为了有效地降低风险，企业的内部控制深入生产经营活动的各个方面，甚至实现了远程控制。通过网络远程控制，财务人员可以实时控制财务状况。它可以通过在线结算来管理资金，并可以进行远程会计处理和内部控制。

（二）优化财务管理模式

在大数据时代，财务管理已经不再是一个标准化的工作，而要发挥主动的能动性。在企业中财务管理可以对接到企业经营管理的各个领域，将所有部门的各项变化的数据都收集起来，进行统一的数据分析与挖掘归纳，整理其中的规律变化，建立更有效率的成本控制模型，并预测客户偏好的变化，帮助企业更好地去了解上下游业务链的变化，针对不同客户在需求上面的差异，制定出不同的成本策略和价格策略，协助其他部门更好地完成对于上下游资源的整合。

财务管理工作的优化要从规范财务管理制度、增设财务奖励机制、实施财务信息共享化等方面进行改善。在大数据环境下，管理者根据企业自身特点，建立完善的管理制度，对财务工作进行合理划分和简化，改善财务内部环境，使财务人员明确自身工作内容，从而提高企业运行效率。利用大数据技术，企业在自身财务管理信息透明化方面进行了创新，提高了财务信息沟通能力，使财务信息的共享范围更加透明。

（三）构建财务管理智能系统

大数据包含的信息价值巨大，但密度值很低，所以大数据的焦点是从海量数据中挖掘潜在的有价值的信息。而商业智能正是通过运用数据仓库、数据分析、数据挖掘等先进的科学技术，将海量的数据快速及时地转化成知识，为企业的决策和战略发展提供信息支持。因此，商业智能是大数据的核心应用。当今，大数据时代带来了信息大爆炸，企业要想在激烈的市场竞争中脱颖而出，决策速度和准确度的重要性已经毋庸置疑，而财务管理是企业管理的核心，直接反映着企业的经营状况。因此，在财务管理方面运用商业智能，通过新技术方法，将财务大数据快速及时地转化为可为决策提供支持的有价值的信息，实现企业财务管理与商业智能相结合。下面将从3个方面阐述财务管理智能系统的具体应用。

一是财务分析。针对企业过去及现在的财务大数据，财务分析系统能够采用数据挖掘分类技术和预测技术等，对其进行更加深度的加工、整理、分析及评价，从而全面准确了解企业的筹资活动、投资活动、经营活动、偿债能力、营运能力、营利能力及发展能力等状况，为企业的投资者、债权人、经营管理者和其他关心企业的组织及个人认识企业的过去表现、评估企业的现在状况、预测企业的未来形势、做出正确的决策和估价提供了及时准确的信息依据。

二是财务预测。财务预测的内容包括资金的预测、成本和费用的预测、营业收入的预测、销售额的预测、利润的预测等，为财务人员了解未来的不确定性提供参考帮助。财务预算系统采用商业智能中的回归、神经网络等技术，其功能不断地完善，能更迅速、更准确地预测企业未来的财务状况和经营成果。

三是财务决策。财务决策是选取与确定财务方案和财务政策，其目的是确定最让人满意的财务方案。财务决策内容主要有筹资决策、投资决策、股利分配决策等，这些内容都可以通过财务决策支持系统来完成，运用前沿商业智能技术，从海量的财务大数据中提取相关数据，并进行数据联机分析处理，为管理层决策提供支持。

第四节　区块链环境下的财务管理

一、区块链环境下的财务管理变革

目前，企业中所采用的记账模式普遍为集中式记账模式。在集中式记账模式下，存在着记账权限的区别。例如，财务总监拥有处理所有账务的权限，而其他财务人员只拥有部分权限，如果将处理账务的人员视为网络中的节点，则节点与节点的地位不平等，权限不相同，有且仅有一个最高权限分派者，是一个平面结构。所以，集中式记账模式以管理权限设置为基础，是授权机制在发挥作用，最终形成中心化账本。而在区块链技术的分布式记账模式下，每个节点既是输入终端又是汇集终端，地位平等，节点之间靠共识机制维系运行。因此，分布式记账模式的节点不存在行政级次，它是一个空间结构，全部的交易信息都储存在整个网络中（图 8-1）。

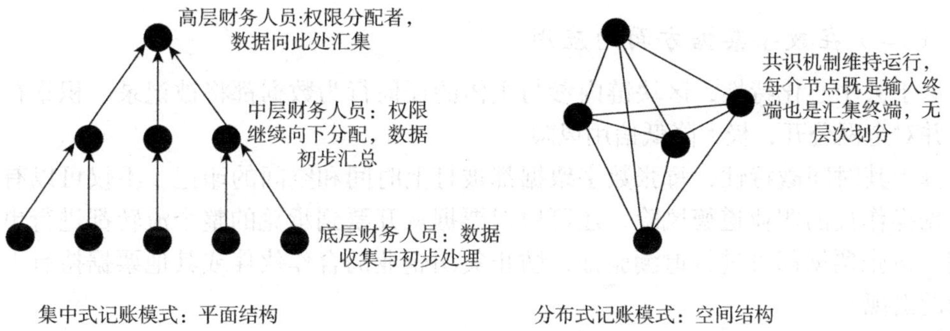

图 8-1　集中式与分布式记账模式

区块链以其分布式记账、去中心化交易的特点，改变了传统的财务管理方式。在区块链中，节点之间的信息不对称性可以降低，有效地打通了沟通壁垒，使财务管理的有关活动能够更加快速地进行，提升管理效率与效果。

二、区块链技术在财务管理中的应用

（一）在资金管理方面的应用

1. 提高资金归集度

企业的财务部门可以利用区块链构建企业内部资金管理共享平台，进行企业信息

管理与交易。各企业都将本单位的资金预算、用款计划、交易数据上传到这个平台，财务部门可以实时查询、密切关注各企业的资金波动情况，根据各企业的资金流量、存量、增量等信息，高效调剂资金余缺，优化企业资源配置。

2. 优化支付结算功能

首先，区块链的应用减少了支付过程中转银行所需的步骤，降低了中心化风险；其次，区块链的自动校验功能可以减少常规支付过程中的人工处理环节，提高总体支付速度；最后，区块链带来的中转银行的减少、支付速度的提升最终从整体上降低企业的交易成本，优化企业交易流程。

3. 实现全面全程的资金监控

基于区块链的防篡改特性，信息一经确认就不能修改，可以在短时间内实现验证，能够确保交易透明化，避免人工操作环节带来的道德风险。

4. 多元化融资降低融资成本

区块链的分布式账本可以成为各金融机构之间的连接器，各金融机构都能够在区块链平台上发布金融资产的相关信息，并同步到所有节点，企业财务部门可以根据融资需求在平台上开展融资活动，优化资产负债结构。另外，企业财务部门可以将流动性较差的资产以证券化资产的形式发布到区块链平台，盘活非流动性资产，以满足企业的融资需求。同时，点对点的交易能让合约快速生成并执行，提高融资效率，节省融资成本。

（二）在数字票据方面的应用

由于去中心化特性，区块链内参与主体的任何行为数据都将被记录、积累在节点上，并对全网公开，极大降低信用风险。

基于其时间戳特性，每张数字票据都被打上时间和空间的印记，不仅可以有效降低票据操作员的职业道德风险，还可以对票据从开票到承兑的整个流转都进行更好的控制，每张票据都可进行追溯验证，防止集团企业的合作伙伴或其他票据持有人欺诈行为的出现。

智能合约的使用可以让数据票据的交易不再需要通过线下合同强制执行，自动化触发机制的出现，则使票据可以按照事先设定好的条件实现承兑，避免执行过程中出现违约风险。

三、区块链对财务管理工作的重要意义

（一）降低财务信息真伪辨别成本

在区块链的加密体系中，所有公私钥均由企业产生，财务数据真实透明、不可篡改。审计部门只需将重点转移至审计规则，无须花费过多时间去验证数据的准确性，这样便于审计部门的非现场工作，减少审计结果偏离的可能性。

（二）提升数据安全性

基于区块链的财务管理，采用去中心机制，P2P 网络使得链上各个节点都保存相同的数据，随意攻击任意节点都不能破坏整个区块链网络的运行。此外，区块链上具有时间戳和数字签名，确保了信息的完整性和可追溯性，保证了链上每一笔交易都不可伪造，大大保证了数据的真实性、完整性与安全性。

（三）使财务管理架构更加合理

传统财务管理中，财务功能集中在公司财务共享中心，使得整个总分架构都不合理，员工大量从事低端重复性工作，积极性不高。基于区块链的财务共享中心，通过引入智能合约，事先将一些流程性的标准，如费用报销管理写入智能合约，智能合约根据客户端上传的凭证，自动判断是否符合要求，如果符合要求则自动执行合约内容，给予通过，否则不予通过，打回重新修改。这一过程大大节约了人力资本，减少了大量的重复性劳动。同时，基于智能合约的自动执行，避免了人为因素的干扰，更加客观、有效减缓了舞弊现象的出现。

（四）促进监管方式的创新

在传统模式下，国家、政府等相关机构对参与者主体的监管，仍旧依赖会计师事务所、税务所等中介机构提供的交易和数据信息来实现。区块链技术则有效解决了这一问题，各节点上的参与者提供的数据由于都具有开放性、自动更新性和不可篡改性等特征，未来政府监管机构不再依赖社会中介机构提供的信息，而是直接连接到参与主体的节点上，实时获取相关交易和财务数据，降低获取准确数据的成本，实现实时监管，从而促使传统的监管机构与监管手段的变革和创新。

四、基于区块链的财务管理建设的创新

区块链技术下的财务核算模式转变了业务流与资金流分开核算的状态，使业务流与资金流充分链接和融合，利用区块链安全可靠的价值传输功能，进行会计结算、清算，使业务交易确认的同时即确认了资金转移。同时，在智能合约的应用下，利用区块链的可编程属性，实现对资产或负债的计量、后续处理，最终实现了财务核算模式的重塑。

在会计确认上，区块链网络的会计确认可以简单归结为单方发起、集体确认。集中式记账法在传统业务中主要用来实现各个科目之间的关联；区块链的分布式记账则是各个科目之间时间上的纵向延伸。传统会计依靠借贷双向记账来实现试算平衡；而区块链网络的分布式记账则依靠各个节点的审核确认来实现。每个节点都是会计信息的确认方，对于会计要素的确认需要全部节点的认同，如此强大的纠错机制可以保证会计要素的准确性和客观性。

在会计计量上，区块链中每个节点都保存了整个交易流程的所有数据信息，每一笔交易都是可以被随时查看的，并且是以时间顺序来排列。因此，在区块链网络能影响到会计计量的因素都是透明存在的，这些都为历史成本、重置成本、可变现净值、

现值和公允价值等计量属性提供更为客观准确的信息，为财务数据的标准化计量创造了更加客观的环境。

在会计记录上，基于区块链的财务系统利用技术将传统中心化的记账模式改为去中心化的记账模式，这样就不用再集中地收集记账凭证，同时也可以对前期的交易信息实现直接自动平账。去中心的模式使总账不再是必须，分布式账本将会是一种新的账本模式。所有的交易信息验证都由网络自动完成，对交易信息进行时间上的溯源，不再需要传统的手工平账，可以有效地防止记账人员对财务数据的主观性影响，保证了会计数据的准确性和客观性，降低了会计舞弊的风险。

在会计报告上，区块链技术的应用可以改变财务报告的形式，深化财务报告的内涵。目前的企业财务报表是单纯的数据汇总表，即使有报表附注的说明，也很难满足不同使用者的需求。区块链的出现可以实现报表结构的重塑，既可以显示汇总数据，也可以显示更低层级的数据，以满足不同使用者的需求。

第五节　人工智能环境下的财务管理

一、人工智能环境下的财务管理变革

（一）财务会计向管理会计转型

在信息技术高速发展的背景下，人工智能已成为当今世界的热门技术，并对众多领域产生了深刻的影响。在这样的环境下，财务工作的重心也发生了转移。伴随着财务会计的可替代性逐渐增强，管理会计的地位得到了很大的提高。这主要体现在以下两个方面。

第一，人工智能技术可以替代许多基础的财务会计工作。财务会计是在传统会计基础上发展起来的一个会计分支，基本职能主要包括对企业资金运动进行全面的核算与监督，为外部与企业有经济利害关系的投资人、债权人和政府相关部门提供企业的财务状况等经济信息。由于财务会计工作中操作的标准化、程序化和规范化，财务核算的很多工作可以被人工智能取代。例如，2017 年，国际四大会计师事务所陆续推出的财务机器人刷爆了财务圈。这个名为 RPA（robotics process automation，机器人流程自动化）的新生事物由此走入人们的视野，并已逐步由审计领域进入更广泛的企业财务工作领域。它可以替代人类自动化地完成结构化、规则导向、可重复的工作任务。在传统财务会计流程中，大量标准化、重复性、技术含量较低的工作耗费了财务人员大量的精力，如今，RPA 在会计领域的应用取代了这部分人力的投入，且可以较为高效地完成，如数据智能采集、智能审核、智能凭证、自动月结、自动纳税申报、自动银行对账等工作。例如，阿里巴巴在采用阿里云 RPA 之后，在资金管理方面实现了数据合并、数据校验等全流程的自动化（图 8-2），人工只需最终审核机器人处理的结果即可，流程简单、无须过多的人工干预，整体效率得到了极大的提升。

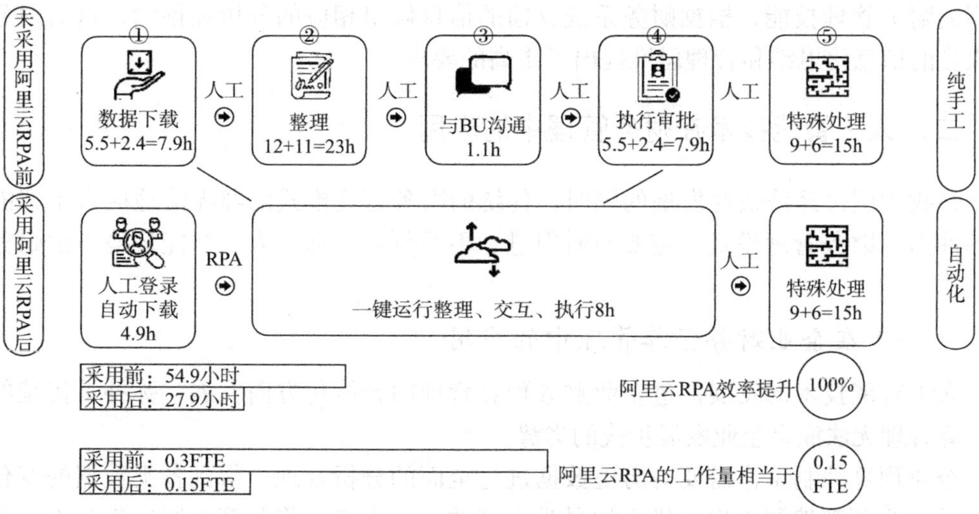

图 8-2 阿里云 RPA 在资金管理上的应用

第二，管理会计能够结合人工智能技术的特点，对获取的数据进行准确快速的分析，从而为决策者提供更有效的管理决策支持。企业在经营中通常要面对3类数据，即财务小数据、业务中数据和社会大数据。然而，长期以来，企业对数据的应用以财务小数据和结构化数据为主，这仅仅涵盖了一小部分的数据信息，更丰富、蕴含大量潜在价值和规律的非结构化和半结构化数据，包括各种格式的办公文档、文本、图片、各类报表、图像和音频/视频信息等，涵盖了如各类客户的特征、购买习惯与购买偏好之间的联系等有价值的信息，由于难以被清洗、整理和加工，仍长期处于沉睡状态。面对这些对管理决策有着重要意义的信息，财务会计显得无能为力。而管理会计的本质正是建立在数据收集、分析基础之上的精细化和量化管理，对数据的收集、整理、加工和分析能力决定了管理会计工作的价值。人工智能技术的发展使得这种能力大幅度提高，管理会计工作将为企业的战略管理提供更为快速、准确的数据分析，帮助企业管理者做出正确的经济决策。

由此可见，人工智能为管理会计的发展提供了重要的契机，财务工作将会逐渐从“以财务会计为主导”向“以管理会计为主导”转型。

（二）财务管理人员的转型

在人工智能环境下，企业财务会计向管理会计的转型加速了财务人员职能角色的改变，企业不再需要大量的会计统计和核算工作人员，而是大大提升了复合型财务人才的需求。

在传统的财务管理中，财务人员只需要通过机械重复的业务处理便可以完成企业的财务目标，财务人员缺乏创新能力和灵活的应变能力。人工智能的应用取代了财务工作中机械的、复杂的部分，降低了财务人员的工作量，企业不再需要花费更多的人力资源处理会计的统计和核算工作。

同时，企业也要求财务管理人员提高智能财务的素养，即财务管理人员需要掌握更高的财务管理技能，根据财务系统反馈的信息做出相应的分析和预测，这对财务管理人员的信息化思维和管理思维提出了更高的要求。

二、人工智能技术在财务管理中的应用

在我国国民经济快速发展的同时，传统的财务管理模式已经无法适应人工智能带来的冲击，财务管理模式一定要与时俱进、不断创新，适应人工智能环境下的财务管理模式。

（一）在企业财务预算管理中的应用

人工智能技术的发展促进企业财务预算管理向智能化方向发展，弥补了传统的财务预算管理无法满足企业发展步伐的劣势。

企业预算编制工作需要对历史数据进行全面的分析处理，得到各类数据的变化趋势，从而为预算编制工作提供更加科学合理的数据支撑。将预算编制工作与人工智能技术相结合，可以对财务数据进行归集处理，提取出企业财务数据所包含的信息，并结合最新的企业会计准则和制度，全方位地分析出各项财务指标的变化趋势，并对其进行预测。同时，根据不同业务的需求，针对不同的财务指标进行多角度、多层次的对比分析，确保分析报告的广度和深度，有利于直观地体现各项财务数据的变化情况，并对一些存在异动的数据进行预警，以便及时做出有效的处理，提前化解风险隐患，做到防患于未然。

（二）在财务会计核算中的应用

早在几千年前，我国的会计核算方式一直都是以算盘为代表的手工记账形式。到了 20 世纪 90 年代初，人们开始逐步使用电脑，把账簿变成了屏幕，把算盘变成了键盘，实现了以会计电算化为代表的电脑记账形式，手工账务处理的核算形式逐渐被取代。计算机强大、快速的数据处理功能大大提高了财务人员的工作效率，减轻了工作压力，并有效降低了工作差错率。近年来，随着人工智能的发展，财务机器人作为代表逐渐走进了企业。2017 年 4 月，江苏电信试运行了财务核算机器人，实现了月均完成自动制证 6 万余单的佳绩，8 月的核算量占比达 70%，准确率为 100%。

除此之外，在传统的财务会计核算中，对应付、应收往来账款的处理需要检索成千上万条往来结算明细并进行手工处理，再与发票相对应进行逐项核销，对往来账款进行核实，为供应商付款和后续收款提供依据，这些都需要消耗大量的人力。如果利用机器人代替人工操作，则不但能利用非工作时间展开操作，而且可把工时降至原来的 5%甚至更低，同时提高计算精度，最大限度地提高工作效率及客户和供应商的满意程度。

（三）财务智能系统的应用

智能共享系统在财务管理领域的应用，表现在对财务管理信息在各相关部门之间的共享建设。例如，针对财务管理信息的查询系统与操作系统，企业财务数据共享系统能够让企业在合理范围内最大限度地节约成本，为各相关部门提供有效的财务信

息；企业基于浏览器/服务器（browser/server，B/S）模式系统结构能够做到财务信息的共享，提高了企业对财务信息的处理能力，企业各部门可以通过网络浏览器进行财务数据的浏览与查询，外部相关部门可以借助互联网了解企业的财务情况。智能共享系统在企业财务管理中的应用，意味着企业财务管理工作进入了更加成熟的阶段，通过接口技术对不同信息进行整合。

三、人工智能对财务管理工作的重要意义

（一）提高会计工作的效率

传统的财务会计有许多基础性工作，耗费大量人力资源进行财务数据的搜集整理、录入、核对、汇总和编制报表，这些工作的特点是工作量大、简单机械、日复一日，非常考验会计从业人员的责任心、忍耐力和细致稳定度，依靠手工处理，整体效率很低且很难大幅提升。

而人工智能可以取代会计人员大量简单的重复工作。例如，采用电子收银、自动对账、电子记账和财务集成等智能技术，不仅效率高、差错少，而且能不间断工作，可以将会计人员从烦琐、乏味的工作中解脱出来，投入更有价值的工作。又如，华为利用人工智能技术采用的全球 7×24 小时循环结账机制每小时可处理 4 000 万行数据，使全球259家子公司按照本地会计准则、《企业会计准则》、国际会计准则的要求，分别出具3种会计准则下的财务报告。同时，按产品、区域、业务组、客户群等维度分别出具责任中心经营报告，这些报告都可以在5天之内高质量输出。利用人工智能系统自动采集交易数据生成会计记录和财务报告，使得会计信息的及时性得到极大提升，会计工作效率与质量大幅提高。

（二）提高会计信息的质量

会计行业最基本也是首要的原则就是真实性，但现阶段中国会计行业普遍存在会计信息失真的问题，究其原因，主要是在对会计信息进行处理的时候，还是有许多人为的调整、判断及编制，这种人工操作不仅存在人为失误，更存在人为故意篡改或造假等舞弊问题。通过降低人工在处理会计信息时的参与度，提高人工智能的使用范围和深度，从根本上保证会计信息的真实性，从而提高会计信息的质量。例如，利用人工智能财务系统不仅可以在很大程度上降低人工失误造成会计信息失真的可能性，也会在很大程度上减少人为篡改或造假等舞弊的可能，从而使得会计信息质量大幅提高。这种人工智能财务系统根据财务专家提供的特殊领域知识、经验进行推理和判断，从不同层次、不同角度、不同时期对会计数据进行观察和分析，从而得出财务结果产生的内在原因，因此能够揭示会计数据之间隐含的关系，达到识别虚假会计信息的目的。

（三）提高行业的竞争力

人工智能利用先进的技术可以处理大量数据并建立数据库，从而对企业的各类投资及盈利等重大事项进行预测。相对于人类有限的信息存储量和计算能力，人工智能

具有更加齐备的信息和高速运算能力。因此，人工智能可以为企业的经济决策提供模拟分析、识别财务管理的方针和建立适当的财务管理氛围，也可创立一定的预演模型，使企业的发展得到一定的提高。应用人工智能后，计算机可以根据给定的范围和方法，进行系统学习，并对大量数据进行程序化分析，从而得出更加细致具体的预测。例如，对利润估算时，财务人员往往根据单一的模型和数据进行主观预测，而计算机则不同，它可以根据不同的会计模型和方法，加上数据库中所有的历史数据进行比对和分析，同时分析资产负债项目及社会趋势对资金的影响。会计人员可以合理利用人工智能为自己提供的各种信息，帮助企业进行决策，从而逐步提高决策水平，提升核心竞争力，促进经济可持续发展。

四、基于人工智能的财务管理建设创新

（一）开展数字化智能化服务

企业在智能财务的硬件和软件设计上，应该加大投入基本的硬件和软件设施，尽可能地模拟财务管理的全部过程，采用先进的科技设备，构建信息传输网络通道，在公司内部形成一个完整的智能财务系统。财务管理利用人工智能软件，嵌入财务工作场景，使企业财务管理建设数字化，给企业效率带来质的提升。

数字化的财务不只是财务机器人，更是结合各种数字化的信息技术产品，对财务信息的输入、处理、输出、分析和决策的一整套智能系统，支持企业管理决策，实现企业财务数据的共享。企业财务管理建设数字化的目的就是实现业务及流程自动化、移动化和智能化，从财务信息的输入到处理，再到决策，都能够在系统里完成。财务管理的各个环节、会计核算的各个环节及经济管理的程序化设计，都为财务人工智能的全覆盖提供了完整的模拟。

（二）建立现代化财务管理系统

财务管理系统能进一步促进企业财务资源的整合，充分实现财务的电子化管理。例如，ERP（enterprise resource planning，企业资源计划）系统通过总账、供应链、成本管理、计划管理、生产管理等模块，连接企业采购、销售、物流、生产、财务等部门的工作。

未来仍需要努力利用人工智能加强财务管理系统的建设，完善财务软件的功能与服务。例如，增加基于人工智能的在线财务预测、分析、决策等智能功能与服务，从而满足企业的多样化需求，提供个性化服务，如在线定制服务及灵活的自定义功能。同时，人工智能财务管理系统还应该加强对信息的识别与截获，降低数据风险，提高利用会计数据的决策水平等。

（三）建立财务共享平台

目前，一些企业虽然积极推进财务智能化应用，也建立了信息管理系统、业务处理系统。但是，在实际操作过程中由于部分财务信息属于企业机密，业务人员并不清楚，而在业务执行过程中，各部门的流程和职责不同，部分资源没有完全共享，这样

财务人员难以了解各个流程的全部信息，阻碍了智能财务职能的完全发挥。

鉴于此，我们需要建立财务共享平台，使业务和财务充分融合。一方面，在开展业务活动之前，需要按照事先审批流程、财务预算、财务制度与标准进行事前审批，使业务活动及时得到财务支持，同时审批流程也得到了优化。另一方面，在业务发生过程中可以及时记录各项数据，把控资金流向，使财务信息及时、准确。

思考与练习

1. 财务信息化管理的特点是什么？
2. 在云计算环境下，财务管理发生了哪些变革？
3. 你认为大数据技术可以应用在财务管理的哪些方面？
4. 区块链对财务管理工作的意义？
5. 当今时代，财务管理为什么逐渐应用人工智能？

第九章

财务共享与业财融合

在云计算、大数据、区块链及人工智能等技术的背景下，财务共享与业财融合已成为财务管理信息化的两个典型应用。财务管理信息化是指一种新型的财务管理机制，它通过计算机、互联网、数据库系统等信息技术实现了财务管理工作的优化与创新，进而更加全面准确地收集相关财务信息。企业实施财务管理信息化建设，拓展了财务管理空间，加快了财务管理时效，提升了财务管理效能及增强了资源使用的有效性。本章围绕财务管理信息化建设及其应用，主要介绍了财务管理信息化、财务共享与业财融合 3 个方面的内容。

学习目标

- 掌握财务管理信息化的定义
- 了解财务管理信息化的发展历程
- 了解财务共享的优缺点
- 掌握业财融合的作用及其与信息技术的关联

第一节　财务管理信息化

信息化是以信息资源开发利用为核心，以网络技术、通信技术、信息管理技术、软件开发技术、开发工具技术、集成技术等方式为依托的一种新技术扩展。它是一个集成的概念，具有明显的层次性。从总体上看，信息化可以划分为社会国民经济信息化、行业领域信息化及组织企业信息化 3 个层次。这 3 个层次之间相互联系，共同构成了信息化的背景。其中，组织企业信息化是社会信息化的基本构成单位，信息化的进程往往是从某个组织开始的。因此，本章以第三个层次为背景，探讨财务管理信息化的相关内容。

一、企业管理信息化

（一）企业管理信息化的定义

企业管理信息化是指在信息化的背景下，以企业现代管理理论为依托，以信息技术为平台，整合企业战略管理、市场营销、生产管理、财务管理、企业文化管理等流程，以提高企业核心竞争力，并最终实现企业生存、发展和不断扩大的过程。企业信息化的目标是追求企业核心竞争力的提升与最终收益的显著增值。

事实上，企业管理信息化也是重新构建企业管理模式的过程。在这一模式的构建过程中，既包括手段、方法的改变，也包括管理流程、理论的变革，并且这一变革随着信息技术的突飞猛进和管理理论的不断创新而愈演愈烈。

（二）企业管理信息化的内容

从企业角度出发，企业管理信息化包括以下 3 项主要内容。

1. 信息化平台的构建

构建信息化硬件、软件平台，并进行信息系统的建设、管理和维护等工作，实现信息化软、硬件系统的集成。

2. 业务流程重组

基于信息化环境下的业务流程重组是企业管理信息化的重要内容，这要求我们摒除手工模式下效率低下、重复工作的环节，提高企业生产水平，建立适合信息化社会的工作模式和工作流程。

3. 信息化企业管理模式的建立

企业管理信息化的最高层次是建立与信息技术相融合的企业管理模式，包括信息化人才的培养、信息化环境下企业管理制度的建立、自适应的企业管理信息系统的建立等。

（三）企业管理信息化的意义

1. 促进企业管理模式的变革

市场竞争环境的多变和管理手段的不断更新，催生了不同的企业管理模式。传统的大批量、大规模生产模式产生了以企业“成本控制”为核心的管理模式。通过层级划分和专业化分工提高工作效率、降低生产成本，企业获得产品价格上的优势。信息技术的发展不仅改变了信息传递和处理的方式，而且造就了新的管理模式和方法。随着市场竞争的加剧，需求日趋个性化、多样化，使产品生产呈现多品种、小批量的趋势，传统的以生产为主导的管理模式转变为以市场为主导的管理模式。

在信息化环境下，企业信息全面实现共享，使企业的集成管理模式成为可能。这种集成管理模式提高了企业管理层的洞察力，使管理结构扁平化，减少审核和监督程序，减少内部冲突，让员工拥有更大的自主权，大大调动员工的积极性，提高对外界变化的快速反应能力。

2. 形成企业核心竞争力

企业核心竞争力是指在企业内形成的区别于其他企业的特质，该特质能够为企业带来超额的价值。信息化的发展有助于企业核心竞争力的形成。信息化的过程实际上就是企业管理模式、管理流程重新构造的过程。在网络环境下，以市场需求为导向，以信息化管理为手段，可以提高工作效率，最大限度地创造企业价值。

3. 提高企业经济效益

大量信息的掌握与应用使企业可以在短时间内做出有效决策以应对各种状况，减少了突发事件给企业带来的损失。同时，企业的各项管理也因信息化的实施而变得畅通快捷，大大提高了企业的工作效率，减少了各项成本支出，对于拓展市场、争夺稳定客户也大有裨益。因此，企业管理信息化从多个维度提高了企业的整体收益。

二、财务管理信息化概述

（一）财务管理信息化的定义

财务管理信息化是指基于信息技术和企业宏观、微观管理环境，以支持实现企业价值最大化的财务决策活动为目标，通过整合企业管理流程，改进财务管理方式，形成科学财务决策和财务控制的过程。

财务管理信息化有别于其他信息化过程，这主要体现在两个方面：第一，财务管理信息化具有无边界性。财务管理活动贯穿于企业管理活动的始终，财务管理信息化也随之渗透到企业的各个环节。在“支付/获取–转换/生产–销售/收入”的基本企业业务流程中，都伴随着财务管理和财务决策过程。它将伴随着企业信息化的进程而拓展到企业甚至整个价值链上，使得财务管理信息化的边界越来越模糊。第二，财务管理信息化具有自适应性。财务管理的核心内容是决策，而决策面临的环境千变万化，缺乏统一的模式和流程。参与决策的各种信息与数据来源广泛，导致财务管理信息化不可能借助于统一的流程和模式来实现。满足客户决策需求成为财务管理信息化成功的关键。理想的财务管理信息化绝不是一个简单、僵化的系统，而是提供了一个决策和管理的平台。在这个平台上，用户可以根据企业自身的管理环境、管理水平构建需要的信息化环境，实现系统的自适应性。

（二）财务管理信息化的内容

财务管理信息化的主要内容包括以下几点。

1. 构建统一的财务信息管理平台

企业的运营规模很大，内部组织结构非常复杂，想要提升财务管理的集中程度，就必须规范所有财务管理对象的业务操作，而构建统一的财务信息管理平台是最有效的方式。

2. 实现资金集中管理与共享

企业要想保证自身运营的稳定性，就必须做好资金集中管理工作。在开展财务管理信息化建设工作时，须把资金管理作为重点，建立符合自身运营实际与结构特点的资金管理与共享模式，由财务公司或者企业财务中心统一管理所有分支机构的资金收支，这样不但能够提升资金集中管理效率，还能提高企业资金的使用效率，降低企业运营过程中面临的财务风险。

3. 实现财务管理信息平台与业务管理信息平台对接

将财务管理信息平台与业务管理信息平台对接，企业可以同时了解业务的进展信息与相应的财务信息，从而为制定决策提供有力的支持。

（三）财务管理信息化的意义

财务管理信息化的意义主要表现在以下 3 个方面。

首先，财务管理信息化是提升企业管理水平的重要途径。财务管理信息化有效降低了财务工作者的工作强度和压力，通过财务管理信息化软件，财务人员只需要简单地操作就能完成数据的录入、整理、核算、输出、分析和统计工作，提高了财务管理的效率，而且有效减少了人工核算的失误，大大提高了企业财务信息的准确性，有利于为企业管理决策提供有力的数据支持。

其次，财务管理信息化有效降低了企业的管理成本，并对生产和经营成本实时监控，对于大额成本支出及时录入、查询并追踪，大大提高了信息的透明度和管理效率，有效减少了不必要的成本开支和人工原因造成的资源浪费。

最后，财务管理信息化是实现企业全球化经营目标的关键手段。信息的全球性决定了财务管理的全球化，通过财务管理的信息化有助于企业整合全球的资金，并对各地区的子公司进行统一管理，如对财务报表的查阅和分析，打破了传统的必须人工当场管理的弊端等。

三、财务管理信息化的发展历程

按照财务管理信息化的影响范围和深度，将财务管理信息化的进程划分为 3 个阶段，即面向部门的财务管理信息化、面向企业的财务管理信息化和面向集团的财务管理信息化。

（一）面向部门的财务管理信息化

在部门局部应用阶段，财务管理信息化的影响范围局限在财务管理部门内部。其主要特征如下。

1. 财务管理应用局限在独立的决策环节

在这一阶段，财务管理信息化并没有形成有机的系统，只是由若干个孤立的决策模型构成。计算机技术的作用仅限于数据的计算和分析，只是数据处理的速度和精度有了很大提高。

2. 决策数据的获取主要通过手工方式

在局部应用结算中，决策所需要的数据主要通过手工方式或对数据库数据的访问获得。决策模型的运行基本上处于手工运行状态，缺乏数据仓库的支持。

3. 财务控制职能缺失

财务管理的基本职能包括决策和控制，但在局部应用环境下，企业无法实现有效的财务控制手段，也缺乏实施控制的信息化平台，导致财务控制滞后。

4. 财务管理工具单一

这一阶段主要应用电子表格软件、统计软件，如Excel、SPSS等，完成简单的财务分析、决策模型建立等工作。决策所需数据无法与会计或其他信息系统共享，决策过程依靠用户建立的财务管理模型实现，无法确定决策过程的科学性和决策结果的有效性。

（二）面向企业的财务管理信息化

随着企业信息化的深入，特别是系统集成阶段的完成，财务管理信息化也将步入企业整体应用阶段。相对于部门局部应用而言，企业整体应用呈现如下特点。

1. 财务管理信息化应用的目的是面向系统决策

企业财务管理的基本活动包括筹资、投资和利益分配，三者是相互影响、相互制约、相互联系的整体。面向整体应用阶段不再是面向某一个具体的决策环节，而是面向企业战略，也就是说，决策过程从一个单独的、个体的决策转化为企业理财目标服务的一系列决策。信息化的作用不再局限于数据处理本身，而是向决策支持、人工智能过渡。

2. 通过数据库管理系统自动获得决策所需的数据

决策的关键是模型的构建，而正确决策的依据是大量准确的基础数据。在局部应用阶段，正是由于决策所需数据的缺失，限制了财务管理决策的应用价值。在整体应用阶段，财务管理信息系统既可以访问会计数据，也可以访问集成化信息系统提供的业务数据；既可以访问当前数据，也可以访问历史数据，还可以访问支持决策的数据仓库，从而提高决策的可靠性。

3. 强化了财务控制职能

在整体应用阶段，借助于企业信息化的平台，财务控制的各项措施和方法都不再停留在手工层面，而是嵌入信息系统本身，在业务处理的同时完成各项控制活动。财务控制实现了真正意义上的事前控制、事中控制和事后控制的统一。具体而言，事前控制实现了对决策目标的分解，将其转化为可以执行的指标或预算，并将预算或指标层层分解，落实到基本的业务处理层面。在手动环境下无法实现的事前控制在信息化环境下迅速、高效地形成了实际的控制力。事中控制在执行过程中实时监控执行过程，并和财务指标或预算进行比较，随时调整偏差或矫正。事后控制则对执行的结果进行分析和评价，确定与决策目标之间的差异，分析决策的正确性和目标的满足程度，为未来的财务管理活动提供依据。

4. 形成财务管理信息化平台

与局部应用阶段相比，整体应用阶段形成了系统化的、开放式的财务管理信息化平台，包括较为完善的局域网或企业内联网及财务管理信息系统。财务管理信息化的实现不再单纯依靠非专用的工具软件，而是建立完整的财务管理信息系统。财务管理信息系统通过和其他信息系统及工具软件的集成，提供决策模型构建维护的功能。

（三）面向集团的财务管理信息化

信息化技术的发展在扩展了集团财务管理内容的同时，也极大地丰富了集团财务管理的手段。从内容上看，全面预算管理、网上资金结算中心、集团物流管理等均是依托信息化环境而产生的新的集团财务管理模式。同时，从手段上看，信息化技术也带给集团财务管理新的决策和控制手段。敏捷生产、流程再造、零库存管理、虚拟仓库等均是集团财务管理在信息化环境下的新管理手段。

（1）财务管理信息化的目标是支持集团战略决策和企业控制，提升集团价值。在信息技术的支持下，集团企业较好地处理了分权与集权之间的关系：在集团内部实现数据的集成和共享：高层的预算指标和控制措施通过信息系统下达到集团企业的各个层面，并对执行情况进行跟踪和监控。

（2）决策所需数据通过分布式数据库提供，并构建面向决策的数据仓库。通过集团各企业间协同工作的网络和数据处理平台，在分布式存储和分布式处理能力的支持下，协同集团内各企业的财务管理工作，共同支持集团战略决策。数据仓库的构建，提供面向集团决策的数据和信息。

（3）集团战略决策、集团预算管理、资金集中控制、集团物流管理将成为该阶段财务管理信息化应用的重点。

（4）信息化技术平台实现由客户/服务器（customer/server，C/S）模式向 B/S 模式的迁移，并通过企业外联网或互联网实现集团企业间信息的沟通和协作。

四、财务管理信息化的应用

随着移动互联网时代的来临，财务管理信息化的技术也不断更新，包括云计算、大数据、区块链、人工智能等，由此催生出了财务共享、业财融合等新型财务管理信息化的应用成果。

（一）财务共享

财务共享服务是依托信息技术，以财务业务流程处理为基础，以优化组织结构、规范流程、提升流程效率、降低运营成本或创造价值为目的，以市场视角为内外部客户提供专业化生产服务的分布式管理模式。

财务共享服务是指将企业范围内共用的职能或功能集中起来，高质量、低成本地向各个业务单元或部门提供标准化的服务。共享服务中心所集中的通常是如财务、信息系统、人力资源、法律、采购、研发等职能，通过这种方式，既可以发挥规模效应、节约成本，同时也有助于保证这些职能的质量和一致性。财务共享的功能环节见图 9-1。

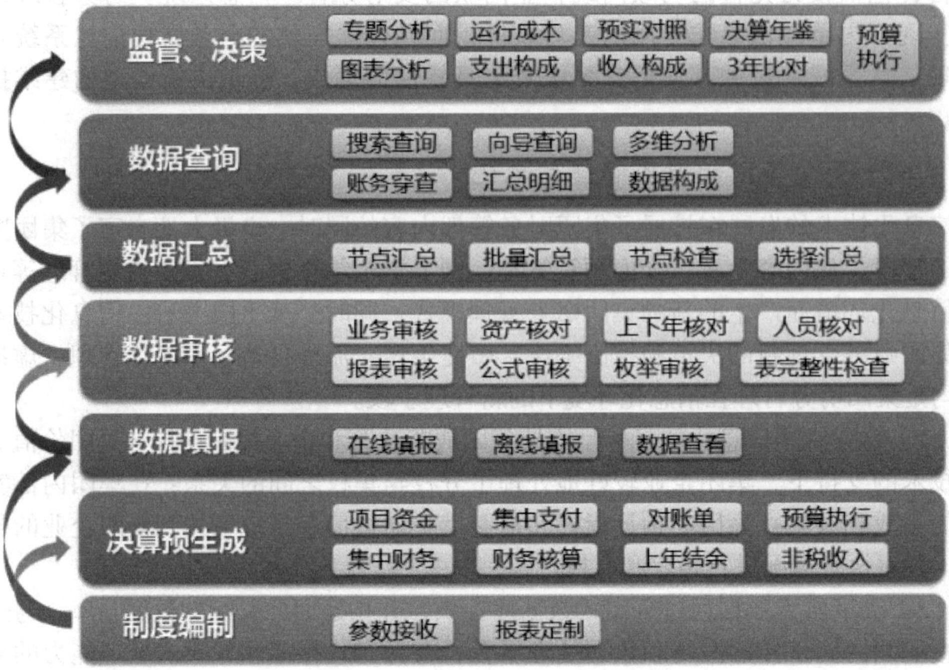

图 9-1 财务共享的功能环节

（二）业财融合

业财融合建立在信息化时代企业财务与业务联系密不可分的基础条件之上，它使财务和业务有机融合，使财务向业务环节深层次融入。现代企业财务管理信息化理念不再局限于财务，它逐渐向业务管理流程渗透，使得业务管理在关注业务指标的基础上，结合财务相关指标关注业务效率。

在企业集团化、全球化、精益化管理的发展需求下，云计算、大数据、区块链、人工智能等技术，正对财务管理进行全方位的结构改造，企业财务管理的趋势逐渐向业财融合发展。

第二节 财 务 共 享

一、财务共享的相关概述

（一）财务共享的概念

财务共享源于共享服务。共享服务的概念最先在布赖恩·伯杰伦的《共享服务精要》著作中定义如下：“将部分现有的经营职能集中到一个新的半自主的业务单元的合作战略，这个业务单元就像在公开市场展开竞争的企业一样，设有专门的管理结构，目的是提高效率、创造价值、节约成本及提高对内部客户的服务质量。” 该业务单元就叫共享服务中心，英文书写为 SSC（Shared Services Center）。它把一个组织的非核心业务从原来的组织体系中分离出来，转交给一个服务部门统一运作，即将分散的成本中心转化为利润驱动并逐步扩大的专业化事业部，进而使组织扁平化或瘦身。共享服务模式的本质是对公司人力、资本、时间及其他资源的优化。共享服务的种类包括财务、人力资源、物流、IT 等。

关于财务共享的含义，国际财务共享服务管理协会（International Financial Shared Service Association，IFSSA）对其进行相对权威的定义：财务共享就是以信息技术为依托，运用流程化的手段来处理财务和业务，其目的是优化组织内部结构、降低企业的运营成本、规范业务流程、提升流程效率，并从市场的内部和外部等不同角度给客户提供专业的生产服务管理模式。财务共享服务是将公司（或集团）范围内的共用的职能或功能集中起来，高质量、低成本地向各个业务单元或部门提供标准化的服务。

（二）财务共享的特点

财务共享服务通常具备如下特点：①将工作性质近似或相同的工作纳入财务共享服务范围，实现专业化的合并；②将原来提供性质近似或者相同工作的组织、岗位进行重建、合并，纳入新设立的财务共享服务中心，带来规模收益；③财会制度和标准的统一运作；④在实施过程和运作过程中以信息技术为支撑；⑤财务共享服务对象初始阶段都是内部员工和部门，随着总体职能向广阔和纵深发展，对外部使用客户提供的服务让其具备增值的效应和可能。

（三）财务共享服务的模式

财务共享服务的管理模式包含托管式服务和自愿式服务两种。其中托管式服务是一种最基本的共享管理模式，它着眼于规模经济，通过日常事务的合并和服务收费弥补成本，达到降低成本、规范流程的基本目的。自愿式服务又包含市场模式、高级市场模式和独立经营模式3种。市场模式进一步分离企业职能内部的基本运作与决策权，将控制职能与服务职能相互分离，通过服务收费弥补成本，目的是减少开支、提高服务质量。在这种模式下，共享服务的顾客（企业内部的其他组织）不再是被动的服务接受者，它可以根据自己的意愿做出是否接受这些服务的决定。也就是说，服务不再是托管式的，决策权由接受服务的客户全面掌握。高级市场模式是对市场模式的提升，其主要特点是客户选择服务和市场定价，且在有能力的情况下，可以对外提供共享服务。高级市场模式的目的是引入竞争，向客户提供、推荐最有效率的供应商，供客户进行决策选择。独立经营模式是财务共享的自愿式服务的终极模式。在这种模式下，财务共享服务中心已经开始作为一个独立的经营实体进行运作，它不仅向企业内部客户提供产品和服务，同时还服务于外部客户。该模式下的共享服务中心凭借其专业技能、技术及知识开始与第三方外部服务机构、主要的外部咨询机构等展开完全竞争，同时服务收费也完全呈现市场化态势。4 种模式的特征如表 9-1 所示。

表 9-1 共享服务的 4 种模式对比

基本模式	市场模式	高级市场模式	独立经营模式
·日常事务的合并 ·着眼于经济规模 ·通过服务收费弥补成本 ·目标是降低成本、规范程序	·包括专业咨询建议服务 ·将控制职能与服务职能分离 ·通过服务收费弥补成本 ·目标是减少开支、提高服务质量	·客户选择服务 ·市场定价 ·如能力允许，向外提供服务 ·目标是向客户提供、推荐最有效率的供应商供客户选择	·独立的经营实体 ·利润稳定 ·为许多组织服务 ·目标是通过服务赚取利润
托管式服务	自愿式服务	自愿式服务	自愿式服务

从基本模式、市场模式、高级市场模式到独立经营模式，一个明显的变化是管理收益的提升。但是 4 种模式的选择并没有必然的优劣之分，每种模式都可能在不同的企业发挥最佳的作用。所以，企业应当结合自身特点和不同的战略选择不同的模式定位。

二、财务共享服务的实施运用

财务共享服务在企业的实施运用中通常包括3个阶段：评估、设计、运行。企业应根据自身情况，把握工作节奏和工作重点，循序渐进，稳步推进。

（一）评估阶段

企业首先要确定目标和愿景，因为财务共享服务实施属于财务战略实施，而财务战略必须要服从于企业整体战略。企业在确定目标和愿景时，要重点考虑企业及所属行业的发展现状、所处阶段及发展趋势，确保财务变革符合企业整体战略要求。其次，企业需要收集数据进行行业实例分析比较。根据确定的目标和愿景，评估分析企业基础能力能否满足项目实施的关键要素，并在此基础上进行投资收益分析，选择企业拟采用的具体模式，确定财务共享服务中心在企业内部的整体定位。分析评估的结果要及时向企业高层领导汇报，获得认可和支持并形成企业决议。最后，企业正式组建项目工作团队，成立领导小组和工作小组。由财务、IT、人力等专业人员及财务共享服务管理咨询专家共同组成工作小组开展项目设计，实施具体工作。

（二）设计阶段

这一阶段，项目团队需要确定设计的内容，明确核心和关键环节，确定设计参与人员，并形成具体进度计划。财务共享服务设计的核心和关键环节主要包括7个方面：①根据企业对财务共享服务中心的整体定位、赋予的工作内容，设计中心内部组织架构，包括内部机构及岗位设置；②构建业务流程体系，完成内容梳理及优化；③信息系统技术框架设计及实施优化；④设计招聘和人员转移计划，包括从外部招聘新员工及内部人员转岗等；⑤制订人员培训计划，包括新员工培训及管理能力提升培训；⑥制定内部管理制度，包括工作制度、现场管理制度、绩效管理制度等；⑦办公场地选址及布局设计。有条件的企业，还可以对财务共享服务工作内容进行细分，对票据、扫描等非关键岗位实施外包。在设计阶段，沟通和协作非常重要，尤其是在人力和系统支撑这两项重点和难点领域的设计中，要积极发挥项目团队中专业管理人员的作用，保障财务管理、人力管理和信息化管理等企业管理关键领域的协调推进。

（三）运行阶段

这一阶段，为了保障实施效果，降低风险，企业可以选择先试点再推广的实施策略。首先，在内部分支机构中选择有代表性的2~3个开展试点，试点中要建立跟踪分析工作机制，及时沟通和解决试点问题，优化实施方案。在国内财务共享服务实践中，用户对新模式的接受和适应是财务共享服务实施中面临的最大挑战，企业需要加强沟通宣传，通过服务体系建设、流程优化等手段尽快引导财务共享服务中心建设项目平稳过渡。企业试点成功后，开始进入推广阶段。为了保障上线实施效果，分支机构较多的企业可以采用分批推广的方式，给予财务共享服务中心一定的上线缓冲期。项目全面实施推广运行后，还需要在运行过程中持续跟踪分析和优化。需要关注的是，进入这一时期后，原项目团队工作已基本完成，工作主体应该由项目团队调整到财务共享服务中心的管理成员。此外，从工作对象上看，跟踪分析不能仅仅局限在财务共享服务中心内部，还要关注企业管理环境变化，新业务、新技术对财务共享服务模式及内容的影响，持续进行改进和优化。

三、信息技术与财务共享

（一）企业数字化转型

随着信息技术在企业财务上的运用，企业数字化转型的概念应运而生。数字化转型被定义为“由转换信息技术促成”的转型，这种转型涉及业务流程、操作程序和组织能力及进入新市场或退出当前市场的方式的根本性变化。

早期关于企业信息化转型的研究多集中于企业内的信息化项目，如企业资源规划、客户关系管理，研究如何促成组织变革。随着互联网、大数据和人工智能等数字化技术的不断发展和深化，我们看到数据化转型领域的研究越来越多。传统的企业转型需要在策略、结构和授权等方面进行改变，但是数字化转型通过信息化技术在组织结构、日常程序和财务信息流方面突显影响，并且让组织愿意接受和适应信息化技术，最终实现企业的财务共享。

在数字化转型技术的帮助下，企业利用互联网、物联网和云计算等数字化技术，对创造客户价值的方式进行改造，在原有业务的基础上通过提升数字化水平拓展企业的业务，实现业务与财务的共享。数字化转型使得公司员工更加适应行业和企业内的新的数字化环境，提升企业内部的自动化和智能化运营，从而使得企业无论是面向客户或者运营的前端，还是实现管控的后端，都能在服务、运营和管理质量得到显著提升。

数字化转型技术的快速发展和业界的广泛推广应用，或多或少地对企业原有的商业模式产生了冲击。在企业产品服务的生产制造、上下游资源的整合、客户的拓展和运维，以及企业良好形象和品牌的建立等方面，都由于数字化转型技术的发展和应用，产生了颠覆性的变革。

在运营转型方面，过去的运营常常先固化再优化最后僵化，数据难以对外交换。

在企业数字化转型时代，这种模式已经演变成数据驱动，由端到端，把过去的数据孤岛连成一片，变成一个数据湖。在产品与服务转型方面，过去的企业常显笨重，产品与服务很难适应企业发生的变化。而在企业数字化转型时代，这些变成了智能化、服务化和消费化。在商业模式转型方面，过去的企业倡导的是战略导向、IT 控制，信息化更多的是一种控制手段，保证战略、业务朝着计划的方向走。但是，在企业数字化转型时代，我们应强调自下而上、数据驱动。在管理转型方面，传统的模式很大程度上束缚了企业的成长，在企业数字化转型时代，直达客户、协同共生的管理模式才能双赢。数字化转型时代管理模式如图 9-2 所示。

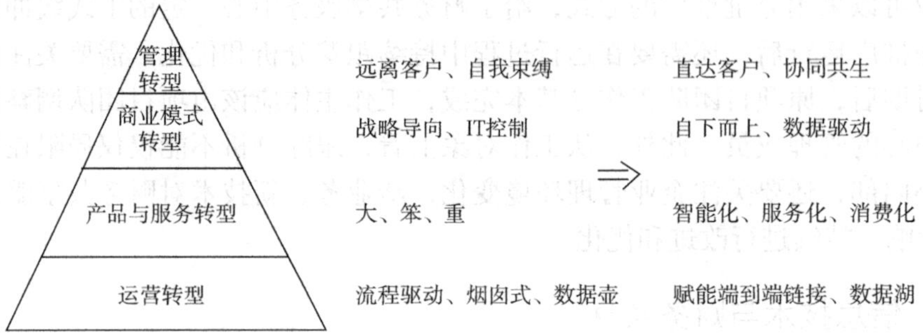

图 9-2　数字化转型时代管理模式

（二）财务云

财务云是将财务共享服务与云计算、大数据、移动互联网等技术相融合的财务管理模式，在有网络的情况下，可随时随地接入系统，实现实时协作。财务云的结构体系更加简单，影像管理、报账中心、集中核算支付等数据处理中心和数据库服务器、邮件服务器等应用服务器都安装在云端，经过安全认证，可以通过网络连接和移动互联设备访问云数据中心，实现随时随地接入，从而保证数据处理更加高效快捷。

财务云实现了企业财务资源共享，减少了软硬件系统及财务人员在分（子）公司的重复设置，降低了企业总体运营成本。财务云软硬件系统均可选择服务外包，由云计算服务供应商提供，供应商保障系统安全、解决系统故障、升级系统软件，企业无须投入人力、财力等对基础设施等进行管控。云计算支持多终端接入模式，用户借助移动互联网、各种客户端（如手机等），便可随时随地接入系统处理工作事务，财务云的快捷性和会计业务的标准化使财务工作效率进一步得到提升。在分散式的财务管理模式下，会计人员需耗费大量的精力处理记账、算账等日常性事务，忽视了人员在企业规划、决策、控制和评价等方面发挥的功能。财务云则对企业会计人员进行了一个更细的专业化分工，将会计核算工作从企业财务部门中相对剥离，使从事会计基础业务的会计人员转型发挥管理会计职能，注重企业的价值管理和创造，从而推动企业管理会计工作的有效开展。

四、财务共享服务中心的风险控制

财务共享服务中心是逐步完成企业数字化转型、实现财务云的桥梁。而在财务共享服务战略实施过程中面临的主要风险包括：财务共享服务中心的选址；结合实际和公司战略对财务共享模式的选择；高额的初始投资，较长的盈亏平衡期；制定新流程和制度，通过服务合约进行规范化服务关系管理；冲击原有体制带来的企业文化风险，因为从行政等级制变为业务合作伙伴，一开始会受到抵制，降低效率；工作交接过程中及之后对于员工的持续激励以保持工作热情和积极性；技术和信息系统的合理选择及集成运用；财务共享服务中心成熟后的控制；等等。风险管理是一个持续的过程，其应对策略之一就是预测风险区并尽早识别，与成功实施财务共享服务战略相关的风险主要分为下面 3 个层次。

（一）战略层面的风险控制

（1）变革管理风险控制。财务共享服务无论是理念还是运营模式对企业来讲都是新的，它将会对企业原有的管理流程、决策方式、企业文化甚至利益分配格局形成冲击。因此，在推行初期，一部分人必然会持有消极态度。根据变革管理理论，一项大的管理变革在推行初期，一般有 20%的人支持，20%的人反对，60%的人持观望态度。变革成功的关键在于能否使 60%的观望者转变态度。因此，管理层对此项管理变革的认识和重视程度可以在企业内创造出管理变革的舆论氛围，形成变革的紧迫感，促使持观望态度的管理人员和员工转变观念。

（2）选址管理风险控制。办公地点的选择标准一般包括通信设施的发达程度和通信费用，劳动力的成本、质量和数量，税收政策和法律法规，与最终客户之间的距离，当地的环境，办公地点的租金成本和可选择的范围，关键管理员工的工作意愿，等等。选址的成功将会为财务共享服务战略的成功实施迈出重要的一步。

（3）服务关系管理风险控制。服务层次协议是服务关系管理中至关重要的一个组成部分，是业务部门与共享服务中心之间达成的一项协议。服务层次协议定义服务的范围、成本和质量，并将其书面化。服务层次协议使得财务共享服务不同于单纯的职能合并，更加注重客户（内部业务部门）的满意度。服务层次协议的内容一般包括收费的频率和方式、定价模式、权变因素、质量标准、职责、提供服务的内容、时间期限、适用范围、自主权等，根据企业的具体情况确定。

（二）组织层面的风险控制

在财务共享服务中心实施过程中，有可能缺少面对面的沟通和交流导致服务缺乏人性化。

（1）员工风险控制。与员工管理相关的成功因素包括：高层管理的全力支持，各级管理层的认可，人员定位和关键业务合作伙伴，对员工的教育和培训方案，管理团队思维灵活擅长解决各种问题，持续沟通了解和管理各种变化，与人力资源管理部门合作确定财务共享服务中心的员工配置等沟通风险。任何变革的成功实施都有赖于沟通策略的有效配合，沟通策略包括沟通渠道、沟通信息、沟通时间、沟通场所、沟通对象等。如果缺乏有效的沟通渠道，沟通策略的实施必然存在极大的风险。绝大多数员工的阻力源于员工对不好的变革结果的不安全感，或者是由于财务共享服务中心与企业内部主导文化的不适应，因此尽早、尽可能与员工进行坦诚的沟通非常关键。

（2）文化风险控制。文化差异及其影响是财务共享服务战略成功实施的重要变量，它主要体现在价值观差异、传统文化差异、宗教信仰差异、语言和沟通障碍等方面。文化差异是组织获得业绩的潜在障碍，但如果能够进行有效管理，即改善解决问题的能力、增加创意和创新、增强灵活性、获取优秀资源、降低成本开支等则是一种增值活动。文化差异给财务共享服务带来了机遇和挑战。

（三）执行层面的风险控制

（1）技术风险控制。与财务共享服务中心的实施和长期运营相关的信息技术包括基本信息技术、一般目的的信息技术、共享服务流程特有的信息技术。在信息技术的使用过程中存在的主要风险在于存档、可测量性、产能、安全性、接口、标准、反应度、可用性等方面。

（2）法律风险控制。财务共享服务中心所覆盖的区域中的各个国家和地区在法律、法规和税务政策上不尽相同，这将会造成服务中心在业务处理上需要照顾到各个国家和地区的特殊情况，尤其是服务中心所在国家和地区的法律和法规。

第三节　业财融合

一、业财融合的概述

（一）业财融合的概念

业财融合是一种内部协同管理方式，通过业务部门与财务部门有效协作，资源与信息融会贯通，确保企业经营管理决策信息全面准确，有效支撑经营决策的合理性。在企业资源有限的前提下，财务人员掌握财务目标的同时了解企业的运营状况，帮助企业实现了有效的资源配置。业财融合是财务向业务环节纵深延伸的一种方式，将财务管理的理念渗透到业务管理的过程中，业务管理不再仅关注业务指标的变化，更应该结合财务指标关注业务的收益问题。

（二）业财融合的特点

1. 协同性

业财融合强调在信息共享的基础上业务与财务部门更加深层次地交互与融合。想要达到这一目的，两个部门就必须直面双方在交流和工作中存在的各种障碍，多进行沟通和反馈，统一业务与财务的口径，使得双方均意识到并认可对方的工作内容和意义，相互配合达成共识。

2. 全局性

要想业财融合在企业中真正发挥其应有的作用，就必须要认识到其在企业中所涉及范围的广泛性，以及其对整个企业经营与发展的重要作用。业财融合实际上意味着整个企业在信息化时代下的主动适应和转型，需要企业从顶层设计到具体财务业务体系及信息化平台等多维度推动，推动企业管理机制不断完善，进一步获取企业管理层的大力支持和员工的广泛认同，并在整个企业中得到推动与执行。

3. 过程性

推动业财融合对整个企业有着广泛和深远的影响，同时也会给企业运营管理模式带来巨大的改变，如战略的规划实施、人员的分工、信息系统的建设及大数据的管理等。在这一转型过程中，会面临来自文化层面、技术层面、固有的流程层面等各个层面的阻碍，因此在实施的过程中必须全面综合地考虑企业的整体情况，有节奏地稳步推进。

4. 开放性

业财融合的模式、业财融合所用到的工具与方法都是随着信息技术的发展及企业运营模式的变化而不断更新变化的，是一个动态融合的过程。业财融合的深度也会随着信息技术的不断进步和财务管理的转型升级而不断加深。

（三）业财融合的必要性

业财融合是大数据时代的发展趋势，大数据时代的到来，企业对财务支持的需求与日俱增，财务部门服务的对象不再仅仅局限于外部客户，还包括企业主价值链上的各个业务单元及企业的各级管理者。财务部门需要提供的，不再仅仅是会计报表，而是从各个维度分析企业经营业绩的管理报告。在社会、技术等综合因素的推动下，财务变革势在必行。企业财务管理工作与业务管理工作进行有效的融合对于企业发展而言具有十分重要的意义，不仅对于企业内部的各类别业务活动有着极大的支撑，而且有利于从战略层面提升企业的核心竞争力。

业财融合是提升财务管理水平的基础。企业要建立、完善现代企业制度，从粗放型管理向精细化管理转变，通过流程再造激发内部管理活力，增强企业价值创造力，就需要财务人员深入了解业务内容，做到财务预测精准、财务分析有理有据。

业财融合是强化风险意识和防范的需要。企业内部风险意识和风险管理不断强化，内部控制应用的领域不断扩大，风险管理从注重业务事项的事后监督向事前、事中过渡。财务工作延伸至业务的全环节，有助于帮助业务部门更好地评估内部控制缺陷和潜在的风险点，提出建设性的改进意见。

业财融合是提升核心业务竞争力、提高企业经济效益的需要，业务财务就要通过对生产经营各个环节的价值分析与管理控制来实现企业价值最大化。

二、业财融合的实施路径

（一）进行流程再造

原有的会计流程不适应现代的商业模式和业务的拓展，是因为在传统分工理论缺陷下会计流程的弊端越来越显著。因此，业财融合的主要任务就是流程再造，即企业利用信息技术对已经不适应自身发展的会计流程进行再造。实现基础业务信息的自动集中与共享，并且进行及时准确的输出和控制，满足企业内外部不同信息使用者的需求，这便是会计流程再造最主要的目标。

业财融合所涵盖的会计流程再造并不仅仅是实现整个企业内部的业务流和会计流信息的共享，更为重要的是对原有的会计流程进行重新梳理与分析，剔除掉其中零增值甚至负增值效果的业务环节，也不仅仅是关注企业内部，而是逐渐把眼光延伸到外部价值链条上，这样形成的共享信息才能满足各方面信息使用者的需求。然而从大多数企业的实践情况来看，企业所建立的信息系统在数据的集中、存储与加工等方面仅仅存在于企业内部，而关于消费者、供应方及市场中竞争者的相关信息并不是信息采集的重点，甚至在一些企业是不涉及的，这种没有涵盖价值链体系全部环节的信息系统会对企业中高层管理者进行决策造成十分不利的影响。

（二）搭建数据仓库

在当前的大数据时代背景下，企业进行业财融合必须学会利用数据，通过数据实现更高效的沟通。财务数据是财务人员对企业当前财务状况和经营成果的数据描述，财务人员应该充分挖掘财务数据的内涵，充分利用财务数据。从实现业财融合的角度来看，不论是对流程进行再造还是推动信息技术在企业中的应用，其目的都是进一步构建完整丰富的数据仓库，并通过处理分析这些数据将其转化为对企业管理决策有用的信息，提供给决策相关者。企业数据仓库中的数据信息涵盖了财务与非财务、确定与不确定及内外部等多个维度。这些信息在业务前端进行处理时一定要符合标准化的代码和规则，不然就不可能准确有序，也不可能进行后续的提取与分析来支持管理者做出合理正确的决策。

（三）推广信息技术应用

要实现业财融合就离不开信息技术的支持，信息技术在整个过程中的应用是促成和完善这一流程的重要基础。这主要是因为信息技术，企业面临的“信息孤岛”这一难题在很大程度上得以解决，促成业务信息与财务信息的集成与共享。信息的集成帮助企业更好地控制了业务，做到实时监督，也有利于数据和信息的交融与共享以及后续对业务的持续反馈。

以上信息技术主要包含两个方面的应用，一是企业内部 ERP 系统的有效运用，二是 XBRL（extensible business reporting language，可拓展商业报告语言）技术的实施应用。企业实施 ERP 系统以后最为明显的优势便在于采用标准化、规范化的代码实现了信息的有效集成，使得财务板块与采购、生产、物流等板块联系在一起，业务部门遵循既定的标准和要求采集信息，并且输出的信息直接被财务部门使用，这使得财务部门的工作量被大幅削减。

三、信息技术与业财融合

（一）ERP 系统下的业财融合

系统 ERP 是指建立在信息技术基础上，以系统化的管理思想，为企业决策层及员工提供决策运行手段的管理平台。作为信息技术与管理思想的融合体，ERP 也是先进的管理思想借助信息技术工具实现企业的管理目标。

业务系统和财务系统如何融合是推进业财融合的关键，开发 ERP 系统，实现了两者无缝衔接。ERP 系统将企业原有的分散的系统模块联系在一起，打破了部门的信息壁垒，财务信息、业务信息得以交流，促进财务部门形成为业务部门提供更具指导性的业务方案的意识。同时，ERP 系统使得业务部门打破原有的预算由财务部门全权负责的固有意识，善于利用业务信息指导财务部门对预算的编制，使得公司的预算数据与实际数据的差距大大缩小。

ERP 系统基本涵盖了项目管理系统、资产管理系统、采购管理系统、预算管理系统、人力资源管理系统、资金管理系统、财务报账系统等 8 大子系统。如图 9-3 所示。ERP 系统建立后，在业务活动发生的同时，发生业务的部门即将数据录入系统，财务人员只需要负责审核各业务部门录入的单证，会计凭证就能自动生成，从而实现对公司业务数据和财务数据的同步管理，解决了业务单证的流转不能及时传递到财务人员手中而产生的不同步问题，确保财务人员及时、准确地记入财务数据。业财融合的出发点是以企业业务战略为导向，最终目的是实现绩效目标。

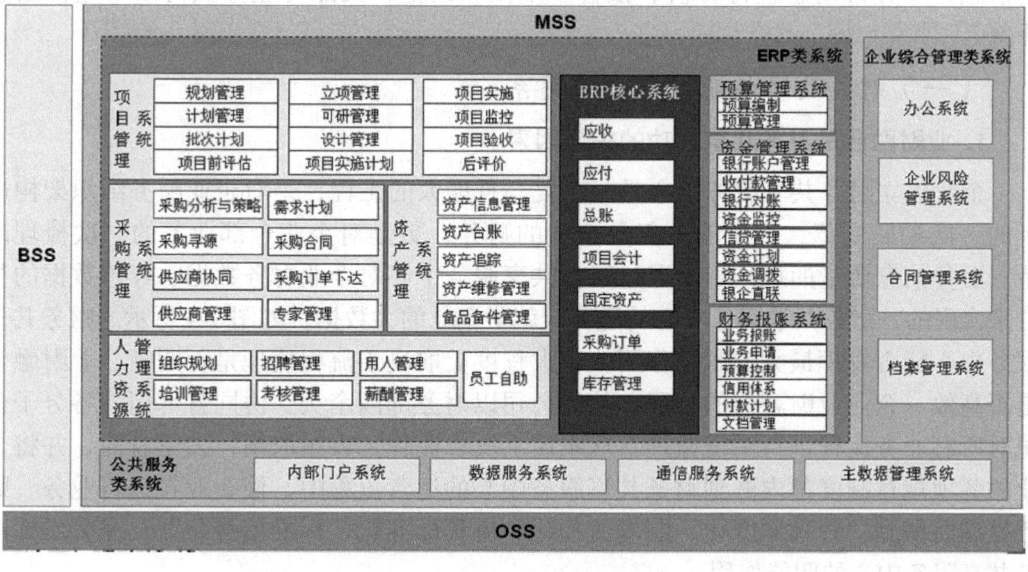

图 9-3　ERP 信息系统架构图

（二）XBRL 技术下的业财融合

XBRL 技术对各项财务数据做出特定标记，计算机通过识别特定标记明确信息数据之间关系，更加充分地理解报告内容，进而做出契合业务的智能化处理，其是目前应用于非结构化信息处理尤其是财务信息处理的最新技术。XBRL技术运用财务报表与经济业务之间的钩稽关系标记财务数据，一方面提高报告语言的拓展性，另一方面实现财务系统与单位内部管理系统的数据交换，较好地实现业财融合。

首先，XBRL技术通过将数据结构颗粒化，将非结构化数据转变为结构化数据，将难以量化的信息准确地用数据表示出来，实现业务信息和财务信息的有效转换。其次，基于行业标准建立专属的 XBRL 标准，为数据分析提供基础。最后，基于业务数据，充分利用联机分析处理工具和数据挖掘等技术，将企业中预算、经营数据进行整合，从而实现数据资源的高效利用。XBRL技术的运用解决了业务与财务数据标准不一、难以转化的问题，突破了传统数据仓库结构化分析数据模式，充分运用大数据技术手段，为企业数据深度挖掘做出了突出的贡献，也为财务信息系统自动化处理提供了可能。

四、财务共享服务模式下的业财融合

共享是业务与财务在业务活动过程中全面的融合与合作。一方面，财务将相关的预算信息、项目信息、合同信息、财务制度、管理标准、执行预警设置植入业务的事前申请、执行环节，业务人员在正确、合规的框架内执行业务，及时地得到财务信息的支持与提醒。原来的审批审核验证节点被流程自动控制所代替，大大提高了活动效率和质量。另一方面，业务活动过程产生的信息被同步动态的记录，就解决了业务信息的及时性和相关性的问题。财务在业务发生的同一时间获取关键的控制信息，对异常信息进行分析、预警、干预和调整，又能对业务执行结果进行迅速评价。

（一）财务共享与业财融合的关系

1. 业财融合是财务共享成功的关键因素

企业建立财务共享服务中心是一个复杂且庞大的工程，是对企业财务组织架构进行的一次彻底变革，改变的不仅是企业的财务，更是对企业全部业务的一次梳理改造。财务信息质量的提升，是通过财务共享服务中心对企业财务数据、经营数据的整合来实现的，财务共享服务中心的运营成就了企业的大数据，如图 9-4 所示。财务共享服务中心能否发挥最大的职能作用，很大程度上取决于流程梳理是否明晰、业财融合是否高效。企业业财融合的过程，使得公司以财务部门牵头，协同各部门、各分子公司对所有业务流程进行系统梳理，从本质上反思流程，去粗取精，去繁就简，并将企业的各项规章制度都内嵌到财务共享服务中心的运营流程中，使企业在进行业务、财务处理时做到“管理制度化、制度流程化、流程标准化、标准信息化”，充分发挥财务共享服务中心的职能作用。

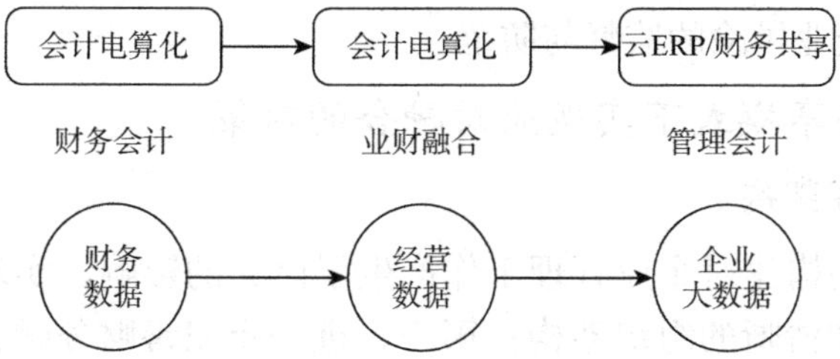

图 9-4 财务共享与业财融合的关系

2. 财务共享是推动业财融合的重要途径

实现业财融合的重点是让财务人员渗透到业务中，与经营者同一目标，成为业务合作伙伴；将财务组织、管理政策、流程优化更加紧密地与业务融合，在业务运营过程中支持业绩目标达成、挖掘业务增长潜力。共享服务中心的成功建设，使得企业对所有业务、财务流程进行集中、统一的处理，通过现代化的信息系统将业务流与财务流有效地连接在一起，实现财务人员在账务处理时自动深入业务前端进行管理；同时，通过标准化、规范化的处理，严格规范企业业务的发生，深入贯彻落实企业的管理政策；另外，通过服务共享中心，企业业务数据将全部都推送到财务手中，通过系统化地整理、分析，有效为业务提供决策支持，真正地实现业财融合。

3. 二者相辅相成，助力实现企业的财务转型升级

企业实施财务共享的目标之一是推动业财融合，从而实现对经营管理的决策支持，使财务成为企业价值的发现者、推动者和创造者，最终帮助企业提升核心竞争力，助力企业战略的实现；同时，业财融合的不断深入又将促使财务共享服务中心优化升级，助力企业财务管理的全面深化改革。因此，二者相互作用、相辅相成，共同推动企业财务的转型升级和长远发展。

（二）财务共享模式下业财融合的必要性

财务共享模式是适应财务信息化发展、满足现代企业制度的必然产物，其通过集约化的管理将企业的财务、业务等相关工作进行整合，以此提高企业财务工作的效益。财务共享模式的实施促使企业财务工作与业务工作转型，因此在财务共享模式下实施业财融合很有必要性：一是业财融合推动企业战略协同。业财融合从战略上强化了员工与企业战略的协同，有效地增强了员工的企业战略意识，激发企业员工参与企业战略的积极性。例如，通过业财融合将企业的财务活动与企业战略相结合，这样企业员工在实现企业战略的同时可以获取个人经济利益，有效地降低了企业运行成本费用。二是有效地提升了企业经济效率。企业财务管理的目的就是提升经济效益，而经济效益的提升必须深入生产的各个环节、控制各个生产环节的成本，因此财务管理工作必须与生产环节相结合，通过业财融合实现资源的优化配置。三是防范企业风险。业财融合的最大优势就是提升企业风险防范能力，从源头上对企业的财务活动进行风险控制。随着企业规模的不断扩大，企业生产、销售等环节所面临的风险也越来越突出，而业财融合则将企业的财务风险管理融入企业生产销售的全过程，通过重点关注资金流动等实现对企业风险的监督与防范。

（三）财务共享模式下实现业财融合的对策

1. 优化企业组织架构

财务共享模式的构建对企业管理工作产生了巨大的影响，实现业财融合必须依赖于健全的管理制度和清晰的组织架构：第一，进一步完善财务融合管理制度。业财融合需要构建完善的管理制度流程，只有这样才能实现业财深度融合。例如，传统的财务报账，财务的人工操作模式，按照发票数额就可以报账，但是财务共享服务中心下的业财融合则要细化报账管理制度，明确财务报账的具体数额必须附上企业相关业务说明，这样最大限度地保证了财务活动的规范性；第二，重构企业组织结构，实现业财管理创新。业财融合要求企业实现扁平化管理结构，将企业的设计、生产、销售及售后等环节集中化管理，为此要求企业改变传统的组织管理模式。例如，企业改变传统的财务与业务部门单独运行的组织架构模式，构建财务、业务协同化组织架构，以此增强财务与业务部门之间的联系与沟通。

2. 优化财务共享流程

财务共享平台的目的是提高财务工作效率，因此基于企业内部结构复杂、业务活动比较多的特点，企业财务共享服务中心必须要立足于企业实际需求，进一步优化业财融合流程，简化程序：第一，优化财务核算流程。业财融合后，企业繁杂的业务活动将与财务活动融合，如果采取传统的数据处理方式，很难推动财务工作的高效快速融合。因此企业需要优化财务核算流程，细化财务核算标准，以此提高财务核算的效率。第二，进一步简化财务共享程序，提升业财融合的质量和效率。在财务共享平台下业财融合虽然提高了企业的风险防范能力，但是其在某种层面上制约了企业的业务活动开展，因此企业要不断简化不必要的程序，提高系统的运行效率。

3. 强化信息系统建设

企业在建立财务共享平台时，采用专业的财务数据信息处理系统与软件，为平台的搭建提供了技术支持。企业财务共享服务中心能够发挥作用，很大程度上取决于系统与软件处理信息与收集信息的时效性与智能性。财务共享服务中心的建立为企业业务的转型与发展提供了精准与规模化的财务数据信息，因此企业在进行财务信息管理时可以有效地利用平台中的数据，为业务决策提供依据，促进企业业财融合。

思考与练习

1. 企业管理信息化与财务管理信息化有哪些区别和联系？
2. 简述财务管理信息化的发展历程。
3. 业财融合有哪些特点？对于在财务共享模式下实现业财融合，你有哪些建议？

4. 案例分析。

某企业在规划财务共享服务中心蓝图的时候，管理层认为应当坚持“降本增效”导向，通过财务共享服务中心的建设和运行，降低财务核算成本，而能否提高企业的管理控制水平，是内部控制与风险管理部门应该发挥的领域。你认为此观点有何不妥？

参考文献

[1] 财政部会计资格评价中心. 财务管理（2019）[M]. 北京：经济科学出版社，2019.
[2] 中国注册会计师协会. 财务成本管理（2019）[M]. 北京：中国财政经济出版社，2019.
[3] 张俊民. 财务分析[M]. 上海：复旦大学出版社，2006.
[4] 宋常. 财务分析学[M]. 北京：中国人民大学出版社，2007.
[5] 潘栋梁，于新茹. 大数据时代下的财务管理分析[M]. 长春：东北师范大学出版社，2017.
[6] 王超慧. 新时代人工智能在财务管理中的应用及展望[J]. 企业科技与发展，2018，（12）.
[7] 彭钰婕. 人工智能下的会计行业发展[J]. 现代经济信息，2019，（17）.
[8] 吕亮. 财务报表分析[M]. 北京：中国财富出版社，2019.
[9] 王维鸿. 财务管理[M]. 北京：科学出版社，2010.
[10] 薛祖云. 会计信息系统[M]. 厦门：厦门大学出版社，2017.
[11] 李治国. 基于区块链的财务系统应用研究[D]. 中国地质大学硕士学位论文，2018.
[12] 刘俊玲. 云计算环境下企业财务共享服务的构建及应用探究[J]. 财会学习，2019，（7）.
[13] 王海林，续慧泓. 财务管理信息化[M]. 2 版. 北京：电子工业出版社，2015.
[14] 邱玉莲，钱苏维. 大数据环境下企业财务管理信息系统应用探讨[J]. 财会通讯，2017，（7）.
[15] 张庆龙，王泽. 众包：一种新兴的财务共享服务组织模式[J]. 中国注册会计师，2017，（8）.
[16] 谭平. 财务共享服务模式框架的构建探究[J]. 中国总会计师，2017，（7）.
[17] 温月. 大数据时代管理会计面临的挑战及对策[J]. 会计之友，2017，（15）.
[18] 刘绮涓. 财务云下的财务管理共享系统构建研究——以中兴通讯为例[D]. 内蒙古大学硕士学位论文，2018.
[19] 王海林，吴沁红，杜长任. 会计信息系统：面向财务业务一体化[M]. 3 版. 北京：电子工业出版社，2017.
[20] 袁伟东. 财务信息分析与处理[M]. 南京：东南大学出版社，2013.
[21] 陈楚天. 企业财务共享服务中心模式创新研究[J]. 财会通讯，（8）.
[22] 满丹. 财务共享服务与传统管理模式比较分析[J]. 新财经，（11）.
[23] 黄哲芳. 财务共享服务中心构建研究[D]. 厦门大学硕士学位论文，2014.
[24] 朱新龙，刘哲，王虹. 企业综合财务状况评价方法的比较分析——基于层次分析法与F计分模型[J]. 会计之友，2012，（11）.
[25] 王兴山. 数字化转型中的财务共享[M]. 北京：电子工业出版社，2018.
[26] 王桂香. 浅谈人工智能在企业财务预算管理中的应用[J]. 财经界（学术版），2019，（14）.
[27] 徐敬芬. 浅析人工智能时代下的财务会计向管理会计转型[J]. 中国集体经济，2019，（27）.
[28] 祝玺. 每股收益在上市公司盈利能力分析中的局限性研究——基于财务视角[J]. 中国商论，2019，（11）.
[29] 刘锋，曹跃. 多项潜在普通股的稀释程度排序和稀释每股收益计算[J]. 财务与会计，2014，（4）.

[30] 肖明芳，涂迪清. 浅议稀释每股收益的具体计算[J]. 商业会计，2011，（13）.
[31] 舒声. 论每股收益在上市公司盈利能力分析中的局限性[J]. 广东开放大学学报，2017，26（5）.
[32] 陈明灿，王娟，宋瑞. 大数据环境下的财务共享[M]. 天津：天津科学技术出版社，2018.
[33] 陈虎，董皓. 财务共享服务[M]. 北京：中国财政经济出版社，2009.

附　　表

附表一　复利终值系数表

期数	1%	2%	3%	4%	5%	6%	7%	8%	9%	10%	11%	12%	13%	14%	15%
1	1.01	1.02	1.03	1.04	1.05	1.06	1.07	1.08	1.09	1.1	1.11	1.12	1.13	1.14	1.15
2	1.020 1	1.040 4	1.060 9	1.081 6	1.102 5	1.123 6	1.144 9	1.166 4	1.188 1	1.21	1.232 1	1.254 4	1.276 9	1.299 6	1.322 5
3	1.030 3	1.061 2	1.092 7	1.124 9	1.157 6	1.191	1.225	1.259 7	1.295	1.331	1.367 6	1.404 9	1.442 9	1.481 5	1.520 9
4	1.040 6	1.082 4	1.125 5	1.169 9	1.215 5	1.262 5	1.310 8	1.360 5	1.411 6	1.464 1	1.518 1	1.573 5	1.630 5	1.689	1.749
5	1.051	1.104 1	1.159 3	1.216 7	1.276 3	1.338 2	1.402 6	1.469 3	1.538 6	1.610 5	1.685 1	1.762 3	1.842 4	1.925 4	2.011 4
6	1.061 5	1.126 2	1.194 1	1.265 3	1.340 1	1.418 5	1.500 7	1.586 9	1.677 1	1.771 6	1.870 4	1.973 8	2.082	2.195	2.313 1
7	1.072 1	1.148 7	1.229 9	1.315 9	1.407 1	1.503 6	1.605 8	1.713 8	1.828	1.948 7	2.076 2	2.210 7	2.352 6	2.502 3	2.66
8	1.082 9	1.171 7	1.266 8	1.368 6	1.477 5	1.593 8	1.718 2	1.850 9	1.992 6	2.143 6	2.304 5	2.476	2.658 4	2.852 6	3.059
9	1.093 7	1.195 1	1.304 8	1.423 3	1.551 3	1.689 5	1.838 5	1.999	2.171 9	2.357 9	2.558	2.773 1	3.004	3.251 9	3.517 9
10	1.104 6	1.219	1.343 9	1.480 2	1.628 9	1.790 8	1.967 2	2.158 9	2.367 4	2.593 7	2.839 4	3.105 8	3.394 6	3.707 2	4.045 6
11	1.115 7	1.243 4	1.384 2	1.539 5	1.710 3	1.898 3	2.104 9	2.331 6	2.580 4	2.853 1	3.151 8	3.478 6	3.835 9	4.226 2	4.652 4
12	1.126 8	1.268 2	1.425 8	1.601	1.795 9	2.012 2	2.252 2	2.518 2	2.812 7	3.138 4	3.498 5	3.896	4.334 5	4.817 9	5.350 3
13	1.138 1	1.293 6	1.468 5	1.665 1	1.885 6	2.132 9	2.409 8	2.719 6	3.065 8	3.452 3	3.883 3	4.363 5	4.898	5.492 4	6.152 8
14	1.149 5	1.319 5	1.512 6	1.731 7	1.979 9	2.260 9	2.578 5	2.937 2	3.341 7	3.797 5	4.310 4	4.887 1	5.534 8	6.261 3	7.075 7
15	1.161	1.345 9	1.558	1.800 9	2.078 9	2.396 6	2.759	3.172 2	3.642 5	4.177 2	4.784 6	5.473 6	6.254 3	7.137 9	8.137 1
16	1.172 6	1.372 8	1.604 7	1.873	2.182 9	2.540 4	2.952 2	3.425 9	3.970 3	4.595	5.310 9	6.130 4	7.067 3	8.137 2	9.357 6
17	1.184 3	1.400 2	1.652 8	1.947 9	2.292	2.692 8	3.158 8	3.7	4.327 6	5.054 5	5.895 1	6.866	7.986 1	9.276 5	10.761 3
18	1.196 1	1.428 2	1.702 4	2.025 8	2.406 6	2.854 3	3.379 9	3.996	4.717 1	5.559 9	6.543 6	7.69	9.024 3	10.575 2	12.375 5
19	1.208 1	1.456 8	1.753 5	2.106 8	2.527	3.025 6	3.616 5	4.315 7	5.141 7	6.115 9	7.263 3	8.612 8	10.197 4	12.055 7	14.231 8

续表

期数	1%	2%	3%	4%	5%	6%	7%	8%	9%	10%	11%	12%	13%	14%	15%
20	1.220 2	1.485 9	1.806 1	2.191 1	2.653 3	3.207 1	3.869 7	4.661	5.604 4	6.727 5	8.062 3	9.646 3	11.523 1	13.743 5	16.366 5
21	1.232 4	1.515 7	1.860 3	2.278 8	2.786	3.399 6	4.140 6	5.033 8	6.108 8	7.400 2	8.949 2	10.803 8	13.021 1	15.667 6	18.821 5
22	1.244 7	1.546	1.916 1	2.369 9	2.925 3	3.603 5	4.430 4	5.436 5	6.658 6	8.140 3	9.933 6	12.100 3	14.713 8	17.861	21.644 7
23	1.257 2	1.576 9	1.973 6	2.464 7	3.071 5	3.819 7	4.740 5	5.871 5	7.257 9	8.954 3	11.026 3	13.552 3	16.626 6	20.361 6	24.891 5
24	1.269 7	1.608 4	2.032 8	2.563 3	3.225 1	4.048 9	5.072 4	6.341 2	7.911 1	9.849 7	12.239 2	15.178 6	18.788 1	23.212 2	28.625 2
25	1.282 4	1.640 6	2.093 8	2.665 8	3.386 4	4.291 9	5.427 4	6.848 5	8.623 1	10.834 7	13.585 5	17.000 1	21.230 5	26.461 9	32.919
26	1.295 3	1.673 4	2.156 6	2.772 5	3.555 7	4.549 4	5.807 4	7.396 4	9.399 2	11.918 2	15.079 9	19.040 1	23.990 5	30.166 6	37.856 8
27	1.308 2	1.706 9	2.221 3	2.883 4	3.733 5	4.822 3	6.213 9	7.988 1	10.245 1	13.11	16.738 7	21.324 9	27.109 3	34.389 9	43.535 3
28	1.321 3	1.741	2.287 9	2.998 7	3.920 1	5.111 7	6.648 8	8.627 1	11.167 1	14.421	18.579 9	23.883 9	30.633 5	39.204 5	50.065 6
29	1.334 5	1.775 8	2.356 6	3.118 7	4.116 1	5.418 4	7.114 3	9.317 3	12.172 2	15.863 1	20.623 7	26.749 9	34.615 8	44.693 1	57.575 5
30	1.347 8	1.811 4	2.427 3	3.243 4	4.321 9	5.743 5	7.612 3	10.062 7	13.267 7	17.449 4	22.892 3	29.959 9	39.115 9	50.950 2	66.211 8
期数	16%	17%	18%	19%	20%	21%	22%	23%	24%	25%	26%	27%	28%	29%	30%
1	1.16	1.17	1.18	1.19	1.2	1.21	1.22	1.23	1.24	1.25	1.26	1.27	1.28	1.29	1.3
2	1.345 6	1.368 9	1.392 4	1.416 1	1.44	1.464 1	1.488 4	1.512 9	1.537 6	1.562 5	1.587 6	1.612 9	1.638 4	1.664 1	1.69
3	1.560 9	1.601 6	1.643	1.685 2	1.728	1.771 6	1.815 8	1.860 9	1.906 6	1.953 1	2.000 4	2.048 4	2.097 2	2.146 7	2.197
4	1.810 6	1.873 9	1.938 8	2.005 3	2.073 6	2.143 6	2.215 3	2.288 9	2.364 2	2.441 4	2.520 5	2.601 4	2.684 4	2.769 2	2.856 1
5	2.100 3	2.192 4	2.287 8	2.386 4	2.488 3	2.593 7	2.702 7	2.815 3	2.931 6	3.051 8	3.175 8	3.303 8	3.436	3.572 3	3.712 9
6	2.436 4	2.565 2	2.699 6	2.839 8	2.986	3.138 4	3.297 3	3.462 8	3.635 2	3.814 7	4.001 5	4.195 9	4.398	4.608 3	4.826 8
7	2.826 2	3.001 2	3.185 5	3.379 3	3.583 2	3.797 5	4.022 7	4.259 3	4.507 7	4.768 4	5.041 9	5.328 8	5.629 5	5.944 7	6.274 9
8	3.278 4	3.511 5	3.758 9	4.021 4	4.299 8	4.595	4.907 7	5.238 9	5.589 5	5.960 5	6.352 8	6.767 5	7.205 8	7.668 6	8.157 3
9	3.803	4.108 4	4.435 5	4.785 4	5.159 8	5.559 9	5.987 4	6.443 9	6.93 1	7.450 6	8.004 5	8.594 8	9.223 4	9.892 5	10.604 5
10	4.411 4	4.806 8	5.233 8	5.694 7	6.191 7	6.727 5	7.304 6	7.925 9	8.594 4	9.313 2	10.085 7	10.915 3	11.805 9	12.761 4	13.785 8

续表

期数	16%	17%	18%	19%	20%	21%	22%	23%	24%	25%	26%	27%	28%	29%	30%
11	5.117 3	5.624	6.175 9	6.776 7	7.430 1	8.140 3	8.911 7	9.748 9	10.657 1	11.641 5	12.708	13.862 5	15.111 6	16.462 2	17.921 6
12	5.936	6.580 1	7.287 6	8.064 2	8.916 1	9.849 7	10.872 2	11.991 2	13.214 8	14.551 9	16.012	17.605 3	19.342 8	21.236 2	23.298 1
13	6.885 8	7.698 7	8.599 4	9.596 4	10.699 3	11.918 2	13.264 1	14.749 1	16.386 3	18.189 9	20.175 2	22.358 8	24.758 8	27.394 7	30.287 5
14	7.987 5	9.007 5	10.147 2	11.419 8	12.839 2	14.421	16.182 2	18.141 4	20.319 1	22.737 4	25.420 7	28.395 7	31.691 3	35.339 1	39.373 8
15	9.265 5	10.538 7	11.973 7	13.589 5	15.407	17.449 4	19.742 3	22.314	25.195 6	28.421 7	32.030 1	36.062 5	40.564 8	45.587 5	51.185 9
16	10.748	12.330 3	14.129	16.171 5	18.488 4	21.113 8	24.085 6	27.446 2	31.242 6	35.527 1	40.357 9	45.799 4	51.923	58.807 9	66.541 7
17	12.467 7	14.426 5	16.672 2	19.244 1	22.186 1	25.547 7	29.384 4	33.758 8	38.740 8	44.408 9	50.851	58.165 2	66.461 4	75.862 1	86.504 2
18	14.462 5	16.879	19.673 3	22.900 5	26.623 3	30.912 7	35.849	41.523 3	48.038 6	55.511 2	64.072 2	73.869 8	85.070 6	97.862 2	112.455 4
19	16.776 5	19.748 4	23.214 4	27.251 6	31.948	37.404 3	43.735 8	51.073 7	59.567 9	69.388 9	80.731	93.814 7	108.890 4	126.242 2	146.192
20	19.460 8	23.105 6	27.393	32.429 4	38.337 6	45.259 3	53.357 6	62.820 6	73.864 1	86.736 2	101.721 1	119.144 6	139.379 7	162.852 4	190.049 6
21	22.574 5	27.033 6	32.323 8	38.591	46.005 1	54.763 7	65.096 3	77.269 4	91.591 5	108.420 2	128.168 5	151.313 7	178.406	210.079 6	247.064 5
22	26.186 4	31.629 3	38.142 1	45.923 3	55.206 1	66.264 1	79.417 5	95.041 3	113.573 5	135.525 3	161.492 4	192.168 3	228.359 6	271.002 7	321.183 9
23	30.376 2	37.006 2	45.007 6	54.648 7	66.247 4	80.179 5	96.889 4	116.900 8	140.831 2	169.406 6	203.480 4	244.053 8	292.300 3	349.593 5	417.539 1
24	35.236 4	43.297 3	53.109	65.032	79.496 8	97.017 2	118.205	143.788	174.630 6	211.758 2	256.385 3	309.948 3	374.144 4	450.975 6	542.800 8
25	40.874 2	50.657 8	62.668 6	77.388 1	95.396 2	117.390 9	144.210 1	176.859 3	216.542	264.697 8	323.045 4	393.634 4	478.904 9	581.758 5	705.641
26	47.414 1	59.269 7	73.949	92.091 8	114.475 5	142.042 9	175.936 4	217.536 9	268.512 1	330.872 2	407.037 3	499.915 7	612.998 2	750.468 5	917.333 3
27	55.000 4	69.345 5	87.259 8	109.589 3	137.370 6	171.871 9	214.642 4	267.570 4	332.955	413.590 3	512.867	634.892 9	784.637 7	968.104 4	1 192.533 3
28	63.800 4	81.134 2	102.966 6	130.411 2	164.844 7	207.965 1	261.863 7	329.111 5	412.864 2	516.987 9	646.212 4	806.314	1 004.336 3	1 248.854 6	1 550.293 3
29	74.008 5	94.927 1	121.500 5	155.189 3	197.813 6	251.637 7	319.473 7	404.807 2	511.951 6	646.234 9	814.227 6	1 024.018 7	1 285.550 4	1 611.022 5	2 015.381 3
30	85.849 9	111.064 7	143.370 6	184.675 3	237.376 3	304.481 6	389.757 9	497.912 9	634.819 9	807.793 6	1 025.926 7	1 300.503 8	1 645.504 6	2 078.219	2 619.995 6

附表二　复利现值系数表

期数	1%	2%	3%	4%	5%	6%	7%	8%	9%	10%	11%	12%	13%	14%	15%
1	0.990 1	0.980 4	0.970 9	0.961 5	0.952 4	0.943 4	0.934 6	0.925 9	0.917 4	0.909 1	0.900 9	0.892 9	0.885	0.877 2	0.869 6
2	0.980 3	0.961 2	0.942 6	0.924 6	0.907	0.89	0.873 4	0.857 3	0.841 7	0.826 4	0.811 6	0.797 2	0.783 1	0.769 5	0.756 1
3	0.970 6	0.942 3	0.915 1	0.889	0.863 8	0.839 6	0.816 3	0.793 8	0.772 2	0.751 3	0.731 2	0.711 8	0.693 1	0.675	0.657 5
4	0.961	0.923 8	0.888 5	0.854 8	0.822 7	0.792 1	0.762 9	0.735	0.708 4	0.683	0.658 7	0.635 5	0.613 3	0.592 1	0.571 8
5	0.951 5	0.905 7	0.862 6	0.821 9	0.783 5	0.747 3	0.713	0.680 6	0.649 9	0.620 9	0.593 5	0.567 4	0.542 8	0.519 4	0.497 2
6	0.942	0.888	0.837 5	0.790 3	0.746 2	0.705	0.666 3	0.630 2	0.596 3	0.564 5	0.534 6	0.506 6	0.480 3	0.455 6	0.432 3
7	0.932 7	0.870 6	0.813 1	0.759 9	0.710 7	0.665 1	0.622 7	0.583 5	0.547	0.513 2	0.481 7	0.452 3	0.425 1	0.399 6	0.375 9
8	0.923 5	0.853 5	0.789 4	0.730 7	0.676 8	0.627 4	0.582	0.540 3	0.501 9	0.466 5	0.433 9	0.403 9	0.376 2	0.350 6	0.326 9
9	0.914 3	0.836 8	0.766 4	0.702 6	0.644 6	0.591 9	0.543 9	0.500 2	0.460 4	0.424 1	0.390 9	0.360 6	0.332 9	0.307 5	0.284 3
10	0.905 3	0.820 3	0.744 1	0.675 6	0.613 9	0.558 4	0.508 3	0.463 2	0.422 4	0.385 5	0.352 2	0.322	0.294 6	0.269 7	0.247 2
11	0.896 3	0.804 3	0.722 4	0.649 6	0.584 7	0.526 8	0.475 1	0.428 9	0.387 5	0.350 5	0.317 3	0.287 5	0.260 7	0.236 6	0.214 9
12	0.887 4	0.788 5	0.701 4	0.624 6	0.556 8	0.497	0.444	0.397 1	0.355 5	0.318 6	0.285 8	0.256 7	0.230 7	0.207 6	0.186 9
13	0.878 7	0.773	0.681	0.600 6	0.530 3	0.468 8	0.415	0.367 7	0.326 2	0.289 7	0.257 5	0.229 2	0.204 2	0.182 1	0.162 5
14	0.87	0.757 9	0.661 1	0.577 5	0.505 1	0.442 3	0.387 8	0.340 5	0.299 2	0.263 3	0.232	0.204 6	0.180 7	0.159 7	0.141 3
15	0.861 3	0.743	0.641 9	0.555 3	0.481	0.417 3	0.362 4	0.315 2	0.274 5	0.239 4	0.209	0.182 7	0.159 9	0.140 1	0.122 9
16	0.852 8	0.728 4	0.623 2	0.533 9	0.458 1	0.393 6	0.338 7	0.291 9	0.251 9	0.217 6	0.188 3	0.163 1	0.141 5	0.122 9	0.106 9
17	0.844 4	0.714 2	0.605	0.513 4	0.436 3	0.371 4	0.316 6	0.270 3	0.231 1	0.197 8	0.169 6	0.145 6	0.125 2	0.107 8	0.092 9
18	0.836	0.700 2	0.587 4	0.493 6	0.415 5	0.350 3	0.295 9	0.250 2	0.212	0.179 9	0.152 8	0.13	0.110 8	0.094 6	0.080 8
19	0.827 7	0.686 4	0.570 3	0.474 6	0.395 7	0.330 5	0.276 5	0.231 7	0.194 5	0.163 5	0.137 7	0.116 1	0.098 1	0.082 9	0.070 3
20	0.819 5	0.673	0.553 7	0.456 4	0.376 9	0.311 8	0.258 4	0.214 5	0.178 4	0.148 6	0.124	0.103 7	0.086 8	0.072 8	0.061 1
21	0.811 4	0.659 8	0.537 5	0.438 8	0.358 9	0.294 2	0.241 5	0.198 7	0.163 7	0.135 1	0.111 7	0.092 6	0.076 8	0.063 8	0.053 1
22	0.803 4	0.646 8	0.521 9	0.422	0.341 8	0.277 5	0.225 7	0.183 9	0.150 2	0.122 8	0.100 7	0.082 6	0.068	0.056	0.046 2

续表

期数	1%	2%	3%	4%	5%	6%	7%	8%	9%	10%	11%	12%	13%	14%	15%
23	0.795 4	0.634 2	0.506 7	0.405 7	0.325 6	0.261 8	0.210 9	0.170 3	0.137 8	0.111 7	0.090 7	0.073 8	0.060 1	0.049 1	0.040 2
24	0.787 6	0.621 7	0.491 9	0.390 1	0.310 1	0.247	0.197 1	0.157 7	0.126 4	0.101 5	0.081 7	0.065 9	0.053 2	0.043 1	0.034 9
25	0.779 8	0.609 5	0.477 6	0.375 1	0.295 3	0.233	0.184 2	0.146	0.116	0.092 3	0.073 6	0.058 8	0.047 1	0.037 8	0.030 4
26	0.772	0.597 6	0.463 7	0.360 7	0.281 2	0.219 8	0.172 2	0.135 2	0.106 4	0.083 9	0.066 3	0.052 5	0.041 7	0.033 1	0.026 4
27	0.764 4	0.585 9	0.450 2	0.346 8	0.267 8	0.207 4	0.160 9	0.125 2	0.097 6	0.076 3	0.059 7	0.046 9	0.036 9	0.029 1	0.023
28	0.756 8	0.574 4	0.437 1	0.333 5	0.255 1	0.195 6	0.150 4	0.115 9	0.089 5	0.069 3	0.053 8	0.041 9	0.032 6	0.025 5	0.02
29	0.749 3	0.563 1	0.424 3	0.320 7	0.242 9	0.184 6	0.140 6	0.107 3	0.082 2	0.063	0.048 5	0.037 4	0.028 9	0.022 4	0.017 4
30	0.741 9	0.552 1	0.412	0.308 3	0.231 4	0.174 1	0.131 4	0.099 4	0.075 4	0.057 3	0.043 7	0.033 4	0.025 6	0.019 6	0.015 1
期数	16%	17%	18%	19%	20%	21%	22%	23%	24%	25%	26%	27%	28%	29%	30%
1	0.862 1	0.854 7	0.847 5	0.840 3	0.833 3	0.826 4	0.819 7	0.813	0.806 5	0.8	0.793 7	0.787 4	0.781 3	0.775 2	0.769 2
2	0.743 2	0.730 5	0.718 2	0.706 2	0.694 4	0.683	0.671 9	0.661	0.650 4	0.64	0.629 9	0.62	0.610 4	0.600 9	0.591 7
3	0.640 7	0.624 4	0.608 6	0.593 4	0.578 7	0.564 5	0.550 7	0.537 4	0.524 5	0.512	0.499 9	0.488 2	0.476 8	0.465 8	0.455 2
4	0.552 3	0.533 7	0.515 8	0.498 7	0.482 3	0.466 5	0.451 4	0.436 9	0.423	0.409 6	0.396 8	0.384 4	0.372 5	0.361 1	0.350 1
5	0.476 1	0.456 1	0.437 1	0.419	0.401 9	0.385 5	0.37	0.355 2	0.341 1	0.327 7	0.314 9	0.302 7	0.291	0.279 9	0.269 3
6	0.410 4	0.389 8	0.370 4	0.352 1	0.334 9	0.318 6	0.303 3	0.288 8	0.275 1	0.262 1	0.249 9	0.238 3	0.227 4	0.217	0.207 2
7	0.353 8	0.333 2	0.313 9	0.295 9	0.279 1	0.263 3	0.248 6	0.234 8	0.221 8	0.209 7	0.198 3	0.187 7	0.177 6	0.168 2	0.159 4
8	0.305	0.284 8	0.266	0.248 7	0.232 6	0.217 6	0.203 8	0.190 9	0.178 9	0.167 8	0.157 4	0.147 8	0.138 8	0.130 4	0.122 6
9	0.263	0.243 4	0.225 5	0.209	0.193 8	0.179 9	0.167	0.155 2	0.144 3	0.134 2	0.124 9	0.116 4	0.108 4	0.101 1	0.094 3
10	0.226 7	0.208	0.191 1	0.175 6	0.161 5	0.148 6	0.136 9	0.126 2	0.116 4	0.107 4	0.099 2	0.091 6	0.084 7	0.078 4	0.072 5
11	0.195 4	0.177 8	0.161 9	0.147 6	0.134 6	0.122 8	0.112 2	0.102 6	0.093 8	0.085 9	0.078 7	0.072 1	0.066 2	0.060 7	0.055 8
12	0.168 5	0.152	0.137 2	0.124	0.112 2	0.101 5	0.092	0.083 4	0.075 7	0.068 7	0.062 5	0.056 8	0.051 7	0.047 1	0.042 9
13	0.145 2	0.129 9	0.116 3	0.104 2	0.093 5	0.083 9	0.075 4	0.067 8	0.061	0.055	0.049 6	0.044 7	0.040 4	0.036 5	0.033

续表

期数	16%	17%	18%	19%	20%	21%	22%	23%	24%	25%	26%	27%	28%	29%	30%
14	0.125 2	0.111	0.098 5	0.087 6	0.077 9	0.069 3	0.061 8	0.055 1	0.049 2	0.044	0.039 3	0.035 2	0.031 6	0.028 3	0.025 4
15	0.107 9	0.094 9	0.083 5	0.073 6	0.064 9	0.057 3	0.050 7	0.044 8	0.039 7	0.035 2	0.031 2	0.027 7	0.024 7	0.021 9	0.019 5
16	0.093	0.081 1	0.070 8	0.061 8	0.054 1	0.047 4	0.041 5	0.036 4	0.032	0.028 1	0.024 8	0.021 8	0.019 3	0.017	0.015
17	0.080 2	0.069 3	0.06	0.052	0.045 1	0.039 1	0.034	0.029 6	0.025 8	0.022 5	0.019 7	0.017 2	0.015	0.013 2	0.011 6
18	0.069 1	0.059 2	0.050 8	0.043 7	0.037 6	0.032 3	0.027 9	0.024 1	0.020 8	0.018	0.015 6	0.013 5	0.011 8	0.010 2	0.008 9
19	0.059 6	0.050 6	0.043 1	0.036 7	0.031 3	0.026 7	0.022 9	0.019 6	0.016 8	0.014 4	0.012 4	0.010 7	0.009 2	0.007 9	0.006 8
20	0.051 4	0.043 3	0.036 5	0.030 8	0.026 1	0.022 1	0.018 7	0.015 9	0.013 5	0.011 5	0.009 8	0.008 4	0.007 2	0.006 1	0.005 3
21	0.044 3	0.037	0.030 9	0.025 9	0.021 7	0.018 3	0.015 4	0.012 9	0.010 9	0.009 2	0.007 8	0.006 6	0.005 6	0.004 8	0.004
22	0.038 2	0.031 6	0.026 2	0.021 8	0.018 1	0.015 1	0.012 6	0.010 5	0.008 8	0.007 4	0.006 2	0.005 2	0.004 4	0.003 7	0.003 1
23	0.032 9	0.027	0.022 2	0.018 3	0.015 1	0.012 5	0.010 3	0.008 6	0.007 1	0.005 9	0.004 9	0.004 1	0.003 4	0.002 9	0.002 4
24	0.028 4	0.023 1	0.018 8	0.015 4	0.012 6	0.010 3	0.008 5	0.007	0.005 7	0.004 7	0.003 9	0.003 2	0.002 7	0.002 2	0.001 8
25	0.024 5	0.019 7	0.016	0.012 9	0.010 5	0.008 5	0.006 9	0.005 7	0.004 6	0.003 8	0.003 1	0.002 5	0.002 1	0.001 7	0.001 4
26	0.021 1	0.016 9	0.013 5	0.010 9	0.008 7	0.007	0.005 7	0.004 6	0.003 7	0.003	0.002 5	0.002	0.001 6	0.001 3	0.001 1
27	0.018 2	0.014 4	0.011 5	0.009 1	0.007 3	0.005 8	0.004 7	0.003 7	0.003	0.002 4	0.001 9	0.001 6	0.001 3	0.001	0.000 8
28	0.015 7	0.012 3	0.009 7	0.007 7	0.006 1	0.004 8	0.003 8	0.003	0.002 4	0.001 9	0.001 5	0.001 2	0.001	0.000 8	0.000 6
29	0.013 5	0.010 5	0.008 2	0.006 4	0.005 1	0.004	0.003 1	0.002 5	0.002	0.001 5	0.001 2	0.001	0.000 8	0.000 6	0.000 5
30	0.011 6	0.009	0.007	0.005 4	0.004 2	0.003 3	0.002 6	0.002	0.001 6	0.001 2	0.001	0.000 8	0.000 6	0.000 5	0.000 4

附表三　年金终值系数表

期数	1%	2%	3%	4%	5%	6%	7%	8%	9%	10%	11%	12%	13%	14%	15%
1	1	1	1	1	1	1	1	1	1	1	1	1	1	1	1
2	2.01	2.02	2.03	2.04	2.05	2.06	2.07	2.08	2.09	2.1	2.11	2.12	2.13	2.14	2.15
3	3.030 1	3.060 4	3.090 9	3.121 6	3.152 5	3.183 6	3.214 9	3.246 4	3.278 1	3.31	3.342 1	3.374 4	3.406 9	3.439 6	3.472 5
4	4.060 4	4.121 6	4.183 6	4.246 5	4.310 1	4.374 6	4.439 9	4.506 1	4.573 1	4.641	4.709 7	4.779 3	4.849 8	4.921 1	4.993 4
5	5.101	5.204	5.309 1	5.416 3	5.525 6	5.637 1	5.750 7	5.866 6	5.984 7	6.105 1	6.227 8	6.352 8	6.480 3	6.610 1	6.742 4
6	6.152	6.308 1	6.468 4	6.633	6.801 9	6.975 3	7.153 3	7.335 9	7.523 3	7.715 6	7.912 9	8.115 2	8.322 7	8.535 5	8.753 7
7	7.213 5	7.434 3	7.662 5	7.898 3	8.142	8.393 8	8.654	8.922 8	9.200 4	9.487 2	9.783 3	10.089	10.404 7	10.730 5	11.066 8
8	8.285 7	8.583	8.892 3	9.214 2	9.549 1	9.897 5	10.259 8	10.636 6	11.028 5	11.435 9	11.859 4	12.299 7	12.757 3	13.232 8	13.726 8
9	9.368 5	9.754 6	10.159 1	10.582 8	11.026 6	11.491 3	11.978	12.487 6	13.021	13.579 5	14.164	14.775 7	15.415 7	16.085 3	16.785 8
10	10.462 2	10.949 7	11.463 9	12.006 1	12.577 9	13.180 8	13.816 4	14.486 6	15.192 9	15.937 4	16.722	17.548 7	18.419 7	19.337 3	20.303 7
11	11.566 8	12.168 7	12.807 8	13.486 4	14.206 8	14.971 6	15.783 6	16.645 5	17.560 3	18.531 2	19.561 4	20.654 6	21.814 3	23.044 5	24.349 3
12	12.682 5	13.412 1	14.192	15.025 8	15.917 1	16.869 9	17.888 5	18.977 1	20.140 7	21.384 3	22.713 2	24.133 1	25.650 2	27.270 7	29.001 7
13	13.809 3	14.680 3	15.617 8	16.626 8	17.713	18.882 1	20.140 6	21.495 3	22.953 4	24.522 7	26.211 6	28.029 1	29.984 7	32.088 7	34.351 9
14	14.947 4	15.973 9	17.086 3	18.291 9	19.598 6	21.015 1	22.550 5	24.214 9	26.019 2	27.975	30.094 9	32.392 6	34.882 7	37.581 1	40.504 7
15	16.096 9	17.293 4	18.598 9	20.023 6	21.578 6	23.276	25.129	27.152 1	29.360 9	31.772 5	34.405 4	37.279 7	40.417 5	43.842 4	47.580 4
16	17.257 9	18.639 3	20.156 9	21.824 5	23.657 5	25.672 5	27.888 1	30.324 3	33.003 4	35.949 7	39.189 9	42.753 3	46.671 7	50.980 4	55.717 5
17	18.430 4	20.012 1	21.761 6	23.697 5	25.840 4	28.212 9	30.840 2	33.750 2	36.973 7	40.544 7	44.500 8	48.883 7	53.739 1	59.117 6	65.075 1
18	19.614 7	21.412 3	23.414 4	25.645 4	28.132 4	30.905 7	33.999	37.450 2	41.301 3	45.599 2	50.395 9	55.749 7	61.725 1	68.394 1	75.836 4
19	20.810 9	22.840 6	25.116 9	27.671 2	30.539	33.76	37.379	41.446 3	46.018 5	51.159 1	56.939 5	63.439 7	70.749 4	78.969 2	88.211 8
20	22.019	24.297 4	26.870 4	29.778 1	33.066	36.785 6	40.995 5	45.762	51.160 1	57.275	64.202 8	72.052 4	80.946 8	91.024 9	102.443 6
21	23.239 2	25.783 3	28.676 5	31.969 2	35.719 3	39.992 7	44.865 2	50.422 9	56.764 5	64.002 5	72.265 1	81.698 7	92.469 9	104.768 4	118.810 1
22	24.471 6	27.299	30.536 8	34.248	38.505 2	43.392 3	49.005 7	55.456 8	62.873 3	71.402 7	81.214 3	92.502 6	105.491	120.436	137.631 6

续表

期数	1%	2%	3%	4%	5%	6%	7%	8%	9%	10%	11%	12%	13%	14%	15%
23	25.716 3	28.845	32.452 9	36.617 9	41.430 5	46.995 8	53.436 1	60.893 3	69.531 9	79.543	91.147 9	104.602 9	120.204 8	138.297	159.276 4
24	26.973 5	30.421 9	34.426 5	39.082 6	44.502	50.815 6	58.176 7	66.764 8	76.789 8	88.497 3	102.174 2	118.155 2	136.831 5	158.658 6	184.167 8
25	28.243 2	32.030 3	36.459 3	41.645 9	47.727 1	54.864 5	63.249	73.105 9	84.700 9	98.347 1	114.413 3	133.333 9	155.619 6	181.870 8	212.793
26	29.525 6	33.670 9	38.553	44.311 7	51.113 5	59.156 4	68.676 5	79.954 4	93.324	109.181 8	127.998 8	150.333 9	176.850 1	208.332 7	245.712
27	30.820 9	35.344 3	40.709 6	47.084 2	54.669 1	63.705 8	74.483 8	87.350 8	102.723 1	121.099 9	143.078 6	169.374	200.840 6	238.499 3	283.568 8
28	32.129 1	37.051 2	42.930 9	49.967 6	58.402 6	68.528 1	80.697 7	95.338 8	112.968 2	134.209 9	159.817 3	190.698 9	227.949 9	272.889 2	327.104 1
29	33.450 4	38.792 2	45.218 9	52.966 3	62.322 7	73.639 8	87.346 5	103.965 9	124.135 4	148.630 9	178.397 2	214.582 8	258.583 4	312.093 7	377.169 7
30	34.784 9	40.568 1	47.575 4	56.084 9	66.438 8	79.058 2	94.460 8	113.283 2	136.307 5	164.494	199.020 9	241.332 7	293.199 2	356.786 8	434.745 1
期数	16%	17%	18%	19%	20%	21%	22%	23%	24%	25%	26%	27%	28%	29%	30%
1	1	1	1	1	1	1	1	1	1	1	1	1	1	1	1
2	2.16	2.17	2.18	2.19	2.2	2.21	2.22	2.23	2.24	2.25	2.26	2.27	2.28	2.29	2.3
3	3.505 6	3.538 9	3.572 4	3.606 1	3.64	3.674 1	3.708 4	3.742 9	3.777 6	3.812 5	3.847 6	3.882 9	3.918 4	3.954 1	3.99
4	5.066 5	5.140 5	5.215 4	5.291 3	5.368	5.445 7	5.524 2	5.603 8	5.684 2	5.765 6	5.848	5.931 3	6.015 6	6.100 8	6.187
5	6.877 1	7.014 4	7.154 2	7.296 6	7.441 6	7.589 2	7.739 6	7.892 6	8.048 4	8.207	8.368 4	8.532 7	8.699 9	8.87	9.043 1
6	8.977 5	9.206 8	9.442	9.683	9.929 9	10.183	10.442 3	10.707 9	10.980 1	11.258 8	11.544 2	11.836 6	12.135 9	12.442 3	12.756
7	11.413 9	11.772	12.141 5	12.522 7	12.915 9	13.321 4	13.739 6	14.170 8	14.615 3	15.073 5	15.545 8	16.032 4	16.533 9	17.050 6	17.582 8
8	14.240 1	14.773 3	15.327	15.902	16.499 1	17.118 9	17.762 3	18.43	19.122 9	19.841 9	20.587 6	21.361 2	22.163 4	22.995 3	23.857 7
9	17.518 5	18.284 7	19.085 9	19.923 4	20.798 9	21.713 9	22.67	23.669	24.712 5	25.802 3	26.940 4	28.128 7	29.369 2	30.663 9	32.015
10	21.321 5	22.393 1	23.521 3	24.708 9	25.958 7	27.273 8	28.657 4	30.112 8	31.643 4	33.252 9	34.944 9	36.723 5	38.592 6	40.556 4	42.619 5
11	25.732 9	27.199 9	28.755 1	30.403 5	32.150 4	34.001 3	35.962	38.038 8	40.237 9	42.566 1	45.030 6	47.638 8	50.398 5	53.317 8	56.405 3
12	30.850 2	32.823 9	34.931 1	37.180 2	39.580 5	42.141 6	44.873 7	47.787 7	50.895	54.207 7	57.738 6	61.501 3	65.51	69.78	74.327
13	36.786 2	39.404	42.218 7	45.244 5	48.496 6	51.991 3	55.745 9	59.778 8	64.109 7	68.759 6	73.750 6	79.106 6	84.852 9	91.016 1	97.625

续表

期数	16%	17%	18%	19%	20%	21%	22%	23%	24%	25%	26%	27%	28%	29%	30%
14	43.672	47.102 7	50.818	54.840 9	59.195 9	63.909 5	69.01	74.528	80.4961	86.949 5	93.925 8	101.465 4	109.611 7	118.410 8	127.912 5
15	51.659 5	56.110 1	60.965 3	66.260 7	72.035 1	78.330 5	85.192 2	92.669 4	100.815 1	109.686 8	119.346 5	129.861 1	141.302 9	153.75	167.286 3
16	60.925	66.648 8	72.939	79.850 2	87.442 1	95.779 9	104.934 5	114.983 4	126.010 8	138.108 5	151.376 6	165.923 6	181.867 7	199.337 4	218.472 2
17	71.673	78.979 2	87.068	96.021 8	105.930 6	116.893 7	129.020 1	142.429 5	157.253 4	173.635 7	191.734 5	211.723	233.790 7	258.145 3	285.013 9
18	84.140 7	93.405 6	103.740 3	115.265 9	128.116 7	142.441 3	158.404 5	176.188 3	195.994 2	218.044 6	242.585 5	269.888 2	300.252 1	334.007 4	371.518
19	98.603 2	110.284 6	123.413 5	138.166 4	154.74	173.354	194.253 5	217.711 6	244.032 8	273.555 8	306.657 7	343.758	385.322 7	431.869 6	483.973 4
20	115.379 7	130.032 9	146.628	165.418	186.688	210.758 4	237.989 3	268.785 3	303.600 6	342.944 7	387.388 7	437.572 6	494.213 1	558.111 8	630.165 5
21	134.840 5	153.138 5	174.021	197.847 4	225.025 6	256.017 6	291.346 9	331.605 9	377.464 8	429.680 9	489.109 8	556.717 3	633.592 7	720.964 2	820.215 1
22	157.415	180.172 1	206.344 8	236.438 5	271.030 7	310.781 3	356.443 2	408.875 3	469.056 3	538.101 1	617.278 3	708.030 9	811.998 7	931.043 8	1 067.279 6
23	183.601 4	211.801 3	244.486 8	282.361 8	326.236 9	377.045 4	435.860 7	503.916 6	582.629 8	673.626 4	778.770 7	900.199 3	1 040.358 3	1 202.046 5	1 388.463 5
24	213.977 6	248.807 6	289.494 5	337.010 5	392.484 2	457.224 9	532.750 1	620.817 4	723.461	843.032 9	982.251 1	1 144.253 1	1 332.658 6	1 551.64	1 806.002 6
25	249.214	292.104 9	342.603 5	402.042 5	471.981 1	554.242 2	650.955 1	764.605 4	898.091 6	1 054.791 2	1 238.636 3	1 454.201 4	1 706.803 1	2 002.615 6	2 348.803 3
26	290.088 3	342.762 7	405.272 1	479.430 6	567.377 3	671.633	795.165 3	941.464 7	1 114.633 6	1 319.489	1 561.681 8	1 847.835 8	2 185.707 9	2 584.374 1	3 054.444 3
27	337.502 4	402.032 3	479.221 1	571.522 4	681.852 8	813.675 9	971.101 6	1 159.001 6	1 383.145 7	1 650.361 2	1 968.719 1	2 347.751 5	2 798.706 1	3 334.842 6	3 971.777 6
28	392.502 8	471.377 8	566.480 9	681.111 6	819.223 3	985.547 9	1 185.744	1 426.571 9	1 716.100 7	2 063.951 5	2 481.586	2 982.644 4	3 583.343 8	4 302.947	5 164.310 9
29	456.303 2	552.512 1	669.447 5	811.522 8	984.068	1 193.512 9	1 447.607 7	1 755.683 5	2 128.964 8	2 580.939 4	3 127.798 4	3 788.958 3	4 587.680 1	5 551.801 6	6 714.604 2
30	530.311 7	647.439 1	790.948	966.712 2	1 181.881 6	1 445.150 7	1 767.081 3	2 160.490 7	2 640.916 4	3 227.174 3	3 942.026	4 812.977 1	5 873.230 6	7 162.824 1	8 729.985 5

附表四 年金现值系数表

期数	1%	2%	3%	4%	5%	6%	7%	8%	9%	10%	11%	12%	13%	14%	15%
1	0.990 1	0.980 4	0.970 9	0.961 5	0.952 4	0.943 4	0.934 6	0.925 9	0.917 4	0.909 1	0.900 9	0.892 9	0.885	0.877 2	0.869 6
2	1.970 4	1.941 6	1.913 5	1.886 1	1.859 4	1.833 4	1.808	1.783 3	1.759 1	1.735 5	1.712 5	1.690 1	1.668 1	1.646 7	1.625 7
3	2.941	2.883 9	2.828 6	2.775 1	2.723 2	2.673	2.624 3	2.577 1	2.531 3	2.486 9	2.443 7	2.401 8	2.361 2	2.321 6	2.283 2
4	3.902	3.807 7	3.717 1	3.629 9	3.546	3.465 1	3.387 2	3.312 1	3.239 7	3.169 9	3.102 4	3.037 3	2.974 5	2.913 7	2.855
5	4.853 4	4.713 5	4.579 7	4.451 8	4.329 5	4.212 4	4.100 2	3.992 7	3.889 7	3.790 8	3.695 9	3.604 8	3.517 2	3.433 1	3.352 2
6	5.795 5	5.601 4	5.417 2	5.242 1	5.075 7	4.917 3	4.766 5	4.622 9	4.485 9	4.355 3	4.230 5	4.111 4	3.997 5	3.888 7	3.784 5
7	6.728 2	6.472	6.230 3	6.002 1	5.786 4	5.582 4	5.389 3	5.206 4	5.033	4.868 4	4.712 2	4.563 8	4.422 6	4.288 3	4.160 4
8	7.651 7	7.325 5	7.019 7	6.732 7	6.463 2	6.209 8	5.971 3	5.746 6	5.534 8	5.334 9	5.146 1	4.967 6	4.798 8	4.638 9	4.487 3
9	8.566	8.162 2	7.786 1	7.435 3	7.107 8	6.801 7	6.515 2	6.246 9	5.995 2	5.759	5.537	5.328 2	5.131 7	4.946 4	4.771 6
10	9.471 3	8.982 6	8.530 2	8.110 9	7.721 7	7.360 1	7.023 6	6.710 1	6.417 7	6.144 6	5.889 2	5.650 2	5.426 2	5.216 1	5.018 8
11	10.367 6	9.786 8	9.252 6	8.760 5	8.306 4	7.886 9	7.498 7	7.139	6.805 2	6.495 1	6.206 5	5.937 7	5.686 9	5.452 7	5.233 7
12	11.255 1	10.575 3	9.954	9.385 1	8.863 3	8.383 8	7.942 7	7.536 1	7.160 7	6.813 7	6.492 4	6.194 4	5.917 6	5.660 3	5.420 6
13	12.133 7	11.348 4	10.635	9.985 6	9.393 6	8.852 7	8.357 7	7.903 8	7.486 9	7.103 4	6.749 9	6.423 5	6.121 8	5.842 4	5.583 1
14	13.003 7	12.106 2	11.296 1	10.563 1	9.898 6	9.295	8.745 5	8.244 2	7.786 2	7.366 7	6.981 9	6.628 2	6.302 5	6.002 1	5.724 5
15	13.865 1	12.849 3	11.937 9	11.118 4	10.379 7	9.712 2	9.107 9	8.559 5	8.060 7	7.606 1	7.190 9	6.810 9	6.462 4	6.142 2	5.847 4
16	14.717 9	13.577 7	12.561 1	11.652 3	10.837 8	10.105 9	9.446 6	8.851 4	8.312 6	7.823 7	7.379 2	6.974	6.603 9	6.265 1	5.954 2
17	15.562 3	14.291 9	13.166 1	12.165 7	11.274 1	10.477 3	9.763 2	9.121 6	8.543 6	8.021 6	7.548 8	7.119 6	6.729 1	6.372 9	6.047 2
18	16.398 3	14.992	13.753 5	12.659 3	11.689 6	10.827 6	10.059 1	9.371 9	8.755 6	8.201 4	7.701 6	7.249 7	6.839 9	6.467 4	6.128
19	17.226	15.678 5	14.323 8	13.133 9	12.085 3	11.158 1	10.335 6	9.603 6	8.950 1	8.364 9	7.839 3	7.365 8	6.938	6.550 4	6.198 2
20	18.045 6	16.351 4	14.877 5	13.590 3	12.462 2	11.469 9	10.594	9.818 1	9.128 5	8.513 6	7.963 3	7.469 4	7.024 8	6.623 1	6.259 3
21	18.857	17.011 2	15.415	14.029 2	12.821 2	11.764 1	10.835 5	10.016 8	9.292 2	8.648 7	8.075 1	7.562	7.101 6	6.687	6.312 5
22	19.660 4	17.658	15.936 9	14.451 1	13.163	12.041 6	11.061 2	10.200 7	9.442 4	8.771 5	8.175 7	7.644 6	7.169 5	6.742 9	6.358 7

续表

期数	1%	2%	3%	4%	5%	6%	7%	8%	9%	10%	11%	12%	13%	14%	15%
23	20.455 8	18.292 2	16.443 6	14.856 8	13.488 6	12.303 4	11.272 2	10.371 1	9.580 2	8.883 2	8.266 4	7.718 4	7.229 7	6.792 1	6.398 8
24	21.243 4	18.913 9	16.935 5	15.247	13.798 6	12.550 4	11.469 3	10.528 8	9.706 6	8.984 7	8.348 1	7.784 3	7.282 9	6.835 1	6.433 8
25	22.023 2	19.523 5	17.413 1	15.622 1	14.093 9	12.783 4	11.653 6	10.674 8	9.822 6	9.077	8.421 7	7.843 1	7.33	6.872 9	6.464 1
26	22.795 2	20.121	17.876 8	15.982 8	14.375 2	13.003 2	11.825 8	10.81	9.929	9.160 9	8.488 1	7.895 7	7.371 7	6.906 1	6.490 6
27	23.559 6	20.706 9	18.327	16.329 6	14.643	13.210 5	11.986 7	10.935 2	10.026 6	9.237 2	8.547 8	7.942 6	7.408 6	6.935 2	6.513 5
28	24.316 4	21.281 3	18.764 1	16.663 1	14.898 1	13.406 2	12.137 1	11.051 1	10.116 1	9.306 6	8.601 6	7.984 4	7.441 2	6.960 7	6.533 5
29	25.065 8	21.844 4	19.188 5	16.983 7	15.141 1	13.590 7	12.277 7	11.158 4	10.198 3	9.369 6	8.650 1	8.021 8	7.470 1	6.983	6.550 9
30	25.807 7	22.396 5	19.600 4	17.292	15.372 5	13.764 8	12.409	11.257 8	10.273 7	9.426 9	8.693 8	8.055 2	7.495 7	7.002 7	6.566
期数	16%	17%	18%	19%	20%	21%	22%	23%	24%	25%	26%	27%	28%	29%	30%
1	0.862 1	0.854 7	0.847 5	0.840 3	0.833 3	0.826 4	0.819 7	0.813	0.806 5	0.8	0.793 7	0.787 4	0.781 3	0.775 2	0.769 2
2	1.605 2	1.585 2	1.565 6	1.546 5	1.527 8	1.509 5	1.491 5	1.474	1.456 8	1.44	1.423 5	1.407 4	1.391 6	1.376 1	1.360 9
3	2.245 9	2.209 6	2.174 3	2.139 9	2.106 5	2.073 9	2.042 2	2.011 4	1.981 3	1.952	1.923 4	1.895 6	1.868 4	1.842	1.816 1
4	2.798 2	2.743 2	2.690 1	2.638 6	2.588 7	2.540 4	2.493 6	2.448 3	2.404 3	2.361 6	2.320 2	2.28	2.241	2.203 1	2.166 2
5	3.274 3	3.199 3	3.127 2	3.057 6	2.990 6	2.926	2.863 6	2.803 5	2.745 4	2.689 3	2.635 1	2.582 7	2.532	2.483	2.435 6
6	3.684 7	3.589 2	3.497 6	3.409 8	3.325 5	3.244 6	3.166 9	3.092 3	3.020 5	2.951 4	2.885	2.821	2.759 4	2.7	2.642 7
7	4.038 6	3.922 4	3.811 5	3.705 7	3.604 6	3.507 9	3.415 5	3.327	3.242 3	3.161 1	3.083 3	3.008 7	2.937	2.868 2	2.802 1
8	4.343 6	4.207 2	4.077 6	3.954 4	3.837 2	3.725 6	3.619 3	3.517 9	3.421 2	3.328 9	3.240 7	3.156 4	3.075 8	2.998 6	2.924 7
9	4.606 5	4.450 6	4.303	4.163 3	4.031	3.905 4	3.786 3	3.673 1	3.565 5	3.463 1	3.365 7	3.272 8	3.184 2	3.099 7	3.019
10	4.833 2	4.658 6	4.494 1	4.338 9	4.192 5	4.054 1	3.923 2	3.799 3	3.681 9	3.570 5	3.464 8	3.364 4	3.268 9	3.178 1	3.091 5
11	5.028 6	4.836 4	4.656	4.486 5	4.327 1	4.176 9	4.035 4	3.901 8	3.775 7	3.656 4	3.543 5	3.436 5	3.335 1	3.238 8	3.147 3
12	5.197 1	4.988 4	4.793 2	4.610 5	4.439 2	4.278 4	4.127 4	3.985 2	3.851 4	3.725 1	3.605 9	3.493 3	3.386 8	3.285 9	3.190 3
13	5.342 3	5.118 3	4.909 5	4.714 7	4.532 7	4.362 4	4.202 8	4.053	3.912 4	3.780 1	3.655 5	3.538 1	3.427 2	3.322 4	3.223 3

续表

期数	16%	17%	18%	19%	20%	21%	22%	23%	24%	25%	26%	27%	28%	29%	30%
14	5.467 5	5.229 3	5.008 1	4.802 3	4.610 6	4.431 7	4.264 6	4.108 2	3.961 6	3.824 1	3.694 9	3.573 3	3.458 7	3.350 7	3.248 7
15	5.575 5	5.324 2	5.091 6	4.875 9	4.675 5	4.489	4.315 2	4.153	4.001 3	3.859 3	3.726 1	3.601	3.483 4	3.372 6	3.268 2
16	5.668 5	5.405 3	5.162 4	4.937 7	4.729 6	4.536 4	4.356 7	4.189 4	4.033 3	3.887 4	3.750 9	3.622 8	3.502 6	3.389 6	3.283 2
17	5.748 7	5.474 6	5.222 3	4.989 7	4.774 6	4.575 5	4.390 8	4.219	4.059 1	3.909 9	3.770 5	3.64	3.517 7	3.402 8	3.294 8
18	5.817 8	5.533 9	5.273 2	5.033 3	4.812 2	4.607 9	4.418 7	4.243 1	4.079 9	3.927 9	3.786 1	3.653 6	3.529 4	3.413	3.303 7
19	5.877 5	5.584 5	5.316 2	5.07	4.843 5	4.634 6	4.441 5	4.262 7	4.096 7	3.942 4	3.798 5	3.664 2	3.538 6	3.421	3.310 5
20	5.928 8	5.627 8	5.352 7	5.100 9	4.869 6	4.656 7	4.460 3	4.278 6	4.110 3	3.953 9	3.808 3	3.672 6	3.545 8	3.427 1	3.315 8
21	5.973 1	5.664 8	5.383 7	5.126 8	4.891 3	4.675	4.475 6	4.291 6	4.121 2	3.963 1	3.816 1	3.679 2	3.551 4	3.431 9	3.319 8
22	6.011 3	5.696 4	5.409 9	5.148 6	4.909 4	4.69	4.488 2	4.302 1	4.13	3.970 5	3.822 3	3.684 4	3.555 8	3.435 6	3.323
23	6.044 2	5.723 4	5.432 1	5.166 8	4.924 5	4.702 5	4.498 5	4.310 6	4.137 1	3.976 4	3.827 3	3.688 5	3.559 2	3.438 4	3.325 4
24	6.072 6	5.746 5	5.450 9	5.182 2	4.937 1	4.712 8	4.507	4.317 6	4.142 8	3.981 1	3.831 2	3.691 8	3.561 9	3.440 6	3.327 2
25	6.097 1	5.766 2	5.466 9	5.195 1	4.947 6	4.721 3	4.513 9	4.323 2	4.147 4	3.984 9	3.834 2	3.694 3	3.564	3.442 3	3.328 6
26	6.118 2	5.783 1	5.480 4	5.206	4.956 3	4.728 4	4.519 6	4.327 8	4.151 1	3.987 9	3.836 7	3.696 3	3.565 6	3.443 7	3.329 7
27	6.136 4	5.797 5	5.491 9	5.215 1	4.963 6	4.734 2	4.524 3	4.331 6	4.154 2	3.990 3	3.838 7	3.697 9	3.566 9	3.444 7	3.330 5
28	6.152	5.809 9	5.501 6	5.222 8	4.969 7	4.739	4.528 1	4.334 6	4.156 6	3.992 3	3.840 2	3.699 1	3.567 9	3.445 5	3.331 2
29	6.165 6	5.820 4	5.509 8	5.229 2	4.974 7	4.743	4.531 2	4.337 1	4.158 5	3.993 8	3.841 4	3.700 1	3.568 7	3.446 1	3.331 7
30	6.177 2	5.829 4	5.516 8	5.234 7	4.978 9	4.746 3	4.533 8	4.339 1	4.160 1	3.995	3.842 4	3.700 9	3.569 3	3.446 6	3.332 1